제8판

INTERNATIONAL FINANCE

국제 금융론

안홍식 · 최문정

三英社

머리말 [제8판]

오랫동안 대학에서 국제금융의 이론과 실무를 가르치면서 아무래도 효과적인 강의를 위해서는 정리된 교재가 필요하다고 느꼈다. 오래 전부터 도서출판 삼영사의 부탁도 있었으나 선뜻 시간을 내지 못해 집필을 미루어 왔는데, 2003년 초판을 내놓은 이래 이제 제8판까지 나오게 되니 큰 짐을 벗은 듯하다. 특별히 제8판 작업에 훌륭한 학자이자 연구자인 최문정 박사가 공저자로 참여해 책의 내용과 격을 한 단계 더 높일 수 있었다.

우리는 국제금융론을 집필하면서 몇 가지 원칙을 세웠다. 좋은 교재란 체계가 잘 짜여져야 하며 동시에 일관된 논리와 설명방법으로 지나치게 쉽지도 그렇다고 너무 어렵지도 않아야 한다. 이러한 목표를 달성하기 위해 각 장의 내용은 물론, 읽을거리, 연습문제, 용어해설, 색인에 이르기까지 스스로 작업할 것을 작정하고 또 그렇게 했다. 대학생도 그렇지만 일반 독자들도 국제금융론을 경제학 중에서도 퍽 난해한 분야로 생각한다. 우리는 집필하며 가능하면 이해하기 쉽고 독자들의 흥미를 유발하려고 고심했다. 그런 점에서 수리적 모형이나 복잡한 수식을 이용한 이론전개는 사용하지 않았다.

지난 20여 년간 이 책의 개정을 거듭하면서 강의실에서 학생들의 국제금융에 대한 흥미유발을 확인할 수 있었다. 이 책의 또 다른 집필원칙은 아무리 포함하고 싶은 내용이 많더라도 교수님이나 학생들이 한 학기 강의에서 소화할 수 있는 분량으로 구성하는 것이었다. 불필요한 설명이나 가지치기를 줄이고 국제금융의 주요 이론과 시장 메커니즘을 요점 중심으로 전개하고자 했다. 기본적인 학습능력이 갖추어지면 다른 주제들은 스스로 찾아 공부할 수 있기 때문이다.

모든 학문이 그렇지만 특히 국제금융론을 공부함에 있어서는 전체적인 내용의 구성과 흐름을 파악해나가는 것이 중요한데, 이를 위해서는 우선 중요한 개념과 기본원리에 대한 이해가 선행되어야 한다. 나아가 국제금융정책과 시장메커니즘에 대한 이론과 실제를 함께 학습하는 것이 중요하다. 독자들이 공부하면서 이러한 목적을 쉽게 달성하도록 이 책의 구성에 특별히 신경을 썼다.

기본적인 개념이나 원리를 책의 앞 쪽에 놓고, 보다 포괄적인 사고체계를 요하는 부분들은 책의 후반부에 배치하였다. 특히 국제통화체제는 자칫하면 국제금융론과 동떨어진 보조적인 분야로 생각하고 책의 맨 뒤에 배치하는 것이 보통이다. 이 책에서는 국제통화체제에

머리말

대한 이해가 금융경제사적인 관점을 넓혀줄 뿐 아니라 중요한 개념과 원리들을 많이 포함하고 있다는 점에서 책의 앞부분에 배치하였다. 최근 세계 금융시장에서 큰 비중을 차지하고 있는 파생금융상품시장과 환노출, 환율예측, 국제채무 등의 주제는 중간부에 배치하였다. 거시경제적 이해를 요하는 개방거시경제와 국제수지 및 환율결정이론은 후반부에 놓았다.

또한 국제금융이론과 시장이 오늘 우리 주변에서 일어나는 현상임을 보여주기 위해 현실적인 예를 통해 설명하였다. 비교적 이해하기 어려운 이론이나 개념의 경우에는 계산 예를 통해 이해를 돕고자 했다. 이제 7번째 개정판이므로 최신자료와 시장의 흐름을 알 수 있는 읽을거리를 구해 넣었으며 각 장마다 학생들의 질문과 답변을 소개하여 흥미를 유발하고자 했다.

우리는 국제금융의 이론과 실무를 이해하기 위해서는 가능한 한 많은 연습문제를 풀어보는 것이 좋다고 생각한다. 각 장마다 문제풀이를 통해 본문을 이해하는 데 도움을 얻도록 했다. 연습문제 중에는 문제풀이 능력을 향상시키기 위해 계산문제도 더러 있다. 이 책은 독자들이 혼자서도 공부할 수 있도록 비교적 쉽고 체계적으로 쓰였다고 자부한다. 따라서 대학생뿐 아니라 국제금융 실무에 종사하는 분들도 상당한 도움을 받을 수 있으리라고 믿는다.

수업시간에 함께 공부하며 활발한 토론을 해주었던 많은 이화동산의 학생들, 자료정리를 위해서 수고한 경제학과 대학원생들에게 고마움을 전한다. 교정본에 논평과 고견을 주신 이화여대 경제학과의 김인배 교수님과 권순현 박사께 감사를 드린다. 특히 충남대학교 무역학과에 계신 오근엽 교수님께서는 수정, 보완할 부분을 지적해주셨다. 교수님의 조언으로 2, 3, 4, 12장의 상당 부분이 개선될 수 있었음을 밝히며 감사를 드린다.

개정작업을 신속하게 해주신 도서출판 삼영사의 고성익 사장님과 최문용 실장님께도 감사드린다. 이제 8판까지 나오게 된 것은 그 동안 이 책에 대한 전국의 교수님들과 독자들의 호응이 있었기 때문이었음은 말할 필요가 없다. 이 자리를 빌려 졸저를 아껴주신 모든 분들에게 감사의 마음을 표하고 싶다. 무엇보다 이제까지 함께 하신 하나님의 한결같은 은총에 감사드린다.

2024년 1월

안홍식 · 최문정

차례

Chapter 1 환율과 외환시장

차례

차례

Chapter 3 국제통화체제

차례

차례

Chapter 5 국제평가이론 : 환율, 금리, 물가의 관계

차례

Chapter 6 환노출과 환율예측

차례

Chapter 7 구매력평가

차례

Chapter 8 상호의존경제의 소득과 정책협조

Chapter 9 개방경제의 거시정책

차례

차례

Chapter 11 환율결정이론

Chapter 12 유로시장과 국제채무

부 록

CHAPTER 1

환율과 외환시장

Chapter 1

환율과 외환시장

환율과 외환시장의 동향은 국제금융이론이나 국제금융시장 분석에 있어서 중요한 주제 가운데 하나이다. 무역거래나 자본거래에 참여하고 있는 사람들은 환율이 어떻게 변할 것인가? 어떻게 환위험을 피할 수 있을 것인가? 외환시장은 어떻게 기능하고 있는가?에 관심을 집중하고 있다. 이러한 사항들은 국가경제나 기업성과에 매우 커다란 영향을 미치는 민감한 문제이기도 하다. 여기서는 환율과 외환시장에 대한 일반적인 개념을 중심으로 살펴본다.

1.1 환율(Exchange Rates)

1.1.1 환율의 정의

“두 나라간의 서로 다른 통화를 바꿀 때 적용되는 교환비율”

한 나라 안에서 자국민 간에 이루어지는 거래는 자국통화를 사용하여 대금을 치르면 된다. 그러나 두 나라 간의 국제거래에서는 사용하는 통화가 서로 다르므로 통화 간의 교환비율이 필요하다. 예를 들어 외국여행을 떠나고자 할 때 자국통화를 가지고 출국해서는 해외에서 사용이 불가능하거나 어려움을 겪을 수 있으므로, 미리 여행지 통화로 환전하는 일이 필요하다. 이때 자국통화와 외국통화 간의 교환비율이 바로 환율이다. 수출상은 수출대금이 자국통화 가치로 얼마인가에 따라 거래계약 여부를 결정하고자 하기 때문에 외국에 물건을 팔고 그 대가를 외화로 받는 경우 환율이 매우 중요하게 된다.

우리의 국제거래는 다른 나라 통화로 거래가 이루어지는 경우가 대부분이므로 환율이 중요할 수밖에 없다. 환율과 관련된 가장 핵심적인 질문은 '환율은 어떻게 결정되며 어떻게 변동할 것인가?'라는 문제이다.

1.1.2 통화쌍(currency pair)

환율이 두 나라 통화 간의 교환비율이므로 환율은 **통화쌍**(currency pair, 통화조합이라고도 한다.)으로 표현된다. 우리나라 원화와 미국 달러 간의 환율을 예로 들어보자.

원달러 환율 USD/KRW=1,280.3에서 USD는 미국 달러, KRW는 우리나라 원화를 나타내는데, USD/KRW가 통화쌍이다. 통화쌍에서 앞에 놓인 통화(USD)를 **기준통화**(base currency) 혹은 1차통화(primary currency)라 하고, 뒤에 놓인 통화(KRW)를 **제시통화**(quote currency) 혹은 2차 통화(second currency) 또는 상대통화(counter currency)라고 한다. 국제금융시장에서는 간략하게 '/'를 생략하고 그냥 USDKRW 혹은 USD-KRW로 쓰기도 한다. 각국의 통화표기와 통화코드는 〈표 1-1〉에 정리되어 있다.

세계 금융시장에서 많이 거래되는 통화쌍을 '메이저 쌍(major pairs)'이라고 하는데 2022년 4월 중 일평균 기준으로 주요통화쌍별 거래비중은 EUR/USD(22.7%), USD/JYP(13.5%), GBP/USD(9.5%), USD/CNY(6.6%), USD/CAD(5.5%), AUD/USD(5.1%), USD/CHF(3.9%), USD/HKD(2.4%), USD/SGD(2.3%), EUR/GBP(2.0%), EUR/JPY(1.4%) 등이다. 특히 USD/CAD, AUD/USD는 원자재 교역에 자주 사용되는 통화쌍(commodity pairs)이다. EUR/USD, GBP/USD, AUD/USD처럼 일반적인 경우와 달리 미국 달러가 제시통화(2차 통화) 위치에 놓여있는 통화쌍을 **역쌍**(reciprocal pair)이라고 한다.

USD/KRW에서 '/'는 수학기호 '나누기'가 아니다. USD/KRW는 '원화의 대미달러 환율' 혹은 줄여서 '원달러 환율'이라고 부른다. USD/KRW=1,280.3은 미1달러에 대한 원화환율이 1,280.3원이라는 것이다. 물론 ₩와 $는 원화와 달러의 통화표기이다.

표 1-1 국제통화표기와 통화코드

국 명	통화명	통화표기	ISO code	
Australia	Dollar	A$	AUD	036
Canada	Dollar	C$	CAD	124
China	Yuan	Y	CNY	156
Denmark	Krone	DKr	DKK	208
India	Rupee	Rs	INR	356
Japan	Yen	¥	JPY	392
Korea	Won	₩	KRW	408
Korea, North	Won	Wn	KPW	410
Kuwait	Dinar	KD	KWD	414
Mexico	Peso	Ps	MXP	484
Norway	Krone	NKr	NOK	578
Russia	Ruble	R	RUB	810
Saudi Arabia	Riyal	SR	SAR	682
Singapore	Dollar	S$	SGD	702
South Africa	Rand	R	ZAR	710
Sweden	Kronar	SKr	SEK	752
Switzerland	Franc	SF	CHF	756
Thailand	Baht	Bt	THB	764
United Kingdom	Pound	£	GBP	826
United States	Dollar	$	USD	840
EURO	Euro	€	EUR	978
IMF	SDR	SDR	XDR	960

1.1.3 실제로 시장에서 결정되는 환율의 수

N개의 나라가 서로 다른 통화를 사용하고 있을 때 각국 통화 간의 교환 비율인 환율은 N개보다 훨씬 많을 것이다. 예를 들어 3개국이 서로 다른

통화를 사용하고 있다면 3개국 간에는 3가지 환율이 존재한다. 4개국인 경우에는 6가지 환율이 존재하고, 5개국인 경우에는 10가지 환율이 존재한다. 지구상에 150가지 이상의 통화가 존재한다고 할 때, 각국 통화 간의 교환비율인 환율의 수효는 굉장히 많을 것이다. 그렇다면 이렇게 많은 환율이 동시에 모두 외환시장을 통해서 각각 결정되는 것인가? 기본적으로 기축통화(미달러)와 그 밖의 N-1개 통화 간의 환율만 실제로 시장상황에 의해 결정되고 나머지 환율들은 N-1개의 환율로부터 단순히 계산되어 적용된다.

즉, 기축통화국 미국을 포함한 N개의 나라가 있을 때 일반적으로 미국달러와 N-1국 통화간에 N-1개의 환율이 결정되고 미국을 제외한 국가들 간의 환율은 먼저 결정된 미달러와의 환율을 이용해 계산, 공시된다.

그러나 국제금융환경의 발전과 변화에 따라 최근에는 그보다 조금 복잡한 일이 벌어지고 있다. 전 세계 통화 중에는 미국달러와 비슷한 기능을 하는 통화들이 몇몇 더 있다. 영국 파운드, 유로, 일본 엔, 스위스 프랑, 호주달러, 캐나다 달러, 중국 위안화 등은 미국달러를 거치지 않고 제3국 통화와 직거래시장을 통해 매매되는 경우가 있다.

한국과 중국간에도 2014년 12월부터 **원위안 직거래시장**이 개설되어 달러를 거치지 않고 원위안환율이 서울외환시장에서 직접 결정되고 있다. 파운드, 유로, 엔, 위안, 스위스 프랑 등의 통화는 직거래시장을 통해 거래되는 경우가 있으므로, N개의 통화가 있을 때 실제로 시장에서 결정되는 환율은 N-1개보다 많을 것이다. 우리나라를 예로 들어 각국 간의 환율 환산을 설명하면 다음 1.1.4와 같다.

1.1.4 매매기준율, 교차환율, 재정된 매매기준율

같은 환율이라도 [그림 1-1]에서 보듯이 그 명칭은 우리나라를 중심으로 부를 것인가 혹은 미국을 중심으로 한 국제적 기준에 따를 것인가에 따라 달라진다. 우리나라 외환시장을 통해 먼저 우리나라 원화와 미국 달러화 간의 환율이 결정된다. 이 환율을 우리나라에서는 매매기준율이라고 하는데, 국제적으로는 '**기준환율**(basic rates)'이라 부른다.

동시에 국제외환시장에서 제3국 통화와 미국 달러 간의 기준환율(그 나라 입장에서 볼 때)이 정해지는데, 이 환율을 우리 입장에서는 '**교차환율**(cross rates)'이라 부른다. 교차환율의 원래 뜻은 자국통화가 개입되지 않은 외국 통화 간의 환율을 의미한다.

이제 우리나라 원화와 제3국 통화 간의 환율 결정은 우리와 미국 달러 간의 기준환율과 미국 달러와 제3국 통화 간의 교차환율을 이용해 계산하면 된다. 이렇게 계산된 우리 통화와 제3국 통화 간의 환율을 우리 입장에서는 '재정(裁定, arbitrated)된 매매기준율' 혹은 줄여서 '**재정환율**'이라고 부른다.

예를 들어 원화와 미국 달러 간의 기준환율이 우리나라 외환시장에서 $1=₩1,200이고, (일본입장에서 볼 때) 일본 엔화(¥)와 미국 달러 간의 기준환율(우리입장에서는 교차환율)은 도쿄 외환시장에서 $1=¥120이라고 하자. 이제 원화와 엔화 간의 '재정된 매매기준율'은 ¥100=₩1,000으로 환산되어 고시된다. 미국 달러를 제외한 통화 간의 수많은 교차환율은 직거래시장을 통해 독자적으로 결정되지 않은 이상 각 통화와 미국 달러와의 기준환율에 의거 단순 계산되어 고시된다.

일본 여행을 하려는 A씨는 신한은행에서 엔화를 매입하려고 한다. 이때 환전은 내부적으로 두 번 발생하는데 먼저 원화를 달러로 사는 거래와 매입한 달러로 엔화를 사는 거래가 그것이다. 물론 각각의 거래에 각각 수수

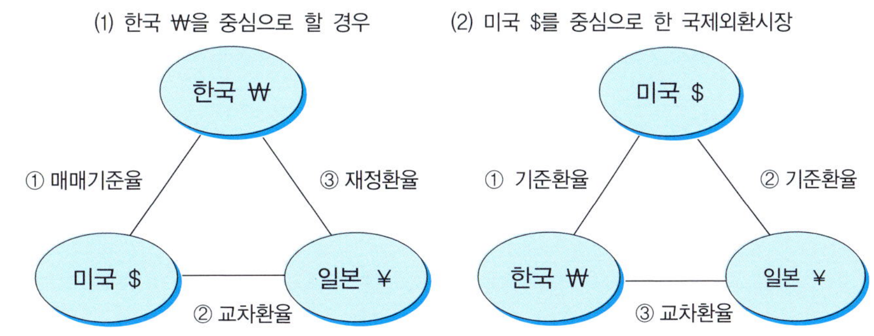

【 그림 1-1 환율의 명칭 】

료(commision)를 지불해야 한다. 만일 A씨가 중국이나 미국을 방문한다면 환전을 위한 거래는 한 번이면 될 것이다.

1.1.5 환율표시 방법

환율표시 방법은 크게 두 가지로 나누어 생각할 수 있다.

하나는 개별국가 내에서 자국통화와 외국통화 간의 환율표시 방법이고 다른 하나는 국제외환시장에서의 환율표시 방법이 그것이다. 개별국가 내에서의 환율표시 방법에는 자국통화표시법(지급환율, 직접표시법이라고도 한다)과 외국통화표시법(수취환율, 간접표시법이라고도 한다)의 두 가지가 있고, 국제외환시장에서 사용하는 표시방법은 미국통화표시법(American Terms)과 유럽통화표시법(European Terms)으로 나눌 수 있다.

(1) 개별국가 내에서의 환율표시법

① 자국통화표시법

환율을 표시함에 있어 자국통화표시법이란 외국통화 1단위에 대해 국내통화를 얼마나 지급해야 하는가를 나타내는 방법이다. 우리나라를 예로 들면 $1=₩1,291.73, ￥100=₩989.80, £1=₩1,560.07, €1=₩1,374.43 등으로 표시하는 것이다. 전세계 대부분의 나라들이 자국통화표시법을 사용하고 있다. 〈표 1-2〉는 자국통화 표시법에 따른 우리나라의 환율시세(2023년 1월 4일 현재)를 보여주고 있다.

② 외국통화표시법

외국통화표시법은 자국통화 한 단위에 대해 외국통화를 얼마나 받을 수 있는가를 나타내는 표시법이다. 앞의 예를 이용하여 나타내 보면 ₩1=$1/1,291.73, ₩1=￥100/989.80, ₩1=£1/1,560.07, ₩1=€1/1,374.43 등으로 표시하는데 우리나라는 이 방법을 사용하고 있지 않고 유로, 영국 및 영연방국가 몇몇이 사용하고 있다.

표 1-2 우리나라의 환율시세

(단위 : 원)

통화명	환 율	통화명	환 율
미국 달러	1,291.73	노르웨이 크로네	129.53
유로	1,374.43	사우디 리얄	359.18
일본 엔(100엔)	989.80	멕시코 페소	72.28
중국 위안	193.67	UAE 다르함	364.94
영국 파운드	1,560.09	바레인 디나르	3,585.42
캐나다 달러	954.87	싱가포르 달러	967.78
스위스 프랑	1,396.49	말레이시아 링깃	306.83
홍콩 달러	165.71	뉴질랜드 달러	820.71
스웨덴 크로나	123.73	태국 바트	39.15
호주 달러	889.63	대만 달러	46.85
덴마크 크로네	185.63	필리핀 페소	25.01
베트남 동(100동)	6.04	체코 코루나	60.80
러시아 루블	19.48	인도 루피	15.34

자료 : 하나은행, 2023.1.4

(2) 국제금융시장에서의 환율표시법

국제금융시장에서는 대부분의 통화가 미국 달러화에 대한 환율로 표시되고 있다. 예를 들면 $1=¥130.45, $1=C$1.3553, $1=SFr0.9272 등이다. 이를 **유럽통화표시법**(European Terms)이라고 한다.

그러나 £1=$1.2068, €1=$1.0621처럼 영국의 파운드, 일부 영연방국 통화, 유로, SDR 등의 환율표시는 American Terms라고 해서 그들 통화 1단위에 대한 미국 달러화로 표시된다. 이를 **미국통화표시법**(혹은 달러표시법, American currency quotation이라고도 한다)이라고 부른다.

국제환율시세표가 두 표시법을 혼용하기 때문에 초보자들은 혼란스러울 수 있으나 국제금융 종사자들은 워낙 익숙해져 착오가 없다.

〈표 1-3〉은 2023년 1월 4일 현재 주요국 통화의 국제환율시세를 보여준다. 표에서 파운드, 유로, 호주 달러, 뉴질랜드 달러, SDR은 American Terms로 그 밖의 통화들은 European Terms로 공시되고 있다.

표 1-3 주요 통화간 국제환율시세 및 표시법

통화명	환 율	표시방법
영국 파운드(GBP/USD)	£1=$1.2062	American Terms
유로(EUR/USD)	€1=$1.0621	〃
호주 달러(AUD/USD)	A$1=$0.6877	〃
뉴질랜드 달러(NZD/USD)	N$1=$0.6338	〃
SDR(SDR/USD)	1SDR=$1.3300	〃
스위스 프랑(USD/CHF)	$1=SFr1.9272	European Terms
캐나다 달러(USD/CAD)	$1=C$1.3553	〃
중국 위안(USD/CNY)	$1=Y6.8795	〃
일본 엔(USD/JPY)	$1=¥130.45	〃
스웨덴 크로나(USD/SEK)	$1=SKr10.5231	〃
멕시코 페소(USD/MXN)	$1=Ps19.3456	〃

자료 : Wall Street Journal, 2023.1.4.

1.1.6 통화의 가치변동과 환율변동

두 나라 통화 간의 교환비율인 환율은 각국의 통화가치가 변함에 따라 함께 변한다. 물론 고정환율제도를 실시하고 있는 나라인 경우 통화가치의 변동이 있더라도 환율은 변하지 않는다. 최근 대부분의 나라들이 채택하고 있는 변동환율제도 하에서는 환율은 시장상황에 따라 변한다.

우리나라 원화의 대미 달러환율(줄여서 원달러환율)이 $1=₩1,250에서 $1=₩1,300으로 상승했다면 우리나라 입장에서 말할 때 환율인상이라고 한다. 원화가치를 중심으로 말할 때는 원화의 가치하락(depreciation)이라고 한다. 반대로 $1=₩1,250에서 $1=₩1,200으로 변했을 때는 원화 환율인하 혹은 원화의 가치상승(appreciation)이라 한다.

한편 금본위제도나 고정환율제도 하에서도 환율을 간헐적으로 조정할 경우가 있는데, 자국통화 가치를 하락조정한 경우 자국통화의 **평가절하**(devaluation)라고 한다. 반대로 자국통화가치가 상승한 환율조정인 경우 자국통화의 **평가절상**(revaluation)이라고 한다.

정확히 말하면 통화가치하락이나 가치상승은 변동환율제도하의 환율변동에 대해 사용하는 개념이며 평가절하와 평가절상이란 용어는 고정환율제도에서의 간헐적인 환율변경을 의미하는 개념이다.

1.2 현물환 환율과 선물환 환율

1.2.1 거래일과 결제일

외환거래에는 거래가 성립한 거래일(deal date 혹은 trade date)과 거래가 이행되는 결제일(value date 혹은 settlement date)이 서로 다른 경우가 자주 있다. 거래일에는 환율, 금액, 결제일, 기타 거래조건 등 거래에 필요한 모든 사항이 결정된다. 반면 결제일에는 각각 상대방의 예금계좌에 거래일에 약정한대로 자금을 이체시킴으로써 거래를 종료하게 된다.

외환거래는 거래일 후 결제시점에 따라 다음과 같이 구분할 수 있다.

① 거래 당일 결제가 이루어지는 것을 당일결제(value today)라고 한다.

② 거래성립일로부터 1거래일 후에 결제가 이루어지는 경우를 익일결제(value tomorrow)라고 한다. 이때 주말(토, 일요일)이나 두 결제지 중 어느 한 곳이 공휴일이라면 동일자 결제원칙에 따라 거래일에 포함되지 않는다(예외 : 중동지역통화의 경우 동일자 결제원칙이 적용되지 않음).

③ 거래성립일로부터 2거래일 후에 결제가 이루어지는 것을 익익일결제(value spot)라고 한다.

④ 거래성립일로부터 3거래일 이상이 경과된 시점에서 결제가 이루어지는 것은 익익일후결제(value forward)라고 한다.

외환거래는 거래일과 결제일 간의 차이에 따라 현물환거래와 선물환거래로 나누어진다.

우리나라를 비롯한 대부분의 나라들이 익익일결제(value spot)까지를 현물환(spot)으로 취급하며 익익일후결제부터는 선물환(forward)으로 취급한다(다만, 캐나다 달러와 멕시코 페소의 경우 익일결제까지를 현물환으로 한다). 현물환거래의 결제일을 거래성립일로부터 2일 정도 여유를 주는 것은 국제적인 외환거래는 지리적 격차로 인한 시차문제가 있기 때문이다. 현물환거래에 적용되는 환율을 현물환율(spot rate)이라고 하며 선물환거래에 적용되는 환율을 선물환율(forward rate)이라고 한다.

1.2.2 선물환율의 결제일

선물환 결제일은 '**현물환 결제일+선물환 만기**'로 이루어진다. 현물환 결제일은 우리나라의 경우 거래일로부터 2거래일이다. 선물환 만기는 보통 1개월, 2개월, 3개월, 6개월, 1년 등의 표준만기가 사용되나, 때로는 당사자 간의 합의에 따라 비표준만기로 결정되기도 한다.

예를 들어보자.

① 선물환 거래일이 9월 25일(수)일 때 1개월 선물환의 결제일을 알아보자. 현물환 결제일이 9월 27일(금)이므로 선물환 만기가 되는 1개월 후는 10월 27일(일)이나 일요일이므로 결제일은 10월 28일(월)이 된다.

② 선물환 거래일이 9월 26일(목)이면 현물환 결제일은 9월 30일(월)이다. 이 경우 1개월 선물환 결제일은 10월 30일(수)이 아니고 10월 31일(목)이 된다. 이렇게 되는 이유는 현물환 결제일 9월 30일이 그 달의 마지막 거래일이기 때문이다. 이것을 '**최종거래일 규칙**(end-end-rule 또는 末-末 규칙)'이라고 한다.

③ 또 다른 예로 1개월 선물환의 거래일이 9월 27일(금)이면 현물환 결제일은 10월 1일(화)이 되고 선물환 결제일은 11월 1일이 아니라 10월 31일(목)이 된다. 이는 '**달을 넘기지 않는 규칙**(month-end-rule)' 때문이다.

따라서 1개월 선물환이라 하더라도 실제 결제일은 거래일로부터 30일을 전후하여 결정되게 마련이며, 이때 적용되는 선물환율은 실제 소요일수에 따라 결정되므로 거래 쌍방 불이익이 없다.

1.2.3 거래지와 결제지

거래를 체결한 은행이 위치한 곳을 거래지(dealing location)라 하고 결제가 이루어지는 곳을 결제지(settlement location)라고 한다. 많은 경우 거래지와 결제지가 일치하지만 제3국 통화가 개재되는 경우 일반적으로 거래지와 결제지가 달라지게 된다.

예를 들어 서울의 하나은행이 파리의 BNP(빠리바)은행으로부터 $1=￥120의 환율로 1,000만달러를 매입하기로 했다면 거래지는 서울과 파리인 반면 결제지는 각 은행이 지정하는 지역, (예를 들어) 뉴욕과 도쿄가 된다. 왜냐하면 외환거래는 외화가 거래지로 송금됨으로써 결제되는 것이 아니라 외화예금의 형태로 계정이체되는 것이기 때문이다. 그러므로 결제일에 서울의 하나은행은 도쿄에 있는 BNP의 'JPY 예금계좌'에 12억엔을 이체시키고, 파리의 BNP는 뉴욕에 있는 하나은행의 'USD 예금계좌'에, 1,000만달러를 이체시키는 것으로 결제가 완료된다.

그러므로 외국환은행(외환관리법상 외환거래를 할 수 있도록 허가받은 은행이나 점포)은 외환거래의 결제를 위해서 자신의 지점이 소재하고 있는 곳이나 자신의 예금계좌가 개설되어 있는 곳을 결제지로 지정하게 된다. 우리나라를 비롯한 전세계 외국환은행들은 모든 지역에 지점을 설치할 수 없기 때문에, 외환거래를 쉽게 이행할 수 있도록 전세계 주요 외국환은행들과 환협정(correspondent arrangement)을 맺고 있는데, 환협정은행을 **코레스은행**(corres bank)이라고 한다.

FAQ

- **학생의 질문 :** 만일 1개월 선물환 거래일이 6월 30일(금)이면 현물환 결제일은 7월 4일(화)이 되고, 그러면 선물환 결제일은 8월 4일(금)이 되나요?
- **안교수 답변 :** '달을 넘기지 않는 규칙'의 기준 월은 선물환거래일이 속한 달(질문에서 6월)이며 1개월인 경우 다음 달(7월)을 넘지 않아야 합니다. 따라서 선물환 결제일은 7월 31일(월)이 됩니다.

1.3 우리나라의 환율구조

1.3.1 외환의 매매율

(1) 스프레드(spread)

우리나라의 서울외환시장에서 결정된 원화와 미국 달러 간의 매매기준율(basic rate)은 은행이나 고객이 외환을 사고 팔 때 적용되는 환율은 아니다. 실제 거래에 적용되는 환율은 매매기준율을 중심으로 외국환은행들에 의해 자율적으로 결정되는데, 은행이 살 때 적용하는 환율(매입환율, bid rate)과 팔 때 적용하는 환율(매도환율, ask rate 혹은 offer rate)이 각각 다르다. 물론 은행이 외환을 고객에게 팔 때 적용하는 매도환율이 살 때 적용하는 매입환율보다 높다. 매도환율과 매입환율 간의 이러한 격차를 스프레드(혹은 bid-ask spread, 매매율격차)라고 한다.

예를 들어 뉴욕의 시티은행이 미국 달러와 캐나다 달러 간의 환율을 USD/CAD=1.3089−99로 제시(quote)하고 있고, 달러와 일본 엔간의 환율은 USD/JPY=119.80−91로 제시하고 있다고 하자(이때 '/'라는 표현은 나눗셈 기호가 아니다.). 즉, 시티은행은 1달러를 1.3089 캐나다 달러에 매입하고 1.3099 캐나다 달러에 매도하는 한편 달러/엔의 경우 1달러를 119.80엔에 매입하고 119.91엔에 매도하겠다는 의사표시이다. 일반고객들에 대한 환율제시와는 달리 딜러들 간의 은행 간 거래에 있어서는 시간절약을 위해 앞의 세 숫자를 생략하고 USD/CAD=89−99으로 USD/JPY=80−91로 말한다. 이때 생략되는 앞의 세 숫자를 Big Figure라 하며 뒤의 작은 두 숫자를 Pip(혹은 Base Point라고도 한다.)이라고 부른다. 미국 달러와 캐나다 달러 간의 스프레드는 10Pips이며 달러와 엔 간의 스프레드는 11Pips가 된다.

스프레드의 크기는 거래량이 많은 통화일수록 그 폭이 작은 반면 위험(risk)이 높은 통화일수록 크다. 스프레드가 외환거래를 중계하는 은행의 수입원천의 하나인 것은 물론이다.

(2) 교차환율의 매매율과 스프레드

미국 달러에 대한 캐나다 달러와 한국 원화 환율이 USD/CAD=1.3089−99와 USD/KRW=1,160.2−4.0이라고 하자. 이때 캐나다 달러와 한국 원화 간의 교차환율은 어떻게 되는가? 두 통화쌍 모두 자국통화표시법으로 표시되고 있으므로 교차환율은 두 통화쌍을 서로 나누어서 구하게 된다. 이때 매도환율>매입환율이므로 분자와 분모에 들어갈 숫자를 잘 배치할 필요가 있다. CAD/KRW의 매입환율(bid rate)은 1,160.2 (小)/1.3099(大)=885.72가 되고 매도환율(ask rate)은 1,164.0(大)/1.3089(小)=889.30이 된다. 즉, 두 통화 간의 교차환율은 CAD/KRW=885.72−9.30이 된다.

CAD/KRW 교차환율의 스프레드비율은 (3.58/885.72)×100%=0.4%인데 이는 USD/CAD환율의 스프레드비율 (0.0010/1.3089)×100%=0.08%와 USD/KRW환율의 스프레드비율 (3.8/1,160.2)×100%=0.32%의 합이다. 직거래시장이 없는 제3국 통화와의 거래는 달러를 거쳐서 거래해야 하므로 스프레드 폭이 넓어지고 수수료가 2회 부과되는 문제점이 있다.

1.3.2 은행 간 환율과 대고객 환율

외환시장의 환율구조는 크게 은행간 환율과 대고객 환율로 나눌 수 있다. 대고객 환율은 은행 간 환율을 기초로 각 은행이 자유롭게 제시하게 되는데 전신환 매매율, 수출입 환어음 매매율, 현찰매매율 등이 있다. 은행간 환율은 시장상황에 따라 1일 중 수시로 변하는데 반해 대고객 환율은 수시변경에 따르는 불편을 해소하기 위해 대체로 1일 중 고정시켜 운용하고 있다.

은행간거래에 있어 환율을 제시할 수 있는 은행을 '**시장조성자**(market maker, quoting bank)'라고 한다. 시장조성자가 아닌 은행은 시장조성자가 제시한 환율에 따라 외환거래를 하게 되는데 이들을 '**시장이용자**(market user, calling bank)'라고 한다.

원위안 직거래시장의 경우 한국은행과 기획재정부는 2022년 원・위안화 직거래시장의 시장조성자로 국내은행은 국민・신한・우리・기업・산업・하나은행 등 6곳을, 외국은행 국내지점은 위안화 청산결제은행을 맡은 교통은행을 비롯해 중국공상은행·중국건설은행·중국은행·홍콩상하이은행 등 5곳을 지정하였다.

시장조성자 제도는 2014년 12월 개설된 국내 원·위안화 직거래시장 활성화를 위해 도입됐는데, 이들은 연속적으로 매수·매도 가격을 제시해 가격형성을 주도하고 유동성을 공급하는 역할을 수행하고 있다.

2021년 원위안화 하루 평균거래량은 20.0억 달러로 원·달러 거래대비 22% 수준이다. 최근 6년간 정체 상태에 머물고 있다. 이 중 시장조성자 은행의 거래비중은 80%에 달한다. 2021년 상반기 우리나라 대 중국무역의 위안화 결제비중은 7.0%로 미국 달러화의 80% 이상에 비해 낮은 편이다.

(1) 은행 간 환율

은행 간 환율은 매매기준율을 중심으로 한국은행과 외국환은행 간의 외환거래에 적용되는 환율로 외환시장의 개장시간 중 끊임없이 변동한다.

(2) 전신환 매도율, 전신환 매입률

은행이 고객에게 전신환 형태로 외환을 매도, 매입할 때 적용하는 환율이다. 참고로 해외여행 중에 신용카드를 사용한 경우 카드 결제일에 적용되는 환율은 전신환 매도율이다. 이때 카드결제에 따른 수수료는 따로 부담해야 한다.

(3) 수입어음 결제율, 수출환어음 매입률

(가) 수입어음 결제율

① 한국의 수입업자 A는 미국수출업자 B에게 한국의 C은행이 지급을 보증하는 신용장을 개설하여 송부한다.

② 미국의 B는 화물선적과 함께 미국 D은행에 화환어음을 제시하고 수출대금을 결제받는다. D은행은 한국의 신용장 개설은행 C로부터 대금을 인출·회수한다.

③ 미국 D은행은 화환어음을 한국 C은행으로 우송, C은행은 화환어음에 의거 수입업자 A에게 수입대금 결제를 요청하는데, 이때 적용되는 환율을 수입어음 결제율이라고 한다. 화환어음의 결제 또는 자금화에 소

요되는 기간에 해당하는 금리만큼을 감안하여 전신환 매도율보다 높게 결정된다.

(나) 수출환어음 매입률

한국의 수출업자 K가 발행한 환어음을 한국의 G은행이 매입할 때 적용하는 환율이다. 한국의 매입은행은 매입과 함께 원화로 수출대금을 지급하는 반면, 대금(외화)회수는 환어음을 외국 신용장개설은행으로 우송하여 추심을 받은 후 이루어진다. 따라서 환어음의 결제 또는 자금화에 소요되는 기긴에 해당히는 금리만큼을 감(−)하여 매입하게 되므로, 전신환 매입률보다 낮게 결정된다.

(4) 현찰 매도율, 현찰 매입률

은행이 고객에게 현찰로 외환을 매도, 매입할 때 적용하는 환율이다. 현찰 매도율, 매입률은 현찰의 운반, 보관, 이자손실 등을 고려하여야 하므로 고객에게 불리한 환율이다. 여행자수표 매매율과 환어음 매매율은 현찰과 전신환 사이에서 결정된다. 하나은행의 대고객 매매율구조는 〈표 1-4〉와 같다.

표 1-4 외국환은행의 대고객 매매율구조(₩/$)

(하나은행, 2023. 1. 5. 단위 : 원)

환율	구분	
1,292.22	현찰 매도율	ask rate 은행이 고객에게 외환을 팔 때 (고객이 사실 때)
	여행자수표 매도율 /수입어음 결제율	
1,282.40	전신환 매도율	
1,270.00	매매기준율	
1,257.60	전신환 매입률	bid rate 은행이 고객에게서 외환을 살 때 (고객이 파실 때)
	여행자수표 매입률 /수출환어음 매입률	
1,247.78	현찰 매입률	

FAQ

- **학생의 질문 :** 스프레드의 크기는 거래량이 많은 통화일수록 그 폭이 작고, 위험이 높은 통화일수록 크다고 하는데 그 이유가 궁금해요.
- **어느 학생의 답변 :** high risk, high return~!의 개념으로 이해하시면 될 것 같아요. 거래량이 많다는 건 거래량이 적은 통화에 비해 risk가 적으니까 얻을 수 있는 스프레드도 적은 것이고 거래량이 적은 것은 risk가 높으니까 스프레드도 높을 수밖에 없죠(스프레드=은행입장에서의 return으로 생각하시면 됩니다.). 위험이 높으면 당연히 얻는 것도 많아야죠.

1.4 외환시장

1.4.1 외환시장의 정의

외환시장(foreign exchange market)은 외환(外換) 그 중에서도 주로 외화예금의 거래가 이루어지는 시장조직이다. 외환시장에서 외화(화폐)자체의 거래는 불법거래자나 여행자들의 거래에 한정되고 있다. 외환시장은 공간적 존재로서의 시장도 있으나 대부분의 거래는 공간을 초월하여 전화, 전신, 전산망에 의한 추상적 시장을 통해 이루어진다.

1.4.2 외환시장 참여자

외환시장 참여자는 각국 통화당국(중앙은행), 외국환은행, 외환브로커, 흔히 고객이라 부르는 정부, 기업과 개인 등이다.

(1) 통화당국

각국의 통화당국은 거시경제적 관점에서는 물론 단기적인 환율변동을 억제하기 위해서 중앙은행을 통하여 외환시장에 개입하고 있다. 즉, 각국 중앙은행은 외환시장의 중요한 참가자로서 역할을 수행하고 있다.

(2) 외국환은행

외국환은행은 은행인 경우가 대부분이지만 비은행 금융기관도 있다. 외국환은행에서 외환중개는 물론 스스로 위험을 부담하면서 외환거래에 참여하는 자를 '외환 딜러(dealer)'라고 한다. 각 외환 딜러들은 주로 자신이 취급하는 통화가 있기 마련이다. 외국환 은행의 외환 딜러들은 외환차익을 얻기 위해 여타 외국환은행과 외환을 매매하게 된다.

그 밖에도 고객인 기업이나 개인의 외환매매 요청에 대해 중개업무도 담당하고 있다. 전 세계 외환거래 중 외국환은행간의 거래는 전체 거래의 80%를 차지하는 데 비해 대 고객거래는 20% 정도밖에 안된다. 은행 간 거래 중 75%는 소속 국적이 다른 외국은행과의 거래이며 자국내 외국환은행끼리의 거래는 25% 정도이다.

(3) 외환브로커

외환브로커(exchange broker)는 외국환은행 간의 외환거래를 중개하고 거래가 체결될 경우 소정의 수수료(brokerage)를 받는 영리기관으로, 외환중개업무만을 수행한다. 국내에서 영업중인 외환브로커는 국내회사로 서울외국환중개주식회사, 한국자금중개회사, KIDB자금중개, IPS외국환중개 등 4개사가 있고 외국계 회사로는 ICAP, Tullet Prebon, BGC, GFI, Nittan Capital, Tradition 등이 있다.

이 밖에 외국환 통화의 매입 및 매도, 외국에서 발행한 여행자수표의 매입을 업으로 하는 환전영업자가 있다.

외환 딜러들은 왜 자신이 직접 거래를 성사시키지 않고 수수료를 부담하면서 외환브로커의 도움을 받고자 하는가? 그 이유는 첫째, 딜러들은 거래계약이 체결될 때까지 익명성이 보장되기를 원한다는 점이다. 왜냐하면 거래자의 신원이 미리 밝혀지면 자신의 단기 주문가격(환율)이 노출되기 때문이다. 둘째, 브로커들은 매 순간 많은 딜러들을 상대하고 있으므로 어떤 딜러가 어떤 통화를 사고 팔기를 원하는지 매 순간 정확히 알고 있어 재빨리 거래를 성사시켜주기 때문이다.

(4) 고 객

정부와 일반 기업, 개인은 대외거래가 발생함에 따라 외환의 매매를 필요로 한다. 수출입업체, 해운회사, 여행사 등 다양한 형태의 외환관련 기업체가 있고 그 범위도 점점 확대되고 있다. 개인의 경우 해외 여행에 필요한 환전, 해외 유학에 필요한 학비의 송금 등 외화 환전을 필요로 외환시장에 참여한다.

1.4.3 외환의 매매와 송금, 이체

고객이 외국환은행에서 주로 매매하는 외환으로는 전신환, 외화현찰(cash), 여행자수표(traveler's check), 송금수표(money order) 등이 있다. 이 가운데 가장 활발한 방식은 전신환이다. 현찰은 수송 및 보관 등의 비용이 크므로 매매율 격차가 제일 크다. 최근 신용카드와 국제현금카드가 활성화되면서 급격히 사용이 축소되고 있는 여행자수표는 은행이 발행한 수표인데 서명란이 두 군데 있다. 매입할 때 서명을 한 후 사용시점에 또 다시 서명을 함으로써 본인 여부를 확인하게 된다. 분실해도 곧바로 신고하면 재발행이 되며 소액권부터 고액권까지 다양한 수표로 발행해준다. 여행자수표의 환율은 현찰보다 다소 유리하다. 송금수표는 외국으로 돈을 송금할 때 사용하는데, 매입 후 우편으로 수신자에게 보내어 찾게 한다.

규모가 큰 해외로의 송금과 자금이체는 종래 텔렉스를 통한 전신환 시스템에서 장거리 통신망을 통해 외환을 주고 받는(이체하는) 방식으로 대부분 대체되었다. 해외 금융거래를 원활하게 하기 위해 설치된 장거리 통신망 가운데 대표적인 것으로 1973년 유럽은행들을 중심으로 벨기에 브뤼셀에 설치된 '세계은행간금융통신망(SWIFT : Society for Worldwide Interbank Financial Telecommunications, 국제은행간 통신협회라고도 부른다)'이 있다. 이는 전산망을 이용한 송금데이터와 메시지를 주고 받는 위성통신망인데 전 세계 200여개국 11,000여개 은행이 가입해 있으며 우리나라도 1994년에 가입했다. 이란과 북한은 가입하지 못했고 러시아는 우크라이나 침공으로 SWIFT에서 축출되었다.

해외송금은 SWIFT를 이용하는 방법 외에 은행의 간편송금서비스, 핀테크송금서비스, 페이팔(Paypal), 웨스턴유니언망송금, 씨티은행 글로벌 계좌

이용방식 등이 있다. 인터넷전문은행에 의해 촉발된 해외송금 수수료의 하락경쟁은 카드사, 핀테크사 그리고 앞으로 증권사까지 가세하면 더 치열해질 전망이다.

쉬어가기!

증권사에 빗장 열린 일반환전 서비스 … 수익성 확보 '과제'

(전략) 은행 고유업무였던 일반환전이 올 하반기부터 증권사에 확대 적용되면서 일부 증권사들이 서비스 참여・개발에 나섰다. 키움증권은 기존 주식투자 목적으로 환전하는 고객들에게 제공했던 환율우대 서비스를 확대 개편하여 일반 목적으로도 환전할 수 있는 환전 화면을 이달 중 선보일 계획이다. KB증권은 일반환전 업무를 위해 사내 태스크포스(TF)를 구성했다. 양사의 행보는 2023년 7월 4일부터 시행된 외국환거래규정 개정에 따른 것이다.

그동안 일반환전은 4조원 이상의 자기자본을 갖춘 종합금융투자사업자(종투사)가 단기금융업무 인가를 받은 경우 기업을 대상으로만 제한적으로 허용됐다. 이 기준에 부합하는 증권사는 미래에셋증권, 한국투자증권, NH투자증권, KB증권 4곳 뿐이었다. 이 외의 증권사 환전 업무는 고객에게 투자 목적으로 환전해 주는 것만 가능했다. 그러나 정부가 일반환전 증권사를 늘리고 개인·기업으로 서비스 대상을 확대하면서 일정 요건을 갖춘 종투사들이 해외여행·출장 등 다양한 목적의 일반환전 서비스를 할 수 있게 됐다. 현재까지 종투사 인가를 받은 증권사는 미래에셋・한국투자・NH투자・KB증권을 비롯해 삼성증권, 하나증권, 메리츠증권, 키움증권, 신한투자증권 등 9곳이다. 구체적인 서비스 도입 일정은 기획재정부・감독당국과 협의해 각 사가 자율적으로 결정할 예정이다. 이에 정부의 후속 조치와 사업성을 파악하면서 신중하게 접근하려는 증권사들도 늘어날 것으로 보인다.

정부는 시중은행에 편중된 과점 체제를 해소하기 위해 증권사 외환업무 범위를 확대했다. 그러나 은행에 뒤쳐진 증권업계가 실질적인 경쟁에 나서려면 사업 여건이 더 개선될 필요가 있다는 시각이 많다. 정부가 요구하는 사업 조건을 충족하기 위한 비용 부담도 큰 상황이다.

업계 한 관계자는 "일반환전 업무 문턱이 낮아진 것은 긍정적이지만 그간 증권사들이 은행 중심의 구조에서 역량을 제대로 갖추지 못했다"며 "시스템을 적극 구축하기엔 부담이 커 당국의 추가적인 규제 완화와 경쟁사들의 서비스 확대가 구체화 될 경우 따라 나설 증권사가 많을 것"이라고 말했다. 다만 서비스 외연 확장 기대감은 있지만 수익성 확보에 대해선 의문이 붙는다는 의견도 나오고 있다. 업권 간 외환시장 경쟁이 본격화한 상황에서 이미 수수료 우대 정책이 강화되고 있다는 측면에서다. 최근 은행들은 각종 수수료를 없애거나 내리는 흐름을 보이고 있다. (후략)

데일리안 2023. 7. 11 백서원 기자(sw100@dailian.co.kr)

1.4.4 세계의 외환시장

2022년 현재 거래액을 기준으로 세계 최대의 외환시장은 〈표 1-5〉에서 보듯이 전 세계 외환거래량의 36.1%를 점하고 있는 런던외환시장이다. 그 다음으로 뉴욕외환시장, 싱가포르, 홍콩, 도쿄, 취리히, 파리, 프랑크푸르트 순이다. 영국과 미국시장을 합하면 전 세계 외환거래량의 55.5%에 달한다. 상위 10개국의 시장점유율은 87.8%에 이르고 있다. 한국의 외환시장규모는 세계 15위로 전 세계 외환거래량의 0.7%를 점유하고 있다. 최근 중국은 비중을 늘리며 2022년 현재 1.6%로 10위에 올랐다.

표 1-5 세계 외환시장의 국가별 외환거래비중 순위

(2022년 4월중 일평균 기준, %)

순위		2007	2010	2013	2016	2019	2022
1	영 국	34.6	36.7	40.9	37.1	43.2	36.1
2	미 국	17.4	17.9	18.9	19.4	16.5	19.4
3	싱가포르	5.6	5.3	5.7	7.9	7.7	9.4
4	홍 콩	4.2	4.7	4.1	6.7	7.6	7.1
5	일 본	5.8	6.2	5.6	6.1	4.5	4.4
6	스 위 스	5.9	5.2	3.2	2.4	3.2	3.6
7	프 랑 스	3.0	3.0	2.8	2.8	2.0	2.2
8	독 일	2.4	2.1	1.7	1.8	1.5	1.9
9	캐 나 다	1.5	1.2	1.0	1.4	1.3	1.7
10	중 국	0.2	0.4	0.7	1.1	1.6	1.6
11	호 주	4.1	3.8	2.7	2.1	1.4	1.5
15	한 국	0.8	0.9	0.7	0.7	0.7	0.7
	기 타	12.5	10.6	12.0	10.5	8.8	10.4
	합 계	100.0	100.0	100.0	100.0	100.0	100.0

주 : 조사대상 금융기관 간 대내거래의 이중계산(double-counting)만 조정("net-gross" basis)
자료 : BIS, 한국은행 보도자료, 2022. 11. 1.

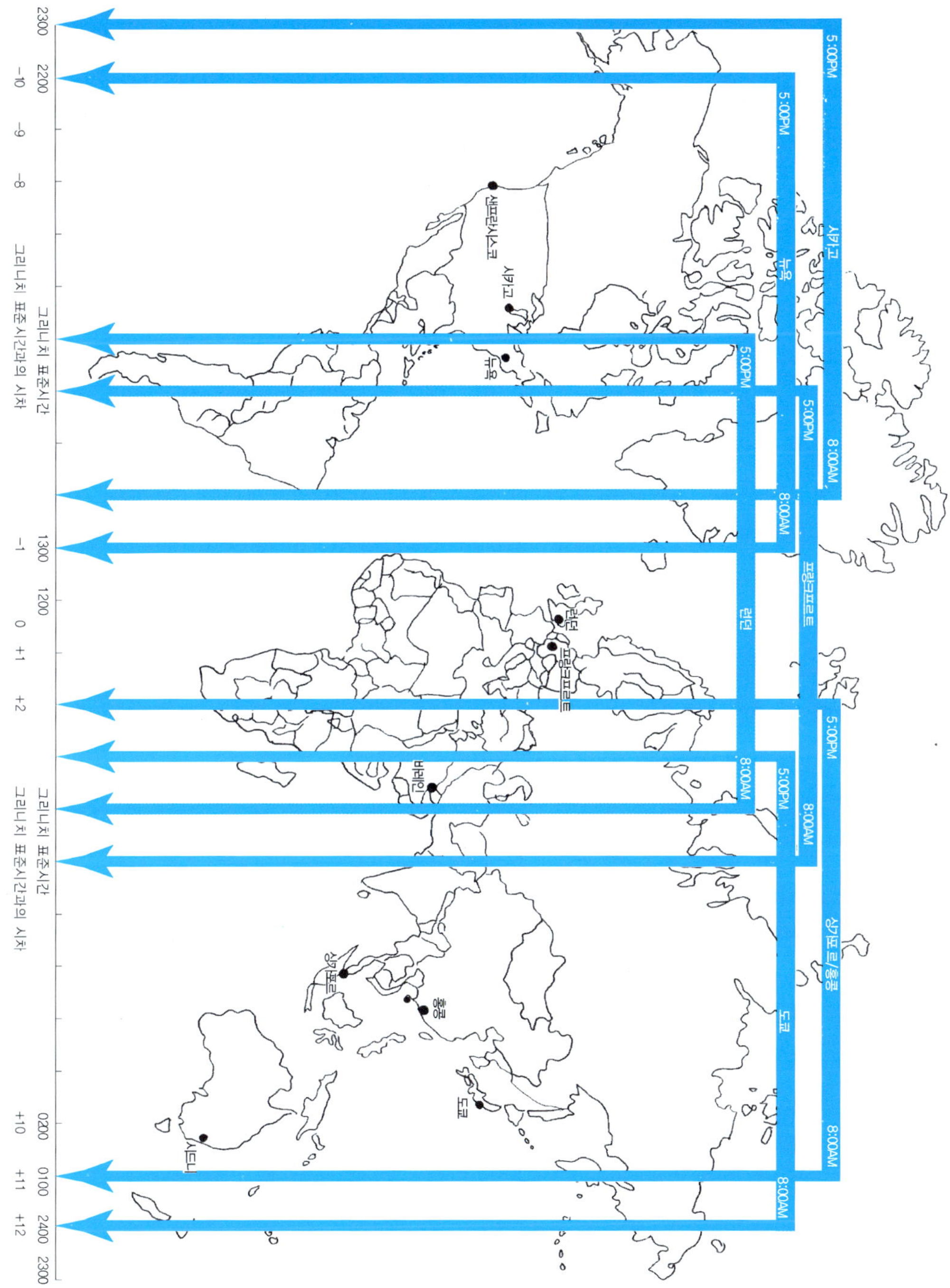

[그림 1-2] 세계 주요 외환시장 영업시간

공간적 의미의 외환시장은 나라마다 영업시간이 다르다. 우리나라의 서울 외환시장은 9:00~15:30에 개장(open)된다. 그러나 공간을 초월한 온라인(on-line)외환시장은 주말(금 22 : 00~일 22 : 00, GMT)을 제외하고는 시드니 외환시장을 시작으로 순서대로 개장하여 5일 내내 열려있는 셈이다.

[그림 1-2]는 세계 각국 외환시장의 영업시간을 그리니치 표준시간에 맞춰 구성한 것이다. 각 외환시장의 영업시간을 연결하면서 전세계 어느 곳에서나 하루 24시간 온라인을 이용한 외환거래를 할 수 있다. 인접한 외환시장 간에는 영업시간이 다소 겹치게 된다. 런던과 유로존 시장은 뉴욕시장과 3~4시간 정도 겹치는데 이 시간대에 거래가 가장 활발하다. 도쿄, 싱가포르, 홍콩시장도 런던이나 유로존 시장과 1~3시간 정도 겹치는데 런던과 도쿄시장이 동시에 개장되어 있는 시간이 두 번째로 거래가 활발하다.

국제결제은행(BIS)에 따르면 세계 각국의 외환시장에서의 거래를 통화별로 분석해 볼 때 2022년 4월 중 미국 달러와의 거래비중은 거래양방의 보고를 합산하여 200%를 기준으로 할 때 88.5%를 차지하고 있다. 유로화 비중은 30.5%, 일본 엔화는 16.7%, 영국 파운드는 12.9%이고, 중국 위안화 7.0%, 호주 달러 6.4%, 캐나다 달러 6.2%, 스위스 프랑화 5.2%이다. 기타 통화의 비중은 26.6%인데 이 가운데 한국 원화 거래비중은 1.9%로 세계 12위 거래통화의 위치를 차지하고 있다.

전 세계 외환거래를 주도하는 거래자는 국제적 상업은행이나 투자은행이 대부분이다. 그러나 2015년 이후 온라인거래를 통해 낮은 수수료를 요구하는 XTX Markets같은 비은행금융서비스회사가 거래비중을 급격히 높여가고 있다. 금융전문지 유로머니(Euromoney) 2022년 5월호는 〈표 1-6〉에서 보듯이 외환시장 점유율 상위 업체를 발표하였다. 예상대로 미국계가 많고 그 외에 영국, 독일, 스위스계 업체가 10위 내에 이름을 올렸다.

동시에 유로머니는 다국적 기업들은 왜 특정 업체를 통해서 외환거래를 하는지 그 이유를 조사 발표하였다. 특정 업체를 고집하는 이유는 기업과 은행과의 특별한 관계가 있기 때문이라는 의견이 가장 많았다. 그 다음으로는 보다 유리한 환율을 제시해주기 때문이며, 세 번째 이유는 거래를 빨리 성립시켜준다는 점, 그 외에 신용이 높은 업체라는 이유, 대금결제 등의 유리, 경영전략에 대한 조언, 특정통화에 대한 전문성이 높기 때문이라는 의견이 뒤를 이었다.

표 1-6 전 세계 외환시장 점유율 TOP10 은행(2022년)

순 위	은행(국적)	시장점유율
1(3)	Deutsche Bank(독)	10.89%
2(2)	UBS(스위스)	9.69%
3(1)	JPMorgan(미)	8.67%
4(9)	State Street(미)	7.66%
5(4)	XTX Markets(영)	7.14%
6(6)	Jump Trading(미)	5.60%
7(5)	Citi(미)	4.54%
8(13)	Bank of New York Mellon(미)	4.30%
9(8)	Bank of America(미)	3.73%
10(7)	Goldman Sachs(미)	4.65%

자료 : Euromoney 2022, 5월호, FX Survey
( ) 내는 2021년 순위

1.4.5 암시장과 평행시장

개도국이나 후진국의 경우 외환거래에 제한을 두는 나라가 있다. 이 경우 외환거래자들은 공식적인 외환시장을 통해서는 필요한 외환을 모두 매매할 수 없기 때문에 불법시장을 통해 외환을 거래하게 된다. 이러한 불법시장을 암시장(black market)이라고 부른다. 일부 국가는 암시장을 묵인하기도 하는데, 이런 묵인된 암시장을 공식적인 외환은행(official foreign exchange market)과 대비하여 평행시장(parallel market, unofficial market)이라고 한다.

북한과 러시아, 이집트, 이란, 일부 중남미 국가와 아프리카 국가에서는 비공식적인 암시장을 통한 외환거래가 활발하다.

1.5 통화재정과 외환시장의 단일화

‘재정(裁定, arbitrage)’이란 두 지역(시장) 간의 가격차를 이용하여 이익을 취하는 행위를 말한다. 즉, 두 지역 간에 가격차가 있을 경우 싼 곳에서 사서 비싼 곳에서 팔므로써 이익을 취하는 것이다.

가장 널리 알려진 재정은 상품재정이다. 상인들의 모든 상품거래가 재정거래인 셈이다. 상품재정 중에서도 가장 전형적인 재정은 국가 간의 무역이라고 할 수 있다. 먼 나라로 상품을 수출한다는 것은 운송비, 관세, 보험료 등의 비용을 제하고도 이익이 남기 때문에 가능한 것이 아니겠는가?

그 밖에도 금리재정과 통화재정 등이 있다. 은행이 낮은 금리로 예금을 유치한 후 높은 금리로 대출하여 이익을 취하는 것이 금리재정의 한 예다. 금리가 낮은 나라에서 자금을 조달하여 금리가 높은 나라에 투자하는 것도 금리재정이다. 여기서는 통화재정이 어떻게 전 세계 외환시장을 하나로 묶어주는가를 살펴보자.

(1) 2국 통화 간 재정

전 세계에 산재한 외환시장은 지리적으로 상당히 떨어져 있으나 각각의 외환시장은 전화, 전신, 인터넷을 통해 모든 정보가 순식간에 교환되므로 거의 완전히 동질적(homogeneous)시장으로 작동한다. 만일 시장 간에 환율격차가 존재한다면 재정자들의 재정활동에 의해 순식간에 환율격차는 해소되고 만다. 따라서 외환시장은 각각 지역적으로 떨어져 있으나 실제는 재정활동에 의해 하나의 단일시장과 같이 움직이는 시장이다.

재정활동으로 외환시장 간의 환율격차가 어떻게 해소되는지 살펴보자. 예를 들어 미국 달러화와 영국 파운드화의 환율이 뉴욕의 시티은행에서는 £1=$1.5450-80로 제시되고 있음에 비해, 런던의 바클레이즈은행에서는 £1=$1.5490-22로 제시되고 있다고 하자. 즉, 시티은행은 1파운드를 1.5450달러에 매입하고 1.5480달러에 매도하겠다고 제시한 반면 바클레이즈은행은 1파운드를 1.5490달러에 매입하고 1.5522달러에 매도하겠다는 것이다. 이러한 사실은 전 세계 모든 외환거래자에게 실시간으로 알려진다. 이 정보가 도착하자마자 누구라도 뉴욕 시티은행에 달러매도/파운드매입 주문을 내는 동시에 런던 바클레이즈은행에 파운드매도/달러매입 주문을 낼 것이다.

뉴욕의 딜러 A는 뉴욕 시티은행에 1,548만달러를 매도하여 1,000만파운드를 매입함과 동시에 런던 바클레이즈은행에 1,000만파운드를 매도하고 1,549만달러를 매입하는 주문을 냄으로써 1만달러의 이익(거래비용을 무시할 때)을 취할 수 있다.

2국 통화간 재정요약

- 뉴욕 Citi : £를 1.5450＄에 사고 1.5480＄에 판다.
- 런던 Barclays : £를 1.5490＄에 사고 1.5522＄에 판다.
- 투자자(딜러) A : 뉴욕 Citi에서 £당 1.5480＄에 사서
  런던 Barclays에 £당 1.5490＄에 판다.
  £당 0.001＄이익
  총 1,000만£ 투자했으므로 10,000＄ 이익.

실제로는 전 세계 모든 외환거래자가 딜러 A와 같이 행동할 것이므로 뉴욕 시티은행의 파운드 가격은 상승하여 파운드당 1.5455-85달러 근처에서 형성되는 반면 런던 바클레이즈은행의 파운드 가격은 하락하여 파운드당 1.5485-16달러 근처에서 형성된다. 이렇게 되면 더 이상 어떤 재정자도 재정이익을 얻지 못한다.

요약하면 세계 각지의 외환시장에서 독립적으로 외환거래가 이루어지면서 환율이 결정되지만 재정활동에 의해 전 세계 외환시장의 환율은 단일시장인 것처럼 거의 동일하게 결정된다. 여기서 완전히 일치하지 않고 약간의 차이가 나는 이유는 외환거래에 따른 매매율격차(bid-ask spread)와 거래 수수료 같은 거래비용이 존재하기 때문이다.

(2) 3국 통화 간 재정

3국간 통화재정을 살펴봄에 있어 분석을 단순화하기 위해 매매율격차를

무시하기로 하자. 런던 외환시장의 파운드/달러 환율은 £1=$1.4, 파리 외환시장은 £1=€1.5, 뉴욕시장에서는 €1=$1.0라고 하자. 약간의 수학적 지식만 동원하더라도 런던시장의 파운드/달러 환율은 £1=$1.5이었어야 모든 시장이 균형에 놓이는 것을 알 수 있다. 즉, 현재의 상황은 런던시장의 파운드 가격이 균형가격보다 낮은 상태임을 알 수 있다.

이를 재빨리 간파한 뉴욕의 외환딜러 A는 런던시장에서 140만달러를 매도하여 100만파운드를 매입하면서 동시에 파리시장에서 100만파운드를 매도하고 150만유로를 매입한다. 그와 동시에 뉴욕시장에서 150만 유로를 매도하고 150만달러를 매입하는 3가지 주문을 동시에 냄으로써 10만달러의 재정이익을 얻는다.

3국 통화 간 재정요약

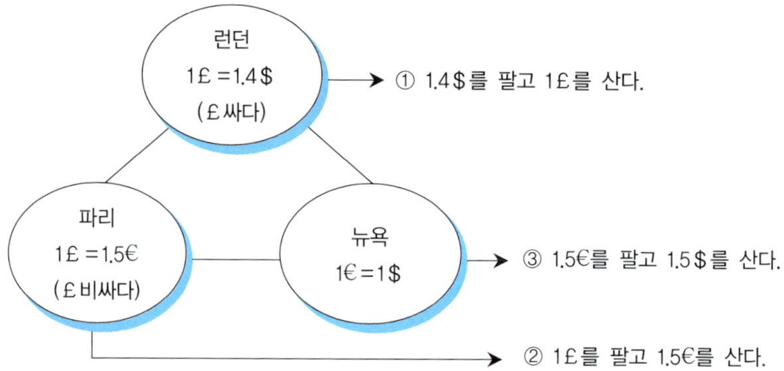

*140만$로 시작했다면 10만$ 이익

실제로는 다른 재정자도 동일한 정보를 동일한 시간에 접하고 있기 때문에 똑같은 재정행위를 할 것이며, 결국 순식간에 런던의 파운드 가격은 상승하고 동시에 파리의 파운드 가격은 하락하여 불균형은 해소된다. 이러한 재정행위는 아주 미세한 이윤이 발생하는 상황에서도 곧바로 일어날 것이기 때문에 현실의 외환시장에서는 거래비용을 초과하는 격차는 실제로 발생하지 않으며 세계 여러 외환시장은 단일시장과 같이 움직이게 된다.

부록 | 실질환율과 실효환율지수

A.1 실질환율

우리가 매일 시장에서 접하게 되는 환율은 두 나라 간의 명목환율(nominal exchange rates)이다. 명목환율은 두 나라 통화 간의 교환비율인데 명목환율이 인상되면 자국통화의 가치가 상대적으로 하락한 것을 의미한다. 명목환율의 인상은 상대국 상품에 대해 자국 상품의 가격경쟁력을 개선시키는 효과가 있으나 양국간의 가격경쟁력을 정확히 비교하기 위해서는 실질환율을 비교해야 한다.

실질환율(real exchange rates)은 명목환율을 양국 물가지수로 조정한 환율을 말한다.

실질환율=명목환율×(상대국 물가지수/자국 물가지수)

예를 들어 지난 1년간 한국의 대미달러 환율이 $1=₩1,000에서 $1=₩1,100으로 10% 인상되었다고 하자. 같은 기간 동안 한국의 물가는 7% 상승한 반면 미국의 물가는 3%밖에 오르지 않았다면 한국의 실질환율은 몇 % 상승한 것인지 계산해보자.

실질환율=1,100(₩/$)×(103/107)=1,058.9(₩/$)

으로 1년 전에 비해 약 5.9% 인상된 것이다. 이때 한국 상품의 미국 상품에 대한 가격경쟁력은 실질환율 인상률인 5.9%만큼 향상된 것이다. 이러한 이유는 자국 제품의 가격경쟁력은 명목환율이 인상될수록 유리해지는 반면 자국의 물가가 더 많이 오를수록 불리하게 작용하기 때문이다.

A.2 실효환율지수

한 나라의 통화가치를 주요 교역 상대국 통화에 대해 총체적으로 평가하기 위해서는 보통 '실효환율지수(EER : effective exchange rates index)'를 사용한다. 실효환율지수는 한 나라의 통화가치가 주요 교역 상대국에 대해 평균적으로 상승했는지 혹은 하락했는지를 파악할 수 있도록 해주는 지표이다. 여러 나라의 통화를 동시에 포함하여 평가하는 것이므로 각각의 통화에 대해 가중치를 주어 계산하게 된다.

> 실효환율지수(EER_t)$=\Sigma \omega_i [(WER_{i,t}/WER_{i,0}) \times 100]$
> ω_i=(i국이 차지하는 무역비중/자국의 총무역액)

여기서 ω_i는 i국 통화에 대한 가중치로 0과 1 사이의 값이다. $WER_{i,0}$은 기준연도 i국 명목환율이며 $WER_{i,t}$는 t기 i국 명목환율이다. 이때 사용되는 국가별 가중치는 자국의 총무역액 중에서 교역상대국이 차지하고 있는 무역비중이다.

여기서 꼭 설명해야 할 점은 미국달러의 실효환율지수와 예시한 원화의 실효환율지수는 해석이 반대라는 점이다.

미국달러의 실효환율지수가 100보다 크다면 달러는 주요통화 대비 가치가 상승한 것인 반면 원화의 실효환율지수가 100보다 크다면 원화는 주요교역국 대비 평균적으로 가치가 하락한 것이다. 이런 까닭은 달러는 제1통화(기준통화)인 반면 원화는 제2통화(제시통화)이기 때문이다.

원화의 실효환율지수 계산 예

	환율(원)		가중치
	2020(기준연도)	2022	
미국($)	1,100	1,200	0.3
일본(¥)	10	12	0.2
유로(€)	1,400	1,600	0.2
중국(Y)	130	150	0.3

* 여기 사용된 수치는 계산 예를 위해 만들어진 임의의 수치임.

$EER_{2020} = 100$

$$EER_{2022} = \left[0.3\left(\frac{1,200}{1,100}\right)+0.2\left(\frac{12}{10}\right)+0.2\left(\frac{1,600}{1,400}\right)+0.3\left(\frac{150}{130}\right)\right]\times 100$$

= 114.2(기간 중 원화는 주요국 통화대비 평균적으로 가치가 하락)

A.3 실질실효환율지수

자국 상품의 가격경쟁력이 주요 교역 상대국에 비해 평균적으로 향상되었는지 혹은 악화되었는지를 파악하기 위해서는 '실질실효환율지수(real effective exchange rate index)'를 살펴보아야 한다.

> 실질실효환율지수
> = 실효환율지수×[(Σω_i×교역상대국 물가지수)/자국 물가지수]

원화의 실질실효환율지수가 100보다 크다면 기준연도 이후 우리 상품의 가격경쟁력은 주요 교역상대국 제품에 비해 평균적으로 향상되었음을 의미한다. 즉, 실질실효환율지수가 100보다 크다면 우리 상품의 달러표시 수출가격은 주요 교역상대국 상품에 비해 평균적으로 하락한 반면 외국으로부터의 수입품의 원화통화표시 가격은 평균적으로 상승하였기 때문이다.

실질실효환율지수 계산 예

	물가지수		가중치
	2020(기준연도)	2022	
한국	100	110	
미국	100	103	0.3
일본	100	104	0.2
유로	100	109	0.2
중국	100	112	0.3

* 수치는 계산 예를 위한 임의의 값임.

$$REER_{2020} = 100$$

$$REER_{2022} = EER_{2022} \times \left[0.3\times\left(\frac{103}{110}\right)+0.2\times\left(\frac{104}{110}\right)+0.2\times\left(\frac{109}{110}\right)+0.3\times\left(\frac{112}{110}\right)\right]$$

$= 114.2\times\frac{107.1}{110} = 111.2$(우리 제품의 주요교역국 대비 가격경쟁력 향상, 원화가치는 평균적으로 14.2% 하락한 반면 우리 물가는 2.7% 밖에 안 올랐다.)

FAQ

학생의 질문 : 실효환율지수는 통화의 가치와 관련된 거고, 실질실효환율지수는 가격경쟁력과 관련된 건데, '실질실효환율지수가 하락했을 때 자국통화의 가치가 상승했다.' 라고 말하면 O인가요? X인가요?

안교수 답변 : 실질실효환율지수가 하락했다면 자국 상품의 가격경쟁력이 주요 교역상대국에 비해 평균적으로 악화되었음을 의미합니다. 따라서 실질실효환율지수의 변화를 통화가치의 변동과 직접 연결시키는 데는 무리가 있습니다.

쉬어가기!

원・위안화 2016년 1월부터 '직거래 환율' 적용

• 거래시장 안정화 접어들어/달러화 기준 가치산출 폐기/동시결제시스템도 가동

국내 원・위안 직거래 시장이 연착륙한 것으로 평가됐다. 이에 따라 정부는 그 동안 적용됐던 '재정 환율(달러화 기준으로 가치 산출)'을 2016년 1월부터 '직거래 환율'로 바꾸는 등 후속 대책을 마련하기로 했다. 1일 기획재정부와 한국은행 등에 따르면 이날로 개장 1년을 맞은 국내 원・위안 직거래 시장의 하루 평균 거래량이 22억6,000만 달러로 집계됐다. 이 수치는 같은 기간 달러・원화 하루 평균 거래량의 26.4%에 달하는 것이다. 지난해 12월 개장 당시에는 하루 평균 거래량이 8억8,000만 달러 수준이었다. 거래량이 많았던 달은 지난 11월의 36억3,000만 달러였다.

기재부 측은 중개수수료 인하와 외환건전성부담금(은행들이 외국에서 과도하게 자금을 빌리는 걸 막기 위해 부과되는 금액) 감면 등의 조치가 원・위안 직거래 시장의 활성화를 불러온 것으로 분석했다. 또 11월의 거래량이 크게 늘어난 데 대해서는 정부가 내년 상반기 내에 중국 상하이에 원・위안 직거래 시장을 열겠다는 방침을 밝힌 것이 영향을 미친 것으로 해석했다.

정부는 국내 원・위안 직거래 시장이 안정세에 접어들었다는 판단 아래 질적인 성장을 더할 수 있는 조치를 취할 계획이다. 우선 내년부터는 국내에서 위안화를 사고팔 때 직거래 환율이 적용된다. 그 동안 원・위안 직거래 시장은 통화 가치를 미국 달러화를 매개로 간접 산출했다. 이런 방식은 직거래 시장 개장 초기에 거래가 부진할 경우 원화와 위안화가 실제 가치보다 높거나 낮게 평가되는 것을 방지하기 위해서 시행됐었다. 하지만 정부는 최근 원・위안 직거래 시장의 거래량이 개장 당시에 비해 대폭 늘어나면서 이 같은 위험성이 크게 줄었기 때문에 직거래 환율로 변경을 결정했다.

이와 함께 정부는 원・위안 동시결제시스템도 가동하기로 했다. 이 시스템은 한국은행과 중국 교통은행 서울지점의 전산망을 연결해 원화와 위안화의 결제 시점 불일치를 해소하는 데 활용된다. 또 한국을 위안화 거래 중심지로 발전시키기 위해 위안화 표시 외국환평형기금채권 발행, 중국 기관의 한국 내 위안화 채권발행, 한국계 은행의 중국기업 위안화 대출 확대 등도 추진키로 했다.

국제신문/염창현 기자 haorem@kookje.co.kr/2015-12-01

요약

1 '환율'은 두 나라 간의 서로 다른 통화를 바꿀 때 적용되는 교환비율이다.

2 우리나라 원화와 미국 달러간의 환율을 '매매기준율', 제3국 통화와 미국 달러 간의 환율을 '교차환율', 우리 통화와 제3국 통화 간의 환율을 '재정된 매매기준율'이라고 한다.

3 환율을 표시하는 방법에는 개별 국가를 중심으로 할 경우 자국통화표시법과 외국통화표시법이 있는데 우리나라는 자국통화표시법을 사용하고 있다(예 : $1 = ₩1,200). 한편 국제금융시장의 환율은 미국통화표시법과 유럽통화표시법이 함께 섞여 표시되고 있는데, 세계 대부분의 통화들은 유럽통화표시법으로 표시되고 있다(예 : $1 = ¥119.55).

4 두 나라 통화 간의 교환비율인 환율은 각국의 통화가치가 변함에 따라 함께 변한다. 가치가 하락하는(depreciation) 통화는 환율이 인상되고, 반대로 가치가 상승(appreciation)하면 환율은 하락한다.

5 외환거래는 거래일과 결제일 간의 차이에 따라 현물환거래와 선물환거래로 나누어진다.

6 선물환결제일은 현물환 결제일+선물환 만기로 이루어진다.

7 거래를 체결한 은행이 위치한 곳을 거래지라 하고 결제가 이루어지는 곳을 결제지라 한다.

8 매입환율과 매도환율 간의 격차를 스프레드(혹은 bid-ask spread, 매매율격차)라고 한다. 거래량이 많은 통화일수록 스프레드가 작은 반면 위험(risk)이 높은 통화일수록 크다.

9 교차환율의 스프레드 비율은 기준환율의 스프레드 비율보다 크다.

10 우리나라의 환율구조에서 크기별로 배열하면, 현찰매도율 > 수입어음결제율 > 전신환매도율 > 매매기준율 > 전신환매입률 > 수출환어음매입률 > 현찰매입률이다.

11 외환시장은 외환 그 중에서도 주로 외화예금의 거래가 이루어지는 시장조직으로 그 참여자는 각국 통화당국(중앙은행), 외국환은행, 외환브로커, 흔히 고객이라 부르는 정부, 기업과 개인 등이다.

12 2022년 현재 세계 최대의 외환시장은 런던, 뉴욕, 싱가포르, 홍콩 순이다.

요약

13 전 세계 외환거래가 가장 활발한 시간대는 런던, 뉴욕, 유로존 시장이 동시에 열려있을 때이다.

14 전 세계 외환시장에서의 거래통화별 비중은 미국 달러, 유로, 엔, 파운드 순이다.

15 불법적인 외환시장을 암시장(black market)이라고 하는데, 공식적인 외환시장에 대비하여 평행시장(parallel market)이라고도 부른다.

16 두 지역(시장) 간의 환율격차를 이용하여 이익을 취하는 행위를 통화재정이라고 하는데, 세계 외환시장은 이러한 재정활동에 의해 거의 완전히 동질적 시장, 단일화된 시장으로 작동하게 된다.

17 양국간의 가격경쟁력을 비교하기 위해서는 실질환율을 비교해야 한다. 한편 실효환율지수는 한 나라의 통화가치가 주요 교역 상대국에 대해 평균적으로 상승했는지 혹은 하락했는지를 파악하는 지표이다.

중요개념

통화쌍	매매기준율	교차환율	재정된 매매기준율
기준환율	자국통화 표시법	외국통화표시법	미국통화표시법
유럽통화표시법	평가절하와 절상	스프레드	현물환과 선물환
Big Figure와 Pip	거래일과 결제일	최종거래일 규칙	달을 넘기지 않는 규칙
전신환매매율	수입어음 결제율	여행자수표	거래지와 결제지
수출환어음 매입률	quoting bank	calling bank	세계 은행간 금융통신망
외환브로커와 딜러	암시장과 평행시장	통화재정	실질환율
실효환율지수	실질실효환율지수	외환직거래시장	

연습문제

Ⅰ. 다음 물음에 간단히 답하시오.

01 전 세계에 N개의 통화가 존재할 때 실제 외환시장의 수요, 공급에 의해 결정되는 환율은 몇 개인가?(제3국과의 직거래시장이 존재하지 않는 것으로 가정하라.)

02. 한국이 환율을 $1=₩1,200이라고 표시하고 있다면 한국은 어떤 환율표시방법을 쓰고 있는가?

03. 미국 달러와 일본 엔화 간의 환율은 우리 입장에서는 무슨 환율이라고 부르나?

04. 2022년 현재 세계 3대 외환시장을 순서대로 말해보시오.

05. 암시장(평행시장)을 설명하시오.

06. 우리나라의 원화 가치가 주요 교역대상국에 비해 평가절하되고 있다면 실효환율지수는 상승하는가 혹은 감소하는가?

07. 우리나라의 실질환율이 상승한 경우 상대국에 대해 가격경쟁력은 어떻게 변하는가?

08. 전 세계 외환거래가 가장 활발한 시간대와 가장 한산한 시간대는 하루 중 언제인가?

09. 외환 매매에 있어 스프레드의 크기는 거래량의 다과와, 위험의 고저에 따라 어떻게 다른가?

10. 수출환어음매입률이 전신환매입률보다 낮은 이유는 무엇 때문인가?

11. 우리나라 외국환은행의 환율구조에서 원화의 대미달러환율(₩/$)을 기준으로 할 때 다음 중 크기가 작은 것부터 배열하라(현찰매입률, 전신환매도율, 수입어음결제율, 매매기준율).

12. 세계 외환시장은 왜 단일 시장이 될 수밖에 없는가?

13. 미국 달러화와 영국 파운드화 환율이 뉴욕 시티은행에서는 £1 = $1.6320-40으로 제시되고 있음에 비해 런던의 바클레이즈은행에서는 £1 = $1.6350-70으로 제시되고 있다. 뉴욕의 딜러 A는 거래비용을 무시할 때 어떤 거래 주문을 내서 파운드당 얼마의 이익을 도모할 수 있는가?

14. 왜 외환딜러는 자신이 직접 거래를 중개하지 않고 자주 브로커를 이용하는가?

15. 은행간 거래에서 환율을 제시하는 은행과 제시된 환율을 그대로 받아들이는 은행을 구별해 보시오.

16. 선물환거래는 거래일로부터 며칠후 결제가 이루어지는 거래인가?

17. USD/JPY = 118.10-120.20, USD/KRW = 1,190.20-1,210.10이라면 교차환율 JPY/KRW을 구하시오(100엔에 대한 원화환율로 표시하시오.).

18. 미국 달러화와 일본 엔화는 도쿄 HSBC은행에서 $1 = ¥100.53-57임에 비해 뉴욕 시티은행에서는 $1 = ¥100.47-50으로 제시되고 있다. 거래비용이 없다면 도쿄의 딜러 K는 통화재정으로 1$당 몇 엔의 이익을 얻을 수 있는가?

19. 미국 달러에 대한 유로화와 원화의 환율이 각각 EUR/USD = 0.9900-1.0000, USD/KRW = 1,000-1,010일 때 교차환율(EUR/KRW) 중 매도환율(ask rate)은 (   )원이다.

20. Citi 뉴욕지점이 HSBC 뉴욕지점으로부터 1파운드 = 1.7달러로 100만 파운드를 매입했다. 이때 거래지가 뉴욕이라면 결제지는 각각 어디가 되는 것이 일반적인가?

Ⅱ. 다음 물음에 O, X로 답하시오.

01. 국제금융시장에서 거래되고 있는 국제통화가 18개국 통화라고 할 때 전 세계 외환시장에서 실제로 결정되는 환율은 19가지이다(제3국과의 외환직거래시장이 없다고 가정).

02. 1달러 = 1,070원에서 1달러 = 1,060원으로 환율이 변했다면 원화의 대미달러 환율인하라고 말하며 원화가치가 하락한 것이다.

03. 1개월 선물환거래일이 10월 29일(월)이면 선물환결제일은 11월 30일(금)이다.

04. 수입어음 결제를 통해 한국의 수입업자로부터 수입대금을 결제받는 한국의 외국환은행은 전신환 결제보다 높은 이자부담을 지게 된다고 할 수 있다.

05. 다국적기업들이 특정은행을 통해 외환거래를 하고자 하는 주된 이유로는 기업과 은행 간의 특별한 관계 때문이다.

06. 지난 1년 동안 우리나라의 대미환율은 실질환율이 상승했다면 우리 상품의 대미 가격경쟁력은 향상된 것이다.

07. 국제외환시장의 통화표기는 한국 원화 ₩, 파운드 £, 유로화 €, 엔화 ¥, 미국 달러 $, 중국화 Y이고 IMF의 SDR과 미국 달러간의 환율시세는 SDR1 = $1.10376식으로 나타낸다.

08. 외환딜러가 자국 내 은행의 외환딜러와 거래할 때는 브로커를 통하지 않는다.

09. 국제금융시장에서 달러강세가 발생한다면 SDR의 달러표시 가격도 상승한다.

10. 하루 중 대고객환율은 거의 고정되어 있으나 은행간 환율은 수시로 변한다.

11. 우리의 실효환율지수가 기간 중 100에서 95로 하락했고, 우리와 주요 교역국의 물가변동은 동일했다면 우리 상품의 가격경쟁력은 악화된 것이다.

12. 국제 외환시장에서 가장 활발하게 거래되는 통화쌍은 EUR/USD이다.

13. 한국과 중국은 2014년 12월부터 원위안 직거래시장을 개설하여 미국 달러를 거치지 않고 원위안 매매를 하고 있다.

14. 우리나라는 소규모 해외송금의 경우 은행 외에 핀테크사, 카드사를 통해서도 할 수 있다.

CHAPTER 2

국제수지

Chapter

2 국제수지

2.1 국제수지란 무엇인가?

2.1.1 국제수지와 국제수지표

대부분의 국가들이 다른 나라와 갖가지 거래를 하며 살고 있다. 외국의 비거주자(거주성 문제는 다음 2.1.2에서 다룬다.)에게 재화나 서비스를 팔면 그 대가로 외화가 들어오고, 반대로 외국의 비거주자로부터 재화나 서비스를 구매하면 외화가 유출된다. 재화와 서비스뿐 아니라 자본 역시 이익을 좇아 국내로 들어오기도 하고 해외에 투자되기도 한다. 국제수지(Balance of Payments)란 이와 같이 '**일정기간동안 한 나라의 거주자와 비거주자 사이에 발생한 경제적 거래**'를 말한다.

기업의 경영 상태를 가장 쉽고 빠르게 파악하기 위해서는 그 기업의 재무제표를 살펴보듯이 한 나라의 대외거래 상황인 국제수지를 가장 쉽고 빠르게 파악할 수 있도록 정리한 것이 **국제수지표**이다. 국제수지표는 '**일정기간동안 거주자와 비거주자 사이에 발생한 경제적 거래를 유형에 따라 체계적으로 기록한 표**'라고 정의할 수 있다.

국제수지의 정의에서 '일정기간'이 의미하는 것은 국제수지통계가 어느 한 시점에서의 자산·부채상황을 기록한 저량(stock)개념이 아니고 일정한 시간의 흐름 동안 발생한 거래를 집계한 유량(flow)통계라는 것이다. 국제수지표는 보통 1년을 기준으로 작성하고 있으나 나라에 따라서는 분기별 또는 월별로 작성하기도 한다. 현재 우리나라의 국제수지표는 한국은행에 의해 월별로 작성하여 발표되고 있다.

2.1.2 거주성 문제

국제수지표에서 거래라 함은 경제활동의 이해관계가 국민경제 내에 있는 경제주체(거주자)와 영역 밖에 있는 여타 경제주체(비거주자)간의 거래라는 뜻이다. 여기서 거주자와 비거주자의 개념은 국적이 어디냐 또는 살고 있는 곳이 자국이냐 외국이냐의 문제가 아니라, 외환관리법상 개념으로 그 사람의 주된 경제적 이익의 중심(center of predominant economic interest)이 어디에 있느냐에 따라 결정된다. 외국 국적자라 할지라도 국내에서 영업활동에 종사하거나 6개월 이상 국내에 체재하는 경우 거주자로 취급한다. 반면 단기간 국내를 여행 중인 외국인, 국내거주 외국 정부기관의 관리, 군속, 군인 등은 비거주자로 분류된다. 우리 국적을 가지고 있는 해외교민은 물론 해외에서 영업활동에 종사하는 우리 국민도 비거주자로 취급된다.

법인 및 단체의 경우에는 주재하고 있는 영토에 따라 거주성이 정해지므로, 국내에서 활동을 하는 외국법인 및 단체는 거주자로 취급된다.

2.1.3 복식부기와 국제적 기준

경제적 거래를 체계적으로 기록하였다는 것은 국제수지표가 복식부기(double entry system)의 원리에 의해 국제적으로 통일된 기준에 의해 작성된다는 뜻이다. 국제수지 편제방법은 우리나라를 비롯한 대부분의 국가가 IMF의 국제수지 편제 매뉴얼에 따라 작성하고 있다.

예를 들어 우리나라의 기업이 중국으로 의류 1만달러를 수출하고 대금을 현금으로 곧바로 지급받았다면, 대변(+)에는 의류수출(실물자산 감소) 1만달러를 기록하고 차변(−)에는 현금(외화자산 증가) 1만달러라고 기록하는 식이다. 따라서 복식부기의 원리에 의거 작성되는 국제수지표는 대변의 합과 차변의 합이 일치하고 국제수지표 전체의 순수지(net balance, 純收支)는 영(0)이

된다. 그러나 동일한 거래라 하더라도 대변과 차변에 해당하는 자료의 제공처가 다르기 때문에 양변의 합이 일치하지 않게 되는데, 이를 해결하기 위한 방편으로 '오차 및 누락(errors and omissions)'이라는 계정을 두어 조정하게 된다. 오차 및 누락에 관하여는 뒤에서 자세히 설명할 것이다.

거래의 기록시점은 발생주의 원칙에 따라 작성된다. 예를 들면 채권과 채무는 소유권이 이전된 시점이 거래계상시점이다. 그리고 모든 거래는 거래당사자 간에 합의된 실제가격(시장가격)으로 평가하는 것이 원칙이다. 수출입의 경우에는 본선인도가격(FOB)을 기준으로 계상한다. 국제거래는 미달러화, 유로화 및 엔화 등 다양한 통화로 이루어지는데, 집계를 위해서는 계산단위통화(우리나라의 경우 미달러화)로 환산해야 한다. 이때 적용되는 환율은 거래당일의 실제 시장환율이 된다.

국제수지표를 보면 일정기간동안 거주자와 비거주자의 경제적 거래 내역과 그러한 거래로 인한 외화자산의 변동과 외화부채의 변동을 쉽게 알 수 있다. 자국과 외국과의 상품거래뿐 아니라 서비스거래, 자본거래 및 이전거래 등을 유형별로 파악할 수 있다. 국제금융론에서 주로 다루는 것은 국제수지를 정리한 요약표이므로 복식부기에 대한 별다른 지식이 없더라도 국제수지의 기본원리를 이해하는 데 어려움은 없다.

2.2 국제수지표의 구성

국제수지표의 구성항목은 크게 4가지로 나누어진다. 첫째, 경상수지, 둘째, 자본수지, 셋째, 금융계정, 넷째, 오차 및 누락이다.

(1) 경상수지

경상수지(current balance)는 다시 크게 상품수지, 서비스수지, 본원소득수지 및 이전소득수지 등 4가지로 세분된다.

① 상품수지

우리나라 상품의 해외수출(輸出, exports)과 수입(輸入, imports)으로 나누어 기록된다. 수출은 해외로부터의 자금유입, 수입은 자금유출을 일으킨다.

국제수지표상의 수출입통계는 관세청에서 발표하는 통관수출입통계와는 차이가 있다. 통관통계는 상품이 통관되는 시점에 거래로 잡히고 상품평가액도 수출은 본선인도가격(FOB), 수입은 운임 및 보험료 포함가격(CIF)으로 계상한다. 반면 국제수지표에서는 상품의 통관 여부와 상관없이 소유권이 이전되는 시점이 거래를 계상하는 시점이며, 상품평가액은 수출입 모두 FOB로 계상한다.

② 서비스수지

우리나라 거주자가 해외에 서비스를 제공하고 대가를 받는 경우에는 수입(收入)으로 기록되고, 외국의 서비스를 이용하는 경우에는 지급(支給)으로 기록된다. 서비스에는 가공, 운송, 여행, 건설, 통신, 보험서비스, 금융서비스, 지적재산권 사용료, 사업서비스, 개인・문화・여가서비스, 정부서비스 등이 포함된다.

예를 들어 거주자의 해외여행 경비사용은 여행서비스수지의 지급으로 기록되며, 거주자의 외국에 대한 컨설팅서비스 제공은 사업서비스 수입으로 기록된다. 서비스의 판매인 경우에는 자금유입이 발생하고 서비스의 구입인 경우 자금유출이 된다.

③ 본원소득수지

본원소득수지는 급료 및 임금수지와 투자소득수지로 구성된다. 급료 및 임금은 거주자가 단기(1년 이내)로 외국에 머물며 일한 대가로 받은 돈과 국내에 단기간 고용된 비거주자에게 지급한 돈이다.

투자소득수지는 우리나라가 외국에 투자한 결과 벌어들이는 돈과 외국인이 우리나라에 투자한 결과 벌어가는 돈이 기록된다. 우리나라가 외국에 투자한 자본의 배당금이나 이자소득은 자금유입이 되며 반대로 외국인이 국내에 투자한 후 얻게 된 배당금이나 이자소득을 자국으로 반출하는 경우 자금유출이 된다.

표 2-1 우리나라의 국제수지 요약표

(단위 : 백만달러)

	2017	2019	2021
1. 경상수지	78,460.2	59,676.1	88,302.2
(1) 상품수지	119,888.7	79,812.1	76,207.2
상품수출	577,381.4	566,667.9	650,014.6
상품수입(FOB)	457,492.7	476,855.8	573,807.4
(2) 서비스수지	−34,472.2	−26,845.3	−3,108.3
가공서비스수지	−6,757.7	−7,611.2	−5,114.8
운송수지	−5,295.1	−1,734.3	15,427.1
여행수지	−17,172.9	−11,872.0	−6,226.0
건설수지	7,709.1	6,775.8	4,100.0
보험서비스수지	214.9	−255.9	−295.4
금융서비스수지	412.0	920.7	1,646.8
통신, 컴퓨터, 정보서비스수지	1,106.4	2,461.3	3,515.3
지식재산권사용료수지	−2,115.6	−2,157.4	−3,059.2
유지보수서비스수지	−78.4	−347.5	−1,005.6
기타사업서비스수지	−12,068.3	−12,390.8	−12,221.5
개인, 문화, 여가서비스수지	197.6	271.0	782.7
정부서비스수지	−624.2	−905.0	−657.7
(3) 본원소득수지	122.0	12,856.0	19,328.2
급료및임금수지	−858.2	−852.0	−668.0
투자소득수지	980.2	13,708.0	19,996.2
(4) 이전소득수지	−7,078.3	−6,146.7	−4,124.9
2. 자본수지	−31.3	−169.3	−154.3
(1) 자본이전	60.3	−3.8	−26.0
(2) 비생산비금융자산	−91.6	−165.5	−128.3
3. 금융계정	87,100.4	59,026.9	76,780.4
(1) 직접투자	14,623.0	25,604.7	44,000.1
(2) 증권투자	57,847.4	42,377.0	19,607.5
(3) 파생금융상품(순자산)	−8,253.3	6,233.2	−0.7
(4) 기타투자	18,523.3	−16,654.2	−1,213.4
(5) 준비자산	4,360.0	1,466.2	14,386.9
4. 오차및누락	8,671.5	−479.9	−11,367.5

자료 : 한국은행 경제통계시스템, 2022년 11월말

④ 이전소득수지

거주자와 비거주자 사이의 아무 대가 없이 주고받는 거래로서 개인송금이나 기부금, 국가 간의 원조 등이 기록된다.

(2) 자본수지

자본수지는 자본이전 및 비생산·비금융자산의 취득과 처분을 포함한다. 자본이전은 고정자산의 취득과 처분, 채권자와 채무자 간의 채무변제 등이 포함된다. 비생산·비금융자산의 취득과 처분에는 브랜드네임, 상표권 등 마케팅자산과 기타 양도 가능한 무형자산의 취득과 처분이 기록된다.

(3) 금융계정

금융계정은 직접투자, 증권투자, 파생금융상품, 기타투자 및 준비자산으로 구성되며 거주자의 입장에서 자산 또는 부채여부를 판단한다. 금융계정의 부호표기방식은 2016년 2월 '순유출액 기준'에서 '자산·부채증감기준'으로 변경되었다.

한편 경상수지와 자본수지가 총액을 기록하는데 반해 금융계정은 순액(純額)으로 기록한다. 예를 들면 외국인증권투자항목에는 투자액에서 회수액을 차감한 순투자액이 기록된다.

투자원금의 변동은 금융계정에 기록되지만 투자로 인한 배당금 및 이자는 앞서 살펴본 경상수지의 본원소득수지－투자소득수지에 기록되는 것에 유의해야 한다.

① 직접투자

기업의 경영에 참여(의결권의 10% 이상)할 목적으로 행하는 거주자와 비거주자의 대외투자를 기록한다. 해외로의 직접투자는 자산의 증가로, 반대로 외국의 비거주자가 한국 내 기업경영에 참여하기 위한 직접투자는 부채의 증가로 기록된다.

② 증권투자

단순히 투자수익을 얻을 목적으로 외국의 주식이나 채권에 투자하는 경우 증권투자에 계상된다.

예를 들어 우리나라 기업이 해외에서 채권을 발행하여 자금을 조달한다면 부채증가로, 비거주자가 국내 금융자산을 매입하는 경우 역시 부채증가이다. 반대로 거주자가 해외 채권을 매입하는 경우 자산증가로 기록된다.

③ 파생금융상품

파생금융상품 거래로 실현된 손익 및 옵션 프리미엄의 지급, 수취는 파생금융상품 자산 및 부채로 계상된다. 예로 거주자가 파생상품거래에 대한 이익실현으로 5백만달러를 수취했다면 파생금융상품(자산)의 감소, 기타투자(자산)증가로 분개된다.

④ 기타투자

직접투자와 증권투자 및 파생금융상품에 포함되지 않는 외국과의 모든 금융거래를 기록한다. 여기에는 정부나 금융기관의 대출 및 차입, 상품을 외상으로 수출하거나 수입할 때 발생하는 무역신용, 현금 및 예금 등의 금융거래가 기록된다.

⑤ 준비자산

준비자산이란 국제수지 작성기간 동안의 중앙은행 외환보유액의 변동분 중 거래적 요인에 의한 것만을 나타내는 유량(flow) 통계이다. 즉, ① 기간 중 중앙은행이 원화를 내주고 외환을 매입하거나 혹은 외환을 매각하고 원화를 매입하는 거래를 했을 경우 및 ② 보유외환으로 인한 이자수입의 경우 준비자산에 기록된다. 이때 중앙은행의 외환매입 및 보유외환의 이자소득은 준비자산에 (+)로 기록된다. 〈표 2-1〉에서 2021년 준비자산이 14,386.9백만달러라는 것은 2021년 한 해 동안 한은의 외환매입 및 보유외환의 이자수입이 순액으로 14,386.9백만달러라는 뜻이다.

(4) 오차 및 누락

국제수지표는 복식부기의 원리에 의해 대변과 차변에 동일한 금액을 계상하였기 때문에, 경상수지와 자본수지 및 금융계정의 합이 원칙적으로 제로(zero)가 되어야 한다.

예를 들어 경상수지가 200억달러 흑자, 자본수지는 10억달러 적자를 나타냈다면 금융계정의 순자산 증가는 190억달러를 나타내야 할 것이다. 그러나 현실적으로는 대변과 차변의 자료제공처가 상이하기 때문에 그렇게 되지 않는다. 따라서 국제수지표에는 '오차 및 누락(errors and omissions)'이라는 조정항목을 두고 그러한 불일치를 해결하고 있다.

왜 이러한 불일치가 발생하는가? 오차와 누락이라는 조정항목을 설정해서 이러한 불일치를 해결할 수밖에 없는 이유는 다음과 같다.

① 국제수지표 작성시 여러 기관에서 여러 가지 목적으로 작성된 자료를 보고받아 대변과 차변에 기록하므로 불일치가 발생한다.

② 수출입은 소유권 이전 시점을 기준으로 하나 자본수지와 금융계정은 자금결제 시점에 기록되므로 기록시기상 시차문제가 있다.

③ 외국에서 벌어들인 소득을 신고하지 않고 반입하여 수입대금으로 결제하는 등의 보고 누락의 문제도 있다.

앞의 예에서 경상수지 200억달러, 자본수지 −10억달러, 금융계정 180억달러로 집계되었다면, 오차 및 누락 항목에는 −10억달러(금융계정−경상수지−자본수지)를 계상하여 불일치를 조정하게 된다(혹은 경상수지+자본수지에서 금융계정을 차감한 금액에 (−)의 부호를 붙여 '오차 및 누락'에 계상한다.).

국제수지통계를 작성하고 있는 다른 나라의 예를 보더라도 오차 및 누락이 없는 나라는 없으며, 미국 등 일부 나라에서는 오차 및 누락 항목의 통계적 성격을 고려하여 '통계상 불일치'라는 명칭을 사용하고 있다.

표 2-2 주요국의 오차 및 누락률[1)]

(단위 : %)

연 도	한 국	미 국	일 본	중 국	독 일
2013	−0.14	−2.3	−4.7	−2.7	2.8
2017	1.3	3.0	4.1	−9.2	1.5
2021	0.8	1.8	−2.1	−2.5	1.6

주 : 1) 오차 및 누락률=오차 및 누락÷상품 및 서비스 수출입합계
자료 : IMF, 「Balance of Payment Statistics」, 2022.11.

FAQ

학생의 질문 : 경상수지에 포함되는 투자소득수지와 금융계정에 포함되는 투자수익의 구분이 잘 안가요. 둘 다 투자한 결과 벌어들이는 투자소득이나 투자지출 같은데, 어떻게 쉽게 차이를 구분할 수 있을까요?

안교수 답변 : 투자한 결과 벌어들인 배당금이나 이자 등은 경상수지의 투자소득수지 수입에 잡히고, 투자원금의 유입과 유출은 금융계정에 잡힙니다. 초점은 투자원금의 이동이냐? 혹은 투자로 인한 이익의 이동이냐?입니다. 다만, 금융거래로 인한 손익, 즉 주식매매나 파생금융상품투자로 인한 손익은 금융계정에 계상됩니다.

2.3 국제수지표 작성실례

국제수지표는 복식부기의 원리에 따라 하나의 국제거래가 발생하면 대변과 차변에 각각 동일한 금액을 계상한다. 아래 표에서 보듯이 거래 유형에 따라 각각 대변과 차변, 자산과 부채에 동일금액을 기록하게 된다.

표 2-3 복식부기 원리에 따른 국제수지 거래의 기장

	차 변	대 변
경상수지	상품 수입(실물자산 증가) 서비스 지급(제공 받음) 본원소득 지급 이전소득 지급	상품 수출(실물자산 감소) 서비스 수입(제공) 본원소득 수입 이전소득 수입
자본수지	자본이전 지급 비생산・비금융자산 취득(지급)	자본이전 수입 비생산・비금융자산 처분(수입)
	자 산	**부 채**
금융계정	금융자산 증가(+) 금융자산 감소(−)	금융부채 증가(+) 금융부채 감소(−)

앞에서 설명한 국제수지표의 작성방법을 기초로 거주자와 비거주자 간에 다음과 같은 거래가 발생하였다고 가정하고 국제수지표를 직접 작성하여 보자.

예

거래 1. 자동차 90백만달러를 현금으로 수출
거래 2. 철강재 10백만달러를 6개월후에 대금을 받는 조건으로 외상 수출
거래 3. 원유 80백만달러를 현금으로 수입
거래 4. 고철 5백만달러를 3개월 후에 대금을 지급하는 조건으로 외상 수입
거래 5. 국내 해운사가 수출화물의 화물운임대가로 외국으로부터 20백만달러를 받음
거래 6. 거주자가 해외여행시 17백만달러의 여행경비 사용
거래 7. 거주자가 외채에 대한 이자로 외국에 13백만달러 지급
거래 8. 거주자인 국내친지가 해외동포로부터 현금 2백만달러를 송금받음
거래 9. 비거주자가 국내 A기업의 주식 10%를 50백만달러에 취득
거래 10. 국내기업이 해외에서 외화증권을 30백만달러 발행(비거주자가 전액 매입)
거래 11. 비거주자가 국내에서 원화증권 77억원을 발행(거주자가 전액매입, 달러 환산시 7백만달러)
거래 12. 거주자가 외국으로 이민가면서 이주비용으로 15백만달러를 송금
거래 13. 국내기업이 특허권을 외국기업에 매각하고 현금 3백만달러를 받음
거래 14. 외환보유액에 대한 외화증권이자 6백만달러를 현금으로 받음.

자료 : 한국은행, 알기 쉬운 경제지표 해설, 2019년 1월

먼저 〈거래 1〉의 상품 수출 90백만달러는 대변(실물자산 감소)에, 이에 따른 수출대금의 입금은 외화자산의 증가이므로 현금 90백만달러를 계상한다. 〈거래 8〉의 경우 해외동포로부터 송금받은 금액 2백만달러는 외화자산의 증가이므로 금융계정 기타투자에 현금 2백만 달러로 계상하며 대차균형을 위하여 대응거래인 경상이전거래 수입으로 대변에 2백만달러를 계상한다.

국내기업이 외화증권을 해외에서 발행하여 설비투자용 자금을 조달한 〈거래 10〉의 경우 외화증권의 발행 30백만달러는 부채증가에, 이에 따라 유입된 30백만달러의 외화자금은 자산증가로 계상한다. 〈거래 12〉와 같은 이민자의 이주비나 재산 반출·입은 비거래변동(한 주체의 거주성 변동에 따른

자산의 국경간 이동)으로 국제수지표에 계상하지 않기로 개편되었다.

상기의 거래내용을 분개하면 다음 〈표 2-4〉와 같이 된다.

표 2-4 분 개

(단위 : 백만달러)

	차 변		대 변	
거래 1	현금	90	상품수출	90
거래 2	무역신용(자산)	10	상품수출	10
거래 3	상품수입	80	현금	80
거래 4	상품수입	5	무역신용(부채)	5
거래 5	현금	20	서비스수입(收入)	20
거래 6	서비스지급	17	현금	17
거래 7	본원소득지급(이자지급)	13	현금	13
거래 8	현금	2	이전소득수입	2
거래 9	현금	50	직접투자(부채)	50
거래 10	현금	30	증권투자(부채)	30
거래 11	증권투자(자산)	7	현금	7
거래 12	–	–	–	–
거래 13	현금	3	서비스 수입	3
거래 14	준비자산	6	본원소득수입	6

자료 : 한국은행, 알기 쉬운 경제지표 해설, 2019년 1월

이런 방식으로 위의 거래내용을 국제수지표로 정리하면 〈표 2−5〉가 되는데, 복식부기의 원리에 따라 대차양변에 동일금액이 계상되었기 때문에 경상수지(A)+자본수지(B)에서 금융계정(C)을 빼면 제로('0')가 된다.

만일 A+B−C가 양(+)으로 나타났다면 오차 및 누락은 음(−)의 동일한 액수를 계상하게 된다.

표 2-5 국제수지표 작성 실례[1)]

(단위 : 백만 달러)

		지급(支給)	수입(收入)	수지(수입-지급)
(A) 경상수지	상품수지	80[3] 5[4]	90[1] 10[2]	15
	서비스수지	17[6]	20[5] 3[13]	6
	본원소득수지	13[7]	6[14]	-7
	이전소득수지		2[8]	2
	소 계	115	131	16
(B) 자본수지	소 계	0	0	0
		자산	**부채**	**순자산(자산-부채)**
(C) 금융계정	직접투자		50[9]	-50
	증권투자	7[11]	30[10]	-23
	파생금융상품	-	-	-
	기타투자	90[1] 10[2] -80[3] 20[5] -17[6] -13[7] 2[8] 50[9] 30[10] -7[11] 3[13]	5[4]	83
	준비자산	6[14]		6
	소 계	101	85	16
합계(A+B-C)		-	-	0
오차 및 누락		-	-	0

주 1) 숫자 위의 첨자는 본문 예(例)의 거래번호임.

2) 순자산 기준, 자산·부채 증가는 (+), 자산·부채 감소는 (-)

자료 : 한국은행, 알기 쉬운 경제지표 해설, 2019년 1월

2.4 국제수지의 균형

2.4.1 국제수지 균형과 개별수지 불균형

국제수지표는 복식부기방식에 의해 작성되었기 때문에 총체적으로는 그 합이 제로가 되는 것이므로 부족하거나 남을 수가 없다. 따라서 국제수지표상 총수지는 균형에 놓여 있다는 것이 정확한 표현이다. 그러므로 경상수지나 자본수지 혹은 금융계정이 흑자 또는 적자라고 말하는 것이 옳다. 개별수지는 적자 혹은 흑자로 나타낼 수 있으나 총체적인 국제수지는 균형인 것이다.

2.4.2 경상수지의 중요성

국제수지 분석에서는 경상수지가 가장 중요하다. 이는 경상거래가 국민소득, 고용 등 경제 각 분야에 미치는 영향이 크기 때문이다. 외국에 판 상품과 서비스가 산 것보다 많아 경상수지 흑자가 되면 국민소득이 증대되고 고용이 확대될 것이다. 뿐만 아니라 벌어들인 돈으로 그 동안 외국에 진 빚을 갚거나 해외투자를 확대하여 해외자산을 증가시킬 수도 있다.

한편 벌어들인 외화는 원화를 대가로 중앙은행이 준비자산증가를 통해 매입하면 해외부문을 통한 통화량 증가요인이 된다. 반면 외국으로부터 사들인 상품과 서비스가 판 것보다 많아서 경상수지 적자가 되면 소득이 감소할 뿐만 아니라 국내의 실업률이 오르고 경기가 위축되기도 한다. 동시에 수입품을 구입하기 위한 돈을 외국으로부터 차입해야 한다면 그만큼 외채가 증가하게 된다.

앞의 〈표 2-1〉에서 우리나라의 경상수지 흑자는 2017년 784.6억달러, 2019년 596.8억달러 그리고 2021년에는 883.0억달러를 나타냈다. 통상 경상수지 흑자가 적자보다 나은 것은 사실이지만 경상수지 흑자는 많으면 많을수록 좋은가? 경상수지 흑자가 많으면 대외채권국이 되고 자국통화의 가치도 상승하는 등 대외 신인도도 높아진다. 그러나 통화량을 증가시키므로 통화관리에 어려움을 초래하는 한편 외국으로부터의 수입개방압력을 받는 등 부담도 있다. 자국 통화가치의 상승은 수출경쟁력을 약화시키고 수입은 증가시키므로 경상수지를 악화시키는 쪽으로 작용할 수도 있다. 따라서 적당한 흑자는 좋겠으나 지나친 것은 부담이 될 수도 있다.

2021년 기준으로 경상수지 흑자규모가 큰 국가는 중국(3,173억$), 독일(3,138억$), 일본(1,577억$), 러시아(1,233억$), 한국(883억$), 네덜란드(731억$), 아일랜드(722억$), 싱가포르(719억$), 노르웨이(715억$), 이탈리아(647억$), 스위스(579억$), 호주(508억$) 등이다.

2021년 경상수지 적자 규모가 큰 나라로는 미국(−8,464억$), 영국(−629억$), 브라질(−453억$), 인도(−334억$) 등이다.

2.4.3 경상수지 불균형과 외환시장

한 나라의 경상수지가 적자(즉 외환유출이 유입보다 많을 경우)를 나타내고 있을 때 외환시장은 어떻게 조정되는가를 살펴보자. [그림 2−1]의 외환시장 모형을 통해 경상수지 불균형이 발생했을 때 어떻게 조정되는지 그 과정을 보자.

먼저 환율이 달러로 표시된 외환의 수요와 공급에 의해 자유롭게 결정되는 변동환율제도하에서의 경상수지 조정 메커니즘을 살펴보자.

당초 외환시장은 A점에서 균형을 이루고 균형환율은 $1=₩1,150이다. 이제 한국 소비자의 미국 상품에 대한 선호가 갑자기 증가했다고 하자. 한국의 수입증가와 함께 한국은 상품수지 적자를 나타내게 된다. 한국의 수입증가는 외환시장에서 달러수요의 증가를 초래하므로 달러수요곡선을 밖으로 이동시킨다. 당초 환율수준 $1=₩1,150에서 AB만큼의 달러의 초과수요가 발생하고 이는 달러 가격을 상승시키고 한국 원화의 가치를 하락시킨다. 그러므로 새로운 균형점은 C점으로 이동하고 환율은 $1=₩1,200이 되면서 외환시장은 균형을 회복한다.

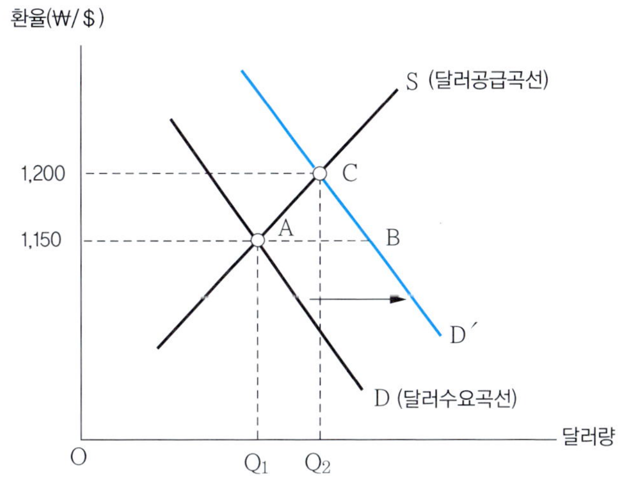

【 그림 2-1 변동환율제 하의 경상수지 조정 】

환율상승(depreciation)은 한국의 달러표시 수출가격을 낮춤으로써 수출을 촉진하고 원화표시 수입가격을 상승시켜 수입을 억제시킴으로써 한국의 무역수지를 다시 균형으로 회복시키게 된다. 즉, 변동환율제도 하에서 경상수지적자는 환율이 변동함으로써 조정된다.

이번에는 고정환율제도 하에서 경상수지 불균형이 어떻게 조정되는지 살펴보자.

[그림 2-2]에서 앞의 경우와 마찬가지로 한국의 미국 상품에 대한 선호가 증가했다고 하면 한국의 상품수지 적자와 함께 달러수요곡선은 밖으로 이동한다. 외환시장은 AB만큼의 달러초과수요에 놓이지만 고정환율제도이므로 환율이 인상될 수는 없다. 한국은행은 환율방어를 위해 보유외환을 방출하거나 혹은 해외자본유입을 통해 해결할 수밖에 없는데 이는 달러공급곡선을 밖으로 이동시킨다. 외환시장은 B점에서 균형을 찾고 환율은 원래 수준인 $1=₩1,150에 머물게 된다. 고정환율제도 하에서는 경상수지 적자 자체를 해소하는 것이 아니고 보유외환방출이나 자본유입으로 해결하게 된

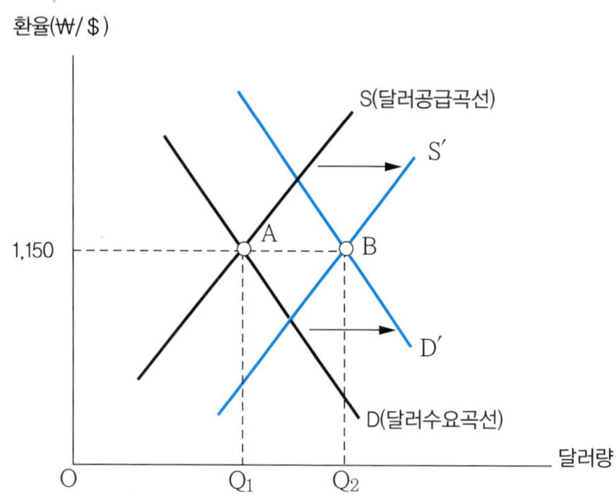

【 그림 2-2 고정환율제 하의 경상수지 조정 】

다. 한국은행이 더 이상 보유외환을 방출할 여력이 없거나 해외로부터 자본을 끌어들일 수 없을 경우에는, 수입억제정책을 사용하거나 고정환율제도라 하더라도 원화의 일시적 평가절하(devaluation)를 통해 경상수지의 불균형을 조정할 수밖에 없다.

FAQ

학생의 질문 : "환율 인상은 한국의 달러표시 수출가격을 낮춤으로써 수출을 촉진하고 원화표시 수입가격을 상승시켜 수입을 억제시킴으로써 한국의 상품수지를 개선시킨다." ... 무슨 말인지 잘 모르겠어요.

어느 학생의 답변 : 저는 이렇게 이해했는데요,,, 만약 A수출품의 가격이 12,000원이고, 환율이 1,200원이라면 10달러를 받고 수출하게 되지만, 환율이 1,250원으로 오르면 수출가격이 9.6달러(12,000원/1,250원)로 하락할 수 있으니까 수출이 촉진된다는 의미 같아요~ 수입은 반대로 생각하면 되구요+_+

쉬어가기!

'연초부터 마이너스' … 한국경제 경상수지 적자 고착화되나

한국 경제의 버팀목이었던 경상수지가 새해 첫 달인 지난 1월 두 달만에 적자로 돌아섰다. 수출 부진이 심화하면서 상품수지가 대규모 적자를 기록했고, 본격적인 해외여행 재개로 서비스수지 적자 규모도 확대됐기 때문이다. 올해 상반기 수출 부진이 계속되면서 당분간 경상수지는 매달 흑자와 적자를 오가는 불확실한 상황에 놓일 가능성이 큰 것으로 보인다. 정부는 경상수지가 대외건전성의 핵심 지표인 만큼 흑자 기조 유지에 총력 대응한다는 방침이다.

한국은행이 10일 발표한 국제수지 잠정통계에 따르면 지난 1월 경상수지(-45억2천만달러)가 적자 전환한 것은 상품수지 적자가 가장 큰 요인이 됐다. 지난 1월 상품수지는 전년 동월 대비 90억달러 감소하면서 74억6천만달러 적자를 기록했다. 상품수지는 지난해 10월 9억5천만달러 적자로 전환한 뒤 11월(-10억달러)과 12월(-4억8천만달러)에 이어 1월까지 4개월 연속 적자를 나타냈다.

상품수지가 4개월 연속 적자를 기록한 것은 1996년 1월부터 1997년 4월까지 연속으로 적자를 기록한 이후 최초라고 한은은 설명했다. 글로벌 경기둔화 영향으로 반도체와 철강제품 등을 위주로 수출(통관기준)이 5개월 연속 전년 동월 대비 감소한 점이 상품수지 적자로 이어졌다. 경상수지와 상품수지 적자 규모는 관련 통계가 시작된 1980년 1월 이후 최대였다.

고질적인 서비스수지 적자 역시 지속되고 있다. 지난 1월 서비스수지는 32억7천만달러 적자로 전년 동월과 비교하면 적자 폭이 24억4천만달러 확대됐다. 운송수지 흑자폭이 축소된 가운데 해외여행 확대로 여행수지 적자 규모가 지난해 1월 5억5천만달러에서 올해 1월 14억9천만달러로 늘어났기 때문이다.

(중략)

일각에서는 경상수지 적자는 그 자체로도 문제지만 금융시장이나 우리 경제 전체의 불안으로 이어질 수 있다는 점을 지적하고 있다. 최근 미국 긴축기조 지속 전망 등으로 원/달러 환율이 급등하는 등 외환시장이 불안한 상황에서 경상수지 악화는 달러 수급에 불균형을 일으켜 원화 약세를 더 부추기는 요인이 될 수 있다. 원/달러 환율은 미 달러화 약세와 중국 경기회복 기대, 외국인의 국내 주식 매입 등으로 하락세를 지속, 지난달 2일 1,220.3원까지 떨어졌다. 그러나 이후 미 연방준비제도(Fed·연준) 긴축지속 우려가 재부각되면서 상승세로 전환, 최근 1,300원을 웃도는 수준이 지속되고 있다.

경상수지 적자로 국내로 들어오는 돈보다 나가는 돈이 많게 되면 원화 가치가 떨어지게 되고 이는 또다시 원/달러 환율 상승 요인이 된다. 이런 환율 상승은 수입 가격을 밀어 올리는 요인이 돼 상승 폭이 축소되고 있는 소비자물가 상승률을 다시 끌어올릴 수도 있다. 경상수지 적자가 지속되면 대외부채가 늘어나 원금 상환과 이자 부담이 커지고, 이는 국가 전체의 신용등급에도 부정적 영향을 미친다.

박대한 기자, 민선희 기자, 연합뉴스, 2023.3.10.

2.5 적정 외환보유액 문제

2.5.1 외환보유액의 정의

외환보유액이란 '통화당국(정부 및 중앙은행)이 경상수지나 자본수지, 금융계정의 불균형을 보전하거나 혹은 외환시장 개입을 위하여 보유하고 있는 대외지급준비자산'으로 '외환(예치금 및 유가증권), 금, IMF포지션, SDR' 등으로 구성된다. IMF포지션(Reserve Tranche Position)이란 IMF가맹국이 출자금(Quota) 중 교환성통화로 납입한 액수를 말한다. 회원국은 언제나 IMF포지션을 인출할 수 있기 때문에 IMF포지션은 외환보유액에 포함하는 것이 국제기준이다. 2022년 11월 현재 우리나라는 IMF쿼터(85.83억SDR) 중 약 42.1%를 교환성통화로 납입하고 있다.

2023년 6월말 현재 우리나라의 총 외환보유액은 4,214.5억달러로 유가증권 3,756.4억달러(89.3%), 예치금 215.6억달러(5.0%), 금 47.9억달러(1.1%), IMF포지션 47.2억달러(1.1%), SDR 147.4억달러(3.5%) 등이다. 유가증권과 예치금을 합한 외환이 외환보유액의 94.3%에 달한다.

1997년 말 IMF구제금융 신청 당시 39.4억달러에 불과했던 우리나라의 외환보유액은 〈표 2-6〉에서 보듯이 2023년 6월말 현재 세계 8위 수준이다.

표 2-6 주요국의 외환보유액

(2023년 6월말 현재) (단위 : 억달러)

순위	국가	외환보유액	순위	국가	외환보유액
1	중국	31,930(+165)	6	대만	5,648(+20)
2	일본	12,472(−73)	7	사우디아라비아	4,431(+10)
3	스위스	8,868(+8)	8	한국	4,215(+5)
4	인도	5,951(+43)	9	홍콩	4,173(−37)
5	러시아	5,824(−18)	10	브라질	3,436(+1)

주: 1) ( )내는 전월말 대비 증감액
자료 : IMF, 각국 중앙은행 홈페이지

한 나라의 경상수지가 적자일 때 그 나라는 외국으로부터 부족한 자금을 빌려 보충하거나 중앙은행 보유 외환보유액을 사용하게 된다. 중앙은행의 외환보유액 사용은 국제수지표에 준비자산 감소로 기록된다. 외환보유액이 일정시점에서의 잔액을 나타내는 저량(stock)통계인 반면 국제수지표 상의 준비자산은 일정 기간 중의 변동을 나타내는 유량(flow)통계이다.

외환보유액은 미국 달러로 표시되고 있으므로 외환보유액의 변동은 '준비자산'에 의해서만 아니라 '환율변동에 따른 보유자산의 가치변동'과 '유가증권매매손익'도 포함한다. 즉, 일본 엔화가 미국 달러에 대해 강세를 나타내면 보유자산 중 엔화표시 자산의 달러표시 가치가 상승하게 되고 이에 따라 외환보유액(달러표시)도 증가하게 된다. 동시에 보유유가증권 매매이익은 외환보유액을 증가시킨다.

2.5.2 적정 외환보유액은 얼마?

외환보유액은 흔히 자국의 대외지급능력을 나타내는 지표로 인식되고 있다. 외환보유액이 많다는 것은 수입대금의 지불이나 자본차입에 대한 상환능력이 충분하며 동시에 국제경제의 위기 상황에 신축적으로 대처할 여력이 높다는 것을 과시함으로써 자국의 국제 신인도를 제고시킨다.

그러나 반대로 과다한 외환보유액의 문제점도 있다.

① 미국을 비롯한 해외 인플레이션이 발생할 경우 보유외환 가치의 하락으로 인한 손실 가능성이 높다.

② 일반적으로 보유외환의 운용수익보다는 차입금의 금리가 높을 것이므로 외국에 진 빚을 갚는 것이 수익성 관점에서는 유리할 수 있다.

③ 외환보유액의 증가는 해외부문을 통한 통화량 증가의 문제가 있다.

그렇다면 적정한 외환보유액 수준은 얼마인가? 일반적으로 인정되는 적정 외환보유액 수준은 존재하지 않지만 그동안 몇 가지 방안이 제시된 바는 있다.

ⓐ 과거 상품수지를 중시하던 시기에 IMF는 연간 수입액의 20~40% 수준을 적정하다고 권고한 바 있다.

ⓑ 미연준의장을 역임한 그린스펀(A. Greenspan)은 대외신인도 유지를 위해 적정 외환보유액 수준을 다음과 같이 제시한 바 있다.

$$\frac{\text{외환보유액}}{\text{향후 12개월 간의 외채원리금}} \geq 1$$

ⓒ 2011년 IMF가 제시한 외환보유액 적정성 평가(ARA : Assessing Reserve Adequacy)보고서에 따르면 변동환율제도국의 경우

$$\text{ARA비율}: \frac{\text{외환보유액}}{(5\%\times\text{수출액}+5\%\times\text{통화량}+30\%\times\text{단기채무}+15\%\times\text{기타 채무})}$$

×100% > 100%~150% 수준이면 적정하다고 보았다. 2022년 우리나라의 ARA비율은 97% 수준까지 하락해 적정성에 대한 우려도 있으나 IMF는 한국 경제는 선진국 경제이므로 걱정할 정도는 아니라는 견해를 나타낸 바 있다.

ⓓ 경제학자 마하룹(Machlup)은 '외환보유액에 대한 마하룹 부인의 옷장설(Mrs. Machlup's wardrobe theory of monetary reserve)'을 주장했다. 마하룹 부인이 옷장에 얼마나 많은 옷을 갖고 있어야 하느냐는 다른 사람이 참견할 문제가 아니라 '그녀 마음대로'라는 것이다.

우리나라는 IMF위기를 맞기 이전에 국제적 권고 수준의 외환보유액을 확보하고 있었다고 생각했으나 실제 IMF위기를 맞아 국가신인도가 추락하자 턱없이 부족한 외환보유액이었음이 드러났다. 특히 오늘날과 같이 자본거래의 비중이 크고 외국인 투자비중이 높은 경우에는 종래 국제적 권고 수준보다는 훨씬 많은 외환보유액이 필요하다. 특히 만기일이 1년 미만인 단기 차입금의 비중이 높을수록 보다 많은 외환보유액을 유지해야 할 것이다.

2008년 세계금융 위기가 발발했을 때 우리나라는 2,500억달러 가까운 외환보유액을 갖고 있었으나, 원화가치의 폭락을 막기 위해 외환시장에 개입하여 달러를 매각한 결과 얼마지나지 않아 2,000억달러의 외환보유액 수준마저 위협받는 상황이 벌어졌다. 정부와 한국은행은 더 이상의 외환시장개입은 어렵다고 선언할 정도였다. 이러한 경험이 의미하는 바는 금융위기 상황하에서는 국제적 투기자본의 공격 때문에 충분한 외환보유액이란 개념자체가 별 의미가 없다는 사실이다.

쉬어가기!

韓 외환보유액 4,266억달러는 대외 충격을 막기에 충분할까

최근 달러 대비 원화 환율이 1340원까지 뛰면서 우리나라가 경제의 방파제 역할을 하는 외환보유액을 충분히 보유하고 있는지를 두고 갑론을박이 벌어지고 있다. 2023년 4월 기준 우리나라 외환보유액은 4,266억8,000만달러다.

일각에서는 한국의 외환보유액이 국제통화기금(IMF)이 권고하는 적정 수준을 3년째 밑돌고 있다면서 외환보유액을 늘려야 한다고 주장하고 있다. 지난해 외환보유액이 연간 기준으로 역대 최대인 458억6,700만달러 줄어들자 일부 시장 관계자들은 '환율 방어의 총탄'으로 불리는 외환보유액이 말라가는 것이 아니냐는 우려를 제기했다. 이에 대해 한국은행과 기획재정부는 "IMF는 한국 외환보유액 규모가 외부 충격 대응에 적정하다고 평가했다"면서 지금도 충분한 수준이라고 반박해왔다. 양측 모두 IMF의 권고나 평가를 인용했지만, 적정 외환보유액에 대한 의견은 서로 다르다. 외환보유액이 위기 상황에서 안전판 역할을 제대로 하려면 어느 정도 규모가 적당할까.

(중략)

한국은 '외환위기 트라우마'로 외환보유액 감소에 유독 민감하게 반응하는 경향이 있다. 1997년 외환위기도 외환보유액이 바닥나면서 발생했다. 당시 누적된 경상수지 적자로 원·달러 환율이 1,900원을 넘어섰고, 정부가 원화 가치를 방어하기 위해 외환보유액을 소진했다. 그 결과 외환보유액은 1997년 말 39억4,000만달러까지 쪼그라들었다. 이후 외국인 자본이 더 빠르게 이탈했고, 결국 정부는 IMF에 구제금융을 요청할 수밖에 없었다. 외환위기라는 뼈아픈 경험을 통해 외환보유액이 국가 경제의 방파제 역할을 한다는 사실을 깨달은 정부는 이후 외환보유액을 꾸준히 늘려왔다. 외환보유액은 2001년 9월 1,000억달러를 넘어섰고 2005년 2월 2,000억달러대로 올라섰다. 이후 2011년 3,000억달러를 넘어섰고, 2018년말 처음으로 4,000억달러를 돌파했다.

이렇게 꾸준히 증가해온 외환보유액이 지난해 이례적으로 감소하면서 적정 외환보유액 논란이 불거졌다. 외환보유액은 지난해에만 458억6,700만달러 급감했는데, 이는 연간으로는 역대최대 감소폭이다. (중략)

정부와 한국은행은 물론, 경제학자들도 한 국가의 적정 외환보유액 규모에는 정답이 없다는데 동의한다. 국가마다 사정이 다 달라 모든 국가에 일률적으로 적용할 수 있는 보편적인 기준은 없다는 것이다. 국제적으로 통용되는 기준이 없기 때문에 시장에서는 주로 IMF나 국제결제은행(BIS) 등 국제기구의 권고안을 참고한다. IMF가 집계하는 외환보유액 적정성 평가지수(ARA)가 대표적이다. 이 지수에 따르면 지난해 한국의 ARA는 97%로 집계됐다. 이 기준으로 보면 한국의 외환보유액은 3년 연속 적정 수준을 밑돌았다. 그러나 IMF ARA는 외환보유액 적정 수준을 평가하는 여러 평가 지표 중 하나일 뿐이라 이 기준 자체에 의미를 부여하기 어렵다는 게 외환당국의 입장이다. IMF는 ARA와 같은 정량평가 외에도 한 국가의 외환제도, 자본자유화와 경제발전 정도, 외채구조 등 정성평가를 통해서도 국가별 적정 외환보유액을 가늠해야 한다는 설명이다. (후략)

이재은 기자, 조선비즈, 2023.5.8.

2.5.3 외환보유액 운용현황

외환보유액은 현금형태로 보유하고 있는 것이 아니라 주요 국제통화표시 예금, 채권 등으로 투자되어 있다. 외환보유액은 유동성, 수익성, 안정성을 중심으로 운용된다. 긴급한 대외지급에 대처할 수 있도록 유동성이 높으면서도 수익률이 높은 안전한 자산에 투자하는 것이다.

최근 우리나라는 외환보유액이 급증하면서 운용정책의 중심이 수익성을 강조하는 방향으로 움직이고 있다. 외환보유액이 많을수록 대외신인도가 향상되어 환율방어를 위한 외환보유액 사용 필요성이 줄어들기 때문이다.

우리나라는 외환보유액 및 공공자금을 국제금융시장에서 효율적으로 관리・운영하기 위해 2005년 7월 한국투자공사(KIC)를 설립, 출범한 바 있다. 우리의 외환보유액 중 일부를 국제적자산운용사 외에 KIC에 위탁 운영토록 함으로써 외환보유액의 수익성 향상을 도모하려는 것이다.

2019년 말 현재 외환보유액의 상품별 구성은 예치금 5.0%, 정부채 44.6%, 정부기관채 15.8%, 회사채 13.4%, 자산유동화채 12.5%, 주식 8.7%로 투자되고 있다.

2019년 말 기준으로 우리나라 외환보유액의 자산별비중은 현금성자산 4.6%, 직접투자자산 74.6%, 위탁자산 20.8%로 운용되고 있다. 외환보유액의 통화구성은 미국 달러화 외에 유로화, 일본 엔화, 영국 파운드화, 호주 달러 및 캐나다 달러를 중심으로 운용하고 있는데, 이 가운데 미국 달러화 비중은 2019년 말 기준 60.9%, 유로화는 20.5%를 차지한다. 참고로 전세계 외환보유액의 통화구성은 미국 달러화 62.7%, 유로화 20.2%, 엔화 4.9%, 파운드 4.5%, 기타 7.7% 순이다.

요약

1 국제수지(Balance of Payments)란 '일정기간 동안 한 나라의 거주자와 비거주자 사이에 발생한 경제적 거래'를 말하는데, 이러한 거래를 거래유형별로 구분하여 체계적으로 정리한 것을 국제수지표라고 한다.

2 국제수지 통계에서 거주자의 개념은 국적이나 살고 있는 국가의 문제라기보다는 그의 경제적 이해관계가 어디냐와 관련이 있다.

3 국제수지표의 구성항목은 크게 경상수지, 자본수지, 금융계정으로 나눌 수 있다. 다만 통계상 불일치를 조정하기 위한 오차 및 누락이 첨부된다.

4 우리 기업의 해외직접투자는 금융계정의 직접투자 항목에서 자산증가로 잡히고 해외직접투자로 인한 배당금 송금은 경상수지 항목의 본원 소득수지 중 투자소득 수입으로 잡힌다.

5 국제수지표상의 준비자산이란 국제수지 작성기간 동안 중앙은행 외환보유액의 변동분 중 거래적 요인에 의한 것만을 나타내는 유량(flow) 통계이다. 보유외환으로 인한 이자수입은 포함되나 환율변동으로 인한 보유외환가치 변동은 포함되지 않는다.

6 국제수지표에서 오차 및 누락이라는 불일치가 발생하는 것은 ① 통계자료를 작성하여 제공하는 주체가 다르고, ② 수출입집계시점과 결제시점간의 시차가 있으며, ③ 보고 누락의 문제가 있기 때문이다.

7 국제수지표는 복식부기방식에 의해 작성되었기 때문에 총체적으로는 그 합이 제로가 되고 부족하거나 남을 수가 없다.

8 국제수지 중 경상수지는 국민소득, 고용 및 경기상황에 큰 영향을 미치므로 특히 중요하다.

9 경상수지 적자가 발생했을 때 변동환율제도 하의 조정과정과 고정환율제도하의 조정과정은 다르다.

10 외환보유액이란 '통화당국(정부 및 중앙은행)이 경상수지나 자본수지, 금융계정의 불균형을 보전하거나 외환시장 개입을 위하여 보유하고 있는 대외지급준비자산'으로 일정시점에서의 잔액을 나타내는 저량(stock)통계이다.

요 약

11 외환보유액은 외화현금형태로 보유하고 있는 것이 아니라 주요 국제통화표시 예금, 채권 등으로 투자되어 있다. 외환보유액은 유동성, 수익성, 안정성을 중심으로 운용된다.

12 한 나라의 적정 외환보유액 수준은 나라마다 다르고 또 상황에 따라 다르다.

13 외환보유액의 변동은 몇 가지 요인에 의해 발생하는데 중앙은행의 외환매입, 매각, 보유외환의 투자로 인한 이자수입 국제통화의 가치변동에 따른 달러표시 외환보유액의 변동, 보유유가증권 매매손익에 기인한다.

14 2021년 말 기준으로 경상수지 주요흑자국으로는 중국, 독일, 일본, 러시아, 한국, 네덜란드, 아일랜드, 싱가포르, 노르웨이, 이탈리아, 스위스, 호주 등이 있으며, 경상수지 적자가 큰 나라는 미국, 영국, 브라질, 인도 등이 있다.

15 금융계정의 부호표기 방식은 2016년 2월부터 '순유출액 기준'에서 '자산・부채증감기준'으로 변경되었다. 이에 따라 오차 및 누락은 금융계정에서 경상수지+자본수지를 차감한 값(혹은 경상수지+자본수지에서 금융계정을 차감한 값에 (-)를 붙인 금액)으로 계상된다.

16 IMF포지션은 회원국이 납부해야 하는 쿼타 중 자국통화를 제외한 교환성통화 납입액이다.

17 2011년 IMF가 제시한 외환보유액적정성평가(ARA)에 따르면 우리나라는 2020년 이후 3년 연속 적정비율인 100%~150% 수준을 밑도는 93~99% 외환보유액에 대한 우려가 제기되기도 했다.

중요개념

국제수지	국제수지표	거주자, 비거주자	저량과 유량
경상수지	적정외환보유액	자본수지	금융계정
준비자산	오차 및 누락	IMF포지션	통계상 불일치
외환보유액	마하룹부인의 옷장설	한국투자공사	외환보유액적정성평가(ARA)

연습문제

Ⅰ. 다음 물음에 간단히 답하시오.

01 국제수지의 정의는?

02. 서동과 선화는 몰디브로 신혼여행을 가서 달러를 썼다. 이는 국제수지표의 경상수지 중 (　　　　)수지 그 가운데서도 (　　　　)에 속한다.

03. 우리나라의 공적외환보유액에는 외환 외에 어떤 것들이 포함되는가?

04. 국제수지표상에 준비자산이 플러스(+)로 나타났다면 기간 중 국내 통화량에는 어떤 영향을 줄까? (보유외환의 이자수입은 없다고 가정)

05. 전기 말 외환보유액은 2,000억달러, 금기 국제수지표상 준비자산 -100억달러로 계상되고 있다면 금기말 외환보유액은 얼마인가? (다른 변화는 없다고 가정한다.)

06. 경상수지+100억달러, 자본수지+10억달러 금융계정 105억달러라면 오차 및 누락은 얼마인가?

07. 오차 및 누락이 발생하는 이유를 3가지 제시해보라.

08. 외국에 돈을 빌려준 대가로 받는 이자는 이자소득이므로 국제수지표상의 본원소득수지의 무슨 수입으로 잡히는가?

09. '국제수지표상의 준비자산'과 '외환보유액'은 각각 유량인가 저량인가?

10. 과다한 경상수지 흑자의 좋은 점과 문제점을 설명해 보라.

11. 고정환율제도와 변동환율제도 하에서 경상수지 적자를 해결하는 과정을 각각 설명해 보라.

12. 전(前) 미연준의장 그린스펀의 적정 외환보유액 기준을 제시해보라.

13. 외자도입을 통한 과다한 외환보유액의 문제점 3가지를 제시해보라.

14. 외환보유액 운용의 3원칙은 무엇인가?

15. 외국의 다국적기업이 한국에 자회사를 설립하면서 영업을 개시했다. 얼마 후 사업성과가 좋아 사업확장을 위해 투자금을 더 들여왔다면 이는 국제수지표의 금융계정 중에서 (   )의 (자산, 부채)증가, 기타투자의 현금(자산증가)으로 계상된다.

16. 우리나라의 경상수지 흑자가 많아질수록 발생할 것 같지 않은 사항은?
(1) 통화량 증가   (2) 환율상승   (3) 외환보유액 증가   (4) 대외신인도 향상

17. 미국달러 대비 유로가치가 상승할 경우 유로채권을 보유하고 있는 국가의 달러 표시 외환보유액은 어떤 영향을 받는가?

Ⅱ. 다음 물음에 ○,×로 답하시오.

01. 국내를 여행 중인 외국인이나 외국 정부기관의 관리, 군속, 군인 등은 국내에 체류하더라도 비거주자로 분류된다.

02. 비거주자의 우리 자본시장 참여가 많아질수록 금융계정-증권투자항목에 부채증가, 기타투자항목에 현금(자산증가)으로 계상된다.

03. 직접투자와 증권투자의 근본적 차이는 경영에 참여하려고 하느냐 여부이다.

04. 비거주자가 우리나라에 직접투자하여 배당을 얻은 후 외국 본사로 송금했다면 금융계정 직접투자로 계상한다.

05. 다른 사정이 동일하다면 경상수지 흑자는 국내통화량을 증가시킬 가능성이 많다.

06. 보유외환의 환율변동으로 인한 외환보유액 변동은 국제수지표 준비자산에 계상되지 않는다.

07. 비거주자 A씨는 달러자금을 국내로 들여와 한국의 주식시장에서 주식매매를 하려고 한다. 비거주자 A씨의 투자는 국제수지표 증권투자 - 부채증가로 계상된다.

08. 한국은행의 보유외환으로 인한 이자수입은 국제수지표 본원소득수지 투자소득수입에 (+)로 금융계정-준비자산에 (+)로 계상된다.

09. 우리나라 외환보유액의 가장 많은 부분이 해외유가증권에 투자되고 있다.

10. 우리나라 보유외환의 효율적 운용을 위해 설립된 기관은 한국투자공사(KIC)이다.

11. 외환보유액은 미국 달러로 표시되고 있으므로 세계 최대의 외환보유국은 중국이 아니라 미국이다.

12. 외환보유액의 통화구성 중 가장 비중이 높은 통화는 미국 달러화이다.

13 국제수지표상 수출은 FOB, 수입은 CIF로 계상한다.

14. IMF쿼터 중 교환성통화로 납입된 금액만 IMF포지션(IMF리저브포지션)이다.

CHAPTER 3

국제통화체제

- 3.1 환율제도와 기능
- 3.2 금본위제도의 내용과 평가
- 3.3 브레튼우즈체제(1944~1973)
- 3.4 변동환율제도(1973~현재)
- 3.5 최적통화지역과 유로화
- 3.6 최근 국제통화제도의 개혁논의

Chapter 3

국제통화체제

세계 여러 나라가 효율적인 교역과 자본거래를 하려면 일정한 국제통화질서가 필요하다. 국제통화질서는 각국 간의 환율결정 메커니즘과 국제유동성 공급 메커니즘을 규율하는 체제라고 말할 수 있다. 국제통화체제에 대한 연구는 역사적 의미 외에 향후 국제금융질서의 확립에도 많은 도움을 준다. 그 밖에 국제통화체제에 대한 이해는 전반적인 국제금융이론을 이해하는 데 큰 도움이 된다. 따라서 이 책에서는 국제통화체제를 앞부분에 배치함으로써 뒤에 나오는 국제금융이론을 이해하기 쉽도록 했다. 지난 100여 년간 국제통화체제가 어떻게 변천되어 왔는지 살펴보자.

3.1 환율제도와 기능

환율제도란 '각국 통화 간의 교환비율인 환율을 결정하고 운영하는 메커니즘'이라고 할 수 있다.

각국간의 환율이 정해진 수준에 고정된 채 운영되는 경우 고정환율제도(fixed exchange rates)라고 한다. 고정환율제도는 크게 금본위제도, 단일통화 연동제, 복수통화 연동제로 나눌 수 있다. 반면 각국 간의 환율이 시장의 수요 공급에 따라 변하도록 허용하는 환율제도를 변동환율제도(floating or flexible exchange rates)라고 하며 이는 자유변동 환율제와 공동변동 환율제로 나눌 수 있다. 세계 각국의 환율제도는 이 책의 뒷 표지에 정리되어 있다.

표 3-1 환율제도의 분류

- 고정환율제도
  - 금본위제도
    - 금화본위제도
    - 금지금본위제도
    - 금환본위제도
  - 단일통화 연동제 : 달러, 파운드, 유로 연동 등
  - 복수통화 연동제 : SDR, 복수통화바스켓 연동
- 변동환율제도
  - 자유변동 환율제도
  - 공동변동 환율제도 : 스네이크제도

3.1.1 고정환율제도

(1) 금본위제도

금본위제도(Gold Standard)는 크게 3가지 종류가 있다.

① 금화본위제도

금화본위제도(Gold Coin Standard)는 금화(gold coin)가 시중에서 직접 유통되는 제도이다. 그러나 금화만이 유통된 100% 금화본위제도는 시행된 적이 거의 없었다. 고대와 중세시대는 금화와 은화가 함께 사용되었던 복본위제도였다. 19세기 이후 각국에서 사용되었던 금화본위제도에서는 금화와 함께 태환지폐가 동시에 사용되었다.

금화가 은화와 함께 통용되는 복본위제도 하에서 사람들은 가치 안정성이 높은 금화를 금고에 숨기므로(퇴장, hoarding) 금화는 점차 시장에서 자취를 감추고 은화만이 유통된다. 이를 '**악화가 양화를 구축한다.**'고 하며 '**그레샴의 법칙**(Gresham's law)'이라고 한다.

금화가 지폐와 함께 통용되는 금화본위제하에서는 정부 보유금의 일정 배수 이내에서 태환지폐를 발행하여야 함에도 불구하고 정부는 통화남발의 유혹에 빠지기 쉽다.

② 금지금본위제도

금본위제도의 두 번째 유형은 금괴(塊)본위제도라고도 부르는 금지금(地金) 본위제도(Gold Bullion Standard)이다. 이 제도는 금화의 유통은 금지하고 태환지폐만 통용시킨다. 이때 일정규모의 태환지폐액에 대해서만 금괴(gold bullion)로 태환을 해준다.

이 제도는 1925년 금본위제로 복귀하면서 영국이 고안해낸 것으로 당시 영국은 1,700파운드 이상의 태환지폐에 대해서만 금괴로 태환해주었다. 이 제도는 민간의 금화 퇴장(숨기기)을 방지하는 한편 소액의 무분별한 금태환을 억제함으로써 정부 보유금의 고갈을 막으려는 의도에서 시행된 것이다.

③ 금환본위제도

금환본위제도(Gold Exchange Standard)는 충분한 금을 보유하지 못하고 있는 나라를 금본위제도의 우산 아래 포함하려는 제도로써 금 절약의 효과를 거두려는 것이다. 이 제도 하에서는 국제통화질서는 금태환이 가능한 한 나라 혹은 몇 나라의 통화와 금태환이 이루어지지 못하는 여타의 통화로 구성된다.

금태환을 못하는 나라들은 금태환 통화에 자국통화를 연결시키고 일정 환율을 유지할 의무를 지게 된다. 한편 금태환 통화국은 불환통화국의 금태환 요구에 응해야 하는 의무를 진다. 역사적으로는 양차 대전 사이의 기간인 1920년대 실시된 금본위제도와 1944년 출범한 '브레튼우즈(Bretton Woods)체제' 하의 국제통화제도가 금환본위제도에 해당된다.

(2) 단일통화연동제

단일통화연동제(single currency peg)는 고정환율제도의 한 형태로서 자국통화 가치를 특정국 통화에 연동(peg)시키는 환율제도이다. 이때 중심이 되는 특정국 통화를 **기축통화**(key currency)라 한다.

기축통화로는 미국 달러, 영국 파운드, 유로 등이 주로 이용된다. 예를 들어 영 연방에 속한 나라가 자국통화 가치를 영국 파운드에 연동시켜 환율을 고정시키는 것이다.

이 밖에도 기본적으로는 고정환율제도를 운영하고 있으나 경제적 불균형이 심할 경우 소폭으로 자주 환율을 조정하는 것을 '**크롤링 페그**(crawling peg)'라고 하며 아주 드물게 환율을 대폭 조정하는 제도를 '**조정가능 고정환율제**(adjustable peg)'라고 한다.

(3) 복수통화연동제

복수통화연동제(multiple currency peg)는 자국 통화를 복수통화바스켓에 연동시키는 환율제도이다. 복수통화바스켓으로는 IMF가 창출한 '특별인출권(SDR : Special Drawing Right)'이나 임의의 주요통화들로 구성된 바스켓 등이 있다.

우리나라는 1980년대에 미, 영, 독, 프, 일 등의 주요국 통화를 우리나라와의 무역가중치를 적용해 복수통화바스켓을 구성한 후 이에 연동시키는 환율제도를 실시한 적이 있다.

3.1.2 변동환율제도

(1) 자유변동환율제

자유변동환율제(freely floating)는 환율이 시장상황에 따라 자유롭게 변동하도록 하는 환율제도이다. 브레튼우즈체제가 붕괴된 1970년대 중반이후 대부분의 선진국이 자유변동환율제도를 운영하고 있다.

한편 변동환율제를 운영하지만 시장에 완전히 맡기지 않고 통화당국이 외환시장에 개입함으로써 환율의 급격한 변동을 조절하는 것을 '**관리변동환율제**(managed floating)'라고 부른다. 또 환율변동의 장기적 추세는 거스르지 않고 단기적 변동폭을 완화하는 방식으로 개입하는 형태도 있는데, 이를 '**역풍정책**(leaning against the wind)'이라고 부른다.

(2) 공동변동환율제도

공동변동환율제도(joint floating)는 통화동맹을 맺은 역내 국가간의 환율은 고정환율제도에 가깝도록 일정한 기준율을 중심으로 제한된 범위 내에서만 변동하도록 하고 통화집단 전체로는 역외 통화들에 대해 자유롭게 변동하는 것을 허용하는 환율제도이다.

공동변동환율제도는 그룹변동환율제도라고도 부르는데, 이는 브레튼우즈체제 붕괴 이후 1970년대 초부터 독일, 프랑스, 이탈리아, 벨기에, 네덜란드, 룩셈부르크 등을 중심으로 한 유럽공동체에서 거의 30년 정도 시행된 바 있다.

3.1.3 우리나라의 환율제도

우리나라는 해방 이후(1945년 10월) 고정환율제도를 채택하여 오다가 1964년 5월에 단일변동환율제도로 변경하였다. 그러나 형식만 변동환율제도였을 뿐 실제로는 달러에 고정된 채 운영되었다. 그 후 1980년 2월에 미국 달러화뿐만 아니라 주요 교역상대국 통화의 국제시세에 연동하는 '**복수통화바스켓 환율제도**'를 채택하였다.

1990년 3월 이후에는 제한적 변동환율제도의 성격을 띤 '**시장평균환율제도**'를 도입하였다. 시장평균환율제도에서 당일의 매매기준율은 전거래일 거래환율을 거래량으로 가중평균하여 산출한다. 당일 외환거래는 매매기준율을 기준으로 설정된 상하변동폭을 벗어나지 못하도록 하였다. 1997년 12월 이후에는 환율의 일일변동폭이 완전히 폐지됨으로써 자유변동환율제도로 이행하였다.

FAQ

학생의 질문 : 고정환율제도의 종류 중에 단일통화 연동제나 복수통화 연동제 같은 경우는 단일통화를 기준으로 환율을 결정하느냐, 복수통화를 기준으로 환율을 결정하느냐에 따른 차이만 있을 뿐 다른 통화를 기준으로 환율이 변한다는 것은 동일한 것 같은데 왜 고정환율제도라고 하는지 이해가 잘 안됩니다. 기준이 되는 통화에 따라 환율이 변동되는 것 아닌가요?

안교수 답변 : 통화연동이란 기본적으로 그 통화와의 환율을 고정시킨다는 의미입니다. 예로 달러연동이라면 1달러 1,000원을 유지하는 제도입니다. 한편 우리나라 원화가 복수통화바스켓 연동일 때 통화바스켓에 속한 통화들간에는 변동환율제가 적용되고 있다면 원화는 그들의 가중 평균가치에 연동되는 것입니다. 이때 원화의 대미 달러환율은 변동하게 되는데, 그럼에도 복수통화바스켓에 연동(peg)되어 있다는 점에서 고정환율제도에 속합니다.

3.2 금본위제도의 내용과 평가

3.2.1 고전적 금본위제도

국제통화체제로서의 금본위제도(Gold Standard, 1879~1914)의 시작에 대해서는 다소 이견이 있으나 여기서는 영국의 금본위제도에 미국이 금태환을 재개함으로써 참여한 1879년으로 보는 견해를 따른다. 이후 금본위제는 1914년 제1차 세계대전 발발로 붕괴될 때까지 35년간 실시되었는데, 이 기간을 **고전적 금본위제도**라고 부른다.

금본위제도의 3대원칙은 다음과 같다. ① 금과 자국통화의 교환 비율, 즉 자국화폐로 표시된 금의 공정가격을 설정하고 유지해야 한다. ② 은행은 언제라도 금태환(兌換) 요구에 응해야 한다. ③ 자국의 통화공급량을 자국의 금 보유량에 연결시켜 운영하여야 한다.

(1) 금본위제도 하의 환율결정

금본위제도가 고정환율제도이지만 환율은 일정범위내에서 변동하고 있음을 유의할 필요가 있다. 결론부터 말하면 양국의 금의 공정가격비율인 금평가를 중심으로 미국 외환시장에서 달러환율은 금 수입점을 하한으로 금 수출점을 상한으로 한 범위내에서 변동하게 된다.

영국에서 금의 공정가격은 1온스 20파운드이고 미국에서는 1온스 40달러라고 하자. 양국의 금의 공정가격비율인 1파운드=2달러를 '금평가(mint par)'라고 한다. 금평가가 그대로 환율이 되는 것이 아니라 **환율은 금평가를 중심으로 금수입점과 금수출점 사이에서 결정**된다. 만일 미국과 영국간의 금 1온스의 수송비가 40센트라고 하면 파운드와 달러간의 환율은 1.98〈$/£〈2.02 사이에서 결정된다. 왜 그런가? [그림 3-1]을 통해 그 이유를 분석해보자.

예를 들어 미국의 수입업자가 20파운드의 수입대금을 영국의 수출업자에게 지불하는 경우를 보자. 만일 파운드수요가 급증하여 환율이 금수출점 £1=$2.02를 넘어서서 £1=$2.03수준이라고 하자. 미국의 수입업자는 외환시장에서 파운드를 매입하여 대금을 지불할 경우 40.6달러가 필요하다.

그러나 수입업자가 미국에서 금 1온스를 40달러에 매입하여 영국으로 수송한 후 영국에서 20파운드에 매각하여 수입대금을 지불할 경우 금수송비 40센트를 포함하더라도 40.4달러밖에 들지 않는다. 그러므로 환율이 금수출점 £1=$2.02를 넘어설 경우 미국에서 영국으로 AB만큼의 금수출이 일어나게 되며 환율은 금수송점을 벗어날 수 없는 것이다.

금본위제도하의 환율이 금수송점 내에 있다는 사실은 외환거래자에게 상당한 의미가 있다. 현재 환율이 금 수출점 부근에 있다면 시장 참여자는 누구라도 앞으로 환율이 떨어질 것으로 예상할 것이다. 따라서 강세가 예상되는 달러를 매입하고 대신 파운드를 매각하는 거래를 증가시킬 것이므로 환율은 금평가 부근으로 복귀하게 된다.

반대로 환율이 금수입 점 부근에 있다면 거래자들은 환율상승을 예상하고 파운드매입, 달러매도를 증가시킴으로써 환율을 금평가 부근으로 상승시킨다. 즉, 환율이 금평가를 넘어 금수출점 부근에 있을 경우 파운드 투

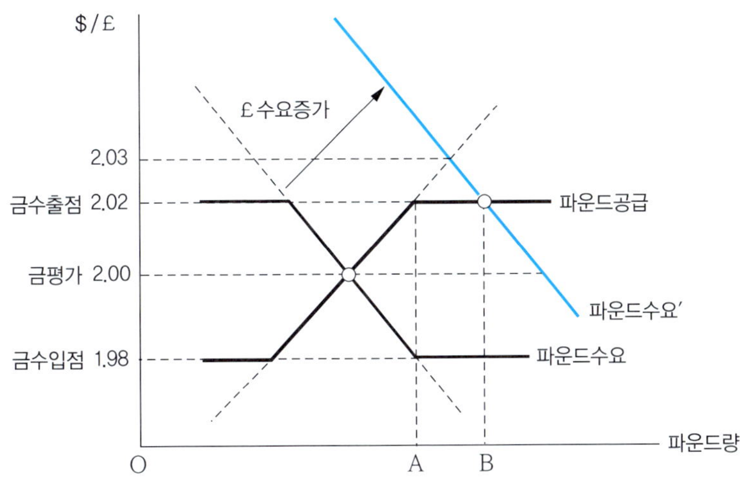

【 그림 3-1 금본위제 하의 환율결정 】

매의 '**일방 투기**(one way speculation)'가 발생하고 반대로 환율이 금평가 아래 금수입점 부근에 있다면 달러투매의 일방 투기가 발생한다.

(2) 가격 · 정화 플로우 메커니즘

영국의 고전학파 경제학자 흄(David Hume)은 완전 신축적 물가와 임금이라는 고전학파의 가정하에서 금본위제도야말로 국가간 무역불균형을 자동조절하여 균형으로 회복시켜주는 탁월한 메커니즘이라고 설명했다. 이를 '가격 · 정화(正貨) 플로우 메커니즘(price specie flow mechanism)'이라고 한다.

이제 흄의 이론을 살펴보기 위해 금본위제도를 실시하고 있는 A국과 B국을 상정해 보자. 만일 A국이 무역흑자를 얻고 있고 B국은 무역적자를 나타내고 있다면 양국간의 무역차액을 청산하기 위해서는 B국의 금이 A국으로 유입된다. A국은 금 유입으로 통화량이 증가하고 물가와 임금이 상승하는 반면 B국은 금 유출로 통화량이 감소하고 물가가 하락한다. 결국 A국은 수출가격 상승으로 수출이 감소하고 반대로 B국의 수출은 증가한다. 이러한 과정을 거치면서 A국과 B국의 무역수지는 모두 자동적으로 균형을 회복하게 된다. 그러나 이러한 자동조절과정이 제대로 작동하려면 통화당국이 '**중화정책**(sterilization)'을 사용해서는 안 된다는 전제가 필요하다.

(3) 중화정책

중화정책(中和政策)이란 불태화(不胎化)정책이라고도 부르는데 간단히 설명하면 **해외부문으로부터의 통화량변화가 발생할 경우 그것이 국내경제에 미치는 영향을 제거하기 위해 국내부문을 통해 통화량을 그만큼 상쇄시키는 정책**을 말한다. 중화정책을 쉽게 이해하려면 통화공급체계를 이해할 필요가 있다.

한 나라의 통화공급은 크게 2가지 부문으로부터 발생한다. 하나는 국내부문이고 다른 하나는 해외부문이다.

$$M^S = D + R \qquad (3.1)$$

식 (3.1)에서 M^S는 중앙은행의 통화공급량이며 D는 중앙은행의 국내부문에 대한 신용공여(domestic credit)로 인한 통화공급량, R은 중앙은행이 매입하여 보유중인 외환보유액(foreign reserve)으로 인한 통화공급량이다. 즉, 중앙은행이 시중 자금사정을 완화시키기 위해 국내부문에 자금을 제공하면 그만큼 국내부문을 통한 통화량이 증가한다. 다른 한편 중앙은행이 외환을 매입하여 외환보유액을 늘리면 외환매입 대가로 자국통화를 매각해야 하므로 해외부문을 통한 통화량이 증가하는 것이다. 중화정책이란 R이 증가할 때 D를 낮춤으로써 M^S를 불변으로 유지하거나, 반대로 R이 감소할 때 D를 증가시킴으로써 M^S를 불변으로 유지하는 정책을 말한다.

흄의 '가격 · 정화 플로우 메커니즘'과 관련하여 보면, 무역 흑자국으로 금이 유입되면(R 증가) 흑자국은 통화량 증가(M^S)를 겪게 되고 이는 물가상승과 무역흑자 해소로 이어질 것이다. 이때 무역 흑자국이 중화정책을 실시한다는 것은 금 유입에 따른 통화공급 증가를 상쇄시킬 만큼 국내부문의 통화량(D)을 감축한다는 것이다. 이렇게 중화정책을 쓰면 총 통화량이 변하지 않기 때문에 물가상승도 발생하지 않으며, 결과적으로 무역흑자도 유지되고 유입된 금의 확보도 계속 가능하게 된다. 그러므로 정책당국이 중화정책을 사용할 경우 흄이 말하는 무역수지의 자동 조절과정은 작동할 수 없게 된다.

(4) 금본위제도의 장단점

금본위제도의 장점으로 흔히 주장되고 있는 것은 ① 통화량이 공적 금보유와 연결되어 있어 정부에 의한 통화증발이 없으므로 인플레이션의 위험에서 자유롭다. ② 환율이 고정되므로 외환시장의 안정은 물론 불확실성을 줄여 국제무역과 자본이동 및 경제성장에 기여한다. ③ 흄이 주장한 국제수지 자동조절 메커니즘이 작용하므로 각국은 구조적인 무역수지 불균형에서 벗어날 수 있어 국제 협력과 국제통화질서의 안정에 기여할 것이라는 점이다.

금본위제도가 가져다 주는 안정성과 자동조절 기능은 각국이 **금본위제도하의 게임의 규칙**(rules of game)을 제대로 지킬 때 작동하는 것이다. 금본위제도의 게임의 규칙은 무엇인가? 그것은 ① 각국은 자국의 통화공급량을 금 보유수준과 연계시키고, ② 중앙은행은 중화정책을 사용하지 않으며, ③

국경을 넘어 자유로운 금의 유출입을 허용하는 것이다.

실제로 국제적 금본위제도가 시작된 1879년부터 브레튼우즈체제가 붕괴된 1970년대 초까지 금본위제도의 게임의 규칙은 제대로 지켜지지 않았다. 당시 각국은 중화정책을 사용함으로써 해외부문으로부터 국내경제를 보호하는 데 우선을 두었고, 자주 외환시장에 개입해왔으며 금의 자유로운 유출을 억제했다. 규칙이 지켜지기 어렵다는 현실적인 정치·경제적 문제 외에도 금본위제도의 근본적인 단점은 통화량으로 대표되는 경제활동 수준을 금 보유량과 연계시킴으로써 통화공급체제의 경직성과 그에 따른 경기조절 기능의 상실이라 하겠다.

(5) 고전적 금본위제도에 대한 평가

1879~1914년에 걸쳐 실시된 고전적 금본위제도 하에서 선진 각국 간의 무역수지 불균형도 크지 않았고, 경제성장도 괄목할만 했으며 국제경제질서도 비교적 안정적이었다. 당시 세계 경제가 안정과 번영을 누렸다고 해서 이 시기를 **금본위제도의 황금시대**(golden era)라고도 한다. 이러한 긍정적 평가에도 불구하고 부정적 평가도 적지 않다.

당시 금본위제도의 규칙이 제대로 작동하지 않았다는 사실과 물가가 안정적인 것도 아니라는 연구결과가 제시되고 있다. 일부 긍정적 현상이 있으나 그것이 금본위제도를 실시했기 때문이라기보다 당시의 자유경제사조와 선진국간의 협조, 영란은행의 주도적 역할 등이 조화를 잘 이루었기 때문으로 보는 것이 타당할 것이다.

3.2.2 양차 대전 간 금환본위제도(1925~1931)

(1) 금환본위제도의 성립

제1차 세계대전이 종료되자 미국과 영국은 금본위제로의 복귀를 갈망했다. 당시 미국을 제외하고는 거의 모든 나라가 전쟁의 피해로 국민경제는 완전히 파괴되었다. 1922년 제노아회의(Genoa conference)에서 금 부족을 해결하기 위해 금환본위제도를 시행할 것을 권고하였다.

1925년 금환본위제도로의 복귀는 세계경제의 안정회복과 새로운 패권을 장악하려는 미국의 의도와 미국의 지원하에 전쟁전의 지위를 회복해 보려는 영국의 이해가 맞물려 성사되었다. 당시 보유 금이 거의 없었던 영국은 미국으로부터 3억달러의 대규모 신용공여 약속을 받고 금본위제(금지금본위제 형태)로 복귀했다. 당시 미국과 영국, 프랑스 및 영연방(캐나다, 호주, 뉴질랜드, 남아공 등) 몇 나라를 제외하고는 대부분의 국가는 불환 통화국의 위치에서 금환본위제에 합류하였다.

(2) 금환본위제도의 붕괴

금환본위제도는 시행된 지 6년만인 1931년 영국의 이탈과 함께 붕괴하고 말았는데 그 이유는 다음과 같다.

① 영국 파운드의 고 평가(overvaluation)

영국은 금환본위제도로 복귀하면서 미국의 달러와 마찬가지로 파운드 가치를 전쟁 전 금평가 수준으로 회복시켰다. 즉, 전쟁에 의해 보유 금이 고갈되었고 경제기반이 완전히 파괴되었음에도 불구하고 파운드와 금과의 평가를 전쟁 전 수준 그대로 회복하였던 것이다. 이러한 결정의 배경에는 영국의 자존심이 크게 작용하였다.

반면 프랑스 프랑화는 전쟁 전 금평가의 20% 수준으로 평가절하한 후 금환본위제로 복귀하였다. 금환본위제가 시작되자마자 투기자들은 고 평가된 영국 파운드를 투매하였는데, 당시 외환시장은 비교적 규모가 작은데 반해 투기자의 세력은 컸기 때문에 금환본위제는 출발부터 혼란에 빠졌다.

② 미국 자금의 유럽유입 중단

금환본위제 성립 초기에는 미국 자본이 영국으로 유입되면서 파운드화의 안정에 보탬이 되었다. 그러나 1928년 미국 증시가 폭등하면서 추가 자금의 유입이 끊기게 되자 영국은 파운드를 방어할 자금을 확보하지 못했다.

③ 프랑스의 금보유량 증가

프랑스는 기회 있을 때마다 금을 사 모았는데 이러한 프랑스의 금 보유 증가는 파운드 투매를 더욱 부채질했다. 프랑스의 금 보유량은 1926년 7억 달러 수준에서 1930년에는 20억달러 수준으로 증가했으며, 1932년에는 34억달러까지 확대되었다. 이에 반해 영란은행은 파운드의 평가절하를 단행한다든지 하는 조치를 취함으로써 파운드 고 평가 문제를 해소해야 했으나 소극적으로 대응하면서 스스로 파운드 방어를 포기하였다.

④ 영국의 순외채 누적

1931년 영국의 순(純)단기외채는 2억5,400만파운드에 달했으나 금 보유량은 1억5,000만파운드에 불과해 극심한 금태환 요구에 시달렸다. 1931년 7월 한 달 동안만도 3,200만파운드의 금 유출을 경험하였다. 1931년 7월 중순부터 9월 중순까지 2달 동안 영란은행 내 외화잔고의 인출액은 무려 2억파운드를 넘었다. 이는 당시 파운드가 얼마나 시달리고 있었는지를 말해준다.

⑤ 세계 대공황의 발발

한편 유럽대륙의 대부분 국가들도 1929년 발발한 세계 대공황(The Great Depression)의 영향으로 곤경을 겪고 있었다. 오스트리아의 크레딧 안슈탈트(Kredit Anstalt)은행이 파산하였고, 그 여파로 채권을 갖고 있던 독일 은행들이 연이어 파산하였다. 결국 독일은 1931년 7월 금환본위제를 탈퇴하였는데 이는 다시 영국에 영향을 미쳤다. 영국은 1931년 9월 21일 금환본위제로부터의 탈퇴를 선언하는 굴욕을 감수하였고, 파운드는 국제금융시장에서의 주도권을 완전히 상실하였다.

(3) 금환본위제도의 평가

금환본위제도는 그 성과를 평가하기에는 시행기간이 너무 짧았다. 금환본위제도의 붕괴가 시사하는 것은 금과 자국통화간의 금평가가 얼마나 중요한 것인가를 깨닫게 해주었다는 것이다. 또 다른 시사점은 금환본위제도의 붕괴와 함께 파운드와 달러간의 경쟁관계는 종결되고 세계 경제의 주도권은 달러를 중심으로 하는 미국으로 축이 완전히 옮겨졌다는 점이다.

세계 대공황과 금환본위제의 붕괴로 국제경제 질서는 혼란에 빠졌다. 영국과 프랑스 등 식민지를 보유한 나라들은 본국과 식민지를 규합한 경제블록(bloc)을 형성하여 위기를 돌파하려고 했다. 한편 미국은 1930년 '**스무트-홀리법**(Smoot-Hawley Act)'을 제정하여 평균 관세율을 무려 53%나 인상함으로써 유럽으로부터의 고립주의를 택했다. 외국과의 자유무역을 제한하는 이 같은 보호주의는 결국 자국뿐 아니라 교역상대국의 경제적 이득까지도 감소시키는 것이다.

당시 세계는 대공황이라는 경제위기를 맞아 국제협력이나 국제경제의 안정보다는 자국 중심의 민족주의가 팽배했으며 이는 결국 근린궁핍화(beggar my neighborhood)정책으로 이어져 서서히 제2차 세계대전의 길로 들어서고 있었다.

3.3 브레튼우즈체제(1944~1973)

3.3.1 브레튼우즈체제(Bretton Woods System)의 성립

(1) 케인스안과 화이트안

1941년 제2차 세계대전은 아프리카와 남태평양 지역으로 확산되고 있었고 전황도 유럽 대륙이 독일의 수중에 떨어지는 등 연합국에 불리하게 전개되고 있었다. 당시 한치 앞도 가늠할 수 없을 만치 암울한 전황 속에서 미국의 루즈벨트 대통령과 영국의 처칠 수상은 대서양 함상에서 전황에 대한 논의와 함께 전후 세계질서에 대해 의논했다. 1941년 양국 수뇌에 의해 발표된 '대서양헌장'에서는 전후 세계질서와 국제통화체제에 대한 구상이 싹트고 있었다.

전후 국제통화체제에 대한 계획 수립은 미국의 재무차관 화이트(H. D.

White)와 케인스 혁명을 이룩한 당시 세계 제일의 경제학자 영국의 케인스(John Maynard Keynes)에게 맡겨졌다. 당초 두 사람은 서로 정보를 교환하지 않은 채 각자 따로 연구를 진행했다. 케인스는 자신의 야심을 담은 '국제청산동맹'안을 구상하고 있었고, 화이트는 '국제안정기금'을 모체로 하는 국제통화질서를 구상해 나갔다. 화이트는 1942년 "나는 케인스 이외의 어느 누구와도 대화하고 싶지 않다"고 말하면서 런던을 방문하였다. 그때부터 두 사람은 서신을 교환하며 전후 세계경제질서에 대한 양측 견해를 좁혀나가는 노력을 기울였다.

케인스의 최종안은 1943년 4월 발표되었으나 화이트안은 그 해 7월에서야 제 모습을 드러냈다. 발표된 안은 각각 전후 세계경제질서의 재편과정에서 자국의 입장을 대변하려는 의도 하에 작성된 것임이 분명히 드러났다.

케인스는 전후 세계경제는 미국의 주도 하에 움직일 것을 알고 있었다. 유럽 각국은 전쟁을 수행하면서 대부분의 재정을 소진했으나 미국은 거의 아무런 손실을 입지 않았고 오히려 경제력이 강화되었다. 따라서 금은 물론 달러로 대표되는 여타 국제유동성의 대부분이 미국에 집중되어 있었다. 케인스의 관심은 유럽의 전후 복구를 위해 미국의 자본을 활용할 수 있는 국제통화질서를 구축하는데 집중되어 있었다.

케인스안은 다음 4가지 사항에 초점을 맞춰 작성되었다.

① 미국을 제외한 세계 각국은 전후 개발자금의 조달과 수입대금의 결제를 위해 적절한 유동성의 공급이 가장 중요한 문제이므로 적절한 유동성 공급체제의 수립을 주장했다.
② 금과 연결된 그러나 5%의 범위 내에서 변동이 허용된 신축적인 고정환율제도의 도입을 옹호했다.
③ 무역적자국뿐만 아니라 무역흑자국도 무역수지 조정의무를 분담하도록 하는 제도적 장치마련을 요구했다.
④ 국제기구의 국내경제에 대한 간섭을 최소화 할 것을 주장했다.

화이트안은 전후 국제통화질서의 안정을 회복하고 미국의 영향력이 발휘

되는 체제로 다음 4가지 사항에 초점을 맞춰 구상되었다.

① 국제안정기금을 설립하여 국제통화질서를 안정시키는 것을 최우선으로 하며 이를 위해 엄격한 고정환율제도를 도입할 것을 제안했다.

② 미국에 편중된 국제 유동성의 효율적 사용을 도모하는 것에 동의하더라도 미국 보유 유동성의 조기 고갈에는 반대하는 입장이었다.

③ 무역수지 불균형이 발생할 경우 적자국이 책임지고 불균형을 해결하도록 하는 메커니즘을 지지하였다.

④ 국제무역과 자본의 원활한 이동을 보장하는 제도마련에 초점을 두었다.

케인스안과 화이트안이 외견상 드러난 내용이 비교적 흡사해 보이나 그 구체적 목표나 범위, 신축성 등에 있어서는 크게 상충되고 있음에 유의할 필요가 있다. 화이트안은 환율의 안정을 도모하는데 최우선적 목표를 두고 금본위제에 가까운 경직적 고정환율제도를 제시하였고 국제유동성 문제에 있어서는 완만한 공급을 추진한다는 소극적 입장이었다. 반면 케인스안은 국제유동성의 충분한 공급을 보장해주는 메커니즘 마련에 최우선 목표를 두었음에 비해 환율제도는 일정한 범위 내에서 환율이 변동할 수 있도록 하는 신축적 고정환율제도를 선호했다.

(2) 협상의 타결

1943년 9월부터 10월까지 워싱턴에서 케인스안과 화이트안에 대한 격렬한 토의와 협상이 벌어졌다. 양국은 1944년 4월에 공동합의서를 작성하였고 6월에는 미국 뉴저지주의 아틀랜틱시티에서 최종 협의가 있었다. 아틀랜틱시티 회의에 앞서 미국측은 '국제통화기금에 대한 문답서'를 내놓았는데 이는 미국측이 케인스안과 화이트안을 종합 조정한 것으로 미국은 전후 국제통화체제를 국제통화기금(IMF : International Monetary Fund)체제로 이끌고 갈 구상임을 드러낸 것이었다.

아틀랜틱시티에서의 양국 간의 토의 결과는 발표되지 않은 채 양국 대표단은 1944년 7월 곧바로 뉴햄프셔주의 브레튼우즈회의에 참석했다. 뉴햄프셔의 브레튼우즈(Bretton Woods) 마을은 산 속의 소규모 휴양도시로 잘 알려진 곳인데, 특히 가을의 단풍은 미국 동부에서 최고로 꼽는 곳이다. 회담이 이루어진 호텔은 세워진지 100년이 훨씬 넘는 유서 깊은 곳이었고, 깊은 산 속에 골프장을 끼고 있는데 웅장한 자태와 규모가 주변 경관과 잘 어우러져 보는 이의 감탄을 자아낸다.

1944년 7월의 브레튼우즈회의에는 소련까지 포함된 44개국 740명의 대표단이 참석하여 협정문에 서명함으로써, 전후 국제통화질서의 새로운 장을 열었다. 소련은 협정에 서명했으나 후일 비준하지 않음으로써 동 체제에 합류하지 않았다. 결국 전후 국제경제질서는 통화질서를 관장하는 '**국제통화기금**(IMF)'과 전후 복구를 위한 개발자금을 제공하는 '**국제부흥개발은행**(IBRD : International Bank for Reconstruction and Development)' 그리고 국제무역의 확대를 도모하기 위한 '**관세 및 무역에 관한 일반협정**(GATT : General Agreement on Tariffs and Trade)'의 세 기둥에 의해 운영되도록 짜여졌다. 국제부흥개발은행(IBRD)은 **세계은행**(World Bank)이라고 부른다. 통화질서에 있어서의 IMF의 중심적 역할 때문에 이 체제를 흔히 IMF체제라고도 부른다.

브레튼우즈체제가 미국과 영국 간의 오랜 협상의 결과였다고는 하나 총체적으로 볼 때 전후 최강대국의 지위를 확보한 미국의 세계경제질서에 대한 기본 구상에 영국의 의견이 가미된 형태로 짜여졌다고 볼 수 있다. 동 체제는 절대강국 미국과 달러에 지나치게 의존한 경직된 체제였다. 미국 경제가 강할 때는 별탈 없이 유지되었으나 1960년대 이후 미국경제의 퇴조와 달러위기가 발생하면서 브레튼우즈체제가 얼마나 불안정한 구조물인가 밝혀지기 시작했다.

3.3.2 브레튼우즈체제의 구조

(1) 환율제도

브레튼우즈체제에서는 미국의 달러가 금과 대등한 지위를 갖는 '금·달러 본위제도'였다. 동 체제에서 달러는 '기축통화(key currency)'로서의 기능을 부여받았다. 고정환율제도에서 기축통화란 환율설정의 기준이 되는 통화라고 정의할 수 있다. 브레튼우즈체제 하에서 미국은 제2차 세계대전 이전

수준인 금 1온스당 35달러로 달러가치를 유지할 의무를 지는 한편 각국 중앙은행으로부터의 금태환 요구에 대해 금 1온스당 35달러의 공적 환율로 무제한의 금태환을 허용하는 의무를 졌다.

반면 여타 통화는 기축통화인 달러와 자국 통화간의 공적 환율을 결정하여야 하며 그 공적 환율로부터 ±1% 범위 내에서 자국의 환율을 유지할 의무를 졌다. 따라서 미국 달러는 금과 연동된 반면 기타 통화는 미국 달러에 연동된 고정환율제도였다.

달러의 특별한 지위를 강조하여 브레튼우즈체제를 달러본위제도라고 부르기도 한다. 미국의 금태환이 허용되는 제도였으므로 금환본위제라고 부르는 학자도 있다. 다만 통상적 금본위제와 다른 점은 민간의 금태환은 허용되지 않았고 각국 정부로부터의 공적 금태환만이 허용되었다는 점이다.

브레튼우즈체제 하의 환율제도를 또 다른 각도에서는 '조정가능 고정환율제도'라고도 불렀다. 이를 좀 더 자세히 살펴보자. 브레튼우즈체제하에서는 회원국이 경상거래나 자본거래에 있어서 '근본적 불균형(fundamental disequilibrium)'으로 고통을 겪는 경우, 그 회원국은 IMF와의 협의를 거쳐 자국 통화와 대미 달러 간의 공적 환율을 변경할 수 있는 조항이 있었다. 따라서 경상수지 적자가 심하거나 공적 환율의 방어가 힘겨운 회원국들은 IMF와의 협의를 거쳐 자국통화의 평가절하를 단행하기도 했다.

그러나 이러한 조항은 평가절하의 경우에만 이용되었을 뿐 경상수지 흑자나 자본거래 흑자국에 대한 평가절상을 유도하는 쪽으로는 활용되지 못했다. 평가변경에 있어서의 이러한 비대칭적 활용은 각국 간의 경쟁적 평가절하만 일으켜 브레튼우즈체제 붕괴의 한 요인이 되었다.

(2) 환율제도의 문제점

① 미국 달러에 대한 특권

미국 달러는 금과의 가치만 유지하면 되며 여타 통화와의 환율유지 의무에 있어서는 수동적 입장에 있다는 점이다. 즉, 대미 달러환율의 유지의무는 전적으로 회원국 각자에게 지워져 있었다. 이제 이 문제를 좀더 자세히 분석해 보자.

만일 우리나라가 미국에 대해 지속적인 무역수지 흑자를 달성하고 있다면 우리 외환시장에는 미국 달러가 과잉공급 된다. 달러의 공급 증가는 달러가치를 하락시키고 우리 원화 가치를 상승시킨다. 결과적으로 대미 달러 환율이 1% 이상 하락하려고 할 때 한국은행은 외환시장에 개입하여 과잉공급된 미국 달러를 사들여야 한다. 한국은행의 달러 매입은 외환보유액을 증가시킴으로 해외부문을 통한 통화량의 증가를 일으킨다. 통화량 증가로 인해 우리나라는 물가상승에 시달리게 된다.

만일 한국은행이 달러 매입으로 발생하는 해외부문으로부터의 통화량 증가를 국내부문에서 흡수함으로써 국내신용을 줄인다면, 즉 중화정책을 사용한다면 물가상승은 피할 수 있으나 이번에는 국내 경기침체를 감수해야 한다. 결국 열심히 노력하여 경상수지 흑자를 이룩한 우리나라가 미국의 경상수지 적자로 인해 발생하는 환율불안정을 해결해줘야 하는 불합리성이 내재되어 있는 것이다.

무역수지 적자를 내고서도 아무런 조치를 취하지 않아도 되는 미국의 특권은 기축통화로서 미국 달러가 갖고 있는 '**화폐주조이차**(seigniorage, 세뇨리지)'를 누리는 것이었으나 회원국 입장에서는 불만이었다. 이러한 미국의 특권을 당시 회원국들은 '**눈물 없는 적자**(deficit without tears)'라고 부르며 불평했다.

② 근본적 불균형에 대한 모호성

회원국의 경제상황이 근본적 불균형으로 시달릴 경우 IMF와의 협의를 거쳐 환율의 조정이 가능하도록 되어 있었으나 문제는 근본적 불균형에 대한 명확한 정의가 이루어지지 않았다는 점이다. 따라서 회원국들이 자국의 경제상황을 유리하도록 만들기 위해 환율을 변경하고자 할 때 IMF당국이 그것을 제지할 뚜렷한 근거를 제시하지 못했다. 이러한 모호성은 고정환율제도의 안정성을 저해하고 경쟁적 평가절하를 허용하는 편의 조항으로 악용되었다.

③ 주권의 양도

브레튼우즈 성립 당시 대부분의 회원국이 인식은 했으면서도 중요하게 다루지 않고 지나쳤던 문제가 있으니 그것은 IMF에 자국 주권의 일부를 양도했다는 점이다. 즉, 경제의 근본적 불균형이 있을 경우 IMF와의 협의를 거쳐 환율을 조정할 수 있었는데, 이는 각국이 자국의 주권을 국제기구인 IMF에 양도하고 있다는 점에서 매우 중대한 문제라 하겠다. 미국이 IMF의 의결권에 절대적 영향을 미치고 있었으므로 각국이 환율 변경을 하려면 미국의 허락을 받아야 하는 것과 흡사했다. 비록 이 조항이 모든 회원국에 대해 철저히 시행된 것은 아니지만 많은 개발도상국들이 이 조항에 따라 주권 행사에 제한을 받았음이 사실이다.

3.3.3 IMF의 국제유동성 공급 메커니즘

제2차 세계대전이 끝난 후 미국을 제외한 모든 나라는 대외 준비자산의 보유량이 매우 낮았다. 1946년 미국은 전 세계 화폐용 금의 80% 이상을 보유하고 있었다. 여타 국가들은 전후 복구비용과 수입대금을 지불하기 위해서는 달러와 같은 외환이 절실히 필요했다. 결과적으로 전후 세계는 국제유동성의 원활한 공급이 절대적으로 요구되는 시기였다.

당초 케인스안은 국제유동성 공급의 원활한 공급을 최우선 목표로 구상되었으나 협상과정에서 초과 유동성 보유국인 미국은 자국의 기득권을 유지하는 것을 더 중시하였다. 결과적으로 미국의 생각대로 화이트안이 채택되면서 유동성 공급 메커니즘은 일정한 한계를 갖게 되었다. 따라서 브레튼우즈체제 성립 초기에는 유동성 공급량이 상당히 제한적으로 이루어졌다.

(1) IMF 쿼터와 신용공여

IMF가 각국에 유동성을 공급하기 위해서는 자체 자금이 필요하다. 따라서 IMF는 성립 초기부터 각국의 경제력에 따라 쿼터(quota)를 배정하였다. 성립 초기에는 쿼터의 25%는 금 또는 달러와 같은 교환성 통화로 불입하고 나머지 75%는 자국 통화로 불입하였으나 이후 자국통화로 100% 납입도 가능하도록 개정되었다.

성립초기 1946년 IMF 쿼터는 총 76억달러 수준이었으나 이후 여러 차례 증자를 거쳐 2022년 12월 현재 4,770억SDR(6,344억$)로 확대되었다. IMF 쿼터는 ① IMF의 회원국에 대한 자금공여 원천으로 사용될 뿐 아니라 ② 각 회원국이 IMF로부터 차입할 수 있는 한도를 결정해주는 역할도 하며 ③ IMF 의결사항에 대한 각 회원국의 의결권(voting power)기능도 있다.

회원국은 쿼터에 따라 의결권의 비율을 갖게 되는데 정확히 동일하지는 않다. 2022년 11월 현재 미국은 총 쿼터의 17.43%를 보유함으로써 의결권의 16.50%를 갖고 있다. 그 밖에 일본 6.47(6.14)%, 중국 6.40(6.08)%, 독일 5.59(5.31)%, 영국과 프랑스 각각 4.23(4.03)%, 이탈리아 3.16(3.02)%, 러시아 2.71(2.59)%, 캐나다 2.31(2.22)%, 사우디아라비아 2.10(2.01)%의 쿼터를 갖고 있다. ( )내 숫자는 IMF의결권의 비중을 나타낸다.

IMF의 의결은 85% 이상의 찬성으로 의결되므로 미국의 승인없이는 어떤 안건도 통과될 수 없다. 우리나라의 쿼터는 우리 경제력의 성장과 함께 조금씩 증가하여 1.80(1.73)%를 점하여 세계 16위 수준이다. 세계에서 가장 적은 쿼터를 가진 나라는 투발루(Turalu)로 2.5백만SDR 0.001(0.03)%에 불과하다.

긴급자금이 필요한 회원국은 자국 IMF 포지션을 인출하여 사용할 수 있다. 이때 자국통화를 대가로 지불해야 한다. 이를 '**리저브 트란셰**(Reserve Tranche)'라 한다. 리저브 트란셰를 사용하고도 자금이 더 필요한 회원국은 자국 쿼터의 100% 한도 내에서 25%씩 4번 빌릴 수 있는데, 이때에도 자국통화를 대가로 불입하여야 한다. 이러한 신용공여를 크레딧 트란셰라고 한다. 크레딧 트란셰는 리저브 트란셰처럼 자동적·무조건이 아니고 IMF와 협의를 거쳐야 하는데 상위차수(25%씩 4회)로 갈수록 심사와 조건이 엄격해진다. 이 밖에 IMF와 협의를 거쳐 빌릴 수 있는 구제금융제도가 있다. 1997년 말 우리나라를 비롯한 아시아 외환위기와 관련하여 구제금융이 제공된 바 있다.

(2) SDR의 창출과 배분

1969년 7월 IMF는 국제유동성을 증가시키는 방안으로 새로운 준비자산인 SDR(특별인출권)을 창출하였다. SDR은 '크레딧 트란쉐' 등과 같은 일반인출권과 구별하는 의미에서 특별인출권이라 불린다. SDR의 배분방식은 회원국의 IMF 쿼터에 따라 이루어진다. SDR은 창출 당시 미국 달러의 지속적인 약세에 직면한 회원국들이 달러를 대체할 준비자산의 필요성을 절감하여 창출된 것이다. 금이나 IMF 쿼터만으로는 국제 유동성을 감당할 수 없었던 시기였다.

SDR은 창출 당시 달러가 금과 연결되어 있었으므로 달러와 동일한 가치를 지녔다(1SDR=1US$=금 0.888671g). 그러나 1970년대 들어 브레튼우즈체제가 붕괴된 후 달러가 변동환율제로 전환하자 SDR과 달러 간의 환율도 변동하기 시작했다.

IMF는 SDR의 가치를 몇몇 주요국 통화바스켓의 가중평균가치로 나타내기로 하고, 매 5년마다 통화바스켓에 포함할 통화와 그 가중치를 정하고 있다. 2022년 8월 1일 새롭게 결정된 통화바스켓과 가중치는 미 0.57813$(43.38%), 유로 0.37379€(29.31%), 중 1.0993Y(12.28%), 일 13.452¥(7.59%), 영 0.08087£(7.44%)이다. SDR과 같이 여러 통화의 가중평균가치로 그 가치가 결정되는 통화를 복합준비통화라고 한다.

2023년 1월 5일 5개국 환율을 적용하여 2023년 1월 5일 SDR의 $가치를 계산해보자.

SDR1 = 0.58$ + 0.38€ × 1.0612($/€) + 1.099Y ÷ 6.8765(Y/$)
+ 13.45¥ ÷ 132.47(¥/$) + 0.0809£ × 1.2023($/£)
= US$1.3334이 된다.

1970년 1월 1일 총 34억1,400만SDR이 창출된 이래 몇 차례 증액을 거쳐 2022년 12월 현재 총 6,607억SDR(9,430억달러 상당)이 창출되어 회원국에 배정되었다. 코로나19 펜데믹으로 인한 세계 각국의 유동성 공급을 지원하기 위해 2021년 8월 4,560억 SDR이 특별 증액된 것이 큰 변화였다. 그렇다하더라도 전세계 통화체제를 유지・감독하는 IMF의 통화로서는 빈약한 양이다. 이는 강대국들의 주도권 싸움으로 얼룩진 IMF의 한계를 보여주는 것이다.

SDR의 사용은 1980년을 정점으로 하여 하락세를 보이고 있다. SDR 하락세의 주요 원인은 ① SDR이 민간의 금융거래에서는 거의 사용되지 않고 정부간의 공적거래에만 한정되고 있다는 점 ② 유로에 비해 SDR의 환위험 회피 기능이 약하다는 점을 지적할 수 있다. SDR은 그 구성에 있어 미국 달러가 41.7% 포함됨으로써 달러와의 차별성이 낮아 미국 달러의 가치변동에 대한 환위험 회피수단으로 한계가 있기 때문이다.

쉬어가기!

IMF "中 위안화, SDR 기축통화 편입" … 세계 3대 통화로 부상

편입 시점은 2016년 10월 1일부터다. 국제통화기금(IMF)은 현지시간으로 30일 오전 워싱턴D.C.의 IMF 본부에서 집행이사회를 열어 위안화의 특별인출권(SDR) 기반통화(바스켓) 편입을 결정했다고 공식 발표했다. 집행이사회에는 크리스틴 라가르드 총재와 주요 국가그룹을 대표하는 20여 명의 집행이사가 참석했다. 라가르드 총재는 집행이사회 결정 직후 "위안화의 SDR 통화 편입은 중국의 세계경제로의 통합을 위한 중대한 이정표"라며 "위안화 편입은 세계 경제의 여건을 더 잘 반영하기 위한 일"이라고 밝혔다.

이에 따라 미국 달러화와 유로, 영국 파운드, 일본 엔화에 이어 위안화가 5번째로 IMF의 SDR 통화 역할을 하게 됐다. 위안화의 SDR 편입 비율은 10.92%로 정해졌다. 이는 미국 달러(41.73%), 유로화(30.93%)에 이어 3번째다. 엔화(8.33%)와 파운드화(8.09%)보다도 높다.

집행이사회 결과를 발표하는 성명에서 IMF는 위안화의 SDR 통화 편입 결정을 "편입 통화의 수를 16개에서 5개로 줄인 1980년의 결정 이후 처음으로 이뤄진 SDR 통화군에 대한 크나큰 변화"라고 설명했다. 그러면서도 IMF는 "IMF와 회원국들이 위안화를 자유롭게 사용할 수 있는 통화로 다루기에는 아직 실무 차원에서 준비가 이뤄지지 않았다"며, 위안화를 '자유로운' 통화로 간주하는 일 역시 내년 10월부터라고 덧붙였다.

중국이 5년 전인 2010년 위안화를 SDR 통화로 포함하려 했다가 실패했던 가장 큰 이유가 바로 '자유로운 사용 여부'였다. 미국 달러 등 다른 통화들에 대한 위안화의 환율이 시장에서 결정되지 않고, 위안화 사용을 위한 중국 정부의 정책 결정 과정이 투명하지 못하다는 점 등이 당시 위안화를 '자유롭게 사용하기 어려운' 통화로 규정한 대표적인 이유였다.

이후 중국은 아시아 국가들을 중심으로 위안화의 국제결제 경로를 확대하는 등 국제 금융시장에서 위안화의 지위를 높이기 위한 노력을 차근차근 진행해 왔다. 특히 지난 8월 위안화 환율의 고시환율 결정 방식을 개선하고 합리적인 위안화 환율 수준을 유지하겠다고 발표한 점은 위안화의 SDR 통화 편입을 위한 결정적인 행보로 풀이됐다.

위안화의 SDR 통화 편입이 결정됐지만, 실제로 위안화가 SDR의 환율 계산에 포함되는 등 편입에 따른 효과가 즉각 발생하지는 않는다. SDR 통화가 변경되더라도 현재의 4개 통화 체제를 내년 9월까지 유지하겠다는 방침을 IMF가 지난 8월 밝혔기 때문이다. 금융시장 전문가들은 위안화의 SDR 통화 편입 결정 이후에도 위안화가 달러화나 유로화와 함께 시장에서 국제통화로 대접받으려면 중국 정부가 중앙은행의 통화정책 독립성 제고나 위안화 관련 통계의 투명성 확보 같이 남은 과제들을 빨리 해결해야 할 것이라고 예상했다.

매일경제/이미연 기자/2015.12.1

3.3.4 브레튼우즈체제의 딜레마와 해결방안들

(1) 트리핀의 딜레마

브레튼우즈체제는 창설 이후 10년 동안은 성공적으로 유지된 듯 보인다. 일부 통화의 평가절하가 있었으나 대다수 국가들의 환율은 안정되었고, 세계 각국은 별다른 인플레이션도 없었고 전후 경제복구도 순조로웠다. 그럼에도 당시 한 가지 커다란 문제가 있었다면 회원국들의 달러부족(dollar shortage)문제였다.

IMF 출범 당시 금을 비롯한 대부분의 국제유동성이 미국에 집중되어 유럽 각국과 아시아 국가들은 극심한 달러부족으로 전후 복구비용 조달에 애를 먹었다. 당시 미국의 무역수지 적자는 국제유동성의 공급원으로서 각국의 환영을 받았다. 이제 미국의 무역수지 적자가 어떻게 각국의 달러부족 현상을 해소시켜 주는지 살펴보자.

미국의 무역수지 적자는 무역흑자국에 달러의 초과공급으로 나타난다. 달러의 초과공급은 외환시장에서 미국 달러에 대한 무역 흑자국 통화의 가치 상승을 자극한다. 그러나 브레튼우즈체제는 달러와 각국 통화 간의 고정환율제도를 택하고 있으므로 자국 통화의 가치 상승 압력에 대해 무역 흑자국은 외환시장에 개입하여 달러를 매입함으로써 환율을 고정환율의 상하 1%내로 유지해야 할 의무가 있다.

결국 대미 무역 흑자국은 외환시장 개입을 통해 달러보유를 늘리는 대신 국내통화량을 증가시키게 된다. 달러의 신인도(confidence)가 전혀 문제가 되지 않았던 1950년대에는 각국은 미국의 무역수지 적자로 초과 공급되는 달러를 외환시장에서 사들이는데 주저함이 없었고, 미국의 무역수지적자는 오히려 달러부족을 해소해주는 것으로 환영을 받았다.

1958년부터 상황이 바뀌기 시작했다. 미국의 무역수지는 점점 악화되었고 달러의 초과공급은 더욱 확대되었다. 반면 유럽과 일본은 전후 복구를 마치고 빠르게 성장하기 시작했다. 그들은 더 이상 달러 부족에 허덕이지도 않았고 국제사회는 오히려 달러과잉(dollar glut) 상태로 접어들었다. 달러의 과잉공급과 함께 달러보유국들은 미국에 대해 금태환을 요구하기 시작했다.

미국의 금 보유량은 1949년 244억달러 수준에서 1962년에는 160억달러로 감소하였고 1968년에 이르러서는 104억달러 수준으로 감소하였다.

달러과잉과 함께 금태환으로 미국의 금 보유 수준이 격감하자 달러 신인도에 대한 의문이 제기되었다. 그나마 미국이 이만큼이라도 금 보유량을 유지한 것은 각국이 미국의 요청에 따라 금태환 요구를 자제했기 때문이었다.

[그림 3-2]에서 보듯이 1960년에 이르러 이미 미국의 총 대외채무액은 미국의 대외준비자산(주로 금보유량)을 넘어섰고 브레튼우즈체제 붕괴 당시인 1970년대 초에는 공적채무만도 금 보유량의 5배를 넘었다. 이러한 사실은 만일 달러에 대한 금태환 요구나 달러 투매가 발생한다면 동 체제가 일시에 붕괴될 정도로 취약했음을 의미한다.

국제금융학자 트리핀(R. Triffin)이 지적한 대로 브레튼우즈체제는 태생적으로 딜레마를 안고 있었던 것이다. 즉, **미국 달러가 강해서 신인도가 높으면 국제통화질서는 안정이 되지만 회원국은 달러부족으로 유동성부족을 겪게되는**

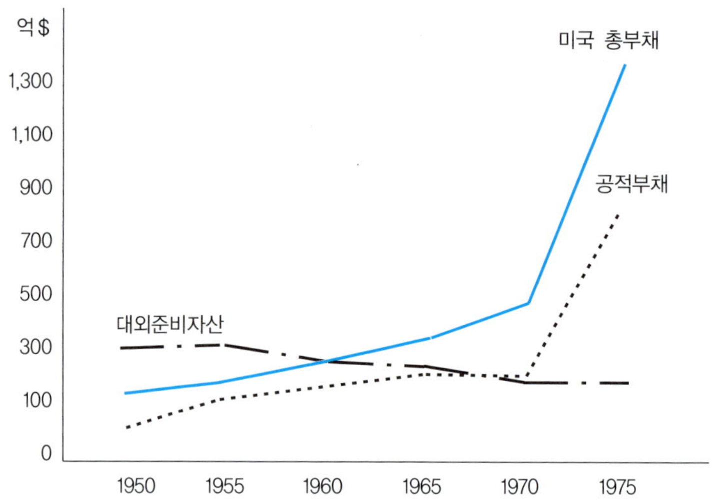

자료 : 안홍식, 금과 달러 이야기, 한국경제신문사 발행, 1987.

[그림 3-2 미국의 대외채무와 준비자산]

반면, 미국이 무역수지 적자를 통해 유동성을 공급하면 이번에는 달러 신인도가 위협받게 된다는 것이다. 이를 트리핀은 '쌍둥이문제(twin problem)'라고 불렀는데 '트리핀의 딜레마'라고도 부른다.

달러의 신인도야말로 브레튼우즈체제의 기본 골격이다. 달러의 신인도가 의심을 받게되면 금태환과 여타 통화로의 달러 투매가 발생할 것이며, 미국은 보유 금을 모두 방출하면서까지 달러방어를 하지 않을 것이 확실한 이상 브레튼우즈체제는 더 이상 존립할 수 없게 된다.

1960년대 많은 경제학자와 국제금융 이론가들이 트리핀의 딜레마를 해결하려고 했으나 1960년대 중반에 이르러서는 어느 누구도 동 체제가 오래 지속될 것으로 믿지는 않았다. 그럼에도 불구하고 1960년대의 10년 동안 동 체제를 유지하려는 노력이 시도되었는데, 이는 그 체제를 영구히 존속시키려는 의도라기보다는 브레튼우즈체제의 급작스런 붕괴로 인한 혼란을 막으려는 의도였다. 확실한 사실은 미국이 스스로 선택하여 올라 앉았던 권좌가 이제는 가시방석으로 변해버렸으며, 남은 문제는 '미국이 언제 자신이 감당할 수 없는 짐을 벗어 던질 것인가?' 하는 시기 문제였다.

(2) 제시된 방안들

1960년까지는 브레튼우즈체제의 딜레마와 문제점들이 대부분의 경제학자들과 정책당국자에 의해 분명히 인식되고 있었다. 학자들에 의해 제시된 4가지 방안을 보면 다음과 같다.

① 세계중앙은행안

트리핀이 주장한 세계중앙은행안은 IMF의 기능을 세계중앙은행으로 확대 개편하자는 것으로 흔히 XIMF(expanded IMF)안이라고 불린다. 브레튼우즈체제는 미국 경제에 전적으로 의존하는 체제였음으로 미국 경제의 명암과 운명을 같이 할 수밖에 없다. 그러므로 세계경제의 안정을 위해서는 세계중앙은행을 창설하고 미국의 달러와 금 대신에 세계 통화로 '방코르(bancor)'를 발행하자는 것이다.

각국은 세계 중앙은행을 통해 유동성을 조달하며 자국 통화와 방코르간의 환율을 설정하고 유지하게 된다. 각국은 금, 달러 및 기타 준비자산 등으로 구성된 자국보유 국제유동성을 XIMF의 자국 계정에 방코르예금으로 예치한다. XIMF는 이 예금을 기반으로 각국에 대출을 하고 각국 국공채를 매매함으로써 공개시장조작을 통한 유동성 관리도 할 수 있다.

물론 세계중앙은행안이 국제유동성의 공급이라는 측면에서 효율적인 방안을 제시하고 있으나 중대한 결함을 갖고 있어 실제로 채택되지 못했다. 첫째 문제점은 각국 간의 무역불균형을 조정할 메커니즘이 존재하지 않는다는 점이다. 둘째는 세계 불환지폐와 같은 성격을 띤 방코르의 가치를 동일하게 유지하는 메커니즘이 존재하지 않는다는 것이다. 셋째 누가 세계중앙은행을 관리, 지배할 것인가?의 문제이다. 결국 무늬만 다를 뿐 미국이 지배하는 IMF체제와 무엇이 다른가?

② 미국의 무역수지 적자 해소방안

브레튼우즈체제의 위기는 미국의 무역수지 적자에 따른 달러과잉으로 인한 달러 신인도의 하락에 있다고 보고 미국은 적극적으로 무역수지 적자를 해소해야 한다는 주장이다. 무역수지 적자 해소를 위해서는 무엇보다도 수출을 늘리는 대신 수입을 줄여야 하는데, 이를 위해서는 미국의 긴축정책이 필수적이라고 보았다.

긴축정책은 결국 통화량의 감축과 정부지출의 감축을 의미하는데 이는 미국의 경기침체를 몰고 올 것이 뻔했다. 이러한 긴축요구에 대해 미국은 1960년대 내내 오히려 팽창정책을 통한 외향적 성장전략을 밀고 나갔다. 결과적으로 미국의 물가는 상승했고 무역수지 적자는 더욱 확대되었다. 미국은 동 체제의 안정보다도 자국경제 우선전략을 취했음을 알 수 있다.

미국이 무역수지적자를 해소하지 않는다면 무역수지 흑자국은 달러과잉 문제에 직면하게 되고 외환시장에서는 달러가치의 하락압력이 발생한다. 브레튼우즈체제하에서는 각국이 환율유지 의무가 있으므로 흑자국은 외환시장에 개입하여 과잉공급된 달러를 사들여야 한다. 달러매입에 따른 자국 통화의 방출은 해당국의 물가를 상승시키게 된다. 이와 같이 한 나라의 물가상승이 다른 나라의 물가상승으로 수입되는 것을 '**수입 인플레이션**

(imported inflation)'이라고 하는데, 브레튼우즈체제 하에서는 무역적자국인 미국의 물가상승이 흑자국으로 수입되는 메커니즘이 작동하고 있었다.

③ 흑자국의 평가절상안

미국은 독일, 일본, 네덜란드 및 스위스 같은 당시 무역수지 흑자국이 자국 통화를 평가절상할 것을 요구했다. 흑자국 통화의 평가절상은 흑자국의 수출을 낮추는 대신 수입을 증가시킬 것이므로 흑자폭을 줄일 것이고 동시에 미국의 적자도 해결될 수 있기 때문이었다.

흑자국들은 미국의 요구를 거부했다. 미국의 무역수지 적자는 미국 정부의 지나치게 높은 군사비 지출과 미국인의 지나친 소비수준 때문에 발생하는 것이므로 결자해지(結者解之) 차원에서 미국이 해결해야 마땅하며 열심히 일하고 절약한 흑자국이 떠맡을 이유가 없다는 것이 이유였다. 그러나 흑자국이 평가절상을 거부하는 보다 근본적인 이유는 평가절상은 수출을 감소시키는 반면 수입을 증가시킴으로써 국내경제의 침체를 불러올 것이 분명하기 때문이었다.

④ 프랑스 견해 : 금가격 인상안

프랑스의 드골(Charles de Gaulle) 대통령은 미국 중심의 국제 질서에 대해 반대하는 편이었다. 그는 브레튼우즈체제가 당초의 금·달러본위제도와는 달리 금의 역할은 축소되고 달러의 특권만이 반영된 미국 중심의 달러본위제도로 운영되고 있음을 비판하고 금본위제도로 복귀할 것을 주장했다. 이 같은 주장에는 그 동안 프랑스가 비교적 많은 금을 축적해왔다는 사실이 깔려있었다. 그러나 금본위제로 복귀하기 위해서는 당시 국제 시장에 과잉 공급되어 있던 달러와 파운드를 미국과 영국이 어떻게 회수하도록 하느냐는 것이 문제였다.

드골의 주장은 그의 경제 자문관인 **뤼에프**(J. Rueff, 1896~1978)에 의해 **금가격 인상안**으로 구체화되었다.

뤼에프는 금가격을 2배로 인상하는 대신 미국과 영국은 보유금을 풀어 과잉공급된 달러와 파운드를 매입하자는 아이디어를 내놓았다. 당시 미국의 금 보유량과 대외채무는 각각 130억달러 수준이었으므로 금 가격을 2배로 인상시키면 미국은 대외채무를 변제하고도 종전처럼 130억달러의 준비자산을 유지할 수 있다는 것이 뤼에프의 주장이었다. 한편 영국의 경우는 파운드 표시 대외채무 총액이 영국의 보유금의 파운드 가치보다 많았다. 이에 대해 뤼에프는 금값 상승으로 이득을 본 국가들이 영국에 대해 20~25년 간의 장기대출을 해줌으로써 해결할 수 있다고 주장했다.

뤼에프안은 미국과 영국의 거부로 채택되지 못했다. 양국의 주요 반대 이유는 첫째, 금본위제도로의 복귀는 국제유동성 공급을 금 보유량과 연결시키는 것으로 세계경제 규모의 확장에 비추어 볼 때 현실성이 없다. 둘째, 금 가격의 갑작스런 인상은 큰 혼란을 불러일으킬 것이며 그 동안 미국을 믿고 달러를 준비자산으로 보유한 나라에 대한 배신이다. 셋째, 금 가격 인상은 소련 및 남아공화국 같은 금 생산국에 지나친 특혜를 주는 것으로 당시의 냉전 관계에서 볼 때 곤란하다. 넷째, 금 가격 인상은 무역수지 불균형을 해결해주지 못한다. 다섯째, 금 가격 인상은 경제성이 없는 폐광의 개발을 재개함으로써 전 세계적으로 막대한 자원의 왜곡과 낭비를 초래할 것이다.

3.3.5 브레튼우즈체제의 붕괴

(1) 회생을 위한 노력

1960년 과도한 금태환 요구에 몰린 미국은 선진 각국에 대하여 금태환을 자제해 줄 것을 요청하였다. 또한 미국의 보유 금이 급속히 고갈되는 것을 막기 위해 선진 각국은 **금풀**(gold pool)을 구성하기로 하고 금시장 개입량의 50%는 미국이 부담하되 나머지 50%의 금은 기타 선진국이 분담하여 금가격을 안정시키기로 합의하였다. 결국 금풀제는 당초 100% 미국의 의무였던 금가격 안정을 다른 나라가 50%나 떠맡은 것을 의미한다.

이러한 노력에도 불구하고 미국 달러에 대한 신뢰는 더욱 낮아졌다. 월남전으로 인한 과도한 재정지출, 미국내의 경기침체, 무역수지 적자의 누적과 인플레이션 등으로 미국경제가 더 악화되고 있었기 때문이다.

1967년 11월 영국의 파운드화가 14.3%의 평가절하로 돌아서자 국제 금융시장에서는 달러도 곧 평가절하될 것이란 불안감이 고조되었다. 달러에 대한 불안감은 민간시장에서의 금가격 상승으로 나타나 금파동을 일으켰고 프랑스는 금풀을 떠났다.

1968년 3월 금풀은 해체되었고 금의 시장가격은 천정부지로 솟구쳤다. 당시 미국이 약속하였던 금의 공정가격은 금 1온스당 35달러였으나 금시장에서의 실제 거래가격은 온스당 100달러를 넘고 있었다. 선진 각국은 '**금 2중 가격제**(two-tier system)'를 도입하였는데, 이는 각국 정부 간의 거래에서는 온스당 35달러를 적용하되 민간 금시장에서의 금가격에는 관여치 않는다는 합의였다. 즉, 민간 금시장의 가격과 공적 금가격의 2원화라고 할 수 있다. 금 2중 가격제 실시는 브레튼우즈체제의 기반은 이미 무너졌음을 말해주는 것이다.

(2) 최후의 날

1971년 외환시장은 열병을 앓고 있었고 어떠한 노력과 조치도 쓸모가 없었다. 1971년 8월 15일 미국의 닉슨 대통령은 신경제정책(New Economic Policy)을 발표하면서 미국의 금태환 중단을 선언하고 브레튼우즈 체제의 종말을 고했다. 국제금융시장은 일대 혼란에 빠졌다. 각국은 다시 만나 사태 수습을 논의했고 1971년 12월 '**스미소니안(Smithsonian)체제**'를 출범시켰다.

스미소니안체제는 본질적으로 브레튼우즈체제의 연장일 뿐 별다른 변화를 가져온 것은 아니었다. 스미소니안체제의 내용은, ① 달러의 평가절하, 즉 금 1온스의 공정가격을 35달러에서 38달러로 변경하고 미국의 금태환 의무는 폐지하며 ② 달러와 각국 통화 간의 변동 허용 폭을 종전의 ±1%(narrow band)에서 **±2.25%**(wide band)로 확대하고 ③ 각국 통화의 달러에 대한 평가절상을 단행하는 것이었다. 결국 스미소니안체제는 종전의 금·달러본위제에서 단순히 달러본위제도로 바뀐 것으로 전보다 불안한 제도였으며 변동환율제도로 가는 과도체제였다.

스미소니안체제 이후에도 미국의 무역수지 적자가 계속되었고 인플레이션도 해소되지 않았다. 1972년 6월 영국은 변동환율제를 선언했고 1973년 2월에는 일본, 스위스, 이탈리아가 변동환율제로 전환하였고, 3월에는 거의 대부분의 국가가 변동환율제로 이행하면서 고정환율제도 시대는 막을 내렸다.

3.4 변동환율제도(1973~현재)

3.4.1 변동환율제도의 환율결정

변동환율제도란 외환의 수요와 공급에 의하여 환율이 결정되도록 시장기능에 맡기는 제도를 말한다. [그림 3-3]은 변동환율제도하의 환율결정을 보여준다. 당초 원화의 대미달러 환율이 $1=₩1,150이라고 하자. 달러에 대한 수요증가는 달러수요곡선을 밖으로 이동시킨다. 당초 환율수준에서 AE만큼의 달러 초과수요가 발생한다. 달러의 초과수요는 달러가치를 상승시키는 반면 원화가치는 하락시킨다. 그러므로 원화의 대미달러 환율은 $1=

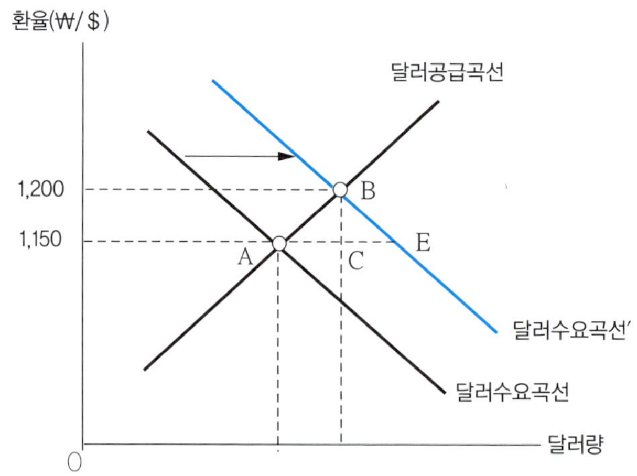

【 그림 3-3 변동환율제도의 환율결정 】

₩1,200으로 인상된다. 환율인상에 따라 AC만큼의 달러공급 증가와 CE만큼의 달러수요 감소로 달러의 초과수요는 소멸되고 시장은 균형을 회복한다.

3.4.2 변동환율제도의 평가

(1) 긍정적 평가

변동환율제도에 대한 긍정적 평가는 크게 4가지로 나누어 살펴볼 수 있다.

① 환율이 시장에 의해 자유롭게 결정되므로 효율적이다.

② 통화당국이 독자적인 통화정책을 수행할 수 있다.

독자적인 통화정책의 수행이 가능하다는 문제를 보다 쉽게 이해하기 위해 먼저 고정환율제도의 경우를 생각해 보자. 고정환율제도 하에서 한 나라가 통화량을 증가시키면 물가상승이 일어나 수출감소, 수입증가로 무역수지 적자를 나타낸다. 고정환율제도이므로 환율이 조정될 수 없기 때문에 이 나라는 대외준비자산(foreign reserve)을 방출함으로써 해결할 수밖에 없다. 준비자산의 방출은 국내 통화량의 감소를 초래하므로 결국 애초의 통화량 증가정책은 효과를 잃게 된다. 그러나 변동환율제도 하에서는 통화량 증가로 인한 무역적자를 환율이 변동함으로써 막아주기 때문에 당초 통화량증가정책은 유효하게 된다.

③ 변동환율제도는 '수입 인플레이션(imported inflation)'을 막아준다.

미국이 인플레이션을 겪고 있다고 하자. 인플레이션과 함께 미국 상품의 달러표시 가격은 오른다. 미국은 무역수지 적자를 나타내며 한국은 무역수지 흑자를 나타낼 것이다. 무역수지 흑자로 한국은 환율인하가 일어나 결국 미국 상품의 원화 표시 수입가격은 오르지 않게 되고 미국의 인플레이션이 한국으로 이전되는 것을 막아준다. 만일 고정환율제도라면 미국 수출상품의 달러표시 가격 상승은 환율이 고정되어 있으므로 원화표시 수입가격상승으로 반영되어 우리나라 역시 물가상승을 겪게 된다.

④ 충분한 준비자산의 보유가 필요치 않다.

변동환율제도에서는 무역수지 적자가 발생할 경우 환율이 인상되면서 무역수지 적자를 해소시키는 기능을 갖고 있으므로 충분한 준비자산의 보유 없이도 견딜 수 있다는 장점이 있다.

(2) 부정적 견해

반대로 변동환율제도에 대한 부정적 견해로는 다음과 같은 사항을 지적할 수 있을 것이다.

① 외환시장의 불안정화

변동환율제도는 과도한 환율변동으로 인한 외환시장의 불안정과 장기 투자계획의 수립이 어렵다는 문제가 지적된다.

② 환위험 증가

변동환율제도에서는 환율변동에 따른 환위험이 문제라는 지적이다. 그러나 이에 대한 반론으로 지난 수십년간 환위험을 회피할 수 있는 많은 금융기법과 상품들이 개발되어 왔다는 주장이다.

③ 세계적 인플레이션 편의

변동환율제도는 세계적 인플레이션을 유발하는 편의(bias)가 있다는 지적이다. 변동환율제 하에서 평가절하국은 물가상승을 겪게되나 평가절상국은 물가의 하방경직성 때문에 물가하락을 겪지않는다는 주장이다. 이러한 물가변화의 비대칭성 때문에 변동환율제도는 세계적 인플레이션으로 이어진다는 주장이다.

FAQ

학생의 질문 : ...... 미국 상품의 원화표시 수입가격은 변하지 않으므로 미국의 인플레이션이 한국으로 이전되는 것을 막아준다 ..... 에서 변동환율에서 수입인플레이션이 일어나지 않는 원리는 알겠는데 저 문장은 이해가 안 되네요. 문장의 앞부분과 뒷부분의 연결고리가 잡히지 않아요. 저보다 이해력이 좋으신 분들의 도움을 청합니다~

어느 학생의 답변 : 미국 상품의 원화표시 수입가격은 미국가격×환율입니다. 변동환율제 하에서 한국이 무역수지 흑자 상태라면 달러가 유입되므로 환율은 하락합니다. 이 환율하락이 미국의 가격상승분을 상쇄시켜주므로 원화표시 수입가격이 변하지 않아 수입인플레이션을 막아준다는 의미인 것 같습니다.

3.5 최적통화지역과 유로화

3.5.1 최적통화지역

최적통화지역(Optimum Currency Areas)이란 '**지역 내에서는 고정환율제도(혹은 단일통화)를 시행하고 지역 밖에 대해서는 변동환율제도를 유지하는 통화지역**'을 말한다.

현재 역내 단일 통화인 유로화를 창출한 유럽경제통화동맹이 최적통화지역의 한 예라 하겠다. 한 나라가 다른 나라들과 최적통화지역을 형성할 것인가의 여부는 어떤 요인에 의해 크게 좌우되는가? 이 문제에 대한 해답은 '**생산요소의 이동이 국가 간에 얼마나 자유로운가?**'에 따라 달라진다. 즉, 생산요소의 이동성이 높다면 그 나라 간에는 최적통화지역을 설정하고 고정환율제도를 시행하는 것이 효율적이라는 것이다.

예를 들어 A국은 컴퓨터를 생산, 수출하고 B국은 의류를 생산, 수출한다고 하자. 이제 국제시장에서 소비취향이 변하여 컴퓨터 수요는 감소한 반면 의류수요는 증가하였다고 하자. A국은 컴퓨터 수출이 줄어드는 반면 의류 수입은 증가하므로 무역수지 적자를 겪게 된다. 반대로 B국은 무역수지 흑자를 경험하게 된다. 이제 양국간의 노동과 자본 같은 생산요소의 이동성이 높다면 A국의 유휴 생산요소는 B국으로 이동함으로써 양국은 균형을 회복할 수 있다. 그러므로 양국은 같은 통화지역을 형성하여 고정환율을 유지하는 것이 좋다.

쉽게 말하면 생산요소의 이동을 통해 양국 간의 불균형을 해결할 수 있으므로 환율변동을 통한 가격조정이 필요치 않다는 의미이다. 만일 양국 간의 생산요소의 이동이 자유롭지 못하다면 무역 불균형을 해소하기 위해서는 환율변동을 통한 가격조정이 필요하게 된다. 즉, 무역수지 적자국인 A국은 자국통화의 평가절하로 수출을 증가시키고 수입을 감소시키는 반면 흑자국인 B국은 자국통화의 평가절상으로 무역수지 흑자가 줄어 양국의 무역불균형이 해소된다. 그러므로 생산요소의 이동성이 낮을 경우 양국은 최적통화지역을 형성하는 것보다 변동환율제도를 시행하는 것이 불균형을 해결할 수 있는 방법이다.

최적통화지역을 형성하고 있는 유로화 사용지역을 살펴보면 이들은 지리적으로 연결되어 있고 역사와 문화, 종교, 언어 및 생활수준 등에서 유사성이 높아 생산요소의 이동성이 높은 나라들임을 알 수 있다.

그러나 미국, 유럽, 일본 등은 지리적 격차로 인해 생산요소의 이동성이 낮으므로 최적통화지역을 형성하는 것은 비효율적이다. 한편 한국, 일본, 중국 등이나 아세안 각국 또는 미국과 캐나다 등은 지리적 요인뿐 아니라 문화적·경제적 관계 등을 감안할 때 최적통화지역으로 발전할 가능성이 있다.

FAQ

학생의 질문 : 최적통화지역에서 A국이 무역수지 적자, B국이 흑자일 경우 A국의 유휴 생산요소가 B국으로 이동함으로써 양국은 균형을 회복한다고 나와 있는데, A국의 생산요소가 B국에 가서 돈을 벌어 와서 무역수지 적자가 해소되는 건가요.-_-

안교수 답변 : A국은 노동과 자본이 빠져나가면서 수요가 감소하고 그 결과 물가가 하락하는 반면 B국은 수요증가로 물가상승을 초래합니다. 물가가 하락하는 A국은 가격경쟁력이 좋아져 수출증가, 수입감소인 반면 B국은 그 반대가 되어 양국의 무역수지는 균형을 되찾게 됩니다.

3.5.2 유럽단일통화 유로화체제 출범

2002년 7월 유럽연합 내 12개국은 자국 화폐의 법적 효력을 종식시키고 단일통화인 유로(Euro, €)를 각국의 공식화폐로 선언하는 역사적 전기를 이룩했다. 사실 단일통화인 유로는 이미 1999년 1월 1일 도입되어 3년 반 동안 각국 통화와 함께 사용되고 있었다.

(1) 공동변동환율제 : 스네이크체제

유럽의 통화협력체제는 1950년부터 1958년까지 운영되었던 '지불동맹'으로

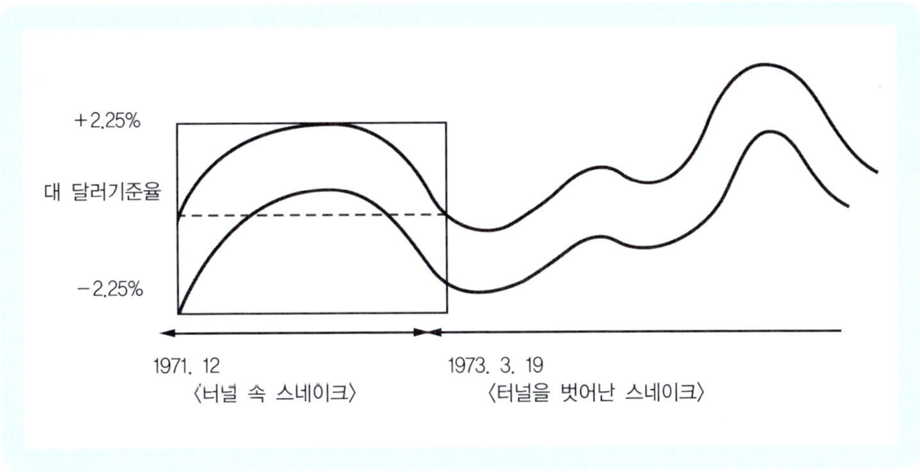

【 그림 3-4 터널과 스네이크 】

부터 시작되는데, 유럽 주요국은 지불수단으로서의 외환(달러)부족을 해결하기 위해 이 제도를 운용한 바 있다. 그 외에도 제2차 세계대전 후 일어났던 유럽통합의 기운은 경제적 통합, 나아가 화폐통합을 향해 꾸준히 계속되었다. 미국 주도의 브레튼우즈체제에 속해 있던 유럽은 1970년대 초 브레튼우즈체제의 붕괴와 함께 혼란에 빠져들자 유럽주요국들은 1972년 '스네이크체제(Snake system)'를 출범시켜 역내 국가 간의 환율 안정을 꾀했다.

스네이크체제는 [그림 3-4]에서 보듯이 역내 국가 간의 환율은 일정한 기준 내(內, 뱀의 뱃속)에서 변동하고 통화집단 전체(뱀)로는 역외 통화들에 대해 자유롭게 변동하는 것을 허용하는 공동변동환율제도이다. 스네이크체제는 뱀이 움직이는 모습과 같다고 하여 붙여진 이름이다.

초기 스미소니안체제하의 스네이크체제는 미국 달러에 대해 ±2.25%의 범위내에서 변동하였기 때문에 '터널 속의 스네이크'라고 불렸다. 스미소니안체제 붕괴 이후 변동환율제로 이행하면서 스네이크 역시 역외 통화에 대해 자유롭게 변동하였는데 이를 '터널을 벗어난 스네이크'라고 부른다.

(2) 유로화 창설

1979년 3월 '유럽통화체제(EMS, European Monetary System)'를 발족시켜 역

내 국가 간의 환율 안정을 도모하는 동시에 '유럽통화단위(ECU : European Currency Unit)'를 창설하였다. EMS체제 하에서는 각국 통화가 그대로 유지, 통용되고 있었고 유럽통화단위는 회계단위로서의 기능을 수행하는데 그쳤다.

1991년 12월 EC 12개국 정상회담에서 '유럽 경제통화동맹(EMU : Economic and Monetary Union)'을 추진하기 위한 '**마스트리히트 조약**(The Maastricht Treaty)'을 체결하여 1992년 말까지 유럽연합 회원국 국내법 절차에 따라 비준을 완료하고 1993년 1월부터 동 조약을 발효시킬 예정이었다. 각국의 사정으로 비준이 늦어짐에 따라 1999년 1월 마침내 유럽연합 회원국 15개국 가운데 영국, 덴마크, 스웨덴을 제외한 12개국이 참여한 유럽 경제통화동맹을 정식 출범시켰다. 이와 동시에 단일통화인 유로화를 도입하였다.

다만 모든 거래를 유로화로 일시에 전환하는 것은 혼란의 우려가 있으므로 2002년 6월말까지 3년 6개월의 전환기간을 두고 단계적으로 추진하였다. 2002년 7월부터 12개 참가국 통화의 법적 효력이 정지되었고 단일통화인 유로만이 사용되기에 이르렀다. 유로의 도입으로 유럽지역은 빠른 속도

표 3-2 유럽연합(EU) 회원국과 유로화 사용국

	1957년 EU-6	1973년 EU-9	1981년 EU-10	1986년 EU-12	1995년 EU-15	2004년 5월 EU-25	2007년 1월 EU-27	2013년 EU-28	2020년 EU-27
유럽연합 회원국 (27개국)	서독, 프랑스, 이탈리아, 벨기에, 네덜란드, 룩셈부르크	영국, 덴마크, 아일랜드	그리스	스페인 포르투갈	스웨덴 핀란드 오스트리아	폴란드, 헝가리, 체코, 슬로바키아, 슬로베니아, 에스토니아, 라트비아, 리투아니아, 키프로스, 몰타	루마니아, 불가리아	크로아티아	영국 탈퇴
유로화 사용국 (2023.3. 현재)	독일, 프랑스, 이탈리아, 네덜란드, 벨기에, 룩셈부르크, 아일랜드, 그리스, 스페인, 포르투갈, 핀란드, 오스트리아, 슬로바키아, 슬로베니아, 에스토니아, 키프로스, 몰타, 라트비아, 리투아니아, 크로아티아(20개국)								

* 2023.3. 현재 EU후보국 : 알바니아, 마케도니아, 몬테네그로, 세르비아, 튀르키예, 우크라이나, 몰도바, 보스니아 헤르체코비나

로 단일경제권으로 통합되고 있으며 유로화에 대한 수요도 크게 증가하여 유로가 국제금융시장에서 달러와 함께 중심통화가 되었다. 그러나 2020년 1월 31일 영국이 EU에서 탈퇴하므로써 위기를 맞았다.

〈표 3-2〉는 유럽연합 회원국의 변화와 2023년 3월 현재 유로화 사용(유로존, Euro Zone) 20개국 현황을 보여준다.

3.5.3 유럽은 왜 유로를 만들었나?

유럽 사람들이 유로화를 만든 첫 번째 이유는 거래비용을 줄이면서 동시에 거래 효율성을 높이려는 것이다. 예를 들어 한 사업가가 1천달러에 해당하는 유럽 회원국 화폐를 가지고 유럽 10개국에 출장을 다닐 경우 환전수수료 외에는 한 푼도 쓰지 않았더라도 수중에 500달러밖에 남지 않는다는 사실이다. 유럽이 1958년부터 단일시장을 추진해 왔는데 단일시장은 필연적으로 단일화폐를 필요로 했고, 유럽인들은 유로를 창출해냄으로써 그 꿈을 이루었다.

유로화 도입의 또 다른 이점은 각국에 비용절감과 경제발전의 기회를 제공하기 때문이다. 단일통화 유로가 사용됨에 따라 유럽인들은 제품 가격의 결정이나 회계장부 정리에 있어 비용절감 효과를 누리게 된다. 또 각국 간의 가격차이가 금방 드러나기 때문에 소비자들은 가격이 저렴하다면 주저하지 않고 국경을 넘어 구매할 수 있다. 이러한 소비자 선택폭의 확대는 유럽 전역의 가격인하를 유발하는 힘으로 작용하게 된다. 따라서 기업은 이윤율하락을 자체 비용절감 노력을 통해 해결해야 하고 이는 경쟁력 강화로 이어진다. 즉, 유로 회원국들은 유로화의 도입으로 비용 절감, 금융시장발전, 환위험 경감, 역내교역 증가, 가격투명성 제고 등의 효과를 얻게 된 것이다.

유로화의 도입은 문화적 측면으로 유럽문화의 통합을 추구할 수 있고 정치적으로 유럽의 영향력을 강화할 수 있다는 이점도 있다.

3.5.4 2012년 유로존 위기

유로화를 사용하는 유럽 19개국은 2010년 이후 그리스, 아일랜드, 포르투갈, 스페인, 이탈리아 등의 재정위기로 시작된 유로존 위기를 맞았다. 일부 국가들의 유로존 탈퇴나 퇴출까지 논의되는 상황이 되었다. 유로존 위기는 2012년 들어와 더욱 크게 증폭되면서 유럽뿐 아니라 전세계 경제에 어두운 그림자를 드리웠다.

유로화도입과 함께 북유럽 부국은 환율인상효과를 본 반면 남유럽 빈국들은 환율인하효과가 안겨졌다. 그 결과 북쪽은 경상수지 흑자, 남쪽은 경상수지 적자가 심화되었다. 남유럽국가들은 경기침체와 함께 재정지출이 증가할 수밖에 없었고 결국 재정위기를 맞았다. 유로존 국가들은 유로라는 단일통화를 도입하면서 개별국가차원의 통화정책을 포기해야 했는데, 재정적자가 극심한 국가는 통화정책마저 사용할 수 없자 결국 자력으로는 경제난국을 해결하기 어려운 상황에 빠져버렸다. 특히 2014년 이후 제기됐던 Grexit(그리스가 국가 위기 탈출실패로 인해 유로존에서 탈퇴하는 상황을 의미하는 말), 2020년 1월 단행된 Brexit 등은 유로존의 위기를 일으킨 주요 사건들이었다.

쉬어가기!

나라 망하기 직전이었는데…포퓰리즘 버리고 기사회생

만성 재정 적자로 국가부도와 유로존 탈퇴 위기까지 몰렸던 '유럽의 문제아' 그리스의 경제가 회복궤도에 올랐다. 정크(투자 부적격)등급 이던 국가신용 등급도 조만간 투자적격으로 상향될 가능성이 큰 것으로 전해졌다. 구제금융에 이어 지난 2019년 급진 좌파에서 중도 우파로 정권이 교체된 후 강력한 긴축정책 등 허리띠를 졸라매는 개혁을 추진한데 따른 성과로 풀이된다.

14일(현지시간) 영국 파이낸셜타임즈(FT)에 따르면 세계 3대 신용평가 기관중 하나인 스탠다드앤푸어스(S&P)가 최근 그리스 경제에 대한 전망을 '안정적(stable)'에서 '긍정적(positive)'으로 변경했다. 이에 따라 그리스의 국가신용 등급도 현재 정크등급 범위인 BB+에서 가장 낮은 투자적격 등급인 BBB-로 상향조정 될 것으로 전망된다. 야니스 스투르나라스 그리스 중앙은행 총재를 비롯해 많은 정부 인사들은 현재 개혁이 지속되고 정치적 안정이 유지된다면 이달 21일 예정된 총선 이후 국가 신용도가 상향 될 것으로 기대하고 있다.

(중략)

2010년 이후 유럽연합(EU)과 국제통화기금(IMF)의 채권단으로부터 3차례에 걸쳐 구제금융을 받은 그리스는 그 동안 강도 높은 긴축 정책과 구조 개혁을 실시해 왔다. 대표적인 포퓰리즘 정책으로 지적됐던 무상 의료와 소득 대체율 90%의 연금 제도는 이미 대부분 개편됐다.

결과적으로 최근 수년간 그리스 경제의 회복세는 두드러졌다. 그리스의 GDP 성장률은 지난 2021년 8.4%에 이어, 지난 해에도 5.9%를 기록하며 코로나 19 팬데믹 국면에서 가장 뚜렷한 상승세를 보였다. 골드만삭스 등 다수의 기관들이 그리스가 올해와 내년에도 계속 유로존 평균을 능가하는 성장률을 기록할 것으로 낙관하고 있다.

EU 통계청인 유로스탯(Eurostat)에 따르면 그리스는 지난해 기준 GDP 대비 0.1%의 기초재정수지 흑자를 기록했다. 은행들의 대차대조표에서 차지하는 부실 대출 금액 비율도 2016년에는 50% 이상에 달했지만 지금은 7% 수준으로 떨어진 상태다.

코로나19 팬데믹 기간 동안 206%까지 치솟았던 GDP 대비 정부 부채율도 지난해 2012년 이후 가장 낮은 수준인 171%로 떨어졌다. 이는 전 세계에서 가장 빠른 부채 하락률이다. 실질 부채 가치를 떨어뜨리는 높은 인플레이션도 그리스의 부채 규모를 계속 떨어뜨리는 요인이 될 것이라고 FT는 내다봤다.

(중략)

가장 눈에 띄는 성과 중 하나는 교역으로 2021년 기준 그리스의 상품 수출 규모는 2010년도 대비 90% 늘어났다. 같은 기간 유럽 전체 평균은 42% 성장에 그쳤다. 그리스 GDP의 약 5분의 1을 차지하는 관광업도 지난해 크게 회복하며 코로나 이전 수준의 97%에 근접했다. 드미트리스 말리아로풀로스 그리스 중앙은행 수석 경제학자는 "지난 10년간 그리스 경제를 견인한 효자는 수출"이라며 "(수출 증대의) 가장 큰 요인은 전면적 임금 삭감으로 인한 저임금이었다"고 설명했다. 긴축으로 인한 기나긴 고통을 감내한 결과 보상을 받기 시작한 것이다.

실제 그리스의 최저임금은 월 832유로(약 120만원)로 12년 전보다 낮은 수준을 유지해왔다. 수주 전 다소 인상되긴 했지만 여전히 가장 높았던 2010년 이전 시점 대비 25% 가량 낮은 수준이다. 요르고스 촐리아라키스 중앙은행 총재 고문은 임금이 원상태로 회복되는데 "아직 10년은 더 필요하다" 며 "인적 자본, 핵심 인프라 및 보건 서비스에 대한 다년간 투자 계획만이 임금 인상으로 이어질 것" 이라고 말했다.

(후략)

신윤재 기자, 매일경제, 2023.5.15.

3.6 최근 국제통화제도의 개혁논의

3.6.1 현행제도의 문제점

(1) 환율의 불안정

1973년 변동환율제도로 이행한 후 각국 간의 환율은 큰 폭으로 변동하기 시작하여 양국의 물가변동보다도 더 큰 폭으로 변동하였다. 이러한 환율의 변동을 '과도한 환율변동(excess volatility)'이라고 한다. 1985년 '플라자협정(Plaza Agreement)'과 1987년 '루브르합의(Louvre Accord)' 이후 선진 각국간의 환율안정을 위한 정책협조가 시도되었으나, 외환시장은 여전히 불안정한 상태를 벗어나지 못하고 있다.

이러한 환율의 과도한 변동의 원인은 무엇인가? ① 미국을 비롯한 선진국간의 무역불균형이 심화되면서 무역 적자국인 미국 달러의 가치가 하락하는 반면 흑자국 통화의 가치 상승으로 환율변동폭이 커졌다. ② 정보통신의 발달로 금융국제화가 급속히 진전되었고 파생금융상품의 개발과 함께 국제자본이동의 투기성향이 높아져 국제적 헤지펀드(Hedge Funds)의 교란요인이 증가하였다.

(2) IMF의 감독 기능 약화

IMF가 각국의 환율운용의 적정성 여부를 감독하거나 각국 거시경제정책의 적합성을 감독함에 있어 현실적으로 강력한 제재나 권고를 할 수 있는 힘을 갖고 있지 못하다. 그러므로 IMF는 가맹국 간의 국제 통화질서의 안정을 위한 정책협조를 이끌어내지 못하고 있다.

3.6.2 국제통화제도 개편논의

(1) 토빈의 통화거래세

1978년 토빈(J. Tobin) 교수는 환율불안정의 원인을 헤지펀드와 같은 투기적 단기자본의 이동에 있다고 보고 단기자본이동에 대해 0.02% 정도의 통화거래세(Currency Transaction Tax, Tobin tax)를 일률적으로 부과할 것을 주장했다. 각국은 자국 관할권 내 금융시장에서 발생하는 거래에 대해 통화거래세를 징수한 후 필요경비를 제외한 나머지 수입을 IMF나 세계은행(IBRD)으로 이전하고, IMF는 이 자금을 개도국 지원자금으로 사용하도록 하자는 것이다.

토빈세에 대한 반론으로는 다음 사항이 지적되고 있다.

① 단기자금이동이 환율불안정의 원인인가? 통화거래세는 자본거래를 제한하여 거래효율성을 떨어뜨릴 것이고 결국은 환율변동을 증대시킨다는 반론이다.

② 저율의 세율은 환율변동의 기대가 높을 경우 별로 효과가 없을 것이다.

③ 역외금융시장(off-shore market)을 통한 조세회피를 어떻게 방지하며 전 세계 모든 금융시장에 대해 토빈세 부과를 위한 조직을 어떻게 구축할 수 있을 것인가?라는 의문이 제기되었다.

토빈세는 2007~08년 세계금융위기로 인해 다시 주목을 받았다. 브라질은 2009년부터 2013년까지 외국의 투기자본 유입에 대해 6%의 토빈세를 부과한 바 있다. EU 역시 2013년 토빈세 도입을 의결하였으나 시행을 미루고 있다.

(2) 고정환율제 복귀안

1984년 멕키논(R. McKinnon) 교수는 미국 달러, 독일 마르크, 일본 엔화를 기축통화로 하여 이들 통화 간 환율을 고정시키고 다른 나라 통화는 이에 연동시키는 고정환율제도로 복귀할 것을 주장했다. 3국 간의 고정환율을 유지하기 위해 3국은 통합통화공급량을 정하여 공동 관리할 것을 제안했다. 즉, 일본이 경상수지 흑자를 나타내면 엔화는 절상압력을 받게 되는데 이때 일본은행은 달러와 마르크화를 매입하고 엔화를 공급하는 정책을 취하라는 것이다.

선진국간의 정책협조가 제대로 이루어지지 않았던 점에 비추어 볼 때 멕키논안은 실현 가능성은 낮아 보인다. 특히 통화정책의 3국 간 협조체제 구축은 이상론인 듯하다.

(3) 목표환율대제도

1980년대 들어와 고정환율제와 변동환율제의 특성이 결합된 환율제도로서 미국, 일본, 독일(영국, 프랑스) 등 3국간의 균형환율을 추정하여 설정한 후 균형환율을 중심으로 상하 일정범위 내에서 시장환율이 움직이도록 하는 '목표환율대제도(Target Zone Proposal)'가 제시되었다. 시장환율이 목표환율대를 벗어날 경우 각국 정책당국은 통화정책 기조를 변경하거나 외환시장 개입을 통해 환율을 목표환율대 내로 진입시켜야 한다. 이 제도는 유럽통화체제 당시의 스네이크제도와 비슷하다 하겠다. 이때 다른 나라들은 주요국 통화에 연동시키거나 변동환율제를 시행해도 좋다.

이 제도에 대해서는 환율변동의 신축성이 어느 정도 허용되면서도 변동폭은 일정 범위 내로 제한되고 있으므로 환율안정에 기여할 것이라는 긍정적 평가가 있다. 3국 간 정책협조를 이끌어 낼 가능성도 비교적 높은 제도라 하겠다. 다만 3국 간의 균형환율과 목표환율대의 설정이 쉽지 않고 자국 통화가치를 목표환율대 내에서 유지해야 하는 3국의 부정적 입장이 맞물려 실현되지 못했다.

(4) 세계 단일통화 창설

인플레이션에 영향 받지 않고 국제투기자금에도 영향을 받지 않는 세계단일통화의 창설을 주장하는 의견은 브레튼우즈체제 구상 당시 케인스도 갖고 있었다. 그 후에도 국제금융이론가 간에는 세계단일통화 창설 논의가 간간이 이어졌다. 최근 지구촌 여기저기서 금융위기가 불거지면서 또다시 세계단일통화에 대한 논의가 일어나고 있다. 그 동안 제기된 내용은 국제통화 테라(Terra)의 창출, 달러라이제이션(Dollarization), 글로벌 유로화(Global

Euro) 도입 등 3가지로 요약할 수 있다.

여기서 새로운 세계통화 테라 창출안은 아직은 실현 가능성이 낮다. 반면 중남미의 파나마는 이미 1904년 미국 달러를 공식화폐로 사용하였고 에콰도르는 2000년 9월 15일, 엘살바도르는 2001년에 각각 미국 달러를 자국의 공식화폐로 채택하면서 앞으로 중남미 국가들을 중심으로 달러라이제이션이 진전될 것이다. 1999년 여론조사에서 멕시코 국민의 90%가 자국의 페소보다는 미국 달러를 선호한다고 답했다. 그 밖에 영국령 버진아일랜드, 카리비안 네덜란드, 동티모르(자국통화와 혼용), 마셜군도, 미크로네시아연방, 팔라우 등이 미국달러를 공식화폐로 사용하고 있다. 향후 유로는 동유럽과 러시아 및 북아프리카를 포함하는 통화로 발전할 가능성도 있다.

최근 중국경제의 급상승과 함께 중국이 G2국가가 되면서 위안화의 SDR 편입과 동남아시아 국가를 중심으로 위안화의 무역결제 통화로서의 비중이 높아지는 것도 주목해야 할 것이다. 그러나 달러든 유로든 위안화든 어느 통화도 세계 단일통화로까지 그 기능과 역할을 확장하지는 못할 것으로 예상된다.

3.6.3 국제통화질서의 장래

미국의 달러를 중심으로 하는 달러라이제이션과 글로벌 유로화가 진전되면 될수록 일본, 중국, 한국 및 아세안(ASEAN) 회원국 간의 단일통화 창설 논의도 많아질 것이나 아시아 지역의 역사적 특성상 조기에 중국 위안화로 단일화 될 것 같지는 않다. 중국 경제의 성장을 감안할 때 장래 중국 위안화가 교환성 국제통화로 전환된다면 아시아경제권은 중국이 주도하는 통화권으로 재편될 가능성이 높다. 이렇게 되면 세계통화체제는 달러권, 유로권 및 위안화가 주도하는 아시아 통화권의 3극 체제가 될 가능성이 높으며 이들 3극 통화권 간의 환율 안정을 위한 협력이 중요한 과제가 될 것이다.

쉬어가기!

'달러 패권' 잠식하는 위안화…中 무역결제서 달러화 첫 추월

중국의 무역 거래에서 위안화 결제액이 사상 처음으로 달러화를 추월했다. 위안화 국제화와 달러 패권 잠식을 노리는 중국이 러시아와 사우디아라비아, 브라질 등 탈(脫)달러 세력을 규합했기 때문으로, 아르헨티나도 여기에 동참할 예정이다. 로이터통신 등 외신은 26일(현지 시간) 중국 국가외환관리국 자료를 바탕으로 중국의 국제 거래에 사용된 위안화 규모가 지난 2월 4천345억달러(약 581조 원)에서 지난달 5천499억달러로 급증한 것으로 추산했다. 지난 달 대외거래에서 위안화의 결제 비중은 48.4%였다. 앞선 달의 48.6%에서 46.7%로 줄어든 달러화를 제치고 사상 처음으로 중국 내 국경 간 거래액 1위 통화에 오른 것이다. 블룸버그 통신은 2010년 위안화 비중이 거의 '영(0)'에 가까웠다면서 달러화 의존도를 줄이기 위한 노력에서 또 다른 이정표를 세웠다고 평가했다.

달러 패권의 균열을 노리는 중국은 오래전부터 위안화의 국제화에 매달려 왔다. 최근 들어서는 러시아가 우크라이나 침공 탓에 서방국들의 제재를 받게 되자 중국은 이 틈을 놓치지 않았다. 국제은행간 통신협회(SWIFT·스위프트)에서 퇴출당해 달러 거래가 불가능해진 러시아는 위안화 사용을 늘렸다. 러시아는 현재 석유 등 에너지 결제에서 루블화뿐 아니라 위안화도 사용하고 있다.

중동으로도 위안화 영토 확장을 노린 중국은 미국과 중국 사이에서 줄타기 외교를 하는 사우디아라비아도 파고들었다. 지난달 사우디아라비아 국영은행에 무역 대금 결제용으로 위안화 대출을 처음 시행한 것이다. 비슷한 시기 중국은 브라질과도 양국 간 교역에서 결제 화폐로 자국 통화는 쓰는 데 합의했다. 합의는 브라질 업체들이 달러 결제망인 스위프트 대신 중국에서 만든 '국경간 위안화 지급 시스템(CIPS무역 거래에서)'을 이용토록 했다.

달러화에 대한 위안화의 도전은 앞으로도 속도가 붙을 전망이다. 아르헨티나도 다음 달부터 중국에서 수입하는 물품의 대금을 달러화가 아닌 위안화로 지불하기로 했기 때문이다.

하지만 위안화가 갈 길은 여전히 멀다는 지적이 나온다. 지난달 기준 스위프트 결제망에서 사용된 달러화 비중은 40%를 넘었지만, 위안화는 2% 남짓에 머물렀다.

이봉석 기자, 연합뉴스, 2023.4.27.

요약

1 환율제도란 각국 통화 간의 교환비율인 환율을 결정하고 운영하는 메커니즘이다. 크게 고정환율제도와 변동환율제도로 나눌 수 있다.

2 금지금본위제도는 금태환을 억제하려는 의도이며, 금환본위제도는 금절약을 위해 고안되었다.

3 금본위제도 하에서 양국 통화간의 환율은 금평가를 중심으로 금수출점과 금수입점 사이에서 결정된다.

4 흄(David Hume)은 고전학파의 가정 하에서 금본위제도야말로 국가 간 무역불균형을 자동으로 조절하는 메커니즘, 즉 '가격・정화 플로우 메커니즘(price-specie flow mechanism)'을 주장하였는데, 이러한 자동조절과정이 제대로 작동하려면 통화당국이 '중화정책(sterilization)'을 사용해서는 안 된다.

5 중화정책은 해외부문을 통한 통화량변화가 발생할 때 국내부문의 통화량을 조절함으로써 총통화량을 불변으로 유지하는 정책이다.

6 고전적 금본위제도의 평가 : 당시 세계 경제를 금본위제도의 황금시대(golden era)라고도 한다. 그러나 그러한 번영이 금본위제도를 실시했기 때문이라기보다 당시의 자유경제사조와 선진국 간의 협조, 영란은행의 주도적 역할 등이 조화를 잘 이루었기 때문으로 보는 것이 타당할 것이다.

7 양차 대전 간 금환본위제도(1925~1931)의 붕괴는 금과 자국통화간의 금평가가 얼마나 중요한가를 일깨워주며, 이것을 계기로 세계 경제의 주도권은 달러를 중심으로 하는 미국으로 옮겨졌다.

8 브레튼우즈체제 하에서의 환율제도는 미국의 달러가 금과 대등한 지위를 갖는 금・달러본위제도였다. 그러나 동 체제는 ① 미국 달러의 특권, 즉 화폐주조이차(seigniorage, 세뇨리지), ② 환율조정의 조건인 근본적 불균형에 대한 명확한 정의의 부재, ③ 주권의 IMF로의 양도라는 문제점을 안고 있었다.

요약

9 IMF의 유동성 공급 메커니즘에는 크레딧 트란쉐, 구제금융과 SDR배분 등이 있다.

10 SDR은 1980년대 이후 중요성이 감소하고 있는데, 이는 주로 SDR의 환위험회피 기능이 유로보다 약하다는데 기인한다.

11 트리핀의 딜레마(쌍둥이문제) : 브레튼우즈체제는 태생적으로 딜레마를 안고 있었다. 즉, 미국 달러가 강해서 신인도가 높으면 국제통화질서는 안정이 되지만 회원국은 유동성부족을 겪게 되는 반면 미국이 무역수지 적자를 통해 유동성을 공급하면 이번에는 달러 신인도가 위협받게 된다.

12 브레튼우즈체제의 문제를 해결하고자 제시된 방안들로는 ① 트리핀의 세계중앙은행안, ② 미국의 무역수지 적자 해소방안, ③ 흑자국의 평가절상안, ④ 프랑스 드골 대통령의 금본위제 복귀주장 및 뤼에프의 금가격 인상안이 있으나 어느 것도 실현되지 못했다.

13 프랑스의 뤼에프는 브레튼우즈체제를 금본위제도로 전환시키기 위해 당시 과잉공급된 달러문제를 해결하기 위해 금가격인상안을 제시한 바 있다.

14 브레튼우즈체제의 회생을 위해 금풀제, 금 2중 가격제 등의 노력이 이루어졌으나, 1971년 닉슨 대통령의 신경제정책(New Economic Policy)으로 브레튼우즈체제는 종말을 맞았다. 국제금융시장의 혼란을 수습하기 위해 스미소니안(Smithonian)체제가 출범했으나, 전보다 더 불안한 체제였으며 결국 국제통화질서는 변동환율제도로 옮겨갔다.

15 변동환율제도란 시장에서의 외환의 수요와 공급에 의하여 환율이 결정되도록 환율을 시장기능에 맡기는 제도를 말한다. 변동환율제도에 대해 ① 효율성, ② 통화당국의 독자적인 통화정책 수행가능, ③ 수입 인플레이션 방지, ④ 충분한 준비자산의 보유 불필요 등의 근거로 긍정적인 평가가 있는 반면, ① 외환시장의 불안정화, ② 환위험 증가, ③ 세계적 인플레이션 편의 등의 부정적인 견해도 있다.

16 최적통화지역(Optimum Currency Areas)이란 '지역 내에서는 고정환율제도(혹은 단일통화)를 시행하고 지역 밖에 대해서는 변동환율제도를 유지하는 통화지역'을 말한다. 한 나라가 다른 나라와 최적통화지역의 형성 여부는 생산요소의 자유로운 이동성과 직결된다.

요약

17 2002년 7월 유럽연합 단일통화인 유로(Euro, €)의 도입은 거래비용절감, 거래효율성 향상, 경쟁을 통한 비용절감, 경제발전의 기회제공 등 경제적 이점뿐 아니라 문화·정치적 이점도 있다.

18 최근의 유로존 위기는 일부 유로국의 재정적자 심화로 야기된 것이지만 개별 재정적자국들이 통화정책을 정책수단으로 사용할 수 없다는 것도 사태해결을 어렵게 하는 요인이 된다.

19 현행 국제통화질서의 문제점으로는 (1) 환율의 불안정, (2) IMF의 감독 기능 약화를 들 수 있다. 이러한 국제통화제도를 개편하고자 하는 논의로는 (1) 토빈의 통화거래세, (2) 고정환율제 복귀안, (3) 목표환율대제도, (4) 세계 단일통화 창설 등이 제시된 바 있다.

20 향후 세계통화체제는 달러권, 유로권 및 위안화가 주도하는 아시아 통화권의 3극 체제가 될 가능성이 높으며 이들 3극 통화권 간의 환율 안정을 위한 국제협력이 중요한 과제라 하겠다.

중요개념

고정환율제도	변동환율제도	그레샴의 법칙	금지금본위제도
금환본위제도	복수통화연동제	공동변동환율제	크롤링페그
역풍정책(leaning against the wind)		시장평균환율제도	조정가능고정환율제
관리변동환율제	금평가	금수송점	일방투기
게임의 규칙	중화(불태화)정책	스네이크체제	가격·정화 플로우 메커니즘
스무트-홀리법	브레튼우즈체제	케인스안과 화이트안	IMF, IBRD, GATT
기축통화	근본적 불균형	세뇨리지	눈물없는 적자
수입인플레이션	트리핀의 딜레마	IMF 쿼터	리저브 트란셰
크레딧 트란셰	SDR	복합준비통화	XIMF
방코르	뤼에프(금가격인상)안	금풀	금 2중 가격제
스미소니안체제	최적통화지역	마스트리히트조약	유로존위기
플라자협정	루브르합의	토빈세	멕키논안
목표환율대제도	글로벌 유로	테라	달러라이제이션
Grexit, Brexit	±1%(narrow band)	±2.25%(wide band)	

연습문제

I. O, X 문제

01 양차대전간 영국은 금지금본위제도를 실시했었다.

02. 금본위제도 하에서 무역흑자국의 통화당국이 중화정책을 사용한다면 국내부문을 통한 통화공급량을 줄여야 한다.

03. 브레튼우즈체제는 금/달러본위제도라고도 하고 금환본위제라고도 부른다. 금환본위제라는 주장은 미국이 달러에 대해 금본위제도에서와 동일하게 민간에게도 금태환을 했기 때문이다.

04. 미국은 IMF 쿼터의 최대 보유국이며 IMF 의결사항에 대해 거부권을 가지고 있다.

05. IMF로부터 리저브 트란셰나 크레딧 트란셰를 인출하고자 할 경우 자국통화를 대가로 납부해야 한다.

06. IMF쿼터와 IMF의결권은 100% 일치한다.

07. 2016년 10월 1일부터 SDR의 가치는 미국 달러, 유로, 위안, 파운드, 엔의 가중평균가치인데 이것은 금에 대해서 일정한 가치를 갖고 있다.

08. SDR은 앞으로 그 역할이 보다 확대될 것으로 예측되는데 그 이유는 미국달러의 가치변동으로 인한 환 위험 회피기능이 유로보다 우월하기 때문이다.

09. 복합준비통화의 가치는 단일통화의 가치보다 안정적이다.

10. 미국 달러가 주요국 통화에 대해 평가절하되고 있다면 달러표시 SDR의 가치는 하락한다.

11. SDR에서 유로의 가중치가 0.3이라고 하자. 유로가 1EUR = 1.3USD에서 1.5USD로 변한 반면 나머지 통화는 불변이라면 달러표시 SDR가격은 0.45달러 상승한다.

12. 변동환율제도가 시행되고 있을 때 중앙은행이 보유 외환을 매각하는 시장개입을 실시하면 자국통화의 가치는 하락한다.

13. 변동환율제도 하에서 수입상품의 달러표시 가격이 10% 상승되었을 때 원화의 대미 달러환율이 10% 인상되었다면 수입상품의 원화표시 가격은 변동하지 않는다.

14. 변동환율제도에서 통화당국이 재량적 통화정책을 수행할 수 있는 이유는 통화량 변동으로 발생한 불균형을 환율이 변함으로써 조절해주기 때문이다.

15. 최적통화지역 이론에 의하면 양국 간의 불균형이 발생했을 때 생산요소의 이동을 통한 조정이 가능하다면 굳이 환율조정을 통한 가격조정을 할 필요가 없다는 것이다.

16. 토빈의 통화거래세는 투기적 장·단기 자금의 국제거래에 대한 과세를 주장한다.

17. 스미소니안체제에서 각국은 자국통화가치를 달러와의 공정환율의 ±2.25% 이내로 유지해야 했다.

18. IMF는 2016년 10월 1일부터 중국 위안화를 SDR 바스켓 통화에 포함했다. 중국 위안화의 편입비중은 미국 달러, 유로에 이어 세계 3위를 차지하고 있다.

19. 중국 위안화의 SDR 바스켓 편입은 중국 위안화가 기축통화로서의 지위를 갖는다는 의의가 있다. 위안화의 기축통화 지위 확보는 경쟁국인 엔화를 위축시킨다는 점에서 일본에는 악재이나, 우리로서는 중국과의 위안화 결제무역이 활발해지고 한·중금융거래를 활성화시킬 것이라는 점에서 긍정적인 측면도 있다.

Ⅱ. 다음 물음에 간단히 답 하시오.

01. 우리나라는 현재 어떤 환율제도를 실시하고 있는가?

02. 복수통화연동제도를 설명해 보라.

03. 금지금본위제도는 순수한 금본위제도인 금화본위제의 어떤 점을 보완하기 위해 사용되는 것인가?

04. 금본위제도 하에서의 환율은 어떤 범위내에서 결정되는가?

연습문제

05. 금환본위제 도입의 근본적인 의도는 무엇인가?

06. 흄의 가격 정화 플로우 메커니즘이 작동하려면 중앙은행이 중화정책을 사용해야 하는가 혹은 사용해서는 안 되는가?

07. 고전적 금본위제가 시행되었던 기간의 세계 경제의 발전과 안정은 당시 금본위제도가 원칙대로 시행되었기 때문이라는 주장을 비판해 보라.

08. 양차대전 간 금환본위제도의 붕괴원인을 설명하라.

09. 브레튼우즈체제 창설 당시 케인스안과 화이트안의 근본적인 차이점은?

10. 중화정책(sterilization)이란 무엇인가?

11. 트리핀의 딜레마를 설명해 보라.

12. 브레튼우즈체제 하에서 미국이 '눈물없는 적자'를 누릴 수 있는 근본 이유는?

13. 브레튼우즈체제 하에서 우리의 경상수지흑자로 외환시장에 달러가 과잉공급되면 한국은행은 외환시장에 어떻게 개입해야 하였는가?

14. 브레튼우즈체제에서 무역수지 흑자국 독일은 왜 외환시장에서 달러를 매입해야 하는가?

15. 무역수지 흑자가 발생했을 때 통화당국이 중화정책을 사용한다면 통화정책을 어떻게 사용해야 하는가?

16. 변동환율제도가 수입인플레이션을 막아준다는 주장을 설명해 보라.

17. 각국간의 인플레이션 정도가 크게 다를 경우 왜 변동환율제도를 택하는 것이 좋은가?

18. 유럽단일통화 유로가 등장함에 따라 국제금융시장에서 SDR의 역할이 보다 축소된다면 그 이유는?

19. 2002년 7월 유럽연합 단일통화인 유로(Euro, €) 도입의 경제적 이점을 설명해 보라.

20. 토빈세란 무엇이며 그 문제점은?

21. 향후 세계통화체제는 어떻게 전개될 것으로 예상되는가?

22. 최적통화지역은 무엇인가?
양국간의 생산요소의 이동성과 최적통화지역 형성간의 관계를 설명하시오.

23. 2012년 유로존 위기의 근본 원인은 무엇인가?

24. 유로존 위기가 북유럽보다 남유럽에서 크게 제기된 이유는?

25. 현재 우리나라는 IMF쿼터의 약 42%는 교환성 통화, 58%는 원화로 납부하고 있다. 이제 우리가 리저브 트란셰를 모두 인출하고, 쿼터의 25%씩 4차례에 걸쳐 크레딧 트란셰까지 인출했다면 IMF는 우리 원화를 쿼터의 몇 % 보유하게 되는가?

CHAPTER 4

파생금융상품론

Chapter 4

파생금융상품론

일반적으로 금융상품이든 일반재화든 거래계약과 함께 결제가 이루어지는 것이 보통이다. 그러나 주택매매 시장에서와 같이 오늘 거래가 이루어져 계약했더라도 미래의 어느 날 결제가 이루어지는 상품이 있다.

우리나라의 농촌에서도 '밭떼기'라 하여 봄에 씨 뿌릴 때 나중에 수확할 농산물을 미리 정해진 가격에 매입하기로 계약하는 경우가 있다. 농부는 미리 적정가격에 팔 곳을 정했으니 농사만 잘 지으면 되고, 구매자는 필요한 농산물을 적정가격에 미리 확보했으니 앞으로의 가격변동에 신경 쓸 필요가 없는 이점이 있다. 이러한 거래를 '선도거래'라고 하는데, 파생금융상품은 선도거래가 보다 발전한 것으로 20세기 후반 이후 새로운 투자금융상품으로 각광을 받고 있다.

특히 1970년대 초 브레튼우즈체제 붕괴 후 국제통화질서가 변동환율제도로 이행함에 따라 환위험이 크게 증대하자 미래의 가격변화에 대비할 필요성이 대두되었다. 따라서 가격변동이 심한 통화, 채권, 주식 등의 미래가격에 대한 계약을 사고 파는 시장과 상품이 개발되어 발전하게 되었다. 이와 같은 시장을 파생금융상품시장이라고 한다.

파생금융상품시장은 지난 40여년간 전세계적으로 급격한 성장을 이룩해왔다. 파생상품은 상품의 다양성이나 업무의 복잡성과 전문성 그리고 계약금만 있으면 거래할 수 있다는 점에서 위험성이 그 어느 금융상품보다 크다. 따라서 지난 40년간 극소수 금융전문가들의 독점적 영역이었다고 할 수 있다. 2008년 세계금융위기가 터졌을 때 비로소 전세계 정치권과 금융인 및 일반인들까지 파생금융상품과 그 시장의 영향력과 위험성을 인식하게 되었고 그에 대한 대책을 마련하기 시작했다.

4.1 파생금융상품론 개관

4.1.1 파생금융상품이란?

파생금융상품(financial derivatives)은 **'그 가치가 통화, 채권, 주식 등 기초금융자산의 가치변동에 의해 결정되는 금융계약'**으로 정의할 수 있다. 계약형태에 따라 크게 선물(futures), 옵션(option), 스왑(swap) 등으로 구분된다. 또한 기초자산의 유형에 따라 통화, 금리, 주식관련 상품으로 나뉜다. 거래방법에 따라 장내거래와 장외거래로 구분할 수 있다. 시장 참여자의 기능에 따라 구분하면 헤지(hedge), 재정(arbitrage), 투기(speculation) 등이 있다. 파생금융상품과 동일하게 거래되지만 최종적으로 실물이 인수, 인도되는 것으로 상품선물이 있는데, 이는 기초자산이 금융상품이 아니라 금, 농산물, 원유, 철광석 등과 같이 실물인 점이 다를 뿐이다.

파생금융상품이 '미래 가격에 대한 계약'이므로 현물거래와 가장 큰 차이점으로 다음 3가지를 들 수 있다.

① **거래 대상물을 보유하고 있지 않더라도 얼마든지 매도계약을 체결할 수 있다.** 미래 어느 날 매도하기로 계약하는 것이므로 현재 그 대상물을 보유하고 있지 않아도 아무런 문제가 없는 것이다. 매도계약(short position)을 한 사람은 최종거래일 전에 언제라도 자신의 매도계약을 청산할 수 있는데, 이러한 반대매매를 '환매(환매수, short covering)'라고 한다. 물론 매수계약(long position)을 체결한 사람은 최종거래일 전에 언제라도 자신의 매수계약을 청산할 수 있는데, 이러한 반대매매는 '전매(전매도, long liquidation)'라고 부른다.

② 파생상품은 미래에 대한 계약이고 결제일이 미래 어느 날이므로 비교적 적은 금액으로 계약할 수 있다. 즉, 거래액의 일부분(보통 5~15% 정도)만 있어도 계약할 수 있다. 적은 자금으로 큰 계약을 할 수 있다는 점은 유리한 반면 그만큼 위험성이 큰 것이 파생상품이다.

③ 파생금융상품 거래는 '영합게임(zero sum game)'이다. 누군가가 거래이

익을 얻었다면 반드시 거래손실을 본 사람이 있다는 것이다. 이에 반해 현물거래는 현물주식시장의 경우에서 보듯이 주식가치 자체가 증가하는 경우 주식시장 참여자 모두 이익을 볼 수도 있다.

4.1.2 파생금융상품의 기능

미래에 대한 계약인 파생금융상품의 기능은 다음과 같다.

① 가격예시 기능

미래 가격을 예측하여 매매하는 상품이므로 미래 가격이 어떻게 변할지 알려주는 예시 기능이 있다.

② 위험회피 기능

파생금융상품 시장에서는 앞으로 일어날지도 모르는 가격변동으로 인한 위험을 회피하려는 헷저(hedger)와 위험을 인수하는 대신 이익을 얻고자 하는 투기자(speculator)들이 거래에 참여하고 있다. 이처럼 파생금융상품 시장은 향후 발생할 위험을 회피할 수 있도록 해주는 기능이 있다.

③ 금융시장 안정화 기능

비교적 적은 금액의 증거금을 납부하고 많은 액수의 주문을 낼 수 있으므로, 전체 금융시장 규모를 크게 해준다. 동시에 만기일 전 언제라도 반대매매로 청산할 수 있으므로 유동성도 높아 시장 안정화에 기여한다.

4.1.3 파생금융상품시장의 발전

(1) 생성과 발전

'미래에 대한 계약을 판매하는 시장'으로서 파생금융상품시장의 발전을 살펴보기 위해서는 상품선물시장으로부터 시작해야 한다. 상품선물시장은 1531년 벨기에 앤트워프에서 처음 시작되어 발전해 왔다. 그러나 상품선물시장이 근대적 금융시장의 형태를 갖춘 것은 1848년 시카고 상품거래소(Chicago Board of Trade)가 개설되면서라고 할 수 있다.

파생금융상품의 시초는 대공황 직전 뉴욕 증권시장에 등장한 옵션의 일종인 '신주인수권'을 꼽기도 한다. 그러나 본격적인 시작은 제2차 세계대전 후 선물환거래가 활발해지면서부터이다. 특히 1970년대 초 변동환율제 이행 이후 거래규모가 급증하며 발전하기 시작했다.

시카고 상업거래소와 옵션거래소가 각각 1972년과 1973년에 설립되어 통화선물, 주식옵션이 거래되었고, 1983년 주가지수옵션도 도입되었다. 주가지수선물은 1982년 캔자스시티 상품거래소에서 시작되었고, 1980년대 금리 관련 파생상품도 개발되었다.

(2) 세계외환 시장규모

국제결제은행(BIS)에 따르면 2022년 4월 중 세계 외환시장(현물환, 선물환, 외환스왑, 통화스왑, 통화옵션)의 거래규모는 일평균 7.5조달러 수준으로 2019년 4월에 비해 14.1%가 증가한 것이다. 2022년 전세계 외환시장의 유형별 일평균 거래규모는 현물환 2.1조달러, 선물환 1.2조달러, 외환스왑 3.8조달러, 통화스왑 1,000억달러로 나타났다. 한편 세계 장외 금리파생상품시장의 거래규모는 일평균 5.2조달러로 2019년에 비해 약 18.8% 감소했다.

(3) 우리나라 파생금융상품시장의 발전

우리나라의 외환시장은 1990년대 중반 이전까지는 현물환과 선물환거래 이외에는 별다른 시장이 없었다. 파생금융상품시장은 1996년 5월 증권거래소에서 '코스피200선물'을 거래하기 시작하면서 급속한 발전을 이루었다. 1997년 7월 '코스피200옵션'이 도입되었다. 1999년 4월 선물거래소가 설립되어 달러선물 등의 통화선물과 달러옵션 등의 통화옵션 등이 도입된 후 국채선물, 주식선물, 주식옵션 등도 도입되었다. 2005년 1월 증권거래소와 선물거래소를 통합한 한국증권선물거래소가 설립되었고 2009년 2월 한국거래소로 명칭을 변경하였다.

2021년 기준 우리나라의 장내 파생금융시장에서는 코스피200선물 등 주가지수선물, 국채선물, 통화선물과 코스피200옵션 등 주가지수옵션이 활발하게 거래되고 있다. 장외 파생금융시장에서는 통화 선물환, 금리스왑, 통화스왑 등이 주로 거래되고 있다.

2022년 4월 중 우리나라 전체 외환시장 거래규모는 일평균 677.4억달러로 2019년 4월에 비해 22.5% 증가하였다. 거래유형별로는 현물환 37.0%, 선물환 17.7%, 외환스왑 42.6%, 통화스왑 2.1%, 통화옵션 0.6%였다. 한편 2022년 세계 외환시장에서 우리나라 서울외환시장이 차지하는 비중은 0.7%로 국가별 순위는 15위였다. 세계 장외금리파생상품시장에서 우리나라의 비중은 0.2%(거래규모 108.2억 달러)로 국가별 순위는 17위이다.

4.1.4 시장참여자의 거래 행태

(1) 헤 지

헤지(hedge)는 환위험(exchange risk)을 회피할 목적으로 상품을 거래하는 행위를 말한다. 우선 환위험의 개념을 외환시장을 예로 설명해 보면 다음과 같다.

미래 어느 시점 특정통화의 환 포지션은 크게 '**열린 포지션**(open position)'과 '**닫힌 포지션**(closed position)'으로 구분할 수 있다. 닫힌 포지션은 '**스퀘어 포지션**(square position)'이라고도 부른다. 열린 포지션은 환위험에 노출된 상태인 반면 닫힌 포지션은 환위험이 회피된 상태이다.

열린 포지션은 외화자산의 초과매수와 초과매도 상태가 있다. 예를 들어 미래 특정일 달러표시 채권액(달러표시 자산)과 채무액(달러표시 부채)을 비교했을 때 채권이 채무보다 많을 경우 달러매수초과($ over-bought 혹은 $ long)라고 한다. 반대로 달러표시 채무가 채권보다 많으면 달러매도초과($ over-sold 혹은 $ short)라고 한다.

이와 같이 미래 어느 시점에서 외환의 매수초과든 매도초과든 불균형이 발생하면 열린 포지션 상태로 환위험에 노출되었다고 한다. 향후 환율변동에 따라 손실 혹은 이익이 발생할 위험에 처해있기 때문이다.

만일 미래 어느 시점에서 달러표시 채권과 채무가 일치한다면, 닫힌 포지션으로 환위험이 회피된 상태라고 한다. 미래 그 날이 돌아왔을 때 당시 환율이 어떻든지 가치 변동이 없기 때문이다.

보다 구체적으로 한국의 무역업체 A는 6개월 후 지급해야 할 달러표시 채무액이 1,000만달러인 반면, 6개월 후 받게 될 수출대금(채권액)은 500만달러에 불과하다고 하자. 향후 환율이 어떻게 변하든지 A기업은 환위험에 노출되어 있다. 다행히 환율인하가 발생하면 환차익을 얻어 좋은 일이겠지만 환율인상이 일어난다면 환차손을 당하여 낭패를 볼 수도 있는 것이다. 미래 환율이 어떻게 변할지 예측하기 어렵다면 무역업체 A는 환위험을 회피하기 위해서 환 포지션을 닫힌 포지션으로 만들 필요가 있는데, 파생금융상품 거래를 이용하면 쉽게 해결할 수 있다. 실제적인 적용 예는 뒤에서 살펴보기로 하자.

(2) 재 정

재정(arbitrage)에 관해서는 제1장에서 통화재정을 중심으로 살펴본 바 있다. 재정이란 두 시장 혹은 두 상품 간의 가격격차를 이용해 이익을 도모하는 행위를 말하는데, 대상 상품에 따라 상품재정, 통화재정, 금리재정 등이 있다. 재정은 '환위험이 회피된 재정(무위험재정, covered arbitrage)'과 '환위험에 노출된 재정(위험재정, uncovered arbitrage)'으로 나눌 수 있다. 통화재정은 제1장에서 간략히 살펴보았고, 금리재정은 다음 장에서 자세하게 다룬다.

(3) 투 기

투기(投機, speculation)는 환율변동에 따른 이익을 얻을 목적으로 미래 어느 시점의 환 포지션을 열린 포지션으로 유지하는 행위를 말한다. 만일 어느 투기자가 미래 달러가치가 상승할 것으로 예상하고 있다면 그는 달러표시 채권을 매수하는 투기행위를 할 것이다. 미래 그 날 자신의 예상이 실현되면 오른 값으로 팔므로써 이득을 취할 수 있기 때문이다. 물론 자신의 예상이 빗나가면 투기자는 손실을 보게 될 것이다.

달러를 예로 들어 달러가치가 상승할 것으로 예상하는 것을 'dollar bullish'라고 하고, 반대로 달러가치가 약세로 돌아설 것을 예상하는 것을 'dollar bearish'라고 한다.

세계 각국의 금융중심지인 증권거래소의 앞뜰에 저돌적인 황소와 신중한 모습의 곰 조각상을 세워 놓은 것도 이러한 시장 예측의 양면성을 말해주는 것이다.

FAQ

학생의 질문 : 다름이 아니라 전부터 이해가 잘 안 되던 부분이 있어서요^^;; 수업시간에 자신이 한 매도계약을 매수계약을 통해서 청산할 수 있다고 배웠는데요, 제가 이해가 안 되는 부분은 만약에 제가 실제로는 석유가 없는데 미래 어느 날 매도하기로 계약했다고 하면요 매수계약을 통해서 청산하려면, 실제로 석유가 있는 사람과 매수계약을 하는 게 환매인지, 아니면 자신이 했던 매도계약을 다시 매수하는 계약을 하는 건지 모르겠어요 ㅠ.ㅠ

안교수 답변 : 매입계약자와 매도계약자가 서로 직접 거래를 하는 것이 아니고 거래소를 통해 자신의 매도계약을 청산하기 위한 매수계약을 하는 것입니다. 매도계약을 한 사람이 매수계약을 통해 청산한다고 할 때 처음에 누군가는 매수했을 테고 청산시점에서는 또 누군가 매도계약을 했다는 이야기입니다. 원유를 보유하고 있는 사람과 최종적으로 원유가 필요한 사람이 아니라면 최종거래일 이전에 반대매매를 통해 시장을 떠나게 됩니다.

4.2 선물환 거래

4.2.1 선물환 거래란?

외환거래는 결제시점에 따라 현물환(spot) 거래와 선물환(forward) 거래로 나누어지며 선물환 거래는 거래방식에 따라 'outright(일방)선물환'과 '외환스왑(foreign exchange swap)'으로 나눈다. 선물환거래와 외환스왑은 엄밀한 의미에서는 파생금융상품에 속하지 않는 것이나 비교를 위해 이곳에서 다루는 것이 좋다고 본다.

제1장에서 살펴보았듯이 현물환은 거래(계약)일로부터 2거래일 이내에 결제가 이루어지는 거래임에 반해 선물환 거래는 미래에 대한 계약의 일종으로 3거래일 이후에 결제가 이루어지는 거래를 말한다. outright선물환은 미래에 대한 계약이 한번만 이루어짐에 비해 외환스왑은 '현물환거래+선물환

거래' 혹은 '만기일이 서로 다른 선물환거래+선물환거래'가 이루어지는 반복거래를 말한다.

이제 선물환 거래는 다음과 같이 정의할 수 있다. 선물환 거래란 **'장래 특정일**(일반적으로 1개월, 3개월, 6개월)**에 외환을 인도, 인수할 것을 조건으로 현재 시점에서 거래계약을 하는 것**'이다. 여기서 위에서 열거한 만기일 외에 당사자간의 합의에 의해 만기일을 신축적으로 정할 수 있다. 거래 당일에 확정되는 계약조건에는 만기일, 거래금액, 환율, 보증금 등에 대한 합의가 포함되며 결제일에 가서는 계약대로 이행하면 된다. 즉, 거래일에 환율(가격)을 미리 정해놓으므로 미래 시점의 환율 변동으로부터 발생하는 환위험을 회피할 수 있는 것이다.

4.2.2 선물환 거래의 예

9월 1일 한국의 반도체 수출업자 A는 미국 수입상 B와 1억달러의 반도체 수출계약을 체결했다.

계 약 일 : 2018년 9월 1일
계약금액 : 반도체 수출대금, 1억달러
대금지급 : 3개월 후 물품선적과 함께 달러로 지급

한국의 수출업자 A는 3개월 후 1억달러를 수취하면서 달러초과매수($ long) 상태가 될 예정이다. 3개월 후 대미달러 환율을 모르므로 A는 환위험에 노출되어 있다. 수출업자 A는 선물환 거래를 통해 환위험을 회피하는 방법을 찾기로 했다. 어떻게 하면 될까? A는 거래 당일 수출계약과 동시에 거래하고 있는 외국환은행과 1억달러를 매도하겠다는 달러선물환 매도계약을 체결하면 된다. 물론 이때 적용되는 3개월물 선물환율($1=₩1,154이라고 하자.)은 계약 당일의 현물환율과는 다르다. A는 선물환 거래와 함께 자신의 달러초과매수포지션을 거래 은행에 넘겨줌으로써 환위험을 회피할 수 있게 되었고, 그는 3개월 후 원화 수취액을 1,154억원으로 확정할 수 있게 되었다(수수료 등의 거래비용은 무시).

쉬어가기!

역외선물환(차액결제선물환)

역외선물환거래는 현물인도 없이 차액만을 결제하는 선물환거래를 말한다. 역외선물환(NDF; Non Deliverable Forward) 시장은 본국의 세제나 운용상의 제반 규제를 피하고 조세, 금융적 혜택을 누리기 위해 타국에 형성된 선물환시장이다. 역외선물환 거래는 외환을 선물환으로 거래하되, 결제일에 현물을 인도하거나 인수하지 않고 계약 선물환율과 지정환율의 차이만을 계약당시 약속한 지정통화(통상 미달러화)로 정산하게 된다. 이러한 특징 때문에 역외선물환은 '차액결제선물환'이라고도 부른다. 5% 증거금 납부만으로 계약할 수 있다는 이점 외에 두 통화를 계약총액으로 결제하는 일반 선물환거래에 비해 결제금액이 적게 들어 투기거래를 하는데 유리하므로 실제로 투기거래적 성격을 강하게 갖는다.

예를 들어 외국의 비거주자가 환율의 급격한 상승을 예상하여 국내주식투자분 1,200억원을 헤지하기 위해 명목원금 1억달러에 대해 1년만기 차액결제선물환을 1,220원/USD에 매입하는 경우를 생각해 보자.

(현물환율은 1,200원/USD, 1년만기 차액결제선물환율은 1,220/USD로 고시)

① 1년 후 현물환율이 1,300원/USD이면
차액결제선물환 매도자가 매입자에게 아래의 금액을 지급하므로 매입자는 주식투자분에 대한 환차손을 일정정도 보상받을 수 있다.
USD 100M×{(1,300 – 1,220)/1,300} = USD 6,153,846

② 1년 후 현물환율이 1,100원/USD이면
차액결제선물환 매입자가 매도자에게 아래의 금액을 지급하여야 하므로 매입자는 주식투자분에 대한 환차익을 일정정도 포기하여야 한다.
USD 100M×{(1,220 – 1,100)/1,100} = USD 10,909,091

4.2.3 선물환 할증과 할인

선물환율은 미래 환율에 대한 예측을 의미하는 것이므로 선물환율이 현물환율보다 높게 제시되고 있다면(자국통화/상대국통화로 표시할 때) 상대국 통화(보통 $)는 '선물환 할증(forward premium)'이라고 하고 반대로 자국통화는 '선물환 할인(forward discount)'이라고 한다. 예를 들어 오늘 현재 현물환율은 $1=₩1,200인 반면 3개월물 선물환율은 $1=₩1,224이라면 달러화는 선물환 할증에 놓여있고 원화는 선물환 할인에 놓여있다고 한다. 거의 드문 일이지만 현물환율과 선물환율이 일치하고 있을 때에는 'flat'이라고 한다.

선물환 할증은 금리와 마찬가지로 연율로 표시할 수도 있다. 앞의 현물환율과 선물환율을 이용하여 선물환 할증을 연율로 나타내면 [(1,224−1,200)/1,200]×4×100%=8%가 된다. 앞의 식에서 만일 3개월물 선물환율이 아니라 6개월물 선물환율인 경우에는 연율을 구하기 위해서 4(3개월이므로)가 아니라 2(6개월이므로)로 곱하게 된다. 이렇게 연율로 계산된 선물환 할증(할인)을 보통 '**스왑레이트**(swap rate)'라고도 부른다.

4.2.4 외환스왑

(1) 외환스왑이란?

외환스왑(foreign exchange swap)은 통상적인 스왑과 마찬가지로 반복거래가 이루어진다는 점에서 스왑이라고 이름붙여졌지만, 그 거래 내용은 두 번의 선물환거래를 서로 바꾸어 거래한 것과 같으므로 선물환거래의 범주에 포함하기도 하는데, 본 교재도 그러한 해석에 따라 선물환거래에서 다루고자 한다.

외환스왑이란 '**만기가 서로 다른 동액의 외환을 동일 상대방과 동시에 매수·매도하는 거래**'를 말한다. 여기서 만기가 다르다는 말은 현물환을 매도(매수)하고 선물환을 매수(매도)하는 거래일 수도 있고, 만기가 짧은 선물환을 매수(매도)하고 만기가 긴 선물환을 매도(매수)하는 거래일 수도 있다. 외환스왑에서 앞의 결제일을 'near date'라고 하고 뒤의 결제일은 'far date'라고 부른다. 일반적으로 현물환+선물환거래가 대부분이다. 대부분의 외환스왑거래는 환위험회피를 위한 단기거래를 중심으로 이루어지고 있으며 외국환은행들 사이에서 이루어지는 것이 보통이나 각국 중앙은행들 사이에서 그리고 일반 고객간에도 외환스왑거래가 이루어지기도 한다.

(2) 외국환은행 간의 외환스왑거래

외국환은행은 고객과의 선물환 매매계약을 체결함에 따라 그 자신은 환위험에 노출된다. 따라서 외국환은행의 선물환 딜러는 환위험으로 인한 손실이 자신의 영업실적을 악화시킬 것이므로 환위험 회피를 위한 헤지를 동시에 하게 된다. 예를 들어 A은행의 선물환 딜러 B씨는 현재 미국 달러화의 현물환매입초과 포지션과 선물환매도초과 포지션에 놓여 있다고 하자. 딜러 B씨는 현물환과 선물환 양쪽에서 모두 환위험에 노출되어 있는 셈이다.

B씨는 자신과 반대 포지션을 보유하고 있으면서 환위험을 헤지하고자 하는 고객을 찾아내 달러현물환을 매도하고 달러선물환을 매수하는 거래를 체결함으로써 환위험을 회피할 수 있다. 그러나 만기일과 금액이 일치하는 고객들을 찾는 일은 시간이 소요되므로 즉시 환위험을 회피할 수 없다는 문제가 있다. 그러므로 선물환 딜러의 헤지 상대방은 흔히 은행 간 시장에서 활동하고 있는 다른 선물환 딜러가 된다. 딜러는 수많은 외환을 거래하고 있기 때문에 빠른 시간에 서로의 환위험을 헤지할 상대방을 찾기가 쉽기 때문이다. 여기서 다른 선물환 딜러는 다른 외국환은행 소속 딜러이거나 혹은 같은 은행 소속 딜러일 수도 있다. 그렇기 때문에 외환스왑은 은행 간 거래가 대부분을 차지하고 있는 것이다.

구체적으로 A은행의 선물환 딜러 B씨는 자신이 거래하고 있는 계좌에서 오늘 현재 1억달러의 달러매수초과 포지션을 갖게 되고 그로부터 5일 후에는 1억달러의 달러매도초과 포지션에 놓이게 된다고 하자. B씨는 5일간의 기간동안 일어날 수 있는 환위험을 회피하기 위해 현재 B씨와 정 반대 상태로 고민 중인 C은행의 선물환 딜러 D씨와 외환스왑을 체결하면 된다. 즉, 딜러 B씨는 오늘 1억달러를 D씨에게 매도하는 동시에 5일 후에 1억달러를 D씨로부터 다시 매수하는 외환스왑 거래를 체결하면 된다. **물론 오늘의 현물환율과 5일 후의 선물환율은 서로 협의하여 정하게 된다.** 이러한 외환스왑거래로 딜러 B씨와 D씨는 모두 환위험을 회피할 수 있게 되었다.

[그림 4-1]은 두 외국환 은행간의 외환스왑거래를 보여준다. 외환딜러들은 외환스왑거래를 성립시키기 위해 흔히 외한브로커의 중개를 받는 것이 보통이다.

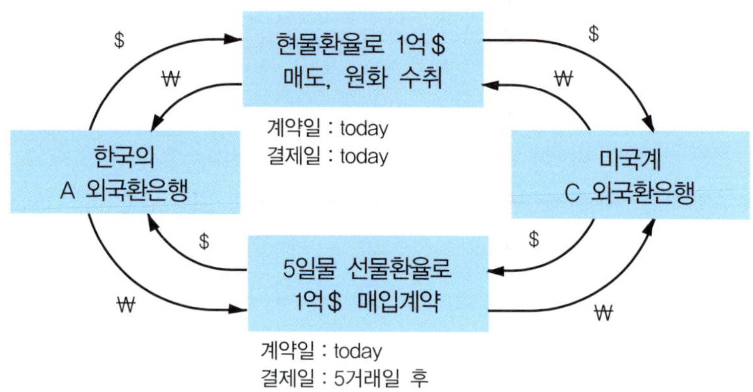

[그림 4-1 외국환은행 간의 외환스왑거래]

4.3 스 왑

스왑(swap)이란 장래 특정기간 동안 정기적으로 일정 상품이나 금융자산을 미리 설정된 가격에 따라 결제하기로 약속한 계약이다. 기초자산이 농축산물이나 광물과 같은 실질상품일 경우 상품스왑이라 하고 통화, 금리, 주식 등과 같은 금융자산일 경우 금융스왑이라고 한다. 즉, 금융스왑이란 금리나 통화, 주식을 기준으로 발생하는 현금흐름에 대한 청구권을 상호 교환하기로 하는 양쪽 당사자 간의 계약이다.

스왑에는 여러 가지 형태가 있는데, 여기서는 통화스왑과 금리스왑만 다루고자 한다(외환스왑은 앞서 선물환거래에서 취급). 교환되는 두 개의 화폐금액이 서로 다른 통화인 경우 통화스왑이라 하며 동일한 통화로 표시되나 한쪽은 고정금리임에 반해 다른 쪽은 변동금리일 경우 금리스왑이라고 한다.

4.3.1 통화스왑

(1) 통화스왑 예시

통화스왑(currency swap)은 스왑당사자 간에 **이종통화표시 금액을 교환한 후 약정기간동안 이자를 서로 지급하다가 만기일에 원금을 다시 되돌려주는 계약**이다. 통화스왑은 투자자가 장기 외화자금을 차입하고자 할 때 외국은행으로부터 직접 차입하는 것보다 낮은 금리로 외화를 차입하도록 해준다는 점에서 인기가 있다. [그림 4-2]를 통해 캐나다기업 A와 영국기업 B간의 통화스왑거래를 살펴보도록 하자.

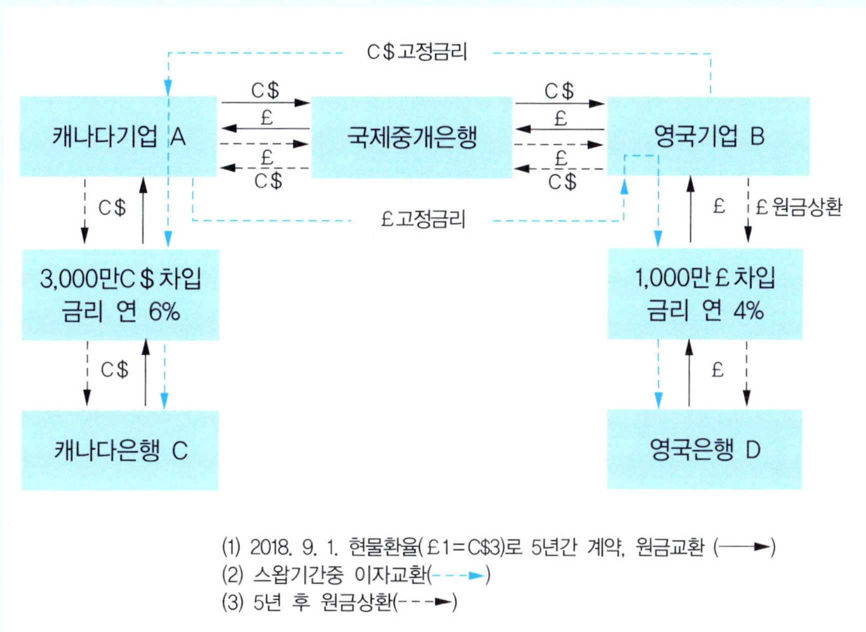

【 그림 4-2 기업 A와 B간의 통화스왑거래 】

예를 들어 캐나다 기업 A는 오늘 현재 1,000만파운드를 5년 간 차입하고자 한다. 캐나다 기업이 영국 은행으로부터 직접 차입하는 것은 A기업의 영국내 인지도나 신용도가 높지 않기 때문에 영국 기업들에 비해 차입금리가 높을 수밖에 없다. 같은 시점에 영국의 기업 B는 1,000만파운드 상당의 캐나다달러를 5년간 차입할 필요가 있다고 하자. 마찬가지로 영국 기업 B가 캐나다 은행으로부터 직접 캐나다달러 자금을 차입하는 것은 캐나다 기업들에 비해 보다 불리한 금리를 적용받게 될 것이다. 이제 두 기업은 중개은행을 통해 통화스왑거래를 요청함으로써 직접 차입하는 것보다 낮은 금리로 원하는 외화를 조달할 수 있다.

캐나다 기업 A는 캐나다 은행 C로부터 1,000만파운드 상당의 3,000만 캐나다 달러를 연 6% 금리로 조달하였다고 하자. 반면에 영국 기업 B는 영국 은행 D로부터 연 4%의 금리로 1,000만파운드를 차입하였다고 하자. 캐나다 기업은 차입한 캐나다 달러를 중개은행을 통해 영국 기업에게 연 6% 금리로 넘겨주고 대신 영국 기업으로부터 연 4% 금리로 영국 파운드를 넘겨받음으로써 다음과 같은 통화스왑거래 계약을 한다.

통화스왑계약일 : 2018년 9월 1일
스왑금액 : 1,000만파운드와 그에 상당하는 캐나다 달러 금액
적용환율 : 계약당일 현물환율
계약기간 : 계약 후 5년
금　　리 : 영국 파운드 자금 연 4%, 캐나다 달러 자금 연 6%
이자지급 방식 : 매 6개월마다 분할지급
원금상환 : 만기일에 원금 상환

통화스왑 거래를 이용함으로써 두 기업은 외국에서 직접 5년 만기 외화자금을 유리한 금리로 조달할 수 있게 된다. 통화스왑 거래는 이종통화표시 자금을 서로 교환했다가 만기일에 원금을 되돌려주는 거래이므로 환율변동에 따른 환위험이 없다.

통화스왑이 처음 도입되었을 때는 고정금리를 상호교환하는 방식이 대부분이었으나 최근에는 뒤에 설명하는 금리스왑의 원리를 가미하여 고정금리와 변동금리를 교환하는 통화스왑이 주류를 이루고 있다.

(2) 중앙은행 간 통화스왑

각국의 중앙은행은 자국 통화 가치의 안정을 위해 흔히 외환시장에 개입해야 할 경우가 있다. 이때 보유 외환이 충분치 않으면 문제가 있으므로 주요국 중앙은행과 통화스왑협정을 체결하여 차입할 수 있는 한도를 미리 설정해두게 된다. 우리나라 역시 한국은행이 미국 등 주요국 중앙은행과 통화스왑협정을 미리 체결해 놓고 있다.

2008년 세계금융위기 상황에서 한국은행은 달러환율을 안정시키기 위한 외환시장 개입 자금이 절실했다. 물론 당시 2천억달러 이상의 외환보유액이 있었으나 세계금융위기 상황을 피해나가기에는 부족할 수 있는 액수였다.

〈표 4-1〉에서 보듯이 한국은행은 미국, 일본, 중국의 중앙은행과 통화스왑협정을 맺어 필요할 경우 원화를 예치해주고 해당 국가 통화나 달러를 빌릴 수 있는 협정을 체결한 바 있다. 만일의 사태에 대비하여 일정량의 외환을 확보한 것이다. 그 후 한국은행은 실제로 미국 FRB로부터 통화스왑협정에 따라 300억 달러를 빌리고 원화를 예치함으로써 통화스왑을 이용한 바 있다. 오늘 원화를 제공하고 달러를 받아 사용한 후 몇 개월 뒤에 달러를 돌려주고 원화를 되찾는 거래를 한 것이다. 이때 환율변동의 위험은 없고 이자지급의 문제만 있는데 당시 양국은 이자지급을 상호 면제하였다.

표 4-1 한국은행의 주요국 중앙은행과의 통화스왑계약 현황

상대방	한 도	지 원 방 식
캐나다 중앙은행	무제한[1]	상호지원방식(원화/캐나다달러)
일본은행	100억달러[2]	상호지원방식(요청국통화/미달러화)
스위스중앙은행	100억CHF	상호지원방식(원화/스위스CHF)
중국인민은행	4,000억 위안[3] (590억$ 상당)	상호지원방식(원화/위안화) 수혜국 요청시 미달러화로 전환 가능

주 : 1) 캐나다, 상설
2) 일본, 2023년 6월~3년간
3) 중국, 2025년 10월 만료
자료 : 한국은행

2023년 3월 현재 한국은행은 중국(4,000억위안), 캐나다(무제한, 무기한), 호주(120억호주달러), 스위스(100억프랑), 일본(100억달러), CMIM(치앙마이 이니셔티브, 384억달러), 인도네시아(115조루피아), UAE(200억다르함), 말레이시아(150억링깃), 중앙은행들과 총 2,062억달러 규모의 통화스왑 계약을 체결해 유사시에 대비하고 있다.

4.3.2 금리스왑

금리스왑이란 동종통화간 상이한 금리조건(고정금리와 변동금리)의 이자 지급을 상호 교환하는 것인데, 이때 원금의 교환은 일어나지 않고 이자차액만 결제된다.

금리스왑이 어떻게 행해지는지 예를 들어 설명해 보자. 기업 A는 1억달러짜리 5년 만기 연 5%의 고정금리채권을 보유하고 있다. 기업 A는 향후 금리가 다소 상승할 것으로 예상하고 있다고 하자. 그러므로 고정금리채권을 변동금리채권으로 전환하여 향후 금리상승 시 수익률 향상을 꾀하려고 한다. 기업 A는 금리스왑을 통해 자신의 예상을 실현할 수 있다. 금리스왑 희망자인 기업 A는 금리스왑을 수용하는 국내은행 B와 계약금액 1억달러의 5년 만기 연 5%의 고정금리를 변동금리인 미국의 SOFR(Secured Overnight Financing Rate : 무위험지표금리)와 교환하는 계약을 체결하면 된다.

지난 수십년간 국제금융시장에서 독보적인 대출금리였던 LIBOR(런던은행간 대출금리 : London Interbank Offered Rate)는 2012년 산출조작사건으로 역사의 뒤안으로 사라졌고 2023년 7월부터 LIBOR를 대체하는 대출지표금리가 개발되었다. 미 달러의 SOFR, 영국 파운드의 SONIA, 유로의 EURIBOR, 일본 엔화의 TOBOR, 한국 원화의 KOFR 등이 사용되기 시작했다.

[그림 4-3]은 금리스왑 거래를 보여주고 있다. 기업 A는 향후 3년 동안 연 5%의 고정수익률을 1년물 SOFR+1%의 변동금리로 1년마다 금리를 교환하는 방식으로 변경시킨 것이다. 만일 기업 A의 예상대로 향후 1년물 SOFR가 4%보다 높게 오르면 수익증대를 실현하게 된다. 물론 SOFR가 4% 아래로 하락할 경우에는 손실을 보게 된다.

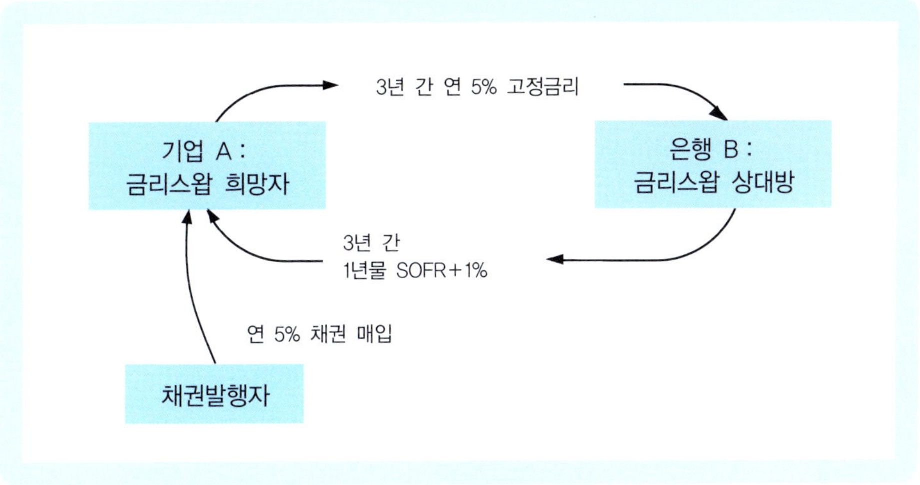

[그림 4-3 금리스왑의 예]

예를 들어 최초 계약일로부터 1년 후 변동금리 확정일에 1년물 SOFR가 4.5%가 되었다면 A씨는 5.5% 변동금리와 5% 고정금리 간의 격차인 0.5%의 금리이득을 보게 되어 계약금액 1억달러로 계산할 때 50만달러의 이자차액을 지급받게 된다. 이와 같이 12개월마다 변동금리가 어떻게 되느냐에 따라 이자차액만큼 이익이나 손실을 보게 된다. 물론 6개월마다 금리교환을 하는 금리스왑계약을 할 수도 있고 계약기간도 채권 만기인 5년과 동일할 필요도 없다.

애초 스왑은 은행이 스왑거래를 원하는 양 당사자를 연결시켜주는 중개인으로서 기능하면서 형성되었다. 그러나 은행이 스왑당사자를 재빨리 연결시키기 어려우므로 그런 당사자가 나타날 때까지 은행 자신이 스왑거래의 상대방이 되는 경우가 빈번해지기 시작하였다. 최근 은행은 스왑중개자 기능뿐 아니라 스스로 스왑당사자가 되는 스왑딜러의 역할을 더 많이 수행하고 있다.

4.4 선 물

4.4.1 선물의 정의와 특징

(1) 선물의 정의와 종류

선물(futures)은 '미래 시점의 가격에 대한 계약의 일종'으로써 기초자산의 유형에 따라 크게 상품선물(commodity futures)과 금융선물로 나뉜다. 상품선물은 농축산물, 원유, 금·은 등의 귀금속, 철광석 등의 광물들이 있다. 금융선물로는 통화선물, 금리선물, 주가지수선물 등이 있다.

(2) 선물거래제도의 특징

선물의 특징을 쉽게 이해하기 위해서는 선물환(선도)과의 차이점을 살펴보는 것이 좋다. 선물시장의 주요 특징을 선물환과 비교하면서 정리하면 다음과 같다.

① 거래단위

선물은 거래단위가 미리 정해져 있다. 예를 들어 우리나라의 달러선물은 1만달러가 1계약이다. 국제 금융시장에서 유로 선물의 경우 거래단위는 62,500유로를 1단위로 하여 계약이 이루어진다.

② 결제월과 최종거래일

같은 달러선물이라도 만기일이 속한 결제월에 따라 다른 상품으로 취급된다. 예를 들어 2023년 10월에 만기가 되는 달러선물은 '달러선물F202310'이라는 상품이고 만기가 11월인 것은 '달러선물F202311'이라는 상품이다.

결제월과 최종거래일은 선물시장 상품마다 미리 결정되어 있으나 선물상품에 따라 각각 다르다. 달러선물은 분기월 중 12개와 그 밖의 월 중 8개 총 20개(1년 이내 매월, 1년 초과 매 분기별 상장)의 결제종목이 있다. 예를 들어 2023년 1월 5일 현재 달러선물의 거래 상품은 1월물부터 2023년 12월물까지 12개 그리고 2024년 3월물부터 매분기별 상품 8개가 있다.

달러선물의 최종거래일은 각 결제월의 셋째 월요일, 최종 결제일은 최종 거래일로부터 2거래일 후(수요일)로 정해져 있다. 이와는 달리 선물환 거래의 경우에는 모든 거래조건을 당사자 간의 협의를 통해 결정한다.

③ 거래장소와 거래방법

모든 거래는 선물거래소(우리나라의 경우 한국거래소의 선물시장본부)를 통해 이루어진다. 거래방법은 공개호가 방식으로 가격, 주문 시간, 주문 수량 순서로 거래를 성사시킨다. 가격이 가장 유리한 주문서가 먼저 처리되며 같은 가격일 경우에는 주문시간이 빠를수록 먼저 처리된다. 가격과 시간이 같을 때에는 주문 수량이 많을수록 빨리 처리된다. 반면 선물환 거래는 대부분 장외거래로 딜러나 브로커, 전화, 텔렉스, 인터넷을 이용해 당사자 간의 협의로 성립된다.

④ 거래참가자와 거래상대방

선물거래 참가자는 거래소회원에 한정된다. 회원사가 아닌 거래 희망자는 회원사의 중개를 통해 거래한다. 선물 거래는 선물환 거래와 달리 거래소와 거래하는 것이므로 실제 거래 상대방이 누군지 서로 모른다. 즉, 모든 선물거래 희망자는 회원사의 중개를 통해 선물거래소와 계약하는 것이다. 거래의 이행과 처리는 모두 거래소내에 있는 청산소에서 담당한다. 그러나 선물환 거래는 거래 당사자간의 계약으로 거래가 성립되므로 거래 상대방을 알고 있다.

⑤ 결제방법

결제방법은 선물 거래의 가장 큰 특징이라 할 수 있는데 '일일정산제도'(daily settlement system)를 택하고 있다. **일일정산제도란 매일 매일의 가격변동에 따라 손익을 정산하는 결제방법으로 당일결제제도(marking to market)라고도 한다.** 달러선물 1계약(1만 달러)을 1,150원에 매수한 경우 하루가 지나 가격이 10원 하락하였다면 10원×1만$=10만원의 손실을 본 것이며 이때 자신의 증거금에서 손실액이 자동정산되어 빠져 나간다. 물론 10계약을 매수했다면

100만원의 손실이 발생하여 차감될 것이다.

선물 상품에 따라 다소 차이는 있지만 대부분(95~100%) 선물거래자는 최종거래일이 되기 전에 반대매매를 통해 거래를 청산하고 시장을 떠나기 때문에 현물의 인수, 인도(physical delivery)는 0~5% 이내이다. 이에 반해 선물환 거래는 대부분 최종결제일에 현물을 인수·인도하고 거래를 종결한다.

⑥ 증거금 제도

선물은 계약 후 미래에 결제가 일어나는 거래이므로 중도에 선물가격의 큰 변동으로 계약 쌍방 중 어느 한 쪽이 큰 손실을 보게 될 경우 결제를 이행하지 않을 가능성이 크다. 그러므로 선물시장의 효율적 운영을 위해 이러한 결제불이행 위험(default risk)을 제도적으로 최소화할 필요가 있다. 선물거래소는 결제불이행 위험을 방지하려는 장치로 '증거금(margin)제도'를 운영하고 있다. 증거금은 거래 위험을 고려하여 한국거래소에서 정한 계산식에 따라 정해지는데 여기서는 계산식은 생략하고 그 의미를 중심으로 보고자 한다.

증거금은 회원사가 거래소에 납부하는 거래증거금과 고객이 회원사에 납부해야 하는 위탁증거금으로 나누어진다. 이제 위탁증거금은 주문에 앞서 일정금액을 내야 하는 '**개시증거금**(initial margin)', 이 밖에 선물계약잔고를 유지하는데 필요한 '**유지증거금**(maintenance margin)'과 '**추가증거금**(additional margin)'으로 나눌 수 있다. 여기서 개시증거금이란 주문액의 일정비율에 해당하는 금액으로 결제불이행위험을 방지하는 기본적인 증거금이라 할 수 있다. 계약이 체결된 후 일일정산에 의해 개시증거금이 줄어들어 유지증거금 수준을 하회하면 '추가증거금예치요청(margin call)'을 받게 되며, 다음날 낮 12시까지 개시증거금 수준으로 채워놓지 않으면 청산소가 자동적으로 반대매매를 통해 거래를 청산하고 남은 금액만 돌려준다. 이에 반해 선물환 거래의 경우에는 증거금 대신 고객의 신용에 따라 거래 한도를 설정하거나 보증금을 요구한다.

4.4.2 우리나라의 선물거래제도

(1) 달러선물제도 요약

우리나라 선물거래소 상장상품인 달러선물의 거래제도를 요약하면 다음과 같다.

1. 거래대상 : 미국 달러화(USD)
2. 거래단위 : USD 10,000
3. 결제월 : 분기월 중 12개와 그 밖의 월 중 8개
4. 상장결제월 : 총 20개(1년 이내 매월, 1년 초과 매 분기별 상장)
5. 가격의 표시 : 원/USD1(소수점 둘째 자리까지 표시)
6. 최소가격변동폭 : 0.10원
7. 최소가격변동금액 : 1,000원(USD 10,000×0.10원)
8. 거래시간 : 09 : 00－15 : 45(최종거래일은 09 : 00－11 : 30)
9. 최종거래일 : 결제월의 세 번째 월요일(공휴일인 경우 순차적으로 앞당김)
10. 최종결제일 : 최종거래일로부터 기산하여 3일째 거래일
11. 결제방법 : 인수도(physical delivery) 결제
12. 가격제한폭 : 기준가격대비 ±4.5%

달러선물의 인수도 절차는 최종거래일에 계좌별 인수도결제내역을 산출하여 통보한다. 최종거래일+2일이 되는 최종결제일에 매수자는 원화대금을 입금하고 달러를 수취, 매도자는 달러를 입금하고 원화대금을 수취하게 된다.

(2) 달러선물의 일일정산 예시

〈표 4-2〉는 달러선물의 일일정산이 어떻게 이루어지는지 보여준다.

예를 들어 선물계좌를 갖고 있는 K씨는 10월 1일 달러선물 12월물 2계약을 1,100원에 매수하였다. 10월 1일 선물매수 계약대금은 2계약×1,100원×1만$=2,200만원이다. 개시증거금이 계약대금의 15%라고 할 때 K씨는 주문 전에 330만원의 개시증거금을 납부하여야 한다. 이 경우 유지증거금은 200만원이라고 하자.

10월 3일 달러선물가격이 상승하여 1,110원이 되었으므로 20만원의 미실현 이익이 발생하고 K씨의 지분(계좌잔액)은 350만원이 된다. 그 후로 10월 8일 달러선물가격이 크게 하락하여 1,050원이 되었다고 하자. 10월 1일보다 50원이나 하락했으므로 100만원의 손실을 보아 지분은 230만원으로 감소했다.

표 4-2 달러선물의 일일정산 예

일 자	거래내역	가 격 (원)	손 익 (만원)	계좌잔액 (만원)
10. 1.	12월물 2계약 매수 : 2×1,100원×1만$=2,200만원 개시증거금 : 330만원	1,100	0	330
10. 3.		1,110	20	350
10. 8.		1,050	−100	230
10. 9.	추가증거금예치요청(margin call)	1,030	−140	190
10.10.	추가증거금납입 : 140만원	1,030	0	330
10.12.		1,050	40	370
10.15.		1,080	100	430
10.18.	12월물 2계약 매도(전매), 이익 20만원 실현	1,110	160	490

10월 9일 달러선물 하락장세가 이어져 20원 하락한 1,030원으로 마감했다. 그러므로 40만원의 추가 손실이 발생하여 지분은 유지증거금 수준 200만원보다 낮은 190만원이 되었다. K씨는 추가증거금예치요청(margin call)을 받게 되고 다음날 12시까지 개시증거금 수준(330만원)으로 채워놓을 것인지 결정해야 한다.

10월 10일 K씨는 조금 더 버티기로 결정하고 140만원을 입금하였다. 10월 12일 20원 상승, 15일 30원 상승, 18일 30원 상승하여 1,110원이 되었을 때 K씨는 이제 선물매수계약을 청산키로 결정하고 전매(도)했다. 결국 2계약×10원상승×1만$=20만원의 이익을 보았다(매매 수수료 무시).

(3) 선물거래 시세표와 관련용어

〈표 4-3〉은 2023년 1월 5일 현재 우리나라 달러선물 시세를 보여주고 있다. 여기서 F202301은 결제월이 2023년 1월인 미국달러선물을 의미한다. 표에서는 2023년 5월 결제월물까지만 나와 있는데 그 이후 결제월은 거래가 적어 생략한 것이다. 여기서 F202301의 종가 1,270.40원은 결제월이 1월인 달러선물의 종가를 말한다. 대비는 전일 대비 변동을 말한다. 현재가는 거래당일의 현물시세로 $1=₩1,269.40이다. 정산가는 당일 환율의 이론가격이다. **'미결제약정(open interest)'이란 매수, 매도계약을 체결한 후 반대매매를 하지 않고 직전 거래일 현재 남아있는 계약의 수**를 말한다.

표 4-3 우리나라 달러선물 시세

2023/01/05 15 : 45 현재 USD선물 (단위 : 백만원, 계약)

종 목	종 가	대 비	현물가	정산가	거래량	거래대금	미결제약정
미국달러 F202301	1,270.40	▽2.50	1,269.40	1,270.40	308,936	3,293,482	813,353
미국달러 F202302	1,268.60	▽2.80	1,269.40	1,269.10	15,373	195,060	52,061
미국달러 F202303	1,268.00	▽2.20	1,269.40	1,268.00	1	13	4,752
미국달러 F202304	1,266.00	▽2.50	1,269.40	1,266.30	1	13	89
미국달러 F202305	1,263.20	▽3.60	1,269.40	1,264.80	1	13	62

자료 : KRX한국거래소

그 밖에 선물매수 계약을 보유하고 있는 상태를 롱(long)이라고 하고, 반대로 선물매도 계약을 보유하고 있는 상태를 숏(short)이라고 한다.

4.4.3 선물가격과 현물가격

이론적으로 만기일을 제외하고는 선물가격은 현물가격보다 높다. 왜냐하면 이론적으로는 현물을 만기까지 보유하는데 들어가는 보유비용(이자비용+보관비용)이 고려되어야 하기 때문이다. 선물가격과 현물가격 간의 격차를

'베이시스(basis)'라고 한다. 이론적으로 이들 베이시스는 만기일에 제로가 되고 만기일 전에는 항상 플러스 값을 갖는다. 그러나 실제 베이시스는 만기일에 제로가 되나 만기일 전에는 음이 될 수도 있다. 선물가격과 현물가격은 다음과 같이 표현할 수 있다.

선물이론가격－현물가격＝이론베이시스
선물가격－현물가격＝베이시스

현실적으로 상승장세에서는 선물가격이 현물가격보다 이론베이시스 이상으로 폭등할 수도 있고 하락장세에서는 선물가격이 현물가격보다 낮아 역(－)베이시스가 발생할 수도 있다. 선물가격이 현물가격보다 높은 상태, 즉 베이시스가 플러스인 상태를 '**콘탱고**(Contango)', 다른 말로 정상시장(normal market)이라 하며 반대로 일시적인 수급불안으로 현물가격이 선물가격보다 높은 상태, 즉 역(－)베이시스가 발생한 상태를 '**백워데이션**(Backwardation)', 다른 말로 역조시장(inverted or abnormal market)이라고 한다.

선물시장의 안정을 위해 필요시 거래중단 조치가 발동되기도 한다. 현물시장의 주가지수가 상하 10% 변동폭을 넘는 상태가 1분간 지속될 때 현물은 물론 선물옵션의 매매거래를 20분간 정지시키는 것을 **서킷브레이커**(CB, circuit breaker)라고 한다. 반면 선물시장의 급격한 가격변동(±5%)이 1분간 계속될 때 일시적(5분간)으로 현물시장의 프로그램매매호가를 정지시키는 조치를 '**사이드카**(side car)'라고 한다.

4.4.4 선물거래의 예

(1) 헤지거래

헤지거래는 위험을 회피할 목적으로 현물시장과 반대 방향으로 선물을 매매하는 거래이다. 달러선물을 예로 들어보자. 현물 달러를 1만$ 보유하고 있는 투자자 K는 향후 달러가치가 하락해 손해를 보는 것에 대비하고자 한다. A는 선물매도포지션을 취하는 매도헤지거래를 함으로 손실을 막을 수 있다. 반대의 경우로는 장래 조성될 자금으로 달러를 매수할 계획으로 있는 투자자 B는 달러가치가 오를 것을 염려하고 있다고 하자. B는 선물매수포지션을 취하는 매입헤지거래를 함으로써 장래 달러가격 상승에 대비할 수 있다.

이제 달러선물거래를 통한 매입헤지거래의 예를 보자. 2023년 6월 15일 B기업은 미국으로부터 U$1,250,000의 기계를 수입하는 계약을 체결하였다. 수입대금의 결제일은 6개월 후인 12월 15일이다. 6월 15일 현재 시장환율은 $1=₩1,200이고 선물시장에서 12월물 달러선물가격은 $1=₩1,215라고 하자. B기업은 12월에는 환율이 더 상승할 것을 우려하고 이로 인한 손실을 피하기 위해 달러선물시장에서 매입헤지거래를 하기로 하였다.

표 4-4 달러선물시장에서의 매입헤지거래 예

일 시	현물시장	선물시장
6/15	12월 예상환율 : $1=₩1,215 12월 예상지급액 : U$1,250,000×1,215원 =1,518,750,000원	12월물 125계약 매입 : 선물환율 $1=₩1,215 매입액 : 125계약×U$10,000 ×1,215원=1,518,750,000원
12/15 시장환율 : $1=₩1,230	매입비용 : ₩1,230×U$1,250,000 =1,537,500,000원	12월물 125계약 매도(전매) : 125계약×U$10,000×1,230원 =1,537,500,000원
손익	−18,750,000원	+18,750,000원
결과	0 (헤지성공)	

〈표 4−4〉는 B기업의 달러선물시장에서의 매입헤지거래를 보여준다. 12월 15일 시장환율이 $1=₩1,230으로 상승하더라도 매입헤지를 해둔 B기업은 달러당 15원의 이익을 취했으므로 $1=₩1,215에 달러를 매입한 것과 같다.

(2) 차익거래

차익거래란 선물이론가격과 실제선물가격 간의 격차가 적정수준(거래비용)

이상(이하)으로 벌어질(좁혀질) 경우, 저평가된 현물(선물)을 매수하는 동시에 고평가된 선물(현물)을 매도함으로써 차익을 얻는 거래를 말한다. 예를 들어 6월 현재 현물달러가격은 1$=1,000원이고 9월물 달러선물은 1$=1,050원이라고 하자 3개월 이자비용이 3%이며 다른 보유비용은 없다고 가정할 때 이론적으로는 9월물 달러가격은 1,030원이 되어야 한다. 그러므로 1,050원인 9월물 달러선물은 2% 고평가되어 있다(혹은 1$=1,000원인 6월 현물이 2% 저평가).

〈표 4-5〉에서 보듯이 투자자 A씨는 저평가된 현물을 매수하고 고평가된 9월물을 매도함으로써 차익거래를 이용한 이익을 도모할 수 있다. 만일 9월물 달러가격이 1$=1,060원으로 만기가 되었다하더라도 A씨는 현물에서 30만원 이득(가치상승 60만원-이자 30만원), 선물에서 10만원 손실, 결과적으로 1계약당 20만원의 이익을 얻게 된다. 차익거래는 현물과 선물을 동시에 반대방향으로 매매함으로써 헤지를 하면서 차익을 노리는 거래기법이다.

표 4-5 달러선물의 차익거래 예

일 시	현물시장	선물시장
6/12	현물U$10,000 매입 U$1=₩1,000 매입액 U$10,000×₩1,000 =1,000만원 차입자금 이자 월 1% 3개월 30만원	9월 달러선물 1계약 매도 선물환율 $1=₩1,050 매도액 1,050만원
9/12 시장환율 : $1=₩1,060	현물매도 1,060만원	선물 1계약 매수(환매) : 매수액 : 1계약×U$10,000×₩1,060 =1,060만원
손 익	이자 30만원 빼고 30만원 이익	10만원 손실
결 과	20만원 이익	

쉬어가기!

프로그램 매매가 대체 뭐죠?

현물가격과 선물가격은 이론적으로는 같은 방향으로 움직이는 것이 정상이지만 만기일까지는 두 가격이 일치하지 않는다. 선물에 참여하는 투자자들이 현물보다 선물을 더 많이 사면 선물은 상대적으로 고평가되고 반대로 투자하면 저평가되는 상황이 일어날 수 있다.

이렇게 되면 실제 선물가격과 선물이론가격 간에 격차가 발생할 수 있는데, 이때 자동으로 비싼 것은 팔고 싼 것을 사는 차익거래를 프로그램 매매라고 한다. 차익거래에서 계속 가격을 체크하면서 시장을 살펴보는 것은 쉽지 않다. 그래서 데이터, 계산, 판단 등의 프로그램이 컴퓨터에 입력되어 매입, 매도지시가 자동적으로 이루어지도록 하는 것이다.

이러한 시스템은 실제 선물가격이 선물이론가격을 어느 정도 이상 넘어갔을 경우에 매입프로그램이 작동하도록 되어 있다. 여기서 매입프로그램이란 현물을 매입하고 선물을 매도하는 것을 말한다. 물론 실제 선물가격이 선물이론가격보다 어느 수준 이상 낮을 경우에는 매도프로그램이 작동하게 되며 현물은 매도하고 선물은 매수하게 된다.

(3) 투기거래

투기거래는 위험회피가 목적이 아니고 오히려 위험을 취하면서 선물시장에서의 시세차익을 얻으려는 거래이다. 즉, 가격 상승이 예상될 때에는 선물을 매수한 뒤 실제 가격 상승이 실현되었을 때 전매함으로써 차익을 얻고자 하는 것이다. 다만 자신의 예상이 빗나갔을 경우 오히려 손실을 보게 된다.

〈표 4-5〉의 차익거래에서 현물시장 거래없이 선물시장거래만 하는 것이 투기거래이다. 〈표 4-5〉에서 투기거래만 했다면 10만원의 손실을 보았을 것이다.

(4) 스프레드거래

결제월이 다른 동종 상품간의 이론적 가격격차와 실제 가격격차에 차이가 있을 경우 저평가된 결제월물을 매수하고 동시에 고평가된 결제월물은 매도함으로써 이익을 취하고자 하는 거래이다. 예를 들어 현재 달러선물

6월물과 9월물 간의 가격격차가 50원이다. 그러나 투자자 B씨는 두 결제월 간의 가격격차가 향후 30원으로 좁혀질 것으로 예상하고 있다.

표 4-6 달러선물의 스프레드거래의 예

일 시	선물 6월물	선물 9월물
4/1	6월물 1계약 매입 U$1=₩1,100 1계약×₩1,100×U$10,000=1,100만원	9월물 1계약 매도 U$1=₩1,150 1계약×₩1,150×U$10,000=1,150만원
4/20	6월물 1계약 U$1=₩1,140에 매도 매도액 1,140만원	9월물 1계약 U$1=₩1,170에 환매 매입액 1,170만원
손익	40만원	−20만원
결과	20만원 이익	

〈표 4−6〉에서 보듯이 우선 투자자 B씨는 현재 저평가되어 있는 6월물을 매수하고 고평가된 9월물을 매도한다. B씨는 4월 20일 두 상품 간의 가격격차가 자신의 예상대로 30원이 되었을 때 6월물은 전매하고 동시에 9월물은 환매함으로써 20원의 이익을 취할 수 있다. 물론 스프레드거래는 자신의 예상에 의존하는 거래이므로 투기거래의 일종이다.

쉬어가기!

선물거래의 유래

• 미국 시카고의 상품거래소

현대적 의미의 선물거래소는 1848년 미국 시카고에서 시작되었다. 미국 동부지방에 위치하고 있는 시카고는 19세기 중반 일리노이와 미시간의 운하 개통으로 미국 중서부 곡창지대 중심지인 동시에 곡물 집산지가 되어 밀, 옥수수 그리고 커피 등 곡물 거래가 활발히 일어났다.

곡물거래의 중심지가 된 시카고에는 여러 문제가 발생하기 시작했다. 1842년에는 브라질에 허리케인이 발생했는데 그로 인해 커피농장이 모두 쑥대밭이 되어 버렸다. 통신수단이 부족했던 그 시절 미국의 커피업자는 그 사실도 모른 채 원두커피 가공시설을 마구 늘려 놓았다. 커피 수확기가 되어도 브라질에서 원두커피가 오지 않자 시설투자를 늘린 사람은 대부분

망하게 되었다. 또 곡물거래물량에 비해 창고나 운송시설이 부족한 시카고는 겨울이 되면 운하에 얼음이 얼어 수송수단이 부족하게 되어 시카고에 발이 묶인 곡물은 아주 낮은 가격에 거래되었고, 얼음이 녹으면 재고부족으로 매우 비싼 가격에 곡물이 거래되기도 하였다.

이러한 폐단을 막기 위해 상인들은 고민 끝에 선물시장을 고안해 내었다. 미리 가격을 정해서 사고 팔자는 것이었다. 즉 곡물 생산이 급격이 늘거나 줄어도 미리 가격을 정해 놓았기 때문에 뒤늦게 낭패를 보는 사람이 줄게 되었다. 사업을 하는 사람들은 원료를 미리 구매하여 가격이 크게 오르는 것을 방지할 수 있었고, 농부들은 미리 팔아버려서 수확한 다음에 물건이 팔리지 않아 손해를 보는 일이 적어졌다.

시간이 흐르면서 선물거래는 날로 활성화되기 시작했고 처음에는 곡물만 거래되었으나 금, 은, 동 그리고 원유 등 많은 상품으로 확대되었다. 1970년대부터는 주가지수 등 금융상품이 발달하기 시작하여 오늘날 전 세계 파생상품의 대부분을 금융상품이 차지하게 되었다.

FAQ

- **학생의 질문** : 스프레드 거래는 이론적 가격격차와 실제 가격격차의 차이를 이용해서 상쇄포지션을 취함으로써 이익을 취하고자 하는 거잖아요. 이건 차익거래와 성격이 비슷하지 않나요? 헤지거래를 동반하고 있는데 왜 투기거래의 일종이라고 하는 건가요?
- **안교수 답변** : 자신의 예상 하에 선물거래만 하고 있기 때문에 투기거래에 속합니다. 만일 예상이 잘못되었다면 손실을 보게 됩니다. 반면 차익거래는 현물과 선물을 동시에 거래함으로써 위험을 피하고 있기에 헤지거래에 속하는 것이고요.

FAQ

- **학생의 질문** : 달러선물 거래제도에서 결제방법에 인수도거래가 어떤 것인지요 =_=
- **안교수 답변** : 최종거래일까지 반대매매에 의해 청산되지 않고 남아있는 계약은 지정된 실물인수도일에 실제 달러를 인수・인도한다는 것입니다.

4.5 옵 션

4.5.1 옵션이란 무엇인가?

(1) 옵션의 정의

'장래 특정기간 동안 계약 당시 결정된 행사가격(strike or exercise price)에 의거 기초자산(주가지수, 달러, 금리, 금 등)**을 매수(call option) 혹은 매도(put option)할 수 있는 권리**'를 옵션이라고 한다. 물론 콜옵션의 매수자와 매도자가 있으며 풋옵션의 매수자와 매도자가 있다.

기초자산이 주가지수인 경우 주가지수옵션이 되고, 기초자산이 미국 달러이면 미국 달러옵션이 되며 기초자산이 금리인 경우에는 금리옵션이 되는 것이다.

옵션은 장래에 일어날지도 모르는 위험을 피하기 위하여 보험에 가입하는 것과 비슷한 상품이다. 생명보험이나 자동차보험을 생각해 보라. 보험은 미래 어느 날 불의의 사고를 당했을 때 큰 도움을 받으려는 목적에서 적은 보험료를 납부하는 위험회피상품이다.

마찬가지로 금융거래에 있어 환율이나, 금리, 가격 변동으로 인한 불의의 손실을 피하기 위해 비교적 적은 금액의 옵션가격(premium)을 내고 상품을 살 수 있는 권리나 팔 수 있는 권리를 확보해 둘 필요가 있다. 모든 파생금융상품이 다 그렇듯이 옵션도 처음에는 이러한 위험회피 기능의 필요성 때문에 발생하였지만 지금은 여유자금을 활용하는 하나의 금융투자상품으로 매매되고 있다.

(2) 옵션의 종류

매수권리를 매매하느냐 혹은 매도권리를 매매하느냐에 따라 2가지 상품으로 나누어진다.

① **매수옵션**(call option) : 미래 특정기간 동안 상품을 살 수 있는 권리를 매수하거나 매도하는 것.

② **매도옵션(put option)** : 미래 특정기간 동안 상품을 팔 수 있는 권리를 매수하거나 매도하는 것.

현재 우리나라에서는 한국거래소 파생상품시장을 통해 '코스피200 콜옵션'과 '코스피200 풋옵션', '미국달러 콜옵션'과 '미국달러 풋옵션' 및 개별종목 콜옵션과 풋옵션 등이 거래되고 있다.

(3) 옵션가격

옵션(call or put)매도자는 옵션매수자에게 권리(option)를 제공하고 옵션매수자는 매도자에게 그 대가를 지급하는데, 이때 지급되는 권리에 대한 대가를 '옵션가격(premium)'이라고 한다. 옵션매매자는 옵션을 중개해 준 중개회사(broker)에 중개수수료(commission)를 지급하는데 이는 옵션가격과는 별개의 것이다.

(4) 옵션 결제월과 최종거래일

옵션의 결제월 수와 최종거래일은 옵션 상품에 따라 다르다. 미국달러옵션의 결제월은 분기월 중 2개와 그 밖에 월 중 2개로 6개월 이내 4개이다. 10월 1일 현재 미국달러옵션 결제월은 10월, 11월, 12월 및 이듬해 3월물 4개다.

달러옵션의 거래시간은 09:00~15:45(최종거래일 09:00~15:30)이고 최종거래일은 결제월의 세번째 월요일, 최종결제일은 최종거래일의 다음날이다. 달러옵션의 결제방법은 실물의 인수도없이 현금결제로 종결된다.

옵션은 권리행사일이 언제냐에 따라 다음 두 가지 형태로 나누어진다.

① **미국형(American style) 옵션** : 최종거래일 이전이더라도 원하는 시기에 권리를 행사할 수 있는 옵션. 권리행사에 있어 신축성이 많으므로 옵션가격(premium)이 유럽형보다 높다.

② **유럽형(European style) 옵션** : 최종거래일에만 권리를 행사할 수 있는 옵션. 현재 우리나라에서는 유럽형 옵션만 거래되고 있다.

4.5.2 옵션의 구조

(1) 콜옵션과 풋옵션은 별개의 상품

여러분은 콜옵션과 풋옵션이 완전히 별개의 상품임을 유의해야 한다. 몇 달 후 미국 달러로 수입대금을 치러야 하는 수입상은 몇 달 후에는 달러가치가 상승할 것을 염려하고 있다. 달러가치 상승에 따른 손실을 보전하기 위해서 이 사람은 지금 달러 선물환이나 달러선물을 매입해두는 것이 한 방편일 수 있다.

그러나 자신의 예측이 확실한 것이 아니므로 다소 위험부담도 있다고 생각한다면 이 투기자는 미국 달러 콜옵션을 매입해두면 된다. 최종거래일이 되었을 때 기초자산의 시장가격이 행사가격보다 높다면 권리행사를 함으로써 이익을 취할 수 있다. 만일 최종거래일의 기초자산가격이 행사가격보다 낮다면 권리행사를 포기하고 시장에서 직접 달러를 매입하여 수입대금을 결제하면 된다.

콜옵션이든 풋옵션이든 옵션매수자는 프리미엄을 지불하고 옵션을 행사할 수 있는 권리를 확보하게 된다. 반면에 콜옵션이든 풋옵션이든 옵션매도자는 프리미엄을 얻는 대신 매수자의 권리행사에 대해 계약을 이행해야 하는 의무를 지게 된다.

콜옵션 매수자는 선물매수계약 포지션을 행사할 권리를 갖고 있음에 반해 콜옵션 매도자는 선물매도계약 포지션을 이행할 의무를 지고 있게 된다. 반대로 풋옵션 매수자는 선물매도계약 포지션을 행사할 권리를 갖고 있고, 풋옵션 매도자는 선물매수계약 포지션을 이행할 의무를 지게 되는 것이다.

(2) 내가격, 등가격, 외가격

콜옵션의 경우 최종거래일에 기초자산가격보다 행사가격이 낮다면 콜옵션 매수자는 매수권리를 행사하는 것이 유리하다. 이와 같이 옵션매수자가 권리를 행사하는 구간을 '내가격(ITM : in the money)'이라고 한다. 한편 기초자산가격보다 행사가격이 높으면 콜옵션 매수자는 매수권리를 포기하는 것이 유리하다. 이와 같이 옵션매수자가 권리행사를 포기하는 구간을 '외가격

(OTM : out of the money)'이라고 한다. 만일 기초자산가격과 행사가격이 일치하여 권리행사를 하든 하지 않든 마찬가지인 상태를 '등가격(ATM : at the money)'이라고 한다.

미국 달러 옵션의 경우 행사가격의 설정은 ATM을 기준으로 10원 간격으로 상하 3개씩 총 7개이다.

(3) 옵션가격의 결정요인

옵션가격이 어떻게 결정되는지 알기 위해 먼저 옵션시세표를 살펴보자.

우리나라의 경우 달러옵션의 거래는 미미하므로 코스피200 옵션의 시세표를 통해 옵션가격을 설명하고자 한다. 〈표 4-7〉은 10월 2일 현재 최근월물인 코스피200 옵션(콜, 풋)의 행사가격과 옵션가격 및 약정수량 등을 보여준다. 코스피200은 상장된 200개 주요주식의 주가지수이며 코스피200 옵션은 코스피200 지수를 기초상품으로 한 옵션이다.

10월 2일 코스피200의 현물지수는 표 맨 아래에서 찾을 수 있듯이 237.15이다. 최근월물 코스피200 콜옵션은 행사가격이 237.50인 경우 옵션가격은 1.55이며 이때 거래량은 129,737계약이다. 풋옵션은 행사가격이 242.5인 경우 옵션가격은 6.01이며 이때 거래량은 11,592 계약임을 알 수 있다.

콜옵션의 경우 행사가격이 당일 기초자산가격(표 4-7의 경우 237.15)보다 낮으면 낮을수록 옵션가격은 높다. 왜냐하면 싼값으로 사면 살수록 프리미엄을 많이 지불해야 하는 것이 당연하기 때문이다. 물론 풋옵션의 경우에는 행사가격이 당일 기초자산가격(표 4-7의 경우 237.15)보다 높으면 높을수록 옵션가격이 높다. 이것을 '**옵션의 내재가치**'라고 한다.

표에는 나와 있지 않지만 만기일이 많이 남아있을수록 가격변동의 기회가 많다는 점에서 옵션가격이 높다. 다른 사정이 동일하다면 최근월(10월)물보다 11월물의 옵션가격이 높다. 이것을 옵션의 시간가치라고 한다.

표 4-7 최근월물(10월물) 코스피200 옵션의 행사가격과 옵션가격

10월 2일 3:15 현재 (단위 : 포인트, 계약)

CALL				행사가격	PUT			
미결제약정	거래량	전일대비	현재가		현재가	전일대비	거래량	미결제약정
93	3	▼2.05	34.50	202.5	0.01	0	3,317	18,210
14	3	▼2.55	31.95	205.0	0.01	0	19,667	19,637
20	5	▼1.60	29.90	207.5	0.01	▼0.01	6,262	18,138
129	20	▼0.60	28.05	210.0	0.02	▼0.01	16,727	23,388
33	7	▼1.25	25.95	212.5	0.02	▼0.01	24,864	17,633
105	26	▼1.50	21.70	215.0	0.03	▼0.01	25,684	22,049
130	3	▼0.40	19.50	217.5	0.04	0	36,959	22,727
350	2	▼1.60	16.85	220.0	0.05	▼0.01	58,832	33,147
623	11	▼2.30	14.50	222.5	0.06	▼0.01	48,906	26,265
1,326	86	▼1.90	12.10	225.0	0.10	▼0.01	65,241	26,310
2,296	97	▼1.65	9.30	227.5	0.17	▲0.01	65,866	23,036
4,584	170	▼1.66	6.99	230.0	0.32	▲0.05	145,631	36,650
5,552	1,271	▼1.56	4.81	232.5	0.63	▲0.13	161,174	24,241
11,527	9,492	▼1.34	2.96	235.0	1.24	▲0.31	151,227	20,701
17,202	129,737	▼1.01	1.55	237.5	2.31	▲0.61	137,991	12,525
25,133	182,569	▼0.64	0.68	240.0	4.01	▲1.05	21,774	6,778
37,936	207,474	▼0.38	0.25	242.5	6.01	▲1.36	1,592	1,956
46,791	201,080	▼0.20	0.08	245.0	8.22	▲1.30	116	776
41,262	178,478	▼0.07	0.04	247.5	10.60	▲2.29	30	233
42,241	134,472	▼0.03	0.02	250.0	12.90	▲2.50	80	458
25,721	34,177	▼0.02	0.01	252.5	15.65	▲1.50	6	73
26,412	22,513	▼0.01	0.01	255.0	17.00	▲0.90	1	233
25,359	2,801	0	0.01	257.5	19.35	▲0.90	1	18
18,096	549	0	0.01	260.0	22.55	▲1.70	2	117
14,906	190	0	0.01	262.5	25.05	▲1.15	2	28
11,462	15	0	0.01	265.0	27.95	▲2.40	1	45
11,574	1	0	0.01	267.5	30.05	▲1.45	2	14
12,340	1	0	0.01	270.0	32.70	▲1.70	2	136
5,441	1	0	0.01	272.5	35.40	▲2.55	1	7
4,984	0	0.01	0	275.0	37.05	▲0.55	1	6

코스피200 : 237.15

자료 : KRX한국거래소

(4) 증거금

거래소는 선물거래의 경우처럼 옵션거래의 이행을 보장하기 위하여 증거금제도를 운영하고 있다. 그러나 옵션의 증거금제도가 선물의 경우와 크게 다른 점은 '**옵션의 증거금 납부는 옵션매도자에게 한정**'된다는 것이다.

옵션매수자는 프리미엄을 지불하고 최종거래일에 가서 시장가격과 행사가격을 비교하여 유리할 경우 권리를 행사하고 불리할 경우 권리를 포기한다. 옵션매수자가 최종거래일에 불리할 경우 권리행사를 포기하는 것은 자신의 정당한 권리이며 옵션매도자에게 부당한 피해를 입히지 않기 때문이다. 그러나 옵션매도자의 경우에는 시장이 불리하게 작용하면 손실액이 무한히 커져 계약불이행 상황이 발생할 수 있기 때문에 증거금을 예치토록 요구하는 것이다.

4.5.3 옵션의 유용성

(1) 환위험 회피수단

적은 프리미엄으로 미래에 발생할지도 모르는 위험을 회피할 수 있을 뿐 아니라 시장 상황이 유리하게 전개될 때에는 무한한 이익도 얻을 수 있다는 점에서 유용한 상품이다.

(2) 의무가 아닌 권리의 신축성

선물환이나 선물 등도 환위험을 회피할 수 있는 수단이지만 그러한 상품들은 거래를 이행해야 하는 의무가 있다. 그러나 옵션은 자신에게 유리할 때 사거나 혹은 팔 권리를 가질 뿐 어떠한 의무도 없다는 점에서 매우 신축적인 상품이다.

(3) 우발적 상황에 대한 대비

옵션은 우발적 거래에 미리 대처할 수 있는 유용성이 있다. 예를 들어 입찰성공여부가 불확실한 대규모 해외공사수주를 생각해보자. 한국의 건설업체 A는 중동 산유국이 발주할 10억달러 규모의 토목공사 입찰에 참여할 계획이다. 6개월의 입찰과정 후 낙찰과 함께 1억달러의 선수금을 받을 수 있다고 하자. 문제는 아무도 6개월 후 환율이 어떻게 변할지 모르며 또 A기업의 낙찰여부를 모른다는 것이다. 그대로 방치하였다가 만일 낙찰이 되면 선수금으로 받게 될 1억달러의 원화가치를 현재로서는 알 수가 없다. 즉, 낙찰과 함께 A기업은 환위험에 노출된다. 그러나 낙찰이 안 되면 환위험 자체가 존재하지 않는다. 따라서 6개월 후 낙찰 자체가 불확실하므로 선불리 달러 선물환 매도계약이나 달러선물 매도계약을 해둘 수도 없다. 이와 같은 상황에서 달러 풋옵션을 매수해 놓으면 매우 유용하다. 만일 낙찰이 안 되면 권리행사를 포기하면 되고, 낙찰이 되면 행사가격과 만기일의 현물환율을 비교하여 달러매도 권리행사여부를 결정하면 된다.

4.5.4 옵션가치의 구성

옵션의 가치인 옵션가격은 내재가치와 시간가치로 나누어 볼 수 있다.

(1) 옵션의 내재가치

옵션 행사권을 보유한 옵션매수자는 유리한 입장에 서 있는데 이를 옵션의 내재가치라고 한다. 주어진 시점에서 옵션의 내재가치는 당장 옵션을 행사할 때 얻을 수 있는 이익이다. 권리를 포기할 수 있으므로 음(−)의 내재가치는 존재하지 않는다. 옵션의 내재가치는 다음과 같이 정의할 수 있다.

콜옵션의 내재가치 = 당일 기초자산가격(P) − 행사가격(S), $P>S$ 경우.
= 0, $P<S$ 경우
풋옵션의 내재가치 = 행사가격(S) − 당일 기초자산가격(P), $S>P$ 경우.
= 0, $S<P$ 경우

(2) 옵션의 시간가치

한편 현재 시점에서 옵션의 시간가치는 옵션가격에서 당장 권리를 행사할

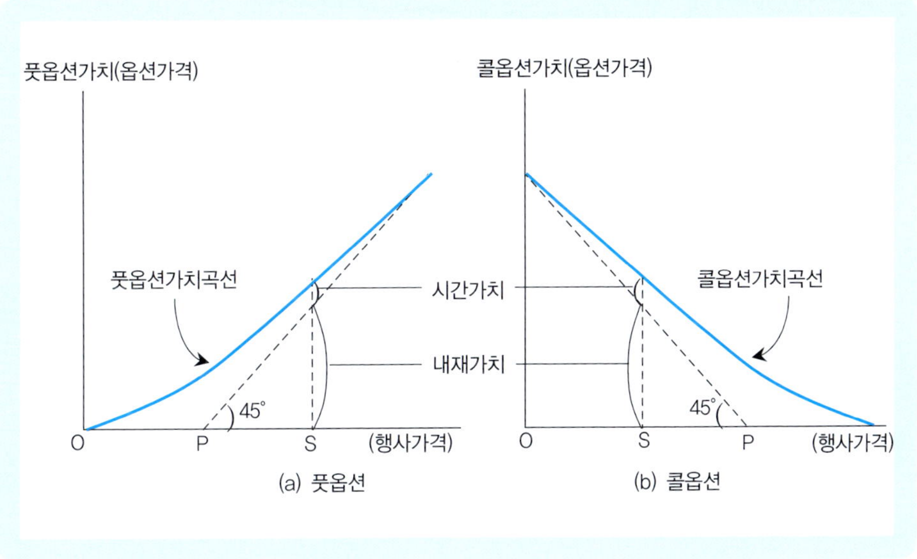

【 그림 4-4 옵션가치의 구성 】

때 얻을 수 있는 내재가치를 제한 나머지로 다음과 같이 정의할 수 있다.

콜옵션의 시간가치 = 콜옵션가격 − max(0, P−S)
풋옵션의 시간가치 = 풋옵션가격 − max(0, S−P)

이때 시간가치는 만기일까지 시장가격이 옵션매입자에게 유리하게 변동할 가능성에 대한 가치라고 할 수 있다. 따라서 만기가 많이 남아 있을수록 시간가치가 큰 것은 물론이다. 행사가격이 기초자산가격과 비슷할수록 내재가치는 작고 시간가치가 크다. [그림 4-4]에서 보면 S가 P와 같을 때 내재가치는 0이고 시간가치가 가장 큼을 알 수 있다(S점을 P점 쪽으로 조금씩 이동시키며 내재가치와 시간가치의 변화를 살펴보기 바란다).

(3) 옵션가치 구성 예

예를 들어 앞의 〈표 4-7〉에서 그림자 처리가 된 콜옵션을 보자. 당일 기초자산인 코스피200의 가격은 표의 하단에서 보듯이 237.15포인트이다. 이

시각 현재 행사가격 237.50포인트인 콜옵션의 옵션가격은 1.55포인트이다. 그러므로 콜옵션의 내재가치는 0포인트이고 시간가치는 1.55포인트이다.

다른 예로 행사가격이 242.50포인트인 풋옵션의 옵션가격은 6.01포인트인데 현재 기초자산인 코스피200의 가격이 237.15포인트이므로 풋옵션의 내재가치는 5.35포인트이고 시간가치는 0.66포인트인 것을 알 수 있다. [그림 4-4]는 어느 시점에서 기초자산가격이 P일 때 행사가격(X축)과 옵션가격(Y축) 간의 관계를 나타낸 그래프이다. 행사가격(S)이 변함에 따라 풋옵션과 콜옵션의 가치를 내재가치와 시간가치로 구분하여 예시하고 있다.

4.5.5 옵션의 손익구조

옵션매수자의 최대 손실은 옵션가격임에 비해 최대이익은 무한대이다. 마찬가지로 옵션매도자의 최대이익은 옵션가격인 반면 최대 손실은 무한대가 된다.

(1) 콜옵션 매매의 손익

[그림 4-5]는 미국 달러 콜옵션 매수자와 매도자의 손익구조를 동시에 나타낸 것이다. 이제 콜옵션매수자 A씨는 행사가격 1,100원에 프리미엄 30.0원으로 2계약을 매수했다고 하자. 달러옵션 1계약은 U$10,000이다. 그러므로 옵션계약액은 2계약×U$10,000×1,100원=22,000,000원이고 프리미엄은 2계약×U$10,000×30.0원=600,000원이다.

이제 콜옵션 최종거래일에 기초자산가격이 1,150원이 된 경우의 손익을 계산해 보자. 권리행사와 함께 A씨는 거래소로부터 2계약×U$10,000×50원=100만원의 이익을 받고 프리미엄 지급액 60만원을 공제하더라도 순이익은 40만원이 된다. 반대로 콜옵션매도자인 상대방은 거래소에 자신의 증거금 중 100만원을 공제당하여 프리미엄 수입을 감안해도 40만원의 순손실을 본 것이다. 여기서 중개수수료 등은 무시한 것이다.

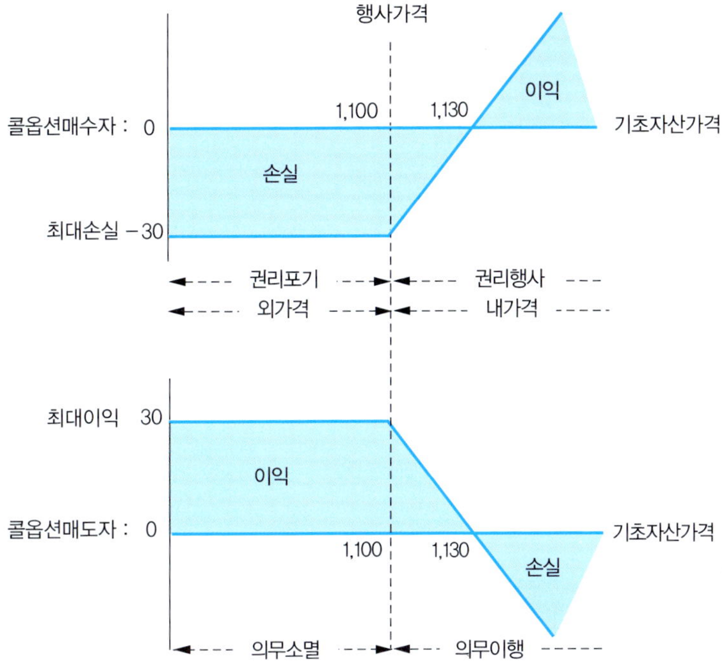

【 그림 4-5 달러 콜옵션 매매의 손익구조 】

(2) 풋옵션 매매의 손익

[그림 4-6]은 미국 달러 풋옵션 매수자와 매도자의 손익구조를 보여준다. 이제 풋옵션매수자 B씨는 행사가격 1,200원에 프리미엄 80원으로 4계약을 매수했다고 하자. B씨의 옵션계약액은 4계약×U$10,000×1,200원=4,800만원이고 프리미엄은 4계약×U$10,000×80원=320만원이 된다.

풋옵션 최종거래일에 기초자산가격(달러현물가격)이 행사가격 1,200원보다 높으면 외가격(OTM)이므로 B씨는 권리를 포기하는 것이 유리하다. 반대로 풋옵션 최종거래일에 현물달러가격이 행사가격 1,200원보다 낮으면 내가격(ITM)이므로 B씨는 매도권리를 행사하는 것이 유리하다.

이제 풋옵션 최종거래일에 현물달러가격이 1,180원이 된 경우의 손익을

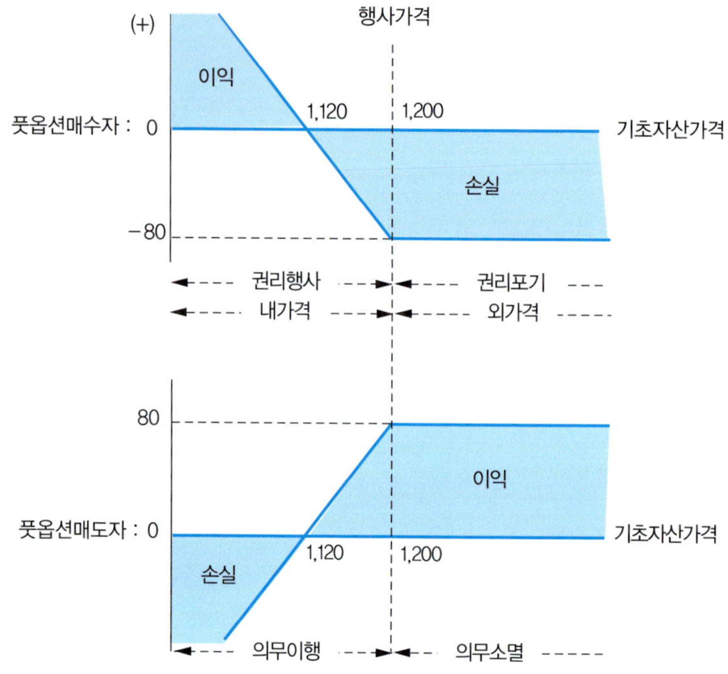

【 그림 4-6 달러 풋옵션 매매의 손익구조 】

계산해보자. 매도권리행사와 함께 B씨는 거래소로부터 4계약×U$10,000×20원=80만원을 받는데 프리미엄 지급액 320만원을 공제하면 240만원의 손실을 본 것이다. 반대로 풋옵션 매도자인 상대방은 거래소에 자신의 증거금 중 80만원을 공제당하겠지만 320만원의 프리미엄 수입을 감안할 때 240만원의 이익을 볼 것이다.

(3) 통화옵션의 예

수출기업 A는 3개월 후인 12월 초에 수출대금 312,500파운드를 영수하여 달러로 전환할 예정이다. A는 3개월 후 달러화 대비 파운드의 가치하락을 예상하고 이로 인한 손실을 우려하고 있다. A는 파운드 풋옵션을 통해 환위험을 회피할 수 있다. 현재 파운드 매도 현물환율은 £1=$1.5535라고 하자. 파운드 풋옵션의 1계약은 31,250파운드이므로 A는 파운드 풋옵션을 행사가격 £1=$1.5500(프리미엄 £당 1¢)로 10계약 체결하면 된다. A의 풋옵션 계약내용은 다음과 같다.

> 계약일 : 2023. 9. 5.
> 파운드 풋(매도)옵션 10계약 매수
> 행사가격 : £1=$1.5500
> 옵션결제월 : 12월
> 프리미엄 : £당 1¢ (프리미엄 총액 312,500£×1¢/£=$3,125)

이제 12월 옵션 최종거래일에 현물환율이 행사가격 £1=$1.5500보다 높으면 A는 풋옵션을 행사하지 않고 현물시장에서 파운드를 매도하는 것이 이익이다. 다행히 12월 옵션 최종거래일에 현물환율이 £1=$1.5300이 되었다고 하자. A는 파운드 매도권리를 행사하게 되고 순이익은 권리행사로 인한 이익 312,500£×2¢/£=$6,250에서 지불한 프리미엄 $3,125를 공제하고 나면 $3,125이 된다. 당초 옵션은 환위험회피수단으로 개발된 것이지만 최근에는 투기적 상품으로 활용되는 측면이 많다.

4.5.6 최근 옵션시장의 발전

(1) 비표준화 옵션

최근 미국의 옵션시장은 옵션거래소를 통하지 않고 직접 은행에서 옵션을 매수하는 경우가 많아지고 있다. 은행을 통한 옵션매수는 옵션거래소의 옵션상품처럼 만기일이나 거래단위 등에 있어서 표준화되어 있지 않으므로 훨씬 신축적인 상품을 제시해준다는 이점이 있다.

(2) 취소권부 선물환

최근에는 선물환 거래와 옵션을 한데 묶어 제공하는 상품도 등장하였다.

'취소권부 선물환(FOX, forward with option exit)'이라고 부를 수 있는 이 상품은 선물환율에 옵션 프리미엄을 포함한 환율로 판매된다. FOX의 장점은 두 거래를 한꺼번에 처리한다는 점 외에도 옵션가격을 선물환율에 포함시켰기 때문에 옵션거래를 위한 예산확보나 거래 승인을 따로 받아야 하는 수고를 생략할 수 있다는 점이다.

(3) 입찰용 공유옵션

앞서 옵션의 유용성을 분석하면서 건설공사의 입찰과 관련하여 옵션의 유용성을 밝힌 바 있다. 문제는 입찰에 참여하는 다국적 건설업체들이 같은 환위험의 가능성이 있으므로, 모두 옵션 계약을 해두어야 한다는 점이다. 그러나 입찰에 참가한 기업들 가운데 단지 한 업체만이 낙찰을 받는 것이므로 낙찰업체의 옵션계약은 의미가 있지만 유찰기업들의 옵션계약은 그야말로 낭비가 아닐 수 없다. 따라서 자금이 부족한 기업들은 옵션비용 때문에라도 입찰에 참여하기를 꺼릴 수 있다.

이와 같은 문제를 해결하기 위해 고안된 것이 '입찰용 공유옵션(SCOUT, share currency option under tender)'이다. 입찰용 공유옵션은 공사입찰에 참가한 기업 중 낙찰된 기업이 권리를 행사할 수 있는 옵션이다. 즉, 모든 입찰참가자가 옵션을 매수하는 대신 공사를 발주하는 쪽에서 입찰용 공유옵션을 매수해 두었다가 낙찰기업에게 권리를 넘겨주는 옵션이다.

쉬어가기!

옵션의 유래

- 그리스의 탈레스 이야기

그리스에는 밀레투스의 탈레스라는 철학자가 있었다. 그는 매우 가난하였는데 주위에서는 가난하다고 항상 조롱을 했다. 주위의 그런 조롱이 싫었던 탈레스는 자신의 가난은 스스로 선택한 것이라는 것을 증명해 보이고 싶어했다.

그러던 어느날 탈레스는 점성술로 그 해의 날씨를 예측하여 올리브가 대풍작을 이루게 될 것이라고 예상을 하게 되었다. 그는 올리브 열매가 열리기 전에 그 지역에 있는 모든 압착기 소유주에게 선금(옵션가격)을 주고 그가 필요할 때 언제든지 압착기를 빌릴 수 있는 권리를 샀다.

그리고 압착기를 실제로 빌리는데 필요한 대여금(행사가격)도 압착기 주인들과 협상을 통해 결정을 해 두었다. 마침내 올리브 수확기가 되었을 때 그가 예상한 대로 올리브는 대풍작이 되었고 압착기 소유주들에게 미리 협상한 대여금을 지불하고 그 지역의 모든 압착기를 빌려 두었다.

올리브 생산자들은 엄청나게 수확된 올리브를 가공하기 위해 압착기가 필요했으나 압착기를 가지고 있는 사람은 오직 탈레스 한 사람 뿐이었다. 탈레스는 자신이 지불한 대여금보다 훨씬 높은 가격을 압착기 대여금으로 책정하여 놓았지만, 올리브 생산자들은 울며 겨자 먹기로 압착기를 빌릴 수밖에 없었다. 그 결과 탈레스는 막대한 돈을 벌었으며, 그 이후부터는 누구도 탈레스를 가난하다고 놀리는 일이 없었다고 한다.

- 네덜란드의 튤립

현대적 의미의 옵션거래는 네덜란드의 튤립 투기 붐이 있었던 17세기 경이다. 1630년대에는 네덜란드에서는 튤립재배가 유명하였고 많은 사람들이 튤립재배로 돈을 벌고 있었는데 작황에 따라 가격변동의 폭이 커짐에 따라 재배자들과 중개업자들은 안정적인 가격으로 거래하는 방법을 찾게 되었다. 이때 옵션을 이용하게 되었는데… 튤립을 매입할 중개인들은 콜(Call)을 매입함으로써 일정기간에 정해진 가격으로 튤립을 매입할 수 있게 되었으며, 튤립재배자는 풋(Put)을 매입함으로써 일정한 가격에 팔 수 있게 되었다.

주식을 대상으로 하는 옵션거래는 1690년대에 런던에서 최초로 시작되었고, 그 후 뉴욕의 월가(Wall Street)에서 점두거래 형태로 거래되던 19세기말부터 현대적인 옵션거래로 발전하게 되었다.

FAQ

학생의 질문 : 트리플 위칭, 더블 위칭데이가 뭔가요?

증권선물거래소 용어사전 : 더블 위칭데이란 선물과 옵션이 동시에 만기를 맞는 날을 말하고 트리플 위칭(데이)이란 선물, 지수옵션, 개별주식옵션의 만기일이 겹치는 날을 의미합니다. 선물의 만기일인 3, 6, 9, 12월 둘째 주 목요일이 위칭데이가 됩니다. 선물과 옵션의 만기가 겹치면서 어떤 변화가 일어날지 아무도 예측할 수 없어 마치 '마녀(Witch)'와 같다고 해서 붙여졌습니다. 위칭데이에는 마법이 작용하듯이 주식 거래량이 늘어남과 동시에 주가의 변화 폭이 커지는 것이 일반적인 현상이기 때문에, 거래자들은 평상시보다 좀 더 신중을 기해서 주식거래를 해야 합니다.

4.6 선도금리계약

'선도금리계약(FRA : forward rate agreement)'은 1983년 런던 금융시장에 도입된 이후 규모에 있어 급속한 발전을 이루었다. 선도금리계약이란 '향후 금리 변동의 위험을 회피할 목적으로 미래 일정시점에 원금의 이동없이 금리계약을 하는 거래'이다. 거래 쌍방은 계약 당시 계약금리와 결제일의 시장금리 간의 격차에 대해 차액결제를 함으로 거래를 종결하게 된다.

예를 들어 A씨는 3개월 후 시작되는 차입자금(차입기간 6개월) 10백만달러의 금리가 상승할 것을 우려하고 있다. A씨는 [그림 4-7]에서 보는 바와 같이 계약금액 10백만$, 계약금리 연 3%, 거치기간 3개월, 계약기간 6개월인 선도금리계약을 매입함으로써 향후 금리상승으로 인한 손실을 회피할 수 있다.

이제 3개월이 지나 결제일(2023. 6. 13.) 전 2거래일의 결제금리 확정일 현재 시장금리가 4%가 되었다면 FRA매입자 A씨는 결제일 당일 금리차액 10백만달러×0.01×(6/12)=5만달러를 FRA매도자로부터 지급받게 된다. 1% 이자차액을 지급받음으로써 A씨는 결국 계약금리 3%로 자금을 차입하는 셈이 된다. 만일 결제 당일 오히려 시장금리가 2%로 하락했다면 A씨는 반대로 5만달러를 FRA매도자에게 지급해야 한다. 1%의 이자차액을 손해보았으므로 A씨는 계약금리 3%로 자금을 빌리는 셈이 된다. 결국 A씨는 금리가

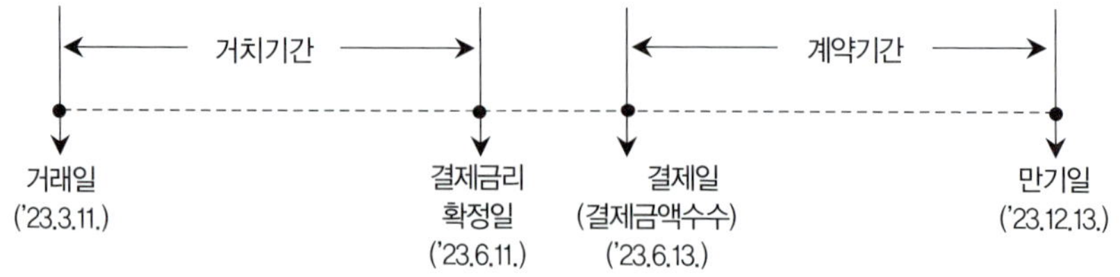

*기간 중 날짜 결정에 있어 비거래일은 고려치 않음.

【 그림 4-7 선도금리계약 기간구성 】

상승하든 하락하든 당초 약정된 계약금리를 부담하게 되는 것이므로 금리변동으로 인한 위험을 회피할 수 있게 된 것이다.

선도금리계약은 변동금리를 고정금리로 전환하여 금리변동으로 인한 위험을 회피하는 수단으로 개발된 것이지만 최근에는 다양한 투자 상품으로 활용되는 측면이 더 많다. 예를 들어 자금 차입과 아무런 관련없이 금리변동으로 인한 이익을 얻을 목적으로 투기적으로 선도금리계약을 하는 경우도 얼마든지 있다.

선도금리계약은 금리선물에 비해 계약조건을 자유롭게 설정할 수 있고 만기가 긴 거래도 원활하게 거래할 수 있다는 장점은 있으나 거래상대방의 신용위험에 노출되어 있다는 단점이 있다. 최근 금리선물의 발달과 함께 상대적으로 거래가 위축되고 있다.

FAQ

- **학생의 질문** : 선도금리계약에서 거치기간과 계약기간을 따로 정하는 이유를 알고 싶습니다... 거치기간이 지나면 금리격차에 따른 차액결제를 함으로써 거래가 종결된다고 나오는데, 이후 계약기간이 지나고 나서 만기일에는 무슨 거래가 있는 거죠? 차입자금의 원금상환이 이루어지는 건가요?
- **안교수 답변** : 거치기간은 오늘과 금리가 필요한 날 사이의 기간입니다. 계약기간이 필요한 이유는 손익계산을 위한 것입니다. 혹은 금리변동으로 인한 위험을 피하고 싶은 기간이라고 해도 좋겠죠? 이자차액만 주고 받는 것이므로 계약기간 후 만기일에 아무 거래도 없습니다.

쉬어가기!

꼬리-개 효과(Tail-Wagging-the-Dog effect)

일반적으로 주가지수 선물시장은 현물시장에 의해 영향을 받는 것이 정상이지만 경우에 따라서는 반대로 선물시장이 현물시장에 영향을 미치기도 한다. 이런 경우를 꼬리-개 효과(Tail-Wagging-the-Dog effect)라고 일컫는데, 현물시장을 개, 선물시장을 개의 꼬리에 비유해 개가 꼬리를 흔드는 것이 아니라 꼬리가 개를 흔드는 것과 같다는 의미를 표현한 것이다.

쉬어가기!

우리나라 외환 · 장외파생 시장가치 3년새 89.9% 증가

우리나라 외환 및 장외파생상품 거래의 시장가치가 3년새 89.9% 증가했다. 강달러 등 환율 변동성이 커지면서 외환파생상품 시장가치가 급증했다.

12일 한국은행이 공개한 2022년도 국제결제은행(BIS) 주관 '세계 외환 및 장외파생상품 시장 조사(잔액 부문)' 결과에 따르면 올해 6월말 기준 우리나라 외환 및 장외파생상품 거래의 시장가치는 677억달러로 나타났다. 이는 직전 조사인 2019년 6월말(357억달러) 대비 321억달러(89.9%) 증가한 것이다.

시장가치는 2022년 6월말 현재 미결제된 외환 및 장외파생상품 계약을 시장가격으로 평가한 손익의 절대값을 합산한 것이다. BIS는 전세계 중앙은행들과 3년마다 외환 및 장외 파생상품시장 조사를 실시하고 있다.

상품별로 외환파생상품(616억달러)의 시장가치가 직전 조사 대비 136.1% 증가했다. 달러 강세 등 환율 변동성이 커지면서 원화 약세가 나타나는 등 외환파생상품 가치가 높아졌다는 설명이다. 단, 금리파생상품(60억달러) 시장가치는 36.3% 감소했다. 올해 들어 금리인상 등 금리변동성에 금리 리스크가 커지자 금리파생상품 가치는 감소했다. 우리나라 외환 및 장외파생상품의 시장가치는 세계시장의 0.37% 수준으로 직전 조사(0.30%) 대비 0.07%p 상승했다.

우리나라 외환 및 장외파생상품 시장의 명목잔액은 1조8,905억달러로 직전조사인 2019년 6월말(1조7,717억달러) 대비 1,188억달러(6.7%) 증가했다. 외환파생상품이 1조721억달러로 직전조사 대비 5.5% 증가했다. 금리파생상품은 8,150억달러로 직전 조사 대비 8.8% 증가했다. 세계시장에서 우리나라 외환 및 장외 파생상품 명목잔액의 비중은 3년 전 0.28%에서 0.30%로 0.02%p 상승했다.

한편 세계 외환 및 장외파생상품 시장의 명목잔액은 올해 6월말 기준 총 632조2,000억 달러로 나타났다. 이는 3년 전인 2019년 6월말 640조4,000억 달러 대비 8조1,000억 달러(1.3%) 감소한 것이다. 리보(Libor)금리 활용 중단 권고로 리보금리를 준거금리로 활용하는 선도금리 거래가 크게 감소한 데 따른 것이다. 상품별로 금리파생상품(502조6,000억 달러)이 4.1% 감소했고, 외환파생상품(109조6,000억 달러)은 11.2% 증가했다. 세계 외환 및 장외파생상품 거래의 시장가치는 18조3,000억달러로 2019년 6월말(12조1,000억달러) 대비 6조3,000억달러(52.1%) 증가했다. 외환파생상품(4조7,000억달러)과 금리파생상품(11조8,000억달러)이 직전 조사 대비 각각 111.6%, 34.2% 증가했다.

한재찬 한국은행 국제국 자본이동분석팀 과장은 "리보금리 중단으로 선도금리 거래가 줄면서 세계 외환 및 장외파생상품 잔액이 줄었지만 우리나라는 선도거래 금리가 거의 없어 증가세를 이어갔다"며 "상품별로는 환율 변동성이 커지면서 우리나라를 비롯해 세계 외환파생상품 잔액과 시장가치가 증가했다"고 설명했다.

연지안 기자, 파이낸셜 뉴스, 2022.12.12.

요약

1 파생금융상품(financial derivatives)은 그 가치가 통화, 채권, 주식 등 기초금융자산의 가치변동에 의해 결정되는 금융계약을 말한다.

2 파생금융상품은 현물거래와 달리, ① 거래 대상물을 보유하고 있지 않더라도 얼마든지 매도계약을 체결할 수 있으며, ② 비교적 적은 금액으로 많은 거래액을 계약할 수 있고, ③ 파생금융상품 거래는 영합게임(zero sum game)이다.

3 거래 행태 중 ① 헤지는 환위험을 회피할 목적으로 상품을 거래하는 행위, ② 재정은 두 시장 혹은 두 상품 간의 가격격차를 이용해 이익을 도모하는 행위, ③ 투기는 상품의 가격변동에 따른 이익을 얻을 목적으로 환 포지션을 열린 포지션으로 유지하는 행위이다.

4 선물환거래는 '장래 특정일(일반적으로 1개월, 3개월, 6개월)'에 외환을 인도, 인수할 것을 조건으로 현재 시점에서 거래계약을 하는 것이다.

5 선물환율이 현물환율보다 높게 제시되고 있다면 상대국 통화(보통 $)는 '선물환 할증(forward premium)'이라고 하고 반대로 자국통화는 '선물환 할인(forward discount)'이라고 한다.

6 외환스왑이란 '만기가 서로 다른 동액의 외환을 동일 상대방과 동시에 매수, 매도하는 거래'를 말한다.

7 스왑(swap)이란 장래 특정기간 동안 정기적으로 일정 상품이나 금융자산을 미리 설정된 가격에 따라 결제하기로 약속한 계약이다.

8 통화스왑은 이종통화표시 금액을 교환한 후 약정기간동안 이자를 서로 지급하다가 만기일에 원금을 되돌려주는 거래이다.

9 통화스왑의 이점은 낮은 금리로 외화를 차입할 수 있다는 것이다.

10 금리스왑은 동종통화간 고정금리와 변동금리의 이자지급을 교환하는 것인데 원금의 교환없이 이자차액만 결제한다.

11 선물(futures)은 ① 거래단위가 미리 정해져 있고, ② 결제월과 최종거래일 역시 미리 결정되어 있다. ③ 거래는 선물거래소를 통해, 공개호가 방식으로 이루어지며, ④ 선물환거래와 달리 거래소와 거래하는 것이므로 실제 거래 상대방이 누군지 서로 모르며, ⑤ 일일정산제도와 ⑥ 증거금 제도를 택하고 있다.

요약

12 선물거래 이행을 위해 개시증거금, 유지증거금, 추가증거금요청 등의 장치가 있다.

13 헤지거래는 위험을 회피할 목적으로 현물시장과 반대 방향으로 선물을 매매하는 거래를 말한다.

14 차익거래란 선물이론가격과 실제 선물가격 간의 격차가 적정수준 이상으로 벌어질 경우 저평가된 현물을 매수하는 동시에 고평가된 선물을 매도함으로써 차익을 얻는 거래를 말한다. 이처럼 실제 선물가격과 선물이론가격 간에 격차가 발생했을 때, 자동으로 비싼 것을 팔고 싼 것을 사는 차익거래를 특히 프로그램매매라고 한다.

15 투기거래는 위험회피가 목적이 아니고 선물시장에서의 시세차익을 얻으려는 거래이다.

16 스프레드거래는 결제월이 다른 동종 상품간의 이론적 가격격차와 실제 가격격차에 차이가 있을 경우 저평가된 결제월물을 매수하고 동시에 고평가된 결제월물은 매도함으로써 이익을 취하고자 하는 일종의 투기거래이다.

17 선물가격이 현물가격보다 높은 상태를 콘탱고라고 하며 반대로 현물가격이 선물가격보다 높은 상태를 백워데이션이라고 한다.

18 장래 특정기간 동안 계약 당시 결정된 행사가격에 의거 기초자산(주가지수, 달러, 금리, 금 등)을 매수 혹은 매도할 수 있는 권리를 옵션이라고 한다.

19 옵션매수자가 옵션매도자에게 지급하는 권리에 대한 대가를 '옵션가격(premium)'이라고 한다. 옵션가격은 옵션의 시간가치와 내재가치의 합으로 나타낼 수 있다.

20 옵션매수자의 최대 손실은 옵션가격임에 비해 최대이익은 무한대이다. 마찬가지로 옵션매도자의 최대이익은 옵션가격인 반면 최대 손실은 무한대가 된다.

21 최근의 파생금융시장에는 비표준화 옵션, 취소권부 선물환, 입찰용 공유옵션, 선도금리계약 등의 상품들이 등장하였다.

22 선도금리계약은 향후 금리변동으로 인한 위험을 회피할 목적으로 미래 일정시점에 원금의 이동없이 금리계약을 하는 것이다.

요약

23 LIBOR는 영국은행협회가 발표하는 추정금리로 이는 런던의 주요 금융기관들이 단기 자금(1일~1년 이내)을 빌릴 경우 적용하는 대출금리의 평균추정치이다. 국제금융시장에서 기준금리 역할을 했다. 일반적으로 금융기관이나 기업의 경우 신용등급에 따라 LIBOR에 일정 가산금리(스프레드)를 더하여 대출금리를 정했다. 유로존의 은행 간 대출금리를 Euribor, 싱가포르시장의 경우 Sibor라고 한다. 2012년 LIBOR 금리의 조작사건을 계기로 2022년부터 산출이 중단되었고, 주요국가들은 리보금리 조작사태 이후 실거래를 기반으로 산출하는 무위험지표금리를 개발해왔다. LIBOR를 대체하는 금리로는 미 달러는 SOFR, 일본 엔은 TOBOR, 유럽 유로는 EURIBOR, 영국 파운드는 SONIA, 한국은 KOFR가 개발되어 2023년 7월부터 사용되고 있다.

중요개념

파생금융상품	선물환 할증, 할인	스왑레이트	역외선물환(차액결제선물환)
헤지, 재정, 투기	열린포지션	닫힌포지션	외환스왑
통화스왑	금리스왑	LIBOR	무위험지표금리
SOFR	SONIA	EURIBOR	TOBOR
KOFR	SIBOR	환매수, 전매도	개시증거금
선물	결제월	최종거래일	추가증거금예치요청
유지증거금	일일정산제도	미결제약정	정산가격
써킷브레이커, 사이드카	롱(숏)포지션	베이시스	콘탱고, 백워데이션
헤지거래	차익거래, 프로그램매매	투기거래, 스프레드거래	콜옵션, 풋옵션
옵션가격(premium)	미국형옵션	유럽형옵션	옵션의 시간가치, 내재가치
행사가격	옵션증거금	내가격, 외가격, 등가격	취소권부선물환
입찰형 공유옵션	선도금리계약	트리플 위칭데이	

연습문제

Ⅰ. O, X 문제

01 파생금융상품의 거래자는 거래 대상물을 현재 보유하고 있지 않더라도 얼마든지 매도계약을 체결할 수 있다.

02. 달러선물 매수계약을 체결한 사람은 최종거래일 전에 언제라도 자신의 매수계약을 청산할 수 있는데 이러한 반대매매를 '전매(전매도)'라고 부른다.

03. 파생금융상품 거래는 영합게임(zero sum game)이다. 누군가 거래이익을 얻었다면 반드시 거래손실을 본 사람이 있다.

04. 파생금융상품시장은 1970년대 초 변동환율제 이행 이후부터 거래규모가 급증하며 급격히 발전하기 시작했다.

05. 2021년 현재 우리나라의 파생금융상품시장에서는 선물환거래와 주가지수선물, 국채선물, 통화선물, 주가지수옵션 등을 중심으로 거래가 활발하게 이루어지고 있다.

06. 미래 특정일 달러표시 채권액(달러표시 자산)과 채무액(달러표시 부채)을 비교했을 때 채권이 채무보다 많을 경우 달러매입초과($ overbought 혹은 $ long)라고 하며 환위험에 노출되었다고 한다.

07. A사는 6개월 후 수출대금 1억달러를 받을 예정이다. 현재 6개월 선도환율은 달러당 1,160원이다. A사는 6개월 후 현물환율을 1,180원으로 예상하고 있다면 선물환시장에서 1억달러 매도계약을 미리 해두는 것이 유리하다.

08. 현물환은 거래(계약)일로부터 2거래일 이내에 결제가 이루어지는 거래임에 반해 선물환은 3거래일 이후에 결제가 이루어지는 거래를 말한다.

09. 선물환거래는 당사자간의 합의에 의해 얼마든지 만기일을 신축적으로 정할 수 있다.

10. 달러가치가 상승할 것으로 예상하는 것을 '$bullish'라고 하고 반대로 달러가치가 약세로 돌아설 것을 예상하는 것을 '$bearish'라고 한다.

11. 일반적으로 옵션구입시점과 만기일간의 기간이 길수록 옵션의 시간가치가 커진다.

Ⅱ. 다음 용어를 설명해보라.

01. 열린 포지션(open position)
02. 사이드카(Side Car)와 써킷브레이커(CB : circuit breakers)
03. 일일정산제도
04. 차익거래
05. 프로그램매매
06. 미결제약정(open interest)
07. 추가증거금예치요청(margin call)
08. SCOUT(입찰용 공유옵션)
09. 옵션의 외가격(OTM)
10. 역외선물환
11. 옵션의 내재가치
12. LIBOR와 SOFR

Ⅲ. 다음 물음에 답하시오.

01. 파생금융상품의 금융시장에서의 순기능 3가지는?

02. 헤지, 재정, 투기를 구별해 보라.

03. 외환스왑과 통화스왑의 근본적인 차이점은 무엇인가?

04. 통화스왑의 이점은 무엇인가?

05. 이론적으로 최종거래일 외에는 현물가격이 선물가격보다 낮은 이유는?

06. 한국의 신토불이주식회사는 미국 카길사로부터 10백만달러의 농산물 수입계약을 체결하면서 대금은 3개월 후 달러로 지급키로 하였다. 누가 환위험에 노출되어 있는가? 선물환 시장을 통해 환위험을 회피하려면 어떻게 해야 하는가?

07. 수출상 김씨는 1억달러의 3개월물 선물환 매도계약을 체결했다. 계약당시 현물환율 1달러 = 1,230원, 선물환율은 1달러 = 1,220원, 3개월 후 현물환율은 1달러가 1,240원으로 되었다. 거래비용이 없다고 할 때 3개월 후 김씨가 받을 금액은 얼마인가?

연습문제

08. 현물환율 1달러 = 1,200원. 6개월 선물환율 1달러 = 1,212원이라고 할 때 달러는 선물환 할인 혹은 할증? 이때 연율로 계산한 스왑레이트는?

09. 달러선물시장에서 12월물과 내년 3월물 간의 가격격차는 현재 달러당 50원이다. 그러나 투기자 A씨는 두 결제월 간의 가격격차는 30원 정도가 적절한 수준이라고 생각하고 있다. 투기자 A씨는 달러선물시장에서 어떤 주문을 냄으로써 이익을 추구하고자 할까?

10. 미국기업 A가 100만파운드를 차입하려면 연 4%의 금리를 지불해야 한다. 반면 영국기업 B는 파운드 자금을 연 3%의 금리로 조달할 수 있다. 기업 A와 B가 통화스왑을 한다면 기업 A는 연 얼마의 이익을 보는 셈인가? 거래비용은 제로.

11. 4년만기 변동금리부 채권을 갖고 있는 기업이 앞으로 금리하락을 예상하고 있다면 고정금리로 변경하는 금리스왑을 하는 것은 좋은 전략인가?

12. 5년만기 SOFR + 1%의 변동금리부 채권을 보유하고 있는 기업이 금리 하락을 우려하여 고정금리로 변경하기 위해 금리스왑을 하고자 한다. 이 기업이 SOFR과 3%의 고정금리를 스왑하기로 했다면 이 기업의 금리는 연 몇 %로 변경되었는가?

13. 3년만기 연 5% 고정금리부 채권 1억달러를 갖고 있는 김씨는 향후 금리상승을 우려하고 있다. 그는 외국환은행과 연 5% 고정금리와 1년마다 SOFR을 맞바꾸는 금리스왑을 체결하였다. 1년 후 결제일에 SOFR이 6%로 나타났다면 김씨는 얼마의 손익을 얻는가?

14. 한성주식회사는 변동금리(SOFR + 1%)로 100만 달러짜리 채권(3년 만기)을 보유하고 있으나, 앞으로 금리하락이 예상되고 있어 변동금리를 연율 5%의 고정금리와 금리스왑을 체결했다. 3개월 후 첫 금리스왑 결제일에 SOFR이 3.6%였다면 한성기업은 얼마의 손실 혹은 이익을 실현할 수 있는가?

15. 옵션가격의 결정요인을 설명해보라

16. 수출상 B는 10월초 영수예정인 10만달러 수출대금의 환위험을 피할 목적으로 행사가격 1달러 = 1,140원, 옵션가격 달러당 5원, 계약금액 10만달러의 10월물 달러풋옵션 매입계약을 체결했다. 10월 옵션 최종거래일에 현물환율이 1달러 = 1,130원이라면 B는 권리를 행사할까? 그때 옵션가격을 포함한 손익은?

17. 옵션의 경우 증거금은 누가 부담하고 왜 그런가?

18. 3개월 후 100만달러의 여유자금을 확보하게 되는 A씨는 3개월 후 금리하락으로 인한 이자소득의 감소를 우려하고 있다. 이제 A씨는 어떻게 선도금리계약 시장을 이용할 수 있는가?

19. 선물거래에 있어 가격, 주문시간, 주문수량 중 먼저 거래가 성사되는 기준을 순서대로 제시하라.

20. 콘탱고와 백워데이션을 구별해 보라.

21. 콜옵션의 행사가격이 193포인트일 때 옵션가격은 0.5포인트이다. 현재 기초자산가격이 191.5포인트라면 콜옵션의 내재가치와 시간가치는 얼마인가?

22. 현재 달러가격은 1달러 = 1,150원이다. 11월물 달러풋옵션의 행사가격이 달러당 1,170원일 때 옵션가격이 달러당 30원이라면 이 옵션의 내재가치는 (   )원이고, 시간가치는 (   )원이다.

23. 풋옵션에서 만기일에 행사가격이 기초자산 가격보다 낮다면 옵션 매입자는 권리를 (행사, 포기)하는 것이 낫고 이를 (   )가격이라고 한다.

24. 3개월 후 1만달러의 수입대금을 지불해야 하는 한국 수입상은 환율변동으로 인한 위험을 피하기 위해 수입계약과 함께 선물환시장에서 어떤 계약을 체결하는 것이 좋은가?

25. 환위험을 환 포지션과 관련하여 설명하라.

26. 주식시장에서 꼬리-개 효과(Tail-Wagging-the-Dog Effect)란 무엇인가?

27. 최씨는 선도금리계약을 통한 이익실현을 꾀하려 한다. 계약금액 1,000만달러, 계약금리 연 5%, 거치기간 2개월, 계약기간 9개월, 매 3개월 이자지급 방식으로 FRA매도계약을 체결했다. 첫 번째 결제금리 확정일에 금리가 연 4.6%였다면 결제일에 최씨는 얼마의 이익 혹은 손실을 보나?

CHAPTER 5

국제평가이론 :
환율, 금리, 물가의 관계

Chapter 5

국제평가이론

국가 간의 교역은 재화와 서비스뿐 아니라 금융자산과 관련해서도 활발히 일어나고 있다. 국가 간의 금융거래, 즉 자본이동은 무엇보다도 단기적으로는 환율과 금리에 크게 영향을 받는다. 자유로운 자본이동이 허용될 경우 양국의 환율과 금리 간의 관계는 어떤가? 장기적으로 양국 물가 역시 변동하게 마련이다. 물가의 변화는 금리에 영향을 미치고 이는 다시 환율에 영향을 미치는 3각관계가 장기적으로 성립하게 된다. 이 장에서는 단기적으로 환율과 금리 간의 관계 그리고 장기적으로 환율, 물가, 금리 간의 균형관계를 나타내는 국제평가이론에 대해 살펴본다.

5.1 금리평가

5.1.1 금리평가의 정의

금리평가(interest rate parity)는 '국제적으로 자본이동이 자유롭고 거래비용이 없을 때 양국 간의 자본이동이 균형을 이루도록 하는 환율과 양국 금리간의 균형관계'를 말한다.

금리평가는 '**환위험이 회피된 금리평가**(covered interest rate parity)'와 '**환위험에 노출된 금리평가**(uncovered interest rate parity)'로 나누어 볼 수 있다. 환위험이 회피되었다는 의미는 선물환시장을 이용한 헤지가 이루어졌다는 것을 말한다. 환위험이 회피된 금리평가는 **무위험금리평가** 혹은 간략하게 그냥 금리평가라고 부른다. 환위험에 노출된 금리평가는 **위험금리평가**라고도 한다.

5.1.2 금리평가조건

금리평가는 '무위험 금리 재정(CIA : covered interest arbitrage)'에 의해서 달성된다. 금리재정에 의해 어떻게 금리평가가 성립하게 되는지 예를 들어 설명해보자. 우선 미국의 투자자 A씨는 현재 자신이 보유하고 있는 1달러를 1년 동안 투자할 계획을 갖고 있다고 하자. A씨는 1달러를 미국에 투자할지 혹은 영국에 투자할지 결정하고자 한다.

그는 수익률은 높고 위험은 낮은 자산에 투자하고자 할 것이다. A씨가 미국의 투자자이므로 영국 자산에 투자할 경우 환율변동으로 인한 환위험이 문제가 된다. 그러므로 영국자산에 투자할 경우 선물환시장을 이용한 헤지를 함으로써 환위험을 회피한다고 하자.

(1) 미국에 투자할 경우

A씨가 1년물 미국 재무부 채권에 투자한다면 1년 후 원금과 이자를 합하여 $(1+i_{\$})$달러를 얻게 된다. $i_{\$}$는 1년물 미국 재무부 채권의 금리이다.

(2) 영국에 투자할 경우

A씨가 1년물 영국 재무부 채권에 투자하기 위해서는 우선 1달러를 영국 파운드로 환전해야 한다. 이제 달러의 파운드 현물환율($/£)은 E이다. 그러므로 1달러는 (1/E)파운드로 환전할 수 있다. 이제 A씨는 (1/E)파운드로 1년물 영국 재무부 채권을 구입하고 1년후 원리금을 합하여 $(1+i_{£})(1/E)$파운드를 회수하게 된다. $i_{£}$는 1년물 영국 재무부 채권의 금리이다.

그러나 1년 후 원리금을 미국으로 송금할 때 환율을 모르므로 환위험에 노출된다. 그러므로 환위험을 피하기 위해 A씨는 영국 재무부 채권투자와 동시에 1년물 파운드 선물환 매도계약을 체결해 두어야 한다. 결국 1년후 A씨는 환위험 없이 $(1+i_{£})(F/E)$달러를 회수하게 된다. 여기서 F는 1년물 선물환율이다.

(3) 금리평가조건

이제 위의 예로부터 금리평가조건을 도출해보자. 양국에서의 재정이익이 동일하다면 재정자들은 미국에 투자하든 혹은 영국에 투자하든 무차별하다. 재정자들은 더 이상 자본을 이동시킬 유인이 없게 되고 자본이동은 균형에 이른다. 즉, $(1+i_{\$})=(1+i_{£})(F/E)$에서 재정이익은 제로가 되고 자본이동은 균형을 이룬다. 양변을 $(1+i_{£})$으로 나누어 주면

$$(1+i_{\$})/(1+i_{£})=(F/E) \tag{5.1}$$

이 된다. 다시 양변에서 1을 빼주고 정리하면

$$(i_{\$}-i_{£})/(1+i_{£})=(F-E)/E \tag{5.2}$$

이 된다. 식 (5.2)를 금리평가조건(IRPC : interest rate parity condition)이라고 한다. 금리평가조건은 양국 간에 자본이동의 유인이 발생치 않도록 선물환 할증(할인)과 양국 금리격차 간의 관계를 규정하는 조건식이라 할 수 있다.

(4) 간략한 금리평가조건

IRPC를 보다 간략히 표현하기 위해 일반적으로 근사치 형태를 많이 사용한다. 즉, 식 (5.2)에서 양변에 다시 $(1+i_{£})$를 곱하면

$i_{\$}-i_{£}=(1+i_{£})(F-E)/E$이 되는데 오른쪽 항을 풀면

$i_{\$}-i_{£}=(F-E)/E+i_{£}(F-E)/E$이다. 오른쪽 마지막 항인 $i_{£}(F-E)/E$는 매우 작은 값이므로 무시하면 간략한 형태의 IRPC를 얻게 된다. 즉,

$$i_{\$}-i_{£}=(F-E)/E$$

혹은

$$i_{\$}-i_{£}=p \tag{5.3}$$

가 된다. 여기서 $p=(F-E)/E$로 선물환 할증(할인)을 나타내는 약호이다. $p>0$인 경우 파운드 선물환 할증(달러 선물환 할인)이며, 반대로 $p<0$인 경우 파운드 선물환 할인(달러 선물환 할증)이 된다. 식 (5.3)이 근사치로 나타낸 금리평가조건인데 간략한 형태이기 때문에 일반적으로 많이 쓰인다.

5.1.3 선물환 할증(할인)과 금리격차

만일 $i_\$ > i_£$이라면 $p > 0$, 혹은 $F > E$이다. 즉, 파운드는 선물환 할증에 있고 반대로 달러는 선물환 할인에 놓여있다는 것이다. 파운드표시 자산의 금리는 달러표시 자산보다 낮지만 파운드는 선물환 할증에 있으므로 실질 수익률에 있어서는 서로 무차별하다.

예를 들어 $i_\$ = 5\%$, $i_£ = 4\%$일 때 현물환율 $E = 1.600$이고 선물환율이 $F = 1.616$이라면 IRPC가 성립하므로 재정자들의 재정이익은 소멸되고 양국간의 자본이동은 발생하지 않는다. 이때 파운드는 선물환 할증에 놓여있다.

만일 $F = 1.620$이라면 재정자들은 어떻게 행동하게 될까? 이때 재정자는 선물환시장을 이용해 환위험을 회피한 상태이므로 오직 수익률만 비교하면 된다. $F = 1.620$에서는 파운드 선물환 할증이 양국 금리차 1%보다 높으므로 영국 파운드표시 채권에 투자하는 것이 수익이 높다. 재정자들은 현물환으로 파운드를 매수하여 영국의 파운드표시 자산에 투자하는 동시에 환위험을 회피하기 위해 선물환 시장에서 파운드 선물환 매도를 행할 것이다. 그 결과 미국은 달러의 유출로 통화량이 감소하고 결국 미국 금리 $i_\$$는 상승하게 된다. 동시에 영국은 달러자금유입으로 통화량이 증가하므로 $i_£$가 하락한다. 따라서 양국 금리차는 커진다. 반면에 현물에서의 파운드매수와 함께 현물환율 E는 상승하고 반대로 파운드 선물환 매도로 F는 하락한다. 결국 이 같은 재정자들의 활동으로 양국 간의 실질 수익률은 균등화되며 금리평가조건은 다시 성립하게 된다.

5.1.4 금리평가조건이 달성되지 못하는 이유

간략한 형태의 금리평가조건 $i_\$ - i_£ = (F-E)/E$은 항상 달성되는가? 결론부터 말하면 그렇지 않다. 만일 금리평가조건이 성립한다면 금리평가조건은 바로 선물환율 결정이론이 될 것이다. 즉, 양국의 금리 $i_\$$와 $i_£$ 및 현물환율 E는 이미 시장에 알려져 있으므로 금리평가조건으로부터 바로 선물환율 F를 계산해 낼 수 있기 때문이다. 그러나 현실은 그렇지 않다. 실제 선물환율은 금리평가조건으로 계산된 F와는 다른 값이다. 선물환율은 선물환시장의 수요와 공급에 의해 결정되고 있을 뿐 금리평가조건으로부터 얻어지는 것은 아니다.

이론적으로만 보면 재정자들의 활동에 의해서 금리평가가 달성되어야 할 것이나, 실제로는 금리평가가 달성되지 못하는데 여기에는 여러 가지 이유가 있다.

첫째, 거래비용의 존재. 즉 매매율격차(bid-ask spread), 수수료, 기타 거래관련 비용이 있다.

둘째, 국가 간에 조세체계가 다르고 세율도 다르다.

셋째, 외환거래와 자본이동에 대한 정부통제가 있다.

넷째, 정치・사회적 위험이 나라마다 상이하다.

다섯째, 이윤기회를 포착한 시점과 실제로 거래가 이루어진 시점 간의 시차가 있다. 한 예로 일본 재정자가 달러 현물환을 매입하는 경우, 계약과 동시에 엔화를 입금하는 반면 달러의 회수는 2거래일째 이루어진다.

5.2 현물환 투기와 선물환 투기

금리평가를 이용하여 현물환 투기와 선물환 투기를 비교해 보자. 투기란 자신의 예측에 따라 의도적으로 열린 포지션을 구성하여 이윤을 추구하는 거래 형태이다. 미국의 투자가 A씨는 영국 파운드화가 시장이 예상하는 것 이상으로 평가절상될 것으로 예측하고 있다. 즉, 현물환율은 E($/£)=1.5, 1년물 선물환율은 F=1.6일 때 A씨는 1년 후 예상 현물환율을 E^e=1.7로 예상하고 있다. 즉, A씨는 선물환시장에서 파운드가 예상보다 싸다고 생각하고 있다. 이제 A씨의 선물환 투기와 현물환 투기를 각각 살펴보자.

(1) 선물환 투기

A씨는 오늘 F=1.6에 예상보다 값이 싼 파운드 1년물 선물환매수 계약을

체결한 뒤 1년 후 선물환 매수계약을 이행하여 그 당시 현물환율로 파운드를 매도한다. A씨의 선물환 투기 이윤은 파운드당 $\Pi_f = E^e - F$이 되므로 자신의 예측이 맞을 경우 A씨는 파운드당 0.1$의 이윤을 얻는다.

(2) 현물환 투기

A씨가 현물환 투기를 할 경우 A씨는 투자자금을 확보해야 한다. 이제 A씨가 달러를 차입하여 평가절상을 예상하는 파운드표시 채권에 투자한 후 1년 뒤 투자자금을 회수하여 달러로 다시 전환한다고 하자. A씨가 1년 후 1파운드를 매도한다고 할 때 A씨는 현재 $1/(1+i_£)$파운드만 투자하면 된다. 왜냐하면 파운드 채권의 연 수익률이 $i_£$이기 때문이다. 현재 자금이 없으므로 A씨는 은행에서 $E \times [1/(1+i_£)]$달러를 차입해 현물환 시장에서 $1/(1+i_£)$파운드를 마련하게 된다. 차입액에 대한 1년 후 상환액은 원리금을 포함하여 $E \times (1+i_\$)/(1+i_£)$달러가 된다.

A씨의 현물환 투기이윤은 1년 후 당시 현물환율로 1파운드를 매도하여 차입원리금 $E \times (1+i_\$)/(1+i_£)$을 공제하고 남은 액수가 된다. 이제 오른쪽 항에 F를 빼주고 더해주어 정리하면 다음과 같다.

$$\begin{aligned} \Pi_s &= E^e - E \times (1+i_\$)/(1+i_£) \\ &= (E^e - F) + [F - E \times (1+i_\$)/(1+i_£)] \end{aligned}$$

여기서 오른 쪽 앞의 항은 Π_f와 같고 뒷 항은 금리평가조건 (5.1)과 같다. 그러므로 금리평가조건이 성립한다면, 즉 $F - E \times (1+i_\$)/(1+i_£) = 0$이라면 $\Pi_s = \Pi_f$가 된다. 요약하면 금리평가가 성립한다면 현물환 투기와 선물환 투기의 손익은 동일하다. 그러므로 투기자들은 자금차입의 부담이 없는 선물환 투기를 선호하게 된다.

그렇다면 금리평가가 성립하지 않고 재정이익이 있는 경우, 즉 $F - E \times (1+i_\$)/(1+i_£) > 0$일 경우는 어떤가? 금리평가가 성립하지 않더라도 선물환투기가 선호된다는 위의 결론은 동일하다. 왜냐하면 투기자는 선물환투기를 하면서 별도로 재정을 통해 재정이익을 얻으면 되기 때문이다.

FAQ

학생의 질문 : 투기자들은 금리평가가 성립하지 않더라도 선물환투기를 선호하고 그 이유는 선물환투기를 하면서 별도로 재정을 통해 재정이익을 얻으면 되기 때문이라고 하는데요. 이해가 잘 되지 않는데 알기 쉽게 예를 들어 설명해 주세요.

안교수 답변 : 현물환투기이윤은 선물환투기이윤+재정이윤입니다. 따라서 예를 들어 현물환투기이윤이 2%이고 선물환투기이윤이 1%, 재정이윤이 1%라면 투자자는 환위험이 회피된 재정활동을 통해 재정이윤을 확보하고 선물환투기를 하는 것이 현물환투기로 인한 자금융통의 문제를 피하면서도 동일한 이윤을 얻을 수 있기 때문입니다.

5.3 선물환율의 결정

앞서 금리평가이론을 통해 환율과 양국 금리 간의 균형관계를 살펴보았다. 금리평가는 어디까지나 자본이동에 대한 아무런 제약도 없고 거래비용도 없으며 위험도 배제된 상태에서의 재정자들의 균형조건일 뿐 현실의 선물환율 결정이론은 아니다.

현실의 선물환율은 시장에서의 미래환율변화에 대비하여 헤지를 하거나 이익을 도모하려는 헷저, 재정자 및 투기자의 선물환수요·공급에 의해 결정된다. 선물환율은 만기일에 따라 각각 달리 결정될 수밖에 없는데 여기서는 예를 들어 3개월 후 만기가 돌아오는 선물환율의 결정을 가정하기로 하자. [그림 5-1]은 균형선물환율의 결정 메커니즘을 보여준다.

사람들은 £선물환율($/£)이 높을수록 £가치가 지나치게 올랐다고 생각하므로 £선물환수요를 줄이는 반면 £선물환율($/£)이 낮을수록 £선물환수요가 증가한다. 따라서 £선물환 수요곡선은 우하향한다.

반면 £선물환율($/£)이 상승할수록 £가치가 오르는 것이므로 £선물환 공급량을 증가시킨다. 즉, 비싼가격에 £를 매각하고자 할 것이기 때문이다. 따라서 £선물환 공급곡선은 우상향하게 된다. 이제 £선물환율은 수요·

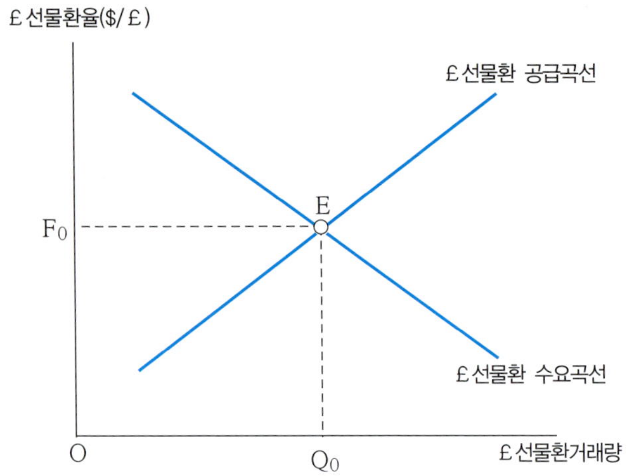

【 그림 5-1 균형선물환율의 결정 】

공급곡선이 만나는 E점에서 결정되고 이때 선물환율은 F_0, 선물환거래량은 Q_0가 된다.

세계 주요 외환시장에서는 주요 통화의 달러 대비 선물환율이 만기일별로 결정·고시되고 있다. 그러나 우리나라의 경우 아직까지는 달러선물환(₩/$) 시장이 현물외환시장처럼 개설되어 있지 않다. 따라서 개별 선물환수요자(일반적으로 기업)의 필요에 의해서 개별 은행과 상호 협의하에 그때그때 선물환율을 결정하여 선물환을 거래하고 있다.

물론 우리나라의 선물환율은 홍콩이나 뉴욕의 원/달러 역외선물환(차액결제선물환, 앞 장의 4.2.2 참조) 시장에서의 원/달러 선물환율에 크게 영향을 받고 있음이 사실이다.

홍콩의 역외선물환율(₩/$)이 상승하고 있을 경우 국내 원/달러 선물환율 역시 상승하기 마련이고 대다수 외환시장 참여자들은 미래 원/달러 현물환율이 오를 것으로 예상하게 된다.

5.4 환율, 금리와 인플레이션 관계

5.4.1 피셔효과

환율과 금리의 변화는 장기적으로 물가변화와 연관될 수밖에 없다. 환율과 금리 그리고 인플레이션의 관계를 살펴보기 위해 먼저 명목금리와 실질금리 간의 관계를 생각해 보자. 명목금리는 시장에서 통용되는 금리임에 반해 실질금리는 명목금리를 예상물가상승률로 조정한 금리를 말한다. 그러므로 이들 3자간의 장기적 관계를 식으로 나타내면 다음과 같다.

$$i = r + \pi \tag{5.4}$$

여기서 i는 명목금리, r은 실질금리, π는 예상인플레이션이다. 식 (5.4)를 미국의 경제학자 어빙 피셔(I. Fisher)의 이름을 좇아 '**피셔방정식**(Fisher equation)'이라고 부른다. 식 (5.4)가 의미하는 것은 실질금리는 명목금리에서 예상인플레이션을 뺀 것으로 정의할 수 있다는 것이다.

식 (5.4)에서 실질금리 r이 장기적으로 안정적이라면 π의 변화는 i를 동일한 방향으로 변화시킨다. 일찍이 피셔는 '**예상인플레이션(π)의 변화는 명목금리(i)에 뚜렷한 영향을 미친다**'고 주장하였는데 이것을 '**피셔효과**(Fisher effect)'라고 한다. 왜 예상인플레이션이 상승하면 명목금리도 상승하는가? 예상인플레이션의 상승은 장래 화폐가치가 하락함을 의미한다. 그러므로 자금을 빌려주는 채권자는 인플레이션으로 인한 원리금의 가치하락 분만큼 이자를 더 받으려 할 것이다. 따라서 더 높은 금리를 요구하는 것은 당연하다.

보다 이론적으로 설명하면 다음과 같다. 국민 경제는 완전고용균형에 놓여 있다고 하자. 이제 정부가 통화량을 증가시켰다면 화폐시장은 초과화폐공급이 되고 화폐시장의 균형을 위해 금리가 하락한다. 이때 재화시장을 균형시키는 변수인 물가는 서서히 변하기 때문에 초기 단계에서는 변하지 않는다. 그러므로 통화량 증가는 단기적으로 금리만 하락시킨다. 그러나 시간이 흐르면서 통화량의 증가는 재화수요를 증가시키고 물가를 상승시키게 된다. 물가의 상승은 실질통화량을 감소시킴으로 화폐시장의 금리도 동반 상승하게 된다. 그러므로 장기적으로는 물가상승과 함께 명목금리가 상승하는 것이다.

5.4.2 피셔관계

식 (5.4)를 외국의 경우에도 적용하면

$$i^* = r^* + \pi^* \tag{5.5}$$

관계가 성립한다. 여기서 '*' 표시는 외국을 의미한다. 국제적 재정의 결과 양국 자본에 대한 실질금리는 동일하다. 왜냐하면 어느 한 나라의 실질금리가 다른 나라보다 높다면 재정자들은 실질금리가 높은 나라에 투자하게 될 것이므로 결국 자본의 유입으로 명목금리가 하락하여 실질금리는 균등화된다. 즉 $r = r^*$이다.

식 (5.4)에서 식 (5.5)를 빼고 $r = r^*$를 대입하여 정리하면 $i - i^* = \pi - \pi^*$이 된다. 이제 여기에 금리평가조건인 $i - i^* = (F - E)/E$를 접합시키면

$$\pi - \pi^* = (F - E)/E \tag{5.6}$$

을 얻는다. 식 (5.6)을 **피셔관계**(Fisher relationship)라고 한다. 식 (5.6)은 예상인플레이션이 높은 나라의 통화는 선물환 할인 상태에 있음을 말해준다.

5.4.3 환위험에 노출된 금리평가와 피셔오픈관계

투기자들이 양국 간의 금리차를 이용해 투기적 이익을 추구할 경우 선물환율(F)은 투기자의 예상환율(E^e)로 대치되고 금리평가조건은 '환위험에 노출된 금리평가조건(uncovered interest rate parity condition, 위험 금리평가 조건)'으로 바뀐다.

$$i - i^* = (E^e - E)/E$$

혹은

$$i - i^* = \Delta E^e \tag{5.7}$$

여기서 E^e는 투기자가 예상하는 장래 특정일의 예상환율이며 $\Delta E^e[=(E^e - E)/E]$는 예상환율변화율이다. 식 (5.7)은 보통 '**국제피셔효과**'라고도 부른다. 식 (5.7)에 앞서의 $i - i^* = \pi - \pi^*$ 관계를 접목시키면 '**피셔오픈관계**(Fisher open relationship)'를 얻는다.

$$\Delta E^e = \pi - \pi^* \tag{5.8}$$

식 (5.8)의 피셔오픈관계는 장기적으로 양국 간의 예상환율변화율은 양국 간의 예상인플레이션 격차와 동일하게 된다는 것이다. 여기서 식 (5.8)을 식 (5.6)의 피셔관계와 비교해 볼 때 '오픈'의 의미는 환위험이 회피되지 않았음을 뜻하는 것이다.

식 (5.8)은 '**사전적**(ex ante) **구매력평가**(purchasing power parity)'로 볼 수도 있다. 구매력평가 중 '상대적 구매력평가'는 장기적으로 '양국 간의 균형환율의 변화율은 양국 간의 인플레이션 격차와 동일해야 한다'고 주장하는 이론인데 제7장에서 자세히 다루어질 것이다. 여기서 사전적이란 의미는 사후적(ex post)의 반대 개념으로, 실현된 것이 아니라 예상된 것임을 뜻한다.

5.4.4 선물환율과 예상현물환율 간의 관계

선물환율 F와 예상현물환율(E^e) 사이에는 어떤 관계가 있는가? 만일 시장이 완전하다면 두 환율은 일치할 것이다. 혹은 금리평가가 성립하고 동시에 국제피셔효과가 성립한다면 두 환율은 정확히 일치할 것이다. 그러나 현실의 세계에서 금리평가나 국제피셔효과가 성립하지는 않을 것이므로 선물환율과 예상현물환율은 일치하지 않을 것이다.

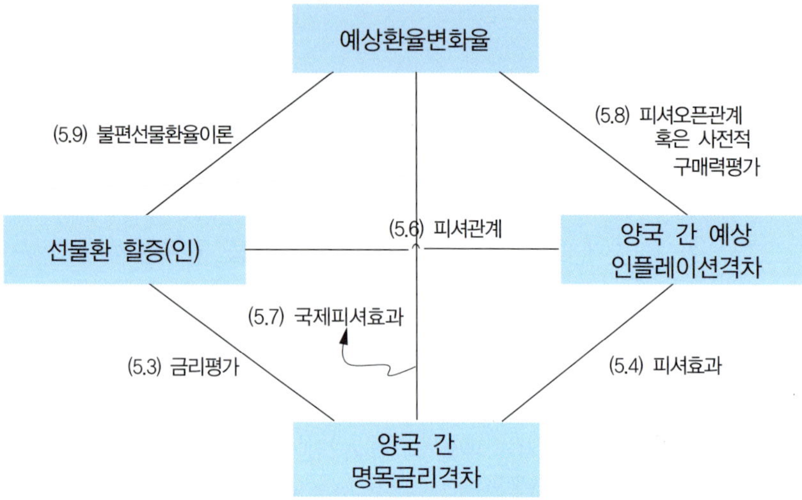

【 그림 5-2 국제평가이론의 도식화 】

국제금융이론에서는 시장이 효율적인가를 검증하기 위해 종종 선물환율이 미래 현물환율의 불편추정량(unbiased estimator)인가를 검증한다. 이때 불편추정량의 의미는 선물환율이 미래 현물환율과 정확히 일치한다는 것이 아니라 평균적으로 정확하다는 것을 의미한다. 즉, 오차가 발생하나 오차의 기대값은 제로라는 의미이다. 선물환율이 미래 현물환율의 불편추정량이라는 가설을 「**불편선물환율이론**」이라고 하는데 불편선물환율이론이 성립할 경우 위험할증(risk premium)은 제로가 된다. 식 (5.9)는 불편선물환율이론이 성립할 때의 관계식이다.

$$F = E^e \tag{5.9}$$

반면에 선물환율과 미래 현물환율 간에는 위험할증(RP, risk premium)만큼의 격차가 있다고 보는 가설은 위험할증모형($F=E^e+RP$)이라고 한다. [그림 5-2]는 지금까지 논의된 변수들간의 장·단기 관계를 도식화 한 것이다.

5.5 금리기간구조와 예상환율변화율

금리는 투자자산에 따라 다르다. 투자자산에 따라 금리가 다른 이유는 여러 가지 요인이 있을 수 있다. 예를 들어 위험이 큰 자산일수록 금리가 높은 반면 위험이 낮은 자산일수록 금리가 낮다. 한편 유동성이 높은 자산일수록 금리가 낮고 유동성이 낮을수록 금리가 높다. 또한 투자기간(만기일)이 긴 자산일수록 금리가 높은 반면 단기투자인 경우 일반적으로 금리가 낮다. 투자자산의 만기일에 따라 금리가 달라지는 것을 '금리기간구조(term structure of interest rates)'라고 한다.

만기일에 따른 각국의 금리기간구조를 금리평가(식 5.3)와 결부시켜 보면 금리기간구조로부터 장래 선물환 할증(할인)의 변화를 예상할 수 있다. 식 (5.3)을 일반화 한 $i-i^{*}=p$ 에서 양국 금리격차를 금리기간구조로 나타내면 그 격차는 양국 통화 간의 선물환 할증(할인)의 시간에 따른 변화로 해석할 수 있다. 그러므로 금리평가가 성립한다고 할 때 [그림 5-3]에서 보듯이 유로표시 채권의 금리기간구조가 미국 달러표시 채권의 금리기간구조보다 높

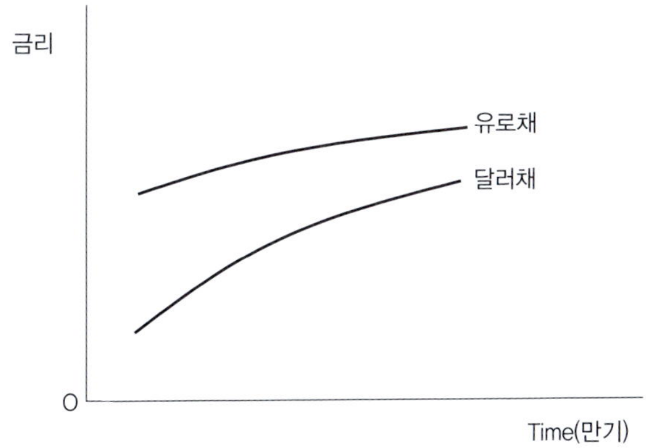

【 그림 5-3 유로채권과 미국달러채권의 금리기간구조 】

다면 유로화는 선물환 할인 상태가 된다. 또한 만기일이 길어질수록 유로표시채권과 달러표시채권간의 금리기간구조 격차가 좁혀지고 있다면, 유로화의 선물환 할인 역시 만기가 길어짐에 따라 점점 축소된다.

마찬가지로 만기일에 따른 각국의 금리기간구조를 국제피셔관계와 결부시켜 보자. 식 (5.7) $i-i^{*}=\Delta E^{e}$에서 양국 금리 격차를 만기일에 따른 금리기간구조의 격차로 연장하면 그 격차는 양국 통화 간의 예상환율변화율의 시간에 따른 변화로 해석할 수 있다. 다른 아무런 변화도 예상되지 않는 상태에서 유로표시채권의 금리기간구조가 미국채권의 그것보다 높다면 장기적으로 유로의 평가절하가 예상되며 양국의 금리기간구조 격차가 만기일이 길어질수록 좁혀지고 있다면 장기적으로 유로의 예상평가절하율도 감소할 것으로 예측된다.

요약

1 금리평가는 '국제적으로 자본이동이 자유롭고 거래비용이 없을 때 양국 간의 자본이동이 균형을 이루도록 하는 환율과 양국 금리 간의 균형관계'를 말한다.

2 간단한 금리평가조건 : $i_{\$} - i_{\pounds} = (F - E)/E$

3 실제 시장에서 금리평가조건이 달성되지 못하는 이유는 ① 거래비용의 존재, ② 국가간 다른 조세체계 및 세율, ③ 외환거래와 자본이동에 대한 정부통제 ④ 나라마다 상이한 정치, 사회적 위험, ⑤ 이윤기회를 포착한 시점과 실제로 거래가 이루어진 시점 간의 시차 때문이다.

4 금리평가조건의 성립여부와 관계없이 투기자들은 자금차입의 부담이 없는 선물환 투기를 현물환 투기보다 선호한다.

5 현재 선물환율이 과대평가되고 있다고 생각하는 사람들은 선물환을 매도하고 따라서 선물환 공급량은 증가한다. 한편 현재의 선물환율이 자신들이 생각하는 균형수준보다 낮다고 생각하는 사람들은 선물환 수요를 증가시킬 것이다.

6 예상인플레이션(π)의 변화가 장기적으로 명목금리(i)에 미치는 효과를 피셔효과(Fisher effect)라고 하며 $i = r + \pi$를 피셔방정식이라고 한다.

7 $\pi - \pi^* = (F - E)/E$: 피셔관계 $i - i^* = (E^e - E)/E$: 국제피셔효과 $\Delta E^e = \pi - \pi^*$: 피셔오픈관계

8 선물환율이 미래 현물환율의 불편추정량이라는 가설은 위험할증(risk premium)이 없는 경우를 상정하는 것으로 불편선물환율이론이라고 한다. 반면에 선물환율과 미래 현물환율 간에는 위험할증만큼의 격차가 있다고 보는 가설은 위험할증모형이라고 한다.

9 투자자산의 위험성과 유동성, 만기일에 따라 금리가 달라지는 것을 '금리기간구조(term structure of interest rates)'라고 한다.

중요개념

국제평가이론	무위험 금리평가	간략한 금리평가	선물환할증(할인)
현물환 투기	선물환 투기	선물환율결정이론	위험할증
불편추정량	피셔효과	피셔관계	국제피셔효과
피셔오픈관계	예상환율변화율	사전적 구매력평가	금리기간구조

연습문제

I. 다음 물음에 간단히 답하시오.

01 "오늘날과 같은 변동환율제도 하에서 한국의 국채금리가 미국 국채금리보다 높다면 한국국채에 투자하는 것이 유리하다."는 주장에 대해 토의하시오.

02. 금리평가조건이 달성되지 못하는 이유를 제시하여라.

03. 피셔관계와 피셔오픈관계의 근본적인 차이는 무엇인가?

04. 미국 1년 금리 : 2.4%, 일본 1년 금리 : 1.4%일 때 현물환율 1달러 = 100엔이다. 6개월 후 예상현물환율이 어떻게 되면 국제피셔관계가 성립할까?

05. 피셔오픈관계에서 이것을 사전적 구매력평가라고 하는 이유는?

06. 피셔효과를 인정할 경우 명목금리가 6%이고 예상인플레이션이 2%라면 실질금리는?

07. 금리평가조건의 성립 여부와 상관없이 현물환투기보다 선물환투기가 유리한 이유는?

08. 미국금리 : 연 1%, 영국금리 : 연 2%일 때 현물환율(E)은 £1 = $1.50이고 1년물 선물환율은 F = 1.47($/£)이라면 양국의 재정자들은 어느 나라 금융자산에 투자하는 것이 유리한지 금리평가이론을 통해 설명하라.

09. 영국 파운드채권의 금리기간구조는 미국 달러채권의 금리기간구조보다 높다. 만기일이 길수록 그 격차가 벌어지고 있다면 미국달러가치는 파운드에 대해 어떻게 변할 것으로 예상되는가?

10. 한국금리 연 2.5%, 미국금리 연 1%, 현물환율 1$ = 1,000원, 3개월물 선물환율 1$ = 1,010원이다. 금리평가가 성립한다면 어느 나라 자산에 투자하는 것이 유리한가?

Ⅱ. 다음 물음에 O, X로 답하시오.

01. 금리평가가 성립할 때 금리가 높은 나라의 통화는 선물환할인에 놓인다.

02. 투자자산의 위험정도에 따라 금리가 다르다.

03. 투자자산의 만기일에 따라 금리가 달라진다.

04. 유동성이 높은 자산일수록 금리가 높다.

05. 보통은 단기투자자산일수록 장기투자자산보다 금리가 낮다.

06. 양국간의 금리 기간구조의 격차는 환율과 관계가 없다.

07. 피셔효과는 통화량과 물가 간에는 비례관계가 있다는 이론이다.

08. 국제자본은 실질금리보다는 명목금리에 따라 움직이는 성질이 강하다.

09. 두 나라의 예상환율변화율은 두 나라의 예상인플레이션 격차로 나타낼 수 있다는 것을 피셔오픈관계, 혹은 사전적 구매력평가라고 한다.

10. 피셔오픈 관계는 피셔관계에서 특정일의 선물환율을 예상환율로 대치한 형태로 환위험에 노출되어 있다는 차이가 있다.

11. 두 나라 금융자산의 금리 기간구조의 격차가 확대되고 있다면 두 나라 통화의 예상환율 변화율은 더 커질 것으로 예상할 수 있다.

12. 금리평가가 성립한다면 금리기간구조가 높은 통화일수록 선물환 할인 상태가 된다. 또한 만기일이 길수록 양국 간의 금리격차가 좁혀지고 있다면 향후 선물환 할인도 축소될 것임을 예상할 수 있다.

13. 금리기간구조가 높은 통화일수록 평가절하가 예상되며 양국의 금리기간구조 격차가 만기일이 길수록 좁혀지고 있다면 평가절하율도 감소할 것으로 예상할 수 있다.

CHAPTER 6

환노출과 환율예측

Chapter 6

환노출과 환율예측

환율이 개재된 국제거래에 종사하는 기업은 환율변동으로 인한 자국통화표시 가치의 변동에 민감할 수밖에 없다. 비록 국제금융시장의 발달로 환위험을 회피할 수 있는 방법이 많이 개발되었지만 아직도 환위험은 국제거래를 수행하는 기업으로서는 큰 난제가 아닐 수 없다.

환위험 회피전략은 미래 환율에 대한 예측이 정확할수록 보다 효과적으로 수립될 수 있다. 즉, 앞으로 환율이 상승할 것인가 혹은 하락할 것인가에 따라 환위험 회피전략도 달라질 것이기 때문이다. 그런 점에서 환율예측은 매우 중요한 문제가 아닐 수 없다. 물론 환율예측자라고 해서 환율을 정확히 알아 맞출 수는 없는 것이지만 예측력이 뛰어날수록 환위험으로 인한 손실을 줄일 수 있기 때문이다.

6.1 환노출

6.1.1 환노출의 유형

제1장에서 환위험을 정의하면서 외화표시자산과 외화표시부채 간의 불균형이 발생할 때 환위험에 노출된다는 것을 설명하였다. 여기서는 국제거래에 종사하는 기업의 입장에서 보다 포괄적인 환위험 노출에 초점을 맞춰 살펴보고자 한다. 환위험을 회피하기 위해서는 '어떠한 유형의 환노출인가?'를 먼저 파악하는 것이 중요하다. 환위험 노출의 유형으로는 환산노출, 거래노출, 경제적 노출이 있다.

(1) 환산노출

환산노출(換算露出, translation exposure)은 회계적 노출이라고도 하는데, 환

율변동으로 인해 발생하는 재무제표상의 회계적 변동을 말한다. 보다 구체적으로 예를 들어 설명하면 한국에 본사를 두고 있는 국제적 기업 A는 미국에 자회사 B를 갖고 있다.

기업 A의 경영상태와 재정상태를 종합적으로 파악하기 위해서는 기업 A뿐 아니라 그 기업에 속해 있는 자회사 B의 재무제표를 모기업의 재무제표와 연결시켜 보아야 한다. 이때 작성되는 연결재무제표는 모기업 A의 재무제표 작성통화인 한국의 원화로 작성하게 된다.

문제는 미국에서 활동하는 B사의 재무제표는 미국 달러화로 작성되어 있다는 점이다. 그러므로 결산일에 미국 자회사 B의 달러표시 재무제표를 보고통화인 원화로 환산하게 된다. 달러표시 재무제표를 원화표시로 환산함에 있어 환율변동으로 인한 환산손익이 발생할 수 있는데, 이러한 회계적 변동이 환산노출이다.

여기서 환산이란 외국통화표시 금액을 보고통화표시 금액으로 회계적 표현을 변경하는 것을 말한다. 즉, 환산은 외환시장에서의 환전과는 다른 것이다. 환전은 한 통화를 다른 통화로 교환하는 것임에 반해 환산은 재무제표의 각 계정의 금액표시를 보고통화로 표현만 바꾸는 것이다.

지난해 결산일 이후 금년 결산일 현재까지 양국간의 환율변동이 없었다면 해외 자회사는 환산손익을 발생시키지 않을 것이다. 그러나 오늘날과 같은 자유변동환율시대에는 해외 자회사의 영업에 있어 환율변동에 따른 환산손익 가능성은 상존하는 문제이다. 물론 결산시점에서 자회사 영업에 환산손익이 발생했다는 것은 원화표시로 환산함에 따른 환산손익일 뿐 해외 자회사 자신의 실질손익이나 가치변동과는 별개의 문제이다.

예를 들어 결산시점에서 해외 자회사가 기간 중 발생한 불리한 환율변동 때문에 10억원의 환산손실을 발생시킨 것으로 나타났으나 달러표시로는 100만달러의 순익을 달성했을 수도 있는 것이다.

환산노출의 또 다른 예로 항공사가 항공기를 외상구매했을 때 결산시점에서 외화부채를 원화부채로 환산할 때 환율변동으로 인한 위험에 노출된다는 것이다.

환산노출과 관련된 가장 중요한 논점은 결산시점에서 환산환율로 어떤 환율을 적용할 것인가의 문제이다. 환산환율로는 크게 세 가지 환율이 제시되고 있다.

① 결산일환율

결산일환율(current rate, 현행환율이라고도 한다)은 재무제표일 현재의 환율을 말한다. 만일 한국의 모기업 A가 연말 결산 법인이라면 12월 30일(31일은 외환시장이 문을 닫음) 현재의 매매기준율이 결산일환율이 된다. 결산일 환율을 사용하는 경우 취득원가주의에 배치된다는 지적이 있으나 적용이 간편하다는 장점이 있다.

연말환율은 대규모 외화부채를 안고 있는 항공업계의 초미관심사이다. 한 대당 수천억원에 달하는 항공기를 구입하면서 외화 빚을 얻었는데 12월 30일 연말환율을 기준으로 그해 외화부채의 원화환산손실액이 정해지기 때문이다. 2022년의 경우 대한항공은 환율이 10원 상승할 때 약 410억원의 외화환산손실이 발생하고 아시아나항공의 경우 원달러환율이 10원 오르면 284억원의 외화환산손실이 발생할 것으로 예상된다.

② 역사적 환율

이는 외화자산의 취득이나 외화부채가 발생했던 날이나 달(月)의 월말 환율을 적용하는 것이다. 역사적 환율(historical rate)을 적용하면 거래일 이후 발생하는 환율변동으로부터 자유롭기 때문에 환산노출이 발생하지 않는다는 이점이 있으나 환율변동으로 인한 실제가치의 변동을 반영하지 못한다는 단점이 있다.

③ 평균환율

대상회계기간 중의 평균환율(average rate)을 적용할 수도 있는데 보통 손익계정의 환산에 사용된다.

현재 미국, 영국, 프랑스, 일본 등 주요 선진국이 결산일환율을 적용하고 있다. 우리나라의 경우 자본금을 제외한 외화표시 채권, 채무와 같은 화폐성자산과 부채는 결산일환율을, 수출입과 같은 비화폐성자산(자본금 포함)과 부채는 그날그날의 역사적환율을 적용하고 있으나 앞으로의 방향은 주요 선진국의 회계기준인 결산일환율(이 경우에도 자본금은 역사적환율 적용)로 점차 이행할 것으로 예상된다.

쉬어가기!

항공업계, 치솟는 유가 · 금리 · 환율에 '한숨'

최근 항공유 가격이 치솟고 있는 가운데 연준이 금리 인상까지 감행해 항공업계 타격이 클 전망이다. 22일 국제항공운송협회(IATA)에 따르면, 이달 10일 기준 국제 항공유 평균 가격은 배럴당 176.56달러였다. 1년 전 대비 128.1% 치솟은 수준이다. 지난해까지 300선 아래였던 항공유가격지수(JFPI)도 같은 날 482.65까지 올랐다. JFPI는 2000년을 100으로 보고 산출한다. 만약 가격 지수가 200이면 2000년과 비교해 항공유가 2배 이상 비싸졌다는 의미다.

항공업계는 치솟는 유가에 걱정이 태산이다. 항공사는 고정 지출 비율 중 30%가 유류비에 소비하는 탓에 유가가 상승하면 수익성이 악화하는 구조다. 대한항공의 지난해 연료비는 1조 8,000억원으로 전년(1조 2,474억원)보다 44.3% 늘었다. 대한항공 측에 따르면, 유가가 배럴당 1달러 오를 경우 약 3,000만 달러의 손해를 입는다. 고유가 기조가 장기화할 경우 실적에 악영향을 미칠 수밖에 없다.

최근 고환율 수익성 악화 우려는 더 커졌다. 항공사들은 보통 달러를 통해 유류비 등의 주요 거래를 한다. 원·달러 환율이 10원 상승할 경우 대한항공과 아시아나항공의 외화 평가 손실은 각각 410억원, 284억원이 될 것으로 추산된다.

금리 인상도 문제다. 미 연방준비제도(FED)는 지난 15일(현지시각) 연방공개시장위원회(FOMC) 정례회의에서 기준금리를 0.75%p 인상했다. 게다가 연준은 다음 달에도 빅스텝 혹은 자이언트스텝 수준의 금리 인상에 나설 수 있다고 예고했다. 상황이 이렇게 되자 업계 안팎에서는 한국은행도 다음달 사상 처음 '빅스텝'에 나설 수 있다고 전망하는 분위기다. 이럴 경우 항공업계에는 큰 부담이다. 항공기 리스 과정에서 부채가 발생하기 때문이다.

일반적으로 항공사는 장기 리스 방식으로 항공기를 구매한다. 리스비는 달러로 결제하기 때문에 금리인상으로 달러 강세 현상이 이어질 경우 항공사들은 큰 부담을 느낀다. 지난 2019년 회계기준 변경 이후 기존 비용으로 처리되던 항공기 운용리스비가 부채로 반영되고 있다. 기준금리 인상은 부채를 늘어나게 만들고, 결국 수익성 악화에 영향을 미칠 수밖에 없다는 뜻이다. 실제로 지난해 말 기준금리가 1%포인트 상승할 때 대한항공과 아시아나는 각각 520억원, 265억원의 이자비용이 늘어났다.

조원태 한진그룹 회장은 지난 20일(현지시각) 카타르 도하에서 열린 IATA 연차총회에서 "금리와 물가 상승은 소비자 수요에 영향을 미칠 수 있으며, 미국 달러 강세 현상도 부채 상환 부담을 키울 수 있다"고 말한 바 있다.

이에 정부는 지난 19일 정부 서울청사에서 비상경제장관회의를 열어 국내선 항공유에도 할당관세를 적용하기로 발표했다. 현행 관세법에 따르면 민간 항공사는 국제선에 쓰이는 항공유는 유류세가 면제되지만, 국내선 항공편 운항에 사용하는 항공유는 3%의 관세를 내야 한다. 정부는 현재 수입관세인 3%를 0%로 인하함으로써 국내선 운임 인상 압력을 최소화하겠다는 뜻이다.

항공업계 관계자는 "정부의 결정을 환영하지만, 운임 인상 폭을 줄이기 위해선 항공기 공급을 늘리는 게 우선"이라며 "관세 면제보다 어떻게 하면 증편에 더 속도가 붙을지 고민하는 것이 더 시급하다"고 꼬집었다.

김아영 기자 aykim@viva100.com

(2) 거래노출

'거래노출(transaction exposure)'은 좁은 의미의 경제적 노출이라고도 한다. 거래노출은 **환율변동 이전에 외국과의 거래계약이 체결되었으나 일정 시점 후 결제가 이루어질 때, 그 기간 내에 발생할 지도 모르는 환율변동으로 인한 환위험을 말한다.** 국제무역에서의 외상수출이나 외상수입 혹은 국제대차의 경우 거래발생시점과 결제시점(상환일)이 다름으로써 발생하는 환차손이나 환차익이 거래노출이다.

예를 들어 한국의 수출기업이 1억달러 상당의 제품을 미국에 수출하기로 계약하고 대금은 3개월 후 물품선적과 함께 지급받기로 계약했다고 하자. 변동환율제도 하에서 수출기업은 거래노출에 직면하게 된다. 3개월 후 대금 영수일의 환율이 어떻게 변하는가에 따라 원화수취금액이 달라지기 때문이다.

(3) 경제적 노출

'경제적 노출(economic exposure)'은 영업노출이라고도 부르는데, **환율변동으로 인한 기업가치의 변동위험을 의미한다.** 기업가치가 그 기업의 장래 현금흐름의 순현재가치를 반영한다고 할 때, 경제적 노출은 환율변동으로 인한 기업의 장래 현금흐름의 순현재가치가 변동하는 위험을 뜻한다고 할 수 있다.

외국에서 원자재를 수입하여 생산한 제품을 수출하는 우리나라 기업의 환율변동으로 인한 경제적 노출을 구체적으로 살펴보자. 환율변동이 일어나면 수입원자재 가격변동 및 원가변동, 수출가격변동과 수출물량변동, 손익변동 등의 실질영업변동이 발생하게 되는데, 이러한 실질영업변동은 장래 원화표시 현금흐름의 가치를 변화시킨다.

$$NPV = \Sigma[\{(CIF_t - COF_t) \times ER_t\}/(1+d)^t] \qquad (6.1)$$

여기서, NPV : 순현재가치(Net Present Value)
CIF_t, COF_t : t시점의 외화표시 현금유입, 현금유출
ER_t : t시점의 환율
d : 할인율

식 (6.1)에서 보듯이 기업의 순현재가치는 환율변동으로부터 직접 영향을

받을 뿐 아니라 장래 기업의 순현금흐름에도 영향을 받는다. 동시에 기업의 순현금흐름은 환율변동의 간접영향을 받고 있다. 이때 중요한 점은 경영자가 예상한 환율변동은 예상영업실적이나 예상기업가치평가에 이미 반영되고 있기 때문에 경제적 노출의 측정에서 제외해야 한다는 점이다. 즉, 예상치 못한 환율변동으로 인한 경제적 노출이 문제가 되는 것이다. 이러한 점에서 경제적 노출은 매우 주관적인 개념이라 할 수 있다.

외국과 거래하지 않고 국내에서만 영업활동을 하고 있는 기업이라 하더라도 국내에 경쟁 외국기업이 진출해 있는 경우에는 환율변동으로 인한 경제적 노출에 처할 수가 있다. 경쟁기업의 실질 영업변동이 기업 간의 경쟁력에 변화를 초래할 수 있기 때문이다. 예를 들어 롯데리아는 국내영업만 하는 패스트 푸드점이라고 하자. 환율변동으로 경쟁기업인 맥도널드가 실질 영업변동을 겪을 때 롯데리아 역시 그로 인한 영향을 피할 수 없게 된다. 따라서 국내영업만 하는 롯데리아 역시 환율변동에 따른 경쟁기업의 움직임에 맞춰 적절한 위험회피 전략을 수립할 필요가 있는 것이다.

경제적 노출은 재무제표상에는 계상되어 있지 않은 환노출이지만 사실상 어느 환노출보다 중요하다. 기업의 장래 현금흐름이 어떻게 변하느냐가 기업의 실질가치를 결정하는 것이므로 장래 현금흐름에 영향을 미치는 환율변동으로 인한 경제적 노출이야말로 가장 중요한 위험이 아닐 수 없다.

[그림 6-1]은 환율변동시점을 중심으로 3가지 환노출을 구분해 본 것이다.

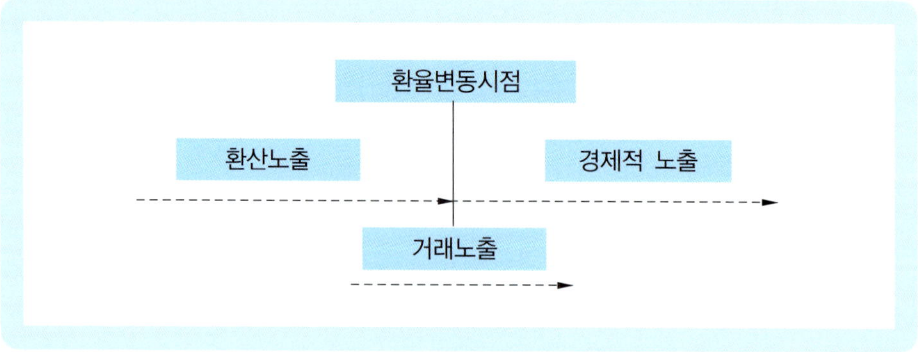

【 그림 6-1 환율변동시점과 환노출 유형 】

6.1.2 환노출 관리기법

(1) 환산노출과 거래노출 관리기법

환산노출과 거래노출로 인한 환위험을 회피하는 방법으로는 대외적 기법과 대내적 기법이 있다. 대외적 기법으로는 선물환, 선물, 옵션거래 등을 통해 환위험을 헤지하는 방법이 널리 사용된다.

한편 대내적 기법으로는 다음과 같은 기법들이 있다.

① **매칭(matching)** : 만기일에 외화수입금액과 외화지급금액을 일치시키는 것

② **네팅(netting)** : 본·지점 혹은 본사와 지사간에 발생하는 채권, 채무를 개별 결제하지 않고 일정기간 경과 후 상계하여 차액만 결제하는 것

③ **리즈(leads)와 래그(lags)** : 환율인상이 예상될 경우 수입대금 같은 외화표시 채무는 조기 지급(leads)하고 수출대금회수는 지연(lags)하는 방법

④ **거래통화선택(currency invoicing)** : 수출의 경우 강세예상통화로 거래계약을 하고 수입의 경우에는 약세예상통화로 계약을 체결하는 것, 그러나 상대방도 같은 전략을 사용할 것이므로 쉽지 않을 것이다. 단순히 환위험만을 회피할 목적이라면 국내통화로 계약하면 된다.

한국은행의 조사에 따르면 우리나라의 기업들은 환위험 헤지방법으로 선물환 등 외환 헤지거래(46%)보다는 네팅이나 리즈와 래그 등의 단순한 방법(54%)을 선호하고 있으며 환리스크 헤지비용(선물환거래시 이행보증금, 옵션프리미엄) 지출에는 여전히 소극적인 것으로 나타났다.

한국은행에 따르면 2022년 우리나라 수출입결제 통화별 비중은 미국 달러화 표시 수출 85.0%, 수입 82.8%이며, 유로표시 수출입 비중은 각각 5.8%, 4.8%, 엔화표시는 2.3%, 3.9%, 한국 원화표시 2.3%, 6.1%, 위안화표시 1.6%, 1.7%의 순으로 미 달러화표시 수출입이 압도적 비중을 차지하였다. 2000년대 들어와 상승세를 보였던 유로화는 2008년 국제금융위기와 2011년 유로존 재정위기의 여파로 상승세가 꺾였다. 최근 엔화 약세 영향으로 엔화 결제 비중은 감소했으나 중국 위안화는 대중국교역에서 조금씩 결제비중을 늘리고 있다.

(2) 경제적 노출 관리기법

경제적 노출로 인한 환위험의 관리는 매우 광범위하다. 마케팅차원의 관리, 원자재확보부터 생산공정에 이르기까지의 생산관리, 거래노출에서의 환위험 관리기법이 필요한 재무관리뿐 아니라 **분산투자**(portfolio diversification)를 통한 위험관리도 필요하다. 분산투자는 포트폴리오뿐 아니라 생산기지, 판매지역, 구매기지에 이르기까지 다변화 전략을 구사할 필요가 있다.

개별 기업만이 직면하는 '**특정위험**(non-systematic risk)'인 경우 분산투자를 통해 위험을 회피하는 것이 가능하겠지만 '**시장 전체에 적용되는 체계적 위험**(systematic risk)'인 경우에는 분산투자로 위험을 피하기는 어렵다.

6.2 위험할증

6.2.1 위험할증이란?

환노출로 인한 위험을 해소하기 위해서는 환율의 예측이 매우 중요하다. 환율예측 방향에 따라 환위험 회피전략이 달라질 것이기 때문이다. 미래 현물환율을 예측함에 있어 가장 중요한 지표는 선물환율이다. 선물환율은 미래 현물환율에 대한 시장의 예상을 반영하는 것이기 때문이다.

오늘 현재 3개월물 선물환율이 $1=₩1,170이라고 하자. 3개월 후 당일의 현물환율은 정확히 $1=₩1,170이 될 것인가? 이 질문에 대한 답은 물론 '아니오'이다. 선물환율이 미래 현물환율보다 높을 경우도 있고 낮을 경우도 있을 것이다. 만일 둘 사이에 오차(error)가 있으나 그 오차는 플러스(+)인 경우와 마이너스(−)인 경우가 무작위적(random)으로 발생하고 있다면 선물환율은 미래 현물환율과 평균적으로 일치하게 된다. 이럴 경우 선물환율은 미래 현물환율의 불편추정량(unbiased estimator)이라고 말한다. 여기서 불편추정량이란 의미는 '평균적으로 정확하다'는 뜻이다.

만일 선물환율(₩/$)이 미래 현물환율의 불편추정량이라면 그때 원화 보유에 따른 위험할증(risk premium)은 제로이다. 즉, 시장에서의 선물환율과 미래 현물환율에 대한 예상이 일치하므로 원화보유에 따른 위험부담이 없다. 여기서 위험할증이란 위험을 떠맡는 대신 받아야하는 응분의 대가라고 할 수 있다. 그러나 편의된(biased) 추정량이라면 위험할증의 존재를 인정하는 것이 된다. 왜냐하면 편의된 추정량인 경우 선물환율과 미래 현물환율에 대한 예상 간의 격차가 존재하므로 그 만큼 특정통화표시 자산이 상대적으로 위험한 것이고 따라서 응당 위험의 대가를 받아야 할 것이기 때문이다.

6.2.2 위험할증의 측정

이제 국제거래에서 발생하는 위험할증을 구체적으로 측정해보자. 어떤 투기자(A)가 생각하는 국내자산과 해외자산간의 실효수익률(effective return) 격차는 두 자산 간의 위험할증이라고 볼 수 있다. 위험할증은 투기자의 예상 위험수준이 높을수록 그리고 투기자가 위험기피자일수록 더 클 것이다. 어떤 투기자 A씨의 미국 채권과 영국 채권 간의 실효수익률 격차가 다음과 같다고 하자.

$$i_{\$}-[i_{£}+(E^{e}_{t+1}-E_{t})/E_{t}]=f(\text{위험, 위험기피}) \qquad (6.2)$$

식 (6.2)에서 $i_{\$}$는 미국채권의 실효수익률이고 $i_{£}+(E^{e}_{t+1}-E_{t})/E_{t}$는 영국채권의 실효수익률이다. 여기서 $(E^{e}_{t+1}-E_{t})/E_{t}$는 투기자가 생각하는 파운드의 예상평가절상률(달러의 예상평가절하율)이며 E^{e}_{t+1}는 t기에 예상한 t+1기 달러 현물환율이다. 앞서 설명한 대로 투기자의 두 자산의 실효수익률 격차는 그의 위험할증과 같다.

이제 국제금융시장에서 개별 투기자들이 느끼는 위험할증을 측정해보기로 하자. 위험할증을 측정하려면 일정한 형태의 모형이 필요하다. 여기서는 금리평가조건을 분석모형으로 삼고 위험할증을 측정해보자.

금리평가를 모형으로 삼는 것은 금리평가가 시장의 행태를 100% 반영한다는 것을 의미하는 것은 아니다. 아마도 시장이 불완전하므로 금리평가가 성립하지 않는 것이 보통일 것이다. 그러한 한계가 있더라도 달리 유용한 모형이 없으므로 금리평가모형을 이용하는 것이다. 영국과 미국 간의 단순한 형태의 금리평가조건을 다시 써보면 다음과 같다.

$$i_{\$} - i_{£} = (F - E_t)/E_t \tag{6.3}$$

식 (6.3)의 양변에서 $(E^e_{t+1} - E_t)/E_t$를 빼주면

$$i_{\$} - [i_{£} + (E^e_{t+1} - E_t)/E_t] = (F - E_t)/E_t - (E^e_{t+1} - E_t)/E_t$$
$$i_{\$} - [i_{£} + (E^e_{t+1} - E_t)/E_t] = (F - E^e_{t+1})/E_t \tag{6.4}$$

식 (6.2)와 식 (6.4)를 비교해 보면 왼쪽 항이 동일하므로 식 (6.4)의 오른쪽 항인 $(F - E^e_{t+1})/E_t$은 위험할증이라고 볼 수 있다. 만일 양국의 실효수익률이 동일하다면 $F = E^e_{t+1}$가 되고(이때 선물환율은 미래 현물환율의 불편추정량이다.) 두 자산간의 위험할증은 없다.

만일 미국의 실효수익률이 영국의 그것보다 높다면 $F > E^e_{t+1}$가 되고 달러표시 자산의 위험할증은 양(+)이다. 즉, 투기자 A는 달러표시 자산은 파운드 표시 자산보다 더 위험한 자산이라고 판단하고 있다. 그러므로 그는 달러표시 자산에 투자할 경우 위험할증만큼 더 높은 수익률을 보장받아야 한다고 생각한다.

6.2.3 위험할증 계산 예

구체적인 환율을 예로 들어 달러의 위험할증을 계산해 보자.

이제 $E_t = 1.6$, $F = 1.568$일 때 투기자 A씨의 미래 현물환율이 $E^e_{t+1} = 1.520$이라고 하자.

달러의 선물환 할증은

$(F - E_t)/E_t = (1.568 - 1.6)/1.6 = -0.02$이므로 2%가 된다.

A씨의 달러의 예상평가절상률은

$(E^e_{t+1}-E_t)/E_t=(1.520-1.6)/1.6=-0.05$이므로 5%이다.

A씨의 달러자산투자에 따른 위험할증은

$(F-E^e_{t+1})/E_t=(1.568-1.520)/1.6=0.03$이므로 3%이다.

즉, 달러는 선물환시장에서 2%의 할증을 나타내고 있으나 투기자 A씨는 같은 기간동안 달러의 5% 평가절상을 예상하고 있다. 우리는 금리평가조건이 성립한다는 가정 하에서 위험할증을 측정하고 있으므로 투기자 A씨는 달러자산이 3% 더 위험한 자산으로 보고 있는 셈이다.

환율이 위와 같을 때 달러표시 채권의 연 이자율 $i_{\$}=4\%$, 파운드표시 채권의 연 이자율 $i_{£}=6\%$이다. 달러표시채권의 연 실효수익률은 4%이고 파운드표시 채권의 연 실효수익률은 식 (6.2)에서 $(E^e_{t+1}-E_t)/E_t+i_{£}=(1.520-1.6)/1.6+0.06=0.01$ 즉 1%이다.

즉, 달러자산의 실효수익률은 4%인 반면 파운드자산의 실효수익률은 1%에 불과함에도 투기자가 두 자산이 무차별하다고 보는 까닭은 무엇인가? 그것은 투기자가 달러자산은 3% 더 위험한 자산이라고 보기 때문이며 이러한 3%의 위험이 그의 위험할증이다.

6.3 효율적시장 가설

6.3.1 시장효율성

원래 시장효율성(market efficiency) 문제는 1970년 파마(E. Fama)에 의해 증권시장의 효율성으로부터 제기되었다. 그 후 국제통화제도가 변동환율제도로 이행함에 따라 환율의 변동성이 커지면서 외환시장의 효율성으로 원용되었다. 효율적 시장이란 '**주어진 정보집합 내에서 이용 가능한 정보를 모두**

이용하여 가격이 형성되는 시장'으로 정의할 수 있다. 다른 말로 하면 효율적 시장이란 '합리적 기대(rational expectation)'가 이루어지는 시장이다.

효율적인 외환시장 하에서는 모든 시장 참여자들이 동일한 정보를 갖고 최적화를 추구하기 때문에 어떤 투기자도 외환시장에서 지속적 이윤을 얻지 못한다. 반대로 만일 외환시장이 비효율적이라면 정보우위를 가진 투기자는 우월한 정보를 이용하여 지속적으로 이윤을 얻을 수 있을 것이다.

시장효율성은 근본적으로 실증적 문제이다. 본래 시장에 아무런 제약이 없다면 시장은 효율적일 것이다. 그러나 노동시장이나 재화시장의 경우를 생각해 보면, 여러 가지 법적·제도적·공간적인 제약이 존재하므로 효율적으로 움직이지 못하는 것이 현실이다.

반면 증권시장이나 외환시장, 국제금융시장 등은 거래 참여자도 많고 제약도 별로 없으며 정보도 순간적으로 확산되고 거래재화도 동질적이므로, 나름대로 시장 본래의 효율성에 근접해 있다고 생각할 수 있다. 그러므로 시장효율성을 검증하고자 할 때 보통 외환시장이나 금융시장이 검증 대상이 된다.

시장의 효율성 여부를 검증하는 실질적 유용성은 무엇인가? 시장이 효율적이라면 정부의 시장간섭은 그 정당성을 잃게 된다. 경제활동이 효율적으로 이루어지고 있는 시장에 대해 정부가 간섭을 한다면 효율성을 훼손하게 될 것이기 때문이다. 다른 한편 시장이 효율적이라면 미래 시장가격에 대한 예측이 그다지 중요한 이슈가 되지 못한다.

효율적인 시장에서는 이용 가능한 정보가 모두 이용되고 있으므로 어느 누구도 정보 우위에 서지 못한다. 따라서 어느 누구도 미래 가격에 대한 예측을 통하여 비정상적인 이윤을 얻지 못할 것이므로 미래 가격의 예측은 의미가 없다. 그러나 시장이 비효율적이라면 효율성을 높이려는 정부의 시장개입이 정당화 되는 동시에, 정보 격차를 이용한 이윤 추구가 가능하므로 미래 가격에 대한 예측이 매우 중요하게 된다.

6.3.2 선물환시장의 효율성 검증

시장효율성을 검증하는 모형은 주어진 정보집합을 어떻게 정의하느냐에 따라 다음 3가지 형태로 나누어진다.

① 약형 효율성

예상하려는 변수의 과거 정보만을 이용하여 효율성을 검증하는 경우 약형 효율성 검증이라고 한다. 예를 들어 미래 현물환율을 예상하고자 할 때 시장참여자들이 과거 환율정보만을 이용해 예상을 형성하고 있다면 '약형 효율성 시장(weak form efficiency)'이다.

② 준강형 효율성

공개적으로 이용 가능한 정보를 모두 이용하여 예상을 형성할 때 그 시장은 '준강형 효율성 시장(semi−strong form efficiency)'이라고 한다.

③ 강형 효율성

사적정보 등과 같은 내부정보까지를 포함하는 정보집합을 이용해 기대가격을 예상하는 경우 '강형 효율성 시장(strong form efficiency)'이라고 한다.

만일 선물환율이 미래 현물환율과 관련된 정보를 모두 이용하여 그 가격이 형성되고 있다면 그 선물환시장은 효율적 시장이라고 말할 수 있다. 그러나 만일 선물환율 결정에 있어 미래 예상현물환율과 관련된 일부 정보가 누락된 채 선물환율이 결정되었다면 그러한 누락정보를 보유하고 있는 투기자는 정보우위에 서게 되고 지속적 이윤을 얻을 수 있게 되므로 시장은 비효율적인 것이다.

실증분석을 통해 선물환율이 미래 현물환율의 불편추정량이거나(no risk premium case) 그 둘의 격차가 위험할증과 동일하다는(risk premium case) 귀무가설(null hypothesis)을 채택한다면 선물환시장은 효율적이라고 판정한다.

6.3.3 시장효율성 검증의 한계

시장효율성을 검증하는 실증분석결과는 나름대로 한계를 지니고 있다. 실증분석을 위해서는 연구자가 통계자료에 의존할 수밖에 없는데, 이 자료들은 현재의 시점에서 보면 지나간 과거 자료이다. 반면 투기자들의 시장예측이나 시장효율성의 개념은 미래 지향적 문제이다.

예를 들어 어떤 연구자가 지나간 과거 자료를 이용하여 환율예측모형을 만들어냈다고 하자. 그가 개발한 예측모형은 지나간 자료를 통해 검증해 본 결과 선물환율보다도 미래 현물환율을 더 잘 예측했다고 하자. 그렇다 하더라도 그가 개발한 예측방법은 현재의 투기자들이 장래의 환율을 예측하는 데는 별 쓸모가 없을 수도 있다.

꼭 맞는 예가 아닐 수도 있겠으나 이런 경우를 생각해보자. 지난 5년간 그 친구를 지켜본 결과 오늘 그 친구가 꽤나 괜찮은 사람이라는 결론을 내렸다고 하자. 그러나 그런 사실이 그 친구가 앞으로도 똑같이 괜찮은 사람이라는 것을 보증하지는 않는다는 사실이다. 왜냐하면 앞으로 새로운 정보가 출현할 것이므로, 과거 행적에 입각한 판단이 미래에도 그대로 적용될 수는 없을 것이기 때문이다.

또한 선물환율보다 더 나은 예측모형의 발견이 과거 선물환시장이 비효율적이었다는 것을 입증하는 것도 아니라는 사실이다. 왜냐하면 그러한 우수한 예측방법의 발견은 사후적인 것이며 자료가 생성되고 있던 과거에는 그러한 방법이 발견될 수 없는 것이기 때문이다. 그러한 발견은 과거를 되돌려 인생을 다시 살 수만 있다면 유용한 것이겠으나 불행히도 사후적 발견이라는 사실이다.

과거 사람들이 미래 현물환율에 대한 예상을 형성할 때는 현재의 연구자가 발견한 그러한 정보가 존재하지 않았기에 과거 선물환시장이 정보를 누락한 비효율적인 시장이라고 판정하는 것은 한계가 있다.

또 다시 꼭 맞는 예가 아닐 수도 있겠으나 이런 경우를 생각해보자. 오늘 나는 A라는 친구에게 결국 배신을 당하고 말았다. 다른 친구들은 왜 그런 사람을 친구라 믿고 가까이 지냈느냐고 나더러 사람 볼 줄 모른다고 핀잔을 한다. 그렇다고 해서 과거 내가 A라는 친구와 교제할 때도 그 친구가 나를 배신할 줄 미리 알았어야 했던 것은 아니다. 지나고 보니 판명된 것이지 그 당시 정보로는 나름 최선의 판단을 했다고 볼 수 있다.

6.4 환율예측

6.4.1 좋은 예측이란?

불확실성의 경제에서 국제금융시장 참여자는 환율에 대한 예측을 해야 한다. 예측이 정확할수록 큰 이윤을 얻을 수 있다. 어떻게 예측하는 것이 좋은 예측인가? 예측오차가 작을수록 좋은 예측인가? 그렇지 않다. 환율예측에 있어 중요한 것은 '오차의 크기'가 아니라 '예측의 방향'이다.

한국의 수출기업은 3개월 후 수출대금 1억달러를 영수할 예정이다. 3개월 후 현물환율을 예측하여 달러선물환 매도계약을 할 것인지 혹은 3개월 후 현물시장에서 달러를 매도할 것인지 결정하려고 한다. 현재 현물환율은 \$1=₩1,150이고, 3개월물 선물환율은 \$1=₩1,180이라고 하자.

회사내의 환율예측 전문가 A씨는 달러가 선물환 시장의 예상보다 더 강세를 보일 것으로 예상하고 3개월 후 예상현물환율을 \$1=₩1,185으로 예상했다. 반면 다른 전문가 B씨는 달러의 강세가 다소 수그러들 것으로 예상하고 3개월 후 예상현물환율을 \$1=₩1,160으로 보고 있다. 이제 3개월 후 현물환율이 \$1=₩1,175가 되었다면 누가 더 잘 예측한 것인가? 그리고 기업이 A 혹은 B의 예측을 받아들였다면 그 손익은 얼마인가?

예측오차만으로 보면 A씨의 예측오차는 달러당 10원인 반면 B씨의 예측오차는 달러당 15원이므로 A씨의 예측이 더 정확한 것처럼 보인다. 그러나 앞에서도 말했듯이 예측에 있어 중요한 것은 오차의 크기가 아니라 예측방향이다. A는 3개월 후 현물환율이 선물환율보다 더 오른다고 예측했으므로 예측방향이 틀렸는데 반해 B의 예측 방향은 정확했다.

만일 회사가 A의 예측을 따랐다면 선물환 매도계약을 하지 않았을 것이므로 3개월 후 현물환율 \$1=₩1,175로 달러를 매도하게 된다. 결국 선물환 매도계약보다 5억원의 손실을 보게 된다. 반대로 회사가 B의 예측을 따를 경우 선물환매도계약을 체결했을 것이므로 3개월 후 선물환매도를 이행함으로써 현물환 매도보다 5억원의 이익을 실현할 수 있다.

6.4.2 환율예측과 시장효율성

시장이 효율적이라면 시장 참여자 간에 정보격차가 존재하지 않으므로 누구도 더 좋은 환율예측을 위해 돈을 지불하지는 않을 것이다. 그러나 현실에서는 시장의 비효율성으로 인해 때때로 선물환율보다 더 좋은 환율예측을 할 수 있고 이익을 얻을 수 있으므로 환율예측이 중요해지는 것이다.

6.4.3 환율예측 기법

환율예측기법은 크게 두 가지로 나누어 볼 수 있다. 하나는 구조적 모형이고 다른 하나는 기술적 거래모형이다.

구조적 모형(structural model, fundamental model)은 환율에 영향을 주는 변수들과 환율과의 관계를 추정하여 환율을 예측하는 방법인데, 보다 이론적이고 학문적 분석방법이다. 구조적 모형에 포함되는 설명변수로는 통화정책, 재정정책, 국제수지, 물가, 금리 등이 있다.

기술적 거래모형(technical trading model)은 장래 환율을 예측함에 있어 과거 환율의 움직임을 이용하는 방법이다. 기술적 거래모형에서는 차트에 과거 환율의 움직임을 그린 후 환율의 변동 행태를 분석하여, 미래 환율의 방향을 추론하기 때문에 차트분석(chart analysis)이라고도 하며 이러한 예측자를 차트사(chartists)라고 한다. 효율적 시장 가설의 입장에서 보면, 기술적 분석은 환율에 영향을 미치는 많은 정보를 이용하지 않고 단지 과거 환율 정보만을 이용하고 있으므로 그 예측력에 의문을 제기할 수도 있을 것이다. 그러나 현실적으로 90% 이상의 외환딜러들이 환율예측에 기술적 분석결과를 활용하고 있을 정도로 기술적 분석이 인기가 있는 것도 사실이다. 기술적 거래모형은 단기 환율예측에 유용한 반면, 구조적 모형은 환율의 장기적 변동을 예측하기에 상대적으로 더 효과적이라는 연구 결과들이 있다.

요약

1 환위험 회피전략은 미래 환율에 대한 예측이 정확할수록 보다 효과적으로 수립될 수 있다.

2 환산노출(회계적 노출)은 환율변동으로 인해 발생하는 재무제표상의 회계적 변동을 말한다.

3 거래노출(좁은 의미의 경제적 노출)은 환율변동 이전에 외국과의 거래계약이 체결되었으나 일정 시점 후 결제가 이루어질 때 그 기간 내에 발생할 지도 모르는 환율변동으로 인한 환위험을 말한다.

4 경제적 노출은 환율변동으로 인한 기업가치의 변동위험을 의미한다.

5 결산일환율은 재무제표일 현재의 환율을 말한다. 역사적환율은 외화자산의 취득이나 외화부채가 발생했던 날이나 달(月)의 월말 환율을 적용하는 것이다.

6 환산노출과 거래노출로 인한 환위험을 회피하는 방법 중 대외적 기법으로는 선물환, 선물, 옵션거래 등이 있고, 대내적 기법으로는 매칭, 네팅, 리즈와 래그, 거래통화선택 등이 있다.

7 거래통화선택(currency invoicing)은 수출의 경우 강세예상통화로 거래계약을 하고 수입의 경우에는 약세예상통화로 계약을 체결하면 유리하다.

8 경제적 노출로 인한 환위험의 관리는 매우 광범위하다. 생산관리, 재무관리뿐 아니라 분산투자를 통한 위험관리도 필요하다.

9 개별 기업만이 직면하는 '특정위험(non systematic risk)'인 경우 분산투자를 통해 위험을 회피하는 것이 가능하겠지만, '시장 전체에 적용되는 위험(systematic risk)'인 경우에는 분산투자로 위험을 피하기는 어렵다.

10 위험할증이란 위험을 떠맡는 대신 받아야 하는 응분의 대가라고 할 수 있다. 위험할증은 예상 위험수준이 높을수록 그리고 위험기피자일수록 더 클 것이다.

11 효율적 시장이란 '주어진 정보집합 내에서 이용 가능한 정보를 모두 이용하여 가격이 형성되는 시장' 즉 합리적 기대(rational expectation)가 이루어지는 시장이다.

12 시장효율성을 검증하는 모형으로는 이용하는 정보집합의 크기에 따라 ① 약형 효율성, ② 준강형 효율성, ③ 강형 효율성이 있다.

요 약

13 시장이 효율적이라면 정부의 시장간섭은 그 정당성을 잃게 된다. 또 시장이 효율적이라면 미래 시장가격에 대한 예측이 그다지 중요한 이슈가 되지 못한다.

14 시장효율성을 검증하는 실증분석결과는 나름대로 한계를 지니고 있다. 실증분석을 위해서 연구자는 통계자료에 의존할 수밖에 없는데, 이 자료들은 현재의 시점에서 보면 지나간 과거 자료이기 때문이다.

15 환율예측에 있어 중요한 것은 '오차의 크기'가 아니라 '예측의 방향'이 정확한가이다.

16 구조적 모형은 환율에 영향을 주는 변수들과 환율과의 관계를 추정하여 환율을 예측하는 방법인데 보다 이론적이고 학문적 분석방법이다.

17 기술적 거래모형은 장래 환율을 예측함에 있어 과거 환율의 움직임을 이용하는 방법이다.

중요개념

환산노출	거래노출	경제적(영업) 노출	결산일환율
역사적 환율	화폐성자산	비화폐성자산	순현재가치
매칭, 네팅	리즈와 래그	currency invoicing	특정위험
체계적 위험	위험할증	예상평가절상률	실효수익률
효율적 시장	합리적 기대	약형, 준강형, 강형 효율성	불편추정량
예측의 방향	구조적 모형	기술적 거래모형	

연습문제

Ⅰ. O, X 문제

01 국내에서만 영업하는 토종브랜드 커피점은 환율변동에 따라 거래노출에 직면하게 된다.

02. 양국 자산의 실효수익률이 동일하다면 선물환 할증(할인)은 zero이다.

03. 외국과의 무역에 종사하는 기업은 환위험에 노출되어 있기 마련이므로 환위험 회피를 위해 흔히 재정거래를 하게 된다.

04. 경기변동과 같은 시장위험은 특별한 경우이므로 비체계적 위험이며 자산군 분산으로 해결할 수 있다.

05. 우리나라 수입상이 수입대금 결제를 원화로 하기로 했다면 환노출이 없다.

06. 전 세계 금융위기가 발생한 경우 체계적 위험이므로 어떤 기업이 분산투자를 통해 위험을 회피하고자 한다면 별 효과가 없을 것이다.

07. 오늘 현재 3개월물 선물환율이 1$ = ₩1,200이다. 3개월 후 현물환율은 $1 = ₩1,200이 된다.

08. 금리평가조건이 달성되고 있다고 가정하자. 달러자산의 SOFR 금리는 연 2%이고 파운드자산의 SOFR 금리는 연 4%이다. 3개월 후 1%의 영국파운드 평가절하를 예상하는 투기자의 달러자산에 대한 3개월 위험할증은 -1%이다.

09. 현물환율 1달러 = 100엔, 3개월 선물환율 1달러 = 110엔이다. 금리평가조건이 성립한다고 가정하자. 이제 투기자 브라운의 3개월 후 예상 현물환율이 1달러 = 105엔이라면 브라운은 향후 3개월 간 달러자산이 5% 더 위험한 자산이라고 보고 있다.

10. 효율적 시장은 합리적 기대가 이루어지는 시장으로 어느 누구도 정보우위를 이용하여 지속적으로 이익을 취할 수 없다.

11. 어떤 연구자가 시장의 효율성 여부를 검증하고자 한다. 그가 사람들이 환율을 예상할 때 과거 환율정보를 이용하고 있다는 사실을 검증해 내었다면 시장은 약한 정도로나마 효율적이라고 결론지을 수 있다.

연습문제

12. 시장효율성 여부를 검증하고자 할 때 금리평가와 같은 어떤 경제모형을 설정하고 검증하게 되는 것이 일반적이다.

13. 위험할증이 존재할 경우 그 시장은 효율적 시장이라고 할 수 없다.

14. 환율을 예측함에 있어 기술적 거래모형은 환율의 과거 행태를 분석하는 것이다.

15. 효율적 시장에서는 투기자들의 이윤은 항상 zero이다.

16. 어느 연구자가 과거자료를 이용하여 미래 현물환율 예측방법을 발견해냈는데, 이 방법을 이용한 예측이 선물환율보다 예측력이 좋다는 사실은 과거 외환시장의 효율성을 배제하는 발견은 아니다.

17. 과거정보를 이용하여 효율적 예측모형을 개발했다 하더라도, 그 모형이 미래 환율예측력을 나타내지 못하는 이유는 미래 생성될 새로운 정보를 놓치고 있기 때문이다.

18. 효율적 시장인 경우 모든 시장참여자들이 이용 가능한 정보를 다 이용하고 있으므로 어느 누구도 투기로 인한 비정상적 이윤의 기회는 없다. 그러나 이러한 설명이 효율적 시장 내에서 어떠한 이윤도 존재하지 않는 것을 의미하는 것은 아니다. 즉, 예측치 못한 사건이 발생할 경우 뜻밖의 이윤을 얻는 투기자가 존재할 수는 있다.

19. 환노출 가운데 파급효과가 가장 크고 위험성이 큰 노출은 경제적 노출이다.

20. 대미달러환율이 상승할 것으로 예상될 때 한국의 수출상은 수출대금 영수를 지연(lags)한다.

21. 환산노출이 발생했다는 것은 자회사의 외국에서의 외화표시 영업실적이 마이너스라는 것을 의미한다.

22. 한국기업 A가 중국기업 B에게 전자제품을 수출하고 3개월 후 10억위안을 받기로 했다면 양국 기업 모두 거래노출에 직면한다.

23. 경제적 노출은 외국과 거래함으로써 발생하는 것이므로 내수만 취급하는 기업에게는 발생하지 않는다.

24. 독일로부터 기계부품을 수입한 한국기업 A는 3개월 후 유로로 대금을 지급키로 했다. 이제 유로가치가 상승할 것으로 예상된다면 지급일자를 리즈하는 편이 낫다.

25. 경기침체와 같은 상황 하에서 경제적 노출을 회피하는 방법으로 분산투자를 실시하는 것은 효과적이다.

26. 시장이 환율을 예측할 때 환율의 과거정보 외에 금리, 물가, 정부정책과 같은 정보를 이용하고 있다면 그 시장은 약형 효율성시장이다.

27. 시장이 효율적일 경우 현재 거래되고 있는 1개월물 선물환율은 1개월 후 실제 환율과 동일하다.

28. 선물환율이 미래 현물환율의 불편추정량이라면 위험할증은 제로이고 선물환율은 미래 현물환율의 예상치와 일치한다.

29. 위험할증이 존재한다는 것은 위험자산을 보유하는데 대한 대가를 받아야 한다는 것이다.

30. 금리평가조건이 성립한다는 전제 하에서 볼 때 실효수익률이 높은 통화는 위험할증을 지불해야 한다.

31. 위험기피자일수록 더 높은 위험할증을 요구한다.

Ⅱ. 다음 물음에 간단히 답하시오.

01. 위험선호자의 예를 들어보라.

02. 미국 카길사로부터 농산물을 수입하고 있는 신토불이주식회사는 10백만달러의 수입계약을 체결하면서 대금은 3개월 후 선적과 함께 달러로 지급키로 하였다. 신토불이주식회사는 어떤 종류의 환노출에 직면하고 있는가?

03. 3개월 후 선적과 함께 100만달러의 수출대금을 받기로 계약한 수출업자 장씨는 계약일 현재 3개월물 대미선물환율보다 3개월 후 대미현물환율이 더 높을 것으로 예상하고 있다. 장씨가 자신의 예상을 이용하여 행동한다면 외환시장에서 어떤 결정을 할까?

04. 현물환율 E($/€) = 1.0, K씨의 1년 후 예상현물환율 E^e = 1.1, 1년물 선물환율 F = 1.05라면 달러의 선물환 할증은 몇 %이며 K씨의 달러보유에 대한 위험할증은 몇 %인가?

05. 미국이자율 연 6%, 한국이자율 연 10%, 원화의 예상평가절하율 연 2%이다. 원화자산의 위험할증은 연 몇 %인가?

06. 금리평가조건이 달성되고 있다고 가정하자. 달러자산의 6개월 SOFR 금리는 연 2%이고 파운드자산의 6개월 SOFR 금리는 연 3%이다. 6개월 후 영국파운드의 0.3% 평가절하를 예상하는 투기자의 6개월 달러자산에 대한 위험할증은?

07. 효율적 시장이란 어떤 시장을 말하는가?

08. 약형효율성 검증에서 환율을 예상하는 사람의 정보 집합은 어떻게 정의되는가?

09. 결산시점에서 외국에서 활동 중인 자회사의 영업실적을 보고통화로 종합하는 과정에서 발생하는 환노출을 (   )이라고 한다.

10. 현재 현물환율은 달러당 112엔이다. 다나까는 3개월 후 현물환율을 달러당 116엔으로 예상하고 있음에 반해 아끼꼬는 110엔으로 예상한다. 현재 3개월물 선물환율은 달러당 115엔이다. 3개월 후 현물환율이 114엔으로 나타났다면 누가 예측을 더 잘 했는가?

11. 현물환율 $1 = ₩1,210, 1개월물 선물환율 $1 = ₩1,220, 김씨의 1개월 후 예상현물환율 $1 = ₩1,225, 박씨의 1개월 후 예상현물환율 $1 = ₩1,215, 1개월 후 실제현물환율 $1 = ₩1,230이라면 누구의 예측이 정확했으며 거래비용이 없다고 할 때 선물환거래를 통해 1달러당 몇 원의 수익을 얻을 수 있나?

12. 원화강세시기 우리 수출기업은 달러표시 수출대금을 (   )하는 것이 좋다.

13. 본·지점 혹은 본사와 지사 간에 발생하는 채권, 채무를 개별 결제하지 않고 일정기간 후 상계하여 차액만 결제하는 것을 (   )이라 한다.

14. 현물환율 1$ = 100엔, 1개월 선물환율 1$ = 98엔, A씨의 1개월 후 예상현물환율 1$ = 97엔이다. A씨는 선물환투기로 달러매도 혹은 매수? 1개월 후 A씨의 예상이 맞았다면 달러당 손익은?

15. 원화자산 연 수익률 5%, 달러자산 연 수익률 4%, 김씨의 원화 예상평가절상률 연 1%. 금리평가가 성립한다고 할 때 김씨는 원화자산을 연(   )% (더, 덜) 위험하게 본다.

16. 현물환율 1달러 = 100엔, 1개월 선물환율 1달러 = 98엔, 야마시다의 1개월 후 환율예상 1달러 = 99엔, 미야자와의 예상 1달러 = 94엔이다. 1개월 후 실제 환율이 1달러 = 97엔이 되었다면 누구의 예측이 정확했고 선물환매도 계약을 했다면 달러당 얼마의 이익을 얻는가?

Ⅲ. 다음 물음에 대하여 가장 적절한 답을 고르시오.

01. 피셔방정식 하에서 실질금리는 2%, 예상 인플레이션 3%라면 명목금리는 몇 %인가?

① 3%   ② 5%   ③ 2%   ④ 1%

02. 경제적노출에 대한 다음 기술 중 잘못된 것은?

① 영업노출이라고도 한다.
② 예상된 환율변동으로 인한 경제적 노출도 문제가 된다.
③ 환율변동시점 이후 미래가치의 변동위험
④ 국내영업만 하는 기업도 노출될 수 있다.

CHAPTER 7

구매력평가

Chapter 7

구매력평가

국제경제사회에서 미국과 영국 두 나라를 놓고 볼 때 양국은 서로 다른 통화를 사용하면서 경제활동을 해나가고 있다. 폐쇄경제라면 별 문제가 없겠으나 개방경제로 서로 교역을 하며 살아가야 한다면 양국 통화 간의 교환비율인 환율이 필수적으로 요구된다.

양국의 국가경제를 위해 양국 간의 환율을 얼마로 정하는 것이 옳고 적정한 것인가? 물론 영국 파운드와 미국 달러 간의 환율은 매일 매일 세계 여러 국제금융시장에서 자유롭게 결정되고 있다. 시장에서 환율이 결정되고 있으므로 효율적일 것이고 적정하다고 생각할 수도 있다. 그러나 국제금융 종사자들은 "오늘 시장에서 결정된 환율이 무엇을 기준으로 할 때 적정수준인가? 또 미래 환율은 얼마가 될 것인가?라는 문제에 답하기 위해서 환율이 어떻게 결정되는지를 알고자 한다.

환율결정 메커니즘을 알 수만 있다면 오늘 환율의 적정여부나 미래 환율에 대한 예측이 한결 쉽다. 경제학자들은 오래 전부터 환율 결정 메커니즘에 대해 연구해 왔는데, 그 하나가 '구매력평가(PPP : Purchasing Power Parity)'이다.

7.1 구매력평가란?

구매력평가에 대한 논의는 금본위제도가 시행되던 200여 년 전 흄(D. Hume)으로 거슬러 올라간다. 그 후 리카르도(D. Ricardo)를 거쳐 20세기 초 스웨덴의 경제학자 카셀(Gustav Cassel)에 이르러 구체적으로 이론화되었다.

구매력평가는 전통적인 환율이론의 하나로 양국 통화의 구매력지수를 비교하여 환율로 삼자는 주장이다. 즉, 미국과 영국에 있어 미국 달러의 구매력지수와 영국 파운드의 구매력지수를 비교하여 영국 돈 1파운드의 구매력지수가 미국 돈 1달러의 구매력지수의 1.5배라면 1파운드는 1.5달러의 가치를 갖고 있으므로 양국 통화 간의 환율은 £1=$1.5로 하자는 것이다. 이러한 주장의 배경에는 전 세계적으로 상품재정의 활동으로 인한 '**일물일가의 법칙**(law of one price)'이 성립한다는 인식이 깔려 있다.

일물일가의 법칙은 **하나의 재화에는 하나의 가격만이 성립한다**는 것이다. 즉, 거래비용이 존재하지 않는다고 할 때 동일한 재화는 전 세계 어디서나 동일한 가격으로 팔리게 된다는 것이다. 일물일가의 법칙이 성립한다면 미국달러에 대한 한국원화 환율이 $1=₩1,200일 때 미국에서 청바지 한 벌이 50달러라면 한국에서의 청바지 가격은 6만원이 된다는 것이다.

만일 한국의 청바지 가격이 7만2천원이라고 하자. 거래비용이 없다고 할 때 재정자들은 미국에서 청바지를 50달러에 사서 한국에서 7만2천원에 팔므로써 60달러를 받아 청바지 한벌당 10달러의 이익을 얻게 된다. 청바지가 미국에서 한국으로 수입되면서 청바지 공급이 증가하면 한국의 청바지 가격은 하락하게 된다. 일물일가의 법칙이 성립한다면 한국의 청바지 한 벌 가격이 6만원이 될 때까지 이러한 상품재정은 계속될 것이다.

구매력평가이론의 초기 형태는 각국 통화의 구매력지수를 자국의 금 보유량과 결부시켰다. 금 보유량이 많은 나라는 통화량이 많은 것이므로 물가가 오르고 구매력지수는 하락한다. 따라서 자국통화의 평가절하가 일어난다고 인식하였다. 20세기 들어 카셀에 이르러서는 구매력지수를 통화량 대신에 상대가격수준(상대적 물가)으로 대체시켰다. 즉, 물가수준이 높은 나라의 통화는 구매력이 낮은 것이므로 환율인상이 불가피하다는 인식이다.

구매력평가와 관련된 논점은 크게 세 가지로 나누어 볼 수 있다.

첫째, 절대적 구매력평가인가 혹은 상대적 구매력평가인가의 문제이다. 둘째, 물가지수의 선정문제이다. 물가지수로 생산자물가지수를 택할 것인가? 아니면 소비자물가지수를 사용해야 하는가? 또는 여타의 물가지수는 어떤가? 셋째, 실제 환율과 구매력평가 간의 괴리를 어떻게 설명할 수 있는가의 문제이다. 괴리에도 불구하고 구매력평가는 환율결정이론으로 삼을 만 한가? 혹은 장기환율의 가이드라인(guide line)쯤으로 활용해야 하는가?

7.2 절대적 구매력평가와 상대적 구매력평가

7.2.1 절대적 구매력평가

(1) 절대적 구매력평가란?

절대적 구매력평가(absolute PPP)는 양국의 절대적 물가의 비율을 환율로 삼자는 이론인데, 다음과 같이 나타낼 수 있다.

E_{appp}=(자국의 절대적 물가)/(외국의 절대적 물가)

여기서 E_{appp}는 절대적 구매력평가환율이다. 절대적 구매력평가환율 E_{appp}는 자국통화로 표시한 외국통화 1단위의 가격으로 표현된다. 절대적 물가란 모든 재화의 자국통화표시 가격을 소비 가중치에 따라 가중평균한 물가를 의미한다.

예를 들어 한국의 김씨와 박씨, 미국의 A씨와 B씨가 각각 자국의 시장에서 물건을 골라 큰 바구니에 담았다고 하자. 김씨와 A씨가 담은 물건은 종류와 수량에서 동일하고 마찬가지로 박씨와 B씨의 바구니도 동일하다고 하자. 김씨가 치른 값은 12만원이었고 A씨가 치른 값은 100달러였다. 동시에 박씨가 치른 값은 24만원이고 B씨가 치른 값은 200달러였다. 양국 간의 절대적 구매력평가는 양국의 절대적 물가의 비율인 12만원/100달러 혹은 24만원/200달러, 즉 1,200원/1달러가 된다.

절대적 구매력평가설은 양국 간의 환율은 바로 이렇게 계산된 1달러=1,200원이 되는 것이 적절하다고 주장하는 이론이다. 사실 절대적 구매력평가는 일물일가의 법칙이 성립하고 동시에 각 재화에 대한 소비 가중치가 양국에서 동일하다는 전제 하에서 주장되는 이론이다. 만일 양국 재화에 있어 일물일가의 법칙이 성립한다면

모든 재화에 있어 $P_{i,t}=E_t \times P^*_{i,t}$ 이 성립한다. (7.1)

여기서, $P_{i,t}$: t시점의 재화 i의 국내가격
$P^*_{i,t}$: t시점의 재화 i의 외국가격
E_t : t시점 환율

이제 양국에 있어 각 재화 i의 소비 가중치(α_i)가 동일하다면 t시점에서 절대적 구매력평가는 다음과 같다.

$$E_{appp,t} = (\Sigma \alpha_i \times P_{i,t}) / (\Sigma \alpha_i \times P^*_{i,t}) \tag{7.2}$$

식 (7.2)에서 α_i는 재화 i의 소비가중치이다. 식 (7.1)을 식 (7.2)에 대입하면 절대적 구매력평가환율은 실제환율과 일치한다.

$$\begin{aligned} E_{appp,t} &= (\Sigma \alpha_i \times E_t \times P^*_{i,t}) / (\Sigma \alpha_i \times P^*_{i,t}) \\ &= E_t(\Sigma \alpha_i \times P^*_{i,t}) / (\Sigma \alpha_i \times P^*_{i,t}) \\ &= E_t \end{aligned}$$

그러므로 일물일가의 법칙이 성립하고 동시에 각 재화에 대한 소비 가중치가 양국에서 동일하다면 절대적 구매력평가는 실제환율과 일치하고 구매력평가설은 환율결정이론으로 최적인 셈이다.

(2) 절대적 구매력평가의 문제점

절대적 구매력평가는 일물일가의 법칙이 성립하고 양국의 소비 가중치가 동일하다는 전제 하에서 성립하는 것임은 앞서 밝힌 바 있다. 일물일가의 법칙이 성립하기 위해서는 다음의 가정이 충족되어야 한다. ① 모든 재화는 교역재이다. ② 재화는 동질적이다. ③ 거래비용이 없다. ④ 거래장벽이 없다. 그러나 현실 세계에서는 위의 4가지 가정이 결코 충족될 수 없기 때문에 일물일가의 법칙은 성립하지 않을 것이다. 동시에 양국에 있어 재화의 소비 가중치가 동일하다는 가정도 현실적으로 충족될 수 없는 가정이라 하겠다.

각국 소비자들은 서로 다른 소비 취향을 갖고 있을 것이기 때문에 어느 나라는 사과를 더 많이 소비하는 대신 배는 덜 소비하는 반면 다른 나라는

정 반대의 소비 행태를 보이는 일이 비일비재하기 때문이다. 그러므로 사실상 일물일가의 법칙이 성립하지 않으며 각 재화에 대한 양국의 소비가중치도 동일하지 않을 것이므로 절대적 구매력평가에 의해 계산된 환율을 실제 시장환율로 삼는 것은 문제가 있을 것이다.

쉬어가기!

빅맥환율

• 맥도널드 빅맥 햄버거 스위스에서 가장 비싸

전세계에서 맥도널드 빅맥 햄버거값이 가장 비싼 곳은 스위스인 것으로 나타났다. 영국 경제주간지 이코노미스트가 세계 54개국 빅맥 지수를 발표한 결과다.

스위스는 미국 내 빅맥 가격인 5.15달러보다 1.3배 비싼 6.71달러나 됐다. 빅맥 가격만을 따진 스위스 프랑 환율은 30.3% 고평가되어 있는 셈이다.

한국의 빅맥 가격은 3.50달러로 54개국 중 33위였다. 빅맥 가격 기준 원화 환율은 32% 저평가돼 있는 것이다. 빅맥환율에 의하면 원화는 일본 엔화나 홍콩 달러화에 비해서는 고평가되고 있다.

이코노미스트가 매년 발표하는 빅맥 지수는 전세계에서 팔리는 미국 맥도널드 햄버거인 빅맥 가격을 일정 시점에서 달러로 환산해 미국 내 가격과 비교한 지수다. 절대적 구매력 평가가 성립한다는 가정 하에 달러화 기준 세계 각국의 햄버거 가격으로 각국 통화의 구매력과 적정환율을 산출할 수 있다는 다소 황당한 주장이다.

주요국 빅맥가격(2022년 7월)

(단위 : 달러)

스위스 6.71	노르웨이 6.26	우루과이 6.08	스웨덴 5.59
캐나다 5.25	미국 5.15	Israel 4.95	UAE 4.90
Euro Zone 4.77	호주 4.63	아르헨티나 4.57	사우디아라비아 4.53
영국 4.44	브라질 4.25	싱가포르 4.24	중국 3.56
한국 3.50	태국 3.50	일본 2.83	홍콩 2.68
대만 2.51	이집트 2.43	인도 2.39	베네수엘라 1.75

자료 : 이코노미스트 2022.8.8.

7.2.2 상대적 구매력평가

(1) 상대적 구매력평가란?

상대적 구매력평가(relative PPP)는 기준연도에 절대적 구매력평가가 성립한다는 가정 하에서 기준연도 균형환율로부터의 변화율은 기간동안 각국 인플레이션 격차로 나타낼 수 있다는 주장이다.

$$\hat{E}_{rppp,t} = \hat{P}_t - \hat{P}_t^* \qquad (7.3)$$

식 (7.3)에서 $\hat{E}_{rppp,t}$은 상대적 구매력평가의 변화율, $\hat{P}_t$는 자국의 물가변화율(인플레이션), $\hat{P}_t^*$는 외국의 물가변화율이며 ^은 기준연도(t=0)로부터의 변화율을 의미한다. 상대적 구매력평가에 따르면 인플레이션이 높은 나라의 통화는 그만큼 구매력이 하락한 것이므로 환율인상이 일어나는 것이 타당하다는 것이다.

예를 들어 기준연도 양국의 절대적 구매력평가는 $1=₩1,200이었고 기준연도의 실제환율도 $1=₩1,200이었다고 하자. 즉, 기준연도에는 절대적 구매력평가가 성립했다고 하자. 이제 t기 현재 한국의 인플레이션($\hat{P}_t$)은 기준연도에 비해 10% 상승한 반면, 미국의 인플레이션($\hat{P}_t^*$)은 5% 상승하는데 그쳤다면 t기의 양국의 상대적 구매력평가는 기준연도에 비해 5% 상승해야 한다는 것이다. 상대적 구매력평가에 따르면 t기 시장환율은 $1=₩1,260이 되어야 한다는 것이다.

만일 절대적 구매력평가가 성립한다면 상대적 구매력평가도 역시 성립한다. 그러나 절대적 구매력평가가 성립하지 않더라도 상대적 구매력평가는 의미가 있을 수 있다. 즉, 일물일가의 법칙이 성립하지 못하도록 했던 요소들인 재화구성과 품질의 차이, 거래비용과 무역장벽 등이 존재하더라도 그러한 시장 불완전성이 시간의 흐름에 따라 변하지 않고 일정하고 동시에 소비가중치 역시 시간의 흐름에 따라 일정하다면 환율변화와 양국 인플레이션 격차 간의 관계는 성립할 것이기 때문이다.

상대적 구매력평가는 인플레이션이 빠르게 진행되는 시기나 장기에 더 적합한 이론이라고 말할 수 있다. 왜냐하면 경제에 생산성 향상이나 자연재해,

원유가격 폭등과 같은 실질충격(real shock)은 단기적으로 환율을 변화시킬 것이다. 이러한 실질충격은 예상치 못한 가운데 무작위적(random)으로 발생하는 것이며 환율에 미치는 효과도 환율인상을 일으키는 경우나 환율인하를 일으키는 경우에 있어 평균적으로 비슷한 빈도로 발생할 것이다. 그러므로 장기적으로 실질충격은 서로 상쇄되어 장기 환율변화에 별 영향을 미치지 못할 것이다. 그러므로 인플레이션이 심한 시기나 장기에는 환율변화는 주로 양국간의 인플레이션 격차에 의해 지배를 받을 것이기 때문이다.

(2) 상대적 구매력평가의 문제점

상대적 구매력평가의 문제점으로는 기준연도의 설정이 어렵다는 것이다. 기준연도를 언제로 잡느냐에 따라 상대적 구매력평가가 달라지기 때문이다. 예를 들어 최근의 시장환율이 상대적 구매력평가에 비추어 적정수준인지 아닌지를 평가한다고 하자. 이때 기준연도를 어느 해로 잡고 상대적 구매력평가를 계산하느냐에 따라 현재의 환율이 적정수준인지 아닌지가 달라진다.

예를 들어 2015년 기준환율은 $1=₩1,000이었다고 하자. 2020년 6월 현재 시장환율은 $1=₩1,150이다. 이제 현재의 시장환율이 적정수준인지 상대적 구매력평가에 따라 평가해보고자 한다. 2015년부터 2020년까지 지난 5년간 한국의 인플레이션은 10%였음에 비해 미국의 인플레이션은 5%였다면, 2020년의 상대적 구매력평가는 기준연도로부터 5% 상승한 $1=₩1,050이 된다. 그러므로 기준연도를 2015년으로 할 때 2020년 6월 현재 시장환율 $1=₩1,150은 상대적 구매력평가에 비춰볼 때 원화가 저평가된 것이다.

이제 2010년을 기준연도로 삼는다면 어떻게 달라질까? 2010년 기준환율은 $1=₩1,050이라고 하자. 2010년부터 2020년의 10년간 인플레이션이 한국은 15%, 미국은 5%였다면 상대적 구매력평가는 기준연도보다 10% 상승한 $1=₩1,155가 된다. 즉, 2010년을 기준연도로 삼는다면 상대적 구매력평가에 비춰볼 때 2020년 6월 시장환율 $1=₩1,150은 원화가 고평가 되었음을 말해준다. 즉, 기준연도를 언제로 잡느냐에 따라 현행 환율에 대한 평가가 상반될 수 있음을 알 수 있다.

쉬어가기!

'신라면 지수'도 있다

• 맥도날드 빅맥지수 · 스타벅스 라테지수…

농심은 2012년 5월 한국의 '빅맥지수'라 불리는 '신라면 지수'를 2009년에 이어 두 번째로 발표했다.

신라면 지수는 신라면이 판매되고 있는 주요 10개 지역의 신라면 1봉지 가격을 미국 달러로 환산, 각국의 구매력을 비교 평가(PPP : Purchasing Power Parity)하는 지수이다. 신라면은 세계 80여 개국에 판매되고 있으며 품질과 중량, 원료 등이 표준화되어 있어 주요 국가의 물가 수준 및 통화를 가늠하는 지표가 될 수 있다는 것이 농심 측 설명이다.

이번에 농심이 발표한 신라면 지수에 따르면, 미국 현지 판매가격이 0.99달러(약 1,142원)인데 비해 호주가 1.89 호주달러(약 2,210원)로 가장 비쌌고, 홍콩이 4.5 홍콩달러(약 668원)로 가장 싼 것으로 조사됐다. 한국은 조사대상 10개 지역 가운데 8번째로 0.68달러(780원)였다.

특히 미국의 구매력을 1로 봤을 때 호주의 구매력이 1.94로 나타나 호주의 높은 물가수준이 신라면 지수에도 반영되고 있는 것으로 분석됐다.

신라면은 1986년 출시된 이후 2012년 현재까지 국내에서 약 210억봉, 해외에서 약 30억봉 등 총 240억봉 가량이 판매되었으며 1987년부터 수출을 시작, 수출 개시 25주년을 맞았고 현재 전세계 80여 개국에 수출되고 있다.

FAQ

학생의 질문 : "상대적 구매력평가는 인플레이션이 빠르게 진행되는 시기에 더 적합한 이론"이라고 되어있는데요 왜 그런지 잘 이해가 안가요..ㅠ.ㅠ 실질 충격이 random하게 일어나서 장기적으로 상쇄되는 건 알겠는데 그럼 상대적 구매력 평가이론은 장기적으로 볼 때 맞는 이론 아닌가요??

어느 학생의 답변 : 제가 이해한 바로는.. 환율에 영향을 주는 요인에는 크게 두 가지로 볼 수 있습니다. 인플레이션과 실질충격이요. 그런데 인플레이션이 빠르게 진행되는 경우 인플레이션 효과가 실질충격효과보다 우세합니다. 동시에 실질충격은 랜덤하게 발생한다고 할 때 시간의 흐름에 따라 상쇄되므로 환율에 미치는 영향이 작아집니다. 상대적 구매력평가설은 기간 중 환율변화율이 인플레이션격차와 같도록 하자는 이론이므로 인플레이션이 빠르게 진행되는 시기나 장기적으로 더 잘 맞게 되는 걸로 이해했어요.

7.3 구매력평가와 관련된 또 다른 논점

7.3.1 물가지수의 선택

구매력평가를 계산하기 위해 어떤 물가지수를 사용해야 하는가? 이 문제에 대해서는 두 가지 상반된 견해가 있다. 한 견해는 환율을 양국 교역재 가격의 상대가격으로 보고 교역재 가격지수만을 고려하자는 주장이다. 이러한 입장을 지지하는 학자들은 일물일가의 법칙을 강조하면서 상품재정의 역할을 중시하는 사람들이라고 하겠다. 이들은 물가지수로 생산자물가지수(PPI)를 보다 선호한다.

반면에 환율을 양국의 교역재뿐 아니라 비교역재를 포함하는 모든 재화의 상대가격으로 보아야 한다는 견해가 있다. 후자를 주장하는 경제학자들은 구매력은 일반물가지수에 의해 좌우된다는 점을 강조한다. 이들은 물가지수로 소비자물가지수(CPI)나 GDP디플레이터를 선호한다.

7.3.2 인플레이션, 분석기간과 구매력평가

구매력평가는 인플레이션이 심한 나라일수록 실제 환율과 더 잘 맞는다. 왜냐하면 높은 인플레이션 국가일수록 인플레이션이 상대가격의 변화를 압도하므로(overwhelm) 인플레이션과 환율 간의 관계가 보다 긴밀해지기 때문이다.

반면에 인플레이션이 낮은 나라는 환율과 인플레이션 간의 관계가 긴밀하지 못하다. 즉, 상대가격의 변동이 환율을 지배하므로 상대가격의 변동에 따라 실제 환율은 변동하는데 반해 인플레이션은 낮기 때문이다. 그러므로 인플레이션이 낮은 나라에서는 상대가격의 변동을 반영하는 실제 환율과 양국 간의 인플레이션 격차로 표현되는 상대적 구매력평가 간에는 상당한 괴리가 있게 된다.

분석기간의 장단기와 구매력평가 간의 관계를 살펴보면 분석기간이 길수록 구매력평가가 더 잘 맞는다는 사실을 알 수 있다. 월별자료를 사용하는 것보다 연도별 자료를 사용하는 경우 인플레이션의 역할이 더 크게 나타난다. 그러므로 분석기간이 길수록 상대가격의 변동은 서로 상쇄되어 덜 중요해지는 반면 인플레이션의 역할은 더 지배적이므로 인플레이션 격차로 표현되는 상대적 구매력평가와 더 잘 맞는다. 단기보다는 장기에 있어 구매력평가가 실제환율과 보다 잘 어울린다는 실증분석 결과도 이러한 사실을 뒷받침한다.

7.4 실제환율과 구매력지수 간의 괴리

지난 30년 간 환율과 물가지수 간의 관계를 살펴보면 실제환율의 움직임과 양국 물가지수로 계산한 구매력평가간에는 상당한 괴리가 지속적으로 관찰되고 있다. 이러한 사실은 실제환율은 구매력평가와는 별 관계가 없음을 뜻하는 것인가? 대부분 경제학자들은 이 둘이 서로 관계는 깊지만 실제환율과 구매력평가 간의 지속적인 괴리를 발생시키는 요인이 있다고 보고 그러한 요인을 찾고 해석하는 데 더 집중하고 있다.

사실 환율과 물가는 둘 다 내생변수로서 여타의 외생변수(설명변수)에 의해 결정된다. 결국 설명변수에 따른 반응도 각각 다르므로 둘이 괴리를 나타낼 수밖에 없다. PPP는 두 변수(환율과 물가) 간의 중장기적 균형관계를 말하는 것으로 보는 것이 타당하다. 그렇다면 이들간의 괴리는 어떻게 설명될 수 있는가?

첫째, 거래비용의 존재가 둘 사이의 괴리에 일정 부분 기여할 것이다. 거래비용이 클수록 둘 사이의 괴리도 커질 것이기 때문이다.

둘째, 생산성 변화, 자연재해, 원유가격 폭등과 같은 공급충격이나 각국 소비 취향의 변화와 같은 수요충격도 둘 사이의 괴리를 일으키는 요인이다. 이러한 실질충격이 실제 환율에 미치는 영향은 큰데 반해 양국 물가에 미치는 영향은 그보다 크지 않을 것이기 때문이다. 왜냐하면 환율은 물가보다

시장환경변화에 훨씬 민감하게 반응하기 때문이다.

셋째, 국제적인 자본이동은 환율에는 큰 영향을 미치는데 비해 물가에는 비교적 작은 영향을 미친다.

넷째, 환율이 결정되는 자산시장은 환율의 재빠른 변동으로 빨리 조정되는데 비해 물가가 결정되는 재화시장에서는 가격이 서서히 조정된다. 예를 들어 한국은행이 기준금리 인하를 발표했다고 하면 시장 환율은 상승한다. 그러나 물가변화는 시간이 걸린다는 것이다. 그러므로 환율과 물가간에는 시차(time lag)가 존재하게 되고 따라서 오늘의 환율과 물가로 계산한 구매력평가간에는 괴리가 발생할 수밖에 없다. 둘 사이의 괴리를 좁히려면 시차를 고려하여 t기 환율과 t+1기 물가를 비교하는 편이 더 적절할 것이다.

7.5 구매력평가에 대한 종합적 평가

물가의 변동이 환율에 영향을 주는 것은 사실이나 유일한 요소는 아니다. 환율은 물가 외에 정부의 통화·재정정책, 금리, 실질충격, 뉴스(news), 기대, 투기 등에도 영향을 받고 있다. 특히 단기에는 물가보다 다른 요인에 더 큰 영향을 받는다. 지난 30여 년간 변동환율제도 시기동안 실제 자료분석을 토대로 이루어진 많은 연구결과들은 단기적으로 실제환율과 구매력평가 간에는 커다란 괴리가 있음을 보여주고 있다. 그러므로 구매력평가를 단기 환율결정이론으로 삼거나 단기 환율의 적정성을 평가하는 기준으로 삼는 것은 부적절하다 하겠다.

그러나 장기적으로는 물가가 환율에 미치는 영향이 커질 것이고 실제 자료분석에 있어서도 환율과 구매력평가 간의 괴리는 장기적으로 감소하는 것으로 나타나고 있다. 또 환율과 구매력평가 간에는 변화의 진행방향에 있어서 동행성이 있는 것으로 분석되고 있으므로, 구매력평가를 장기균형환율을 탐색하는 가이드라인으로 삼는 것은 적절하다 하겠다.

예를 들어 실제환율과 구매력평가를 장기적으로 비교함으로써 자국 통화의 고평가 혹은 저평가 여부를 살피고, 동시에 이러한 분석결과를 적정환율을 위한 외환시장 개입전략 등에 활용할 수 있을 것이다.

쉬어가기!

중국의 GDP가 미국을 앞섰다? 'PPP기준 GDP'

2014년, 중국이 드디어 미국의 GDP를 앞서서 세계 1위로 올라섰다고 합니다. 물론, 자세히 살펴보니 '명목GDP'가 아닌 'PPP기준 GDP'로 계산했을 때, 중국이 미국을 제치고 1위를 했다는 것이죠. 세계은행 자료에 따르면 2014년 중국의 PPP기준 GDP는 18조309억달러로 미국의 17조4,190억달러를 근소한 차이로 앞섰다고 합니다. 물론 일반적으로 말하는 GDP인 '명목GDP'로 비교해보면 미국이 17조4,190억달러이고 중국이 10조3,601억달러이므로 여전히 미국이 앞서고 있습니다. 그럼 'PPP기준 GDP'는 어떤 GDP이길래 미국과 중국의 순서를 이렇게 바꾸어 놓을 수 있는 걸까요?

• GDP, 국가가 월급쟁이라면 연봉이 얼마인지를 나타내는 것

우선 GDP에 대해 알아보죠. GDP는 'Gross Domestic Product'의 약자로 '국내총생산'을 뜻합니다. 일정기간 동안 한 나라의 경제주체(가계, 기업, 정부)가 참여하여 생산한 재화(물건)와 용역(서비스)의 수량에다 시장가격을 곱한 금액의 총합을 말합니다. 그러다 보니 GDP는 한 나라가 얼마만큼의 부가가치를 생산하고 있는 지를 나타내는 지표일 뿐만 아니라, 각국의 경제적 성과를 비교하는 지표로도 사용되고 있습니다.

물론, 각국의 GDP를 비교하기 위해서 시장가격은 달러로 환산하여 표기를 하며 각국의 GDP의 크기로 경제적으로 부강한 나라의 서열을 매기기도 하고 매년 GDP가 얼마나 성장했느냐를 계산해 그 나라의 경제성장률을 표시하기도 합니다.

쉽게 말해 GDP는 국가를 월급쟁이로 비교해 보면 연봉이 얼마냐를 나타내는 것과 같다고 보시면 됩니다. 최근 들어 GDP가 경제성장의 양은 반영하지만 질은 반영하지 못하므로 GDP를 너무 맹신해서는 안 된다는 의견이 많습니다. 하지만 아직까지는 많은 사람들이 GDP로 국가 간의 경제력을 비교하는 것에 주저하지 않는 것 같습니다.

• 'PPP기준 GDP'란 각국의 구매력, 즉 물가수준까지 반영한 GDP

그럼 PPP기준 GDP는 과연 무엇이길래 이 기준으로 했을 때 중국이 미국을 앞질렀다는 것일까요? PPP는 'Purchasing Power Parity'의 약자로 우리말로는 '구매력평가(購買力平價)'라고 번역합니다. 여기서 평가란 누군가를 평가(評價)한다는 의미가 아니라, 평균가격의 줄임말이라 보시면 됩니다.

개방된 글로벌시장체제에서는 환율이 두 나라 통화의 구매력에 의해 결정이 된다는 '일물

일가(一物一價)의 법칙'에 영향을 받는다는 이론이 있습니다. 뭐… 미국의 빅맥 달러표시 가격과 한국의 빅맥 원화표시 가격이 똑같은 수준으로 환율이 결정된다는 것이죠.(중략)

각 나라는 서로 물가가 다릅니다. 따라서 PPP기준 GDP를 구할 때는 각 나라에서 생산하는 재화나 용역의 제각기 다른 가격을 비교하여 평균가격을 구하고 이를 GDP계산에 사용합니다.

예를 들어 세탁소의 드라이클리닝 가격이 미국은 30달러, 한국은 20달러인데 인건비가 싼 중국은 10달러라고 해보죠. 그럼 드라이클리닝 평균가격은 20달러가 됩니다. 그럼 중국의 GDP를 계산할 때 10달러가 아닌 평균가격 20달러를 적용하여 계산을 하게 되죠.

결과적으로 미국보다 인건비가 낮은 중국의 경우, 자신의 명목GDP에 비해 'PPP기준 GDP'는 더 높은 수치를 나타내게 되는 것이죠. 결과적으로 물가수준이 고려되지 않은 2014년 명목GDP는 미국이 앞섰지만 물가수준까지 고려했을 때의 PPP기준 GDP는 인건비가 낮은 중국이 앞서는 결과가 나온 것입니다.(하략)

김의경의 알기쉬운 금융.경제상식, 한경닷컴, 2015. 8. 9.

요약

1 구매력평가는 전통적인 환율이론의 하나로 양국 통화의 구매력지수를 비교하여 환율로 삼자는 이론이다.

2 일물일가의 법칙은 하나의 재화에는 하나의 가격만이 성립한다는 것이다. 즉, 거래비용이 존재하지 않는다고 할 때 동일한 재화는 전 세계 어디서나 동일한 가격으로 팔린다는 것이다.

3 절대적 구매력평가는 양국의 절대적 물가지수의 비율을 환율로 삼자는 이론으로 일물일가의 법칙이 성립하고 동시에 각 재화에 대한 소비 가중치가 양국에서 동일하다는 전제 하에서 주장된다.

4 사실상 일물일가의 법칙이 성립하지 않으며 각 재화에 대한 양국의 소비가중치도 동일하지 않을 것이므로 절대적 구매력평가에 의해 제시된 환율을 실제 시장환율로 삼는 것은 문제가 있다.

5 상대적 구매력평가는 기준연도에 절대적 구매력평가가 성립한다는 가정 하에서 기준연도 균형환율로부터의 변화율은 기간동안 각국 인플레이션 격차로 나타낼 수 있다는 견해이다.

6 상대적 구매력평가의 문제점으로는 기준연도의 설정이 어렵다는 것이다. 기준연도를 언제로 잡느냐에 따라 상대적 구매력평가가 달라지기 때문이다.

7 구매력평가를 계산하기 위해 어떤 물가지수를 사용할 것인가라는 문제가 있다. 교역재 가격지수만을 고려하자는 입장과 일반물가지수를 사용해야 한다는 입장이 있다.

8 구매력평가는 인플레이션이 심한 나라일수록, 분석기간이 길수록 실제 환율과 더 잘 맞는다.

9 실제환율과 구매력지수 간에는 상당한 괴리가 존재한다. 그 이유로는 ① 거래비용, ② 공급충격이나 수요충격, ③ 자본이동, ④ 환율과 물가 간에 존재하는 시차 등이 있다.

중요개념

구매력평가	일물일가의 법칙	절대적 구매력평가	상대적 구매력평가
실질충격(real shock)	빅맥환율	PPP기준 GDP	

연습문제

Ⅰ. O, X 문제

01 현재 실제환율은 $1 = ₩1,200이다. 양국 물가지수로 환산한 PPP환율은 $1 = ₩1,300이다. PPP환율을 기준으로 할 때 현재 원화환율은 달러에 대해 고평가된 것이라 할 수 있다.

02. 동일한 재화가 나라마다 값이 다르다는 것은 상대적 구매력평가가 성립하지 않음을 보여준다.

03. 상대적 구매력평가는 무작위적 실질변동은 플러스 마이너스 양쪽으로 일어날 것이므로 단기보다는 장기적으로 환율변화에 영향을 준다고 본다.

04. 국제금융위기의 발생과 같은 외부충격에 대해 환율은 민감하게 반응하나 물가는 서서히 반응한다.

05. 전세계적으로 일물일가의 법칙이 성립하고 동시에 양국 재화의 소비가중치도 동일하다면 환율은 절대적 구매력평가와 일치한다.

06. 상대적 구매력평가에 따르면 기준연도로부터 자국의 물가상승률은 10%, 상대국의 물가상승률은 6%라면 양국 간의 환율은 기준연도 환율로부터 4% 인상되어야 한다.

07. 인플레이션이 거의 없는 상태에서 무작위적으로 발생하는 실질충격은 환율에는 영향을 주지만 구매력지수에는 별 영향을 주지 못하므로 구매력지수와 실제환율 간에는 괴리가 발생한다.

08. 구매력평가는 장·단기 환율결정이론으로 매우 유용하다.

09. 상대적 구매력평가가 인플레이션이 높은 시기에 더 잘 성립하는 이유는 과도한 인플레이션이 실질변화로 인한 상대가격 변화보다 우세하여 흡수해버리기 때문이다.

10. 분석기간이 길수록 실질충격에 의한 상대가격변동은 상쇄, 축소되므로 구매력평가와 실제 환율 간의 관련이 밀접해진다.

11. 미국에서 빅맥 가격이 6달러라고 하자. 같은 시간 우리나라 빅맥 가격은 6,000원이다. 이때 양국 간 환율이 1달러 1,200원이라면 빅맥지수로 본 원화는 저평가된 것으로 볼 수 있다.

12. 절대적구매력평가가 성립한다면 달러로 환산한 빅맥가격은 양국에서 같아야 한다.

13. 일정기간 중 미국이 3% 인플레이션, 한국이 5% 인플레이션이라면 원화는 달러에 대해 2% 평가절하되어야 한다는 것이 상대적 구매력평가가 주장하는 것이다.

14. 구매력평가란 환율을 물가와 연결시켜 생각하자는 아이디어인데, 환율은 재빨리 조정되는 반면 물가는 서서히 조정되는 조정시차 문제가 있어, 실제환율은 구매력평가로 환산한 환율과 괴리를 보이게 된다.

15. 우리나라의 물가상승률이 상대국보다 빠르게 진행되고 있다면 양국 간의 환율은 원화의 평가절하로 이어질 수밖에 없다는 것이 구매력평가설의 기본인식이다.

Ⅱ. 다음 물음에 간단히 답하시오.

01. 일물일가의 법칙을 설명하시오.

02. 절대적 구매력평가와 상대적 구매력평가를 구별하시오.

03. 2023년 1월 현재 시장환율은 달러당 1,250원이다. 2020년을 기준연도로 할 때 2020년 기준환율은 $1 = ₩1,200이라고 하자. 2020년과 2022년의 3년간 인플레이션이 한국은 8%, 미국은 10%였다면 상대적 구매력평가에 따르면 환율은 얼마가 되어야 하는가? 상대적 구매력평가에 비춰볼 때 2023년 1월 현재 우리나라 원화는 고평가된 것인가? 혹은 저평가된 것인가?

04. 인플레이션이 심한 나라들 간이나 관찰기간이 길수록 구매력평가설이 더 잘 성립하는 까닭은?

05. 왜 상대적 구매력평가는 상대가격에 영향을 주는 실질충격(real shock)보다는 일반물가수준의 변화인 인플레이션에 주목하여 환율을 설명하고자 하는가?

06. 절대적 구매력평가설에 대한 다음 기술 중 잘못된 것을 고르시오.

① 일물일가의 법칙이 성립해야 한다.
② 빅맥환율은 절대적 구매력평가의 성립여부를 보여주기도 한다.
③ 양국 소비가중치가 동일해야 한다.
④ 인플레이션이 빠를수록 더 잘 성립한다.

07. 한국에서의 빅맥가격은 6,000원이고 현재 환율은 1달러=1,200원이다. 반면 미국의 빅맥가격은 6$이다. 절대적 구매력평가가 성립한다는 관점에서 빅맥지수로 볼 때 현재 환율 1달러=1,200원은 (　　　　)평가 된 것이다. 그러므로 빅맥으로 본 적정환율은 1달러=(　　　　)원이어야 한다. 혹은 현재 환율 1달러=1,200원이 적정한 수준이 되려면 한국에서의 빅맥가격이 (　　　　)원이어야 한다.

08. 구매력평가가 성립한다고 할 때 미국은 콩 한 포에 100$, 영국은 한 포에 60파운드이다. 양국의 구매력평가가 1파운드 2달러라면 어느 나라가 콩을 수출하며 그때 한 포당 이익은?

09. 인플레이션이 빠르게 진행되는 시기에 발생한 예상치 못한 실질충격이 환율에 미치는 영향은 어떠한가?

CHAPTER 8

상호의존경제의 소득과 정책협조

Chapter 8

상호의존경제의 소득과 정책협조

국제경제는 하루가 다르게 상호의존적·통합적 경제로 변화해가고 있다. 특히 우리나라와 같은 신흥공업국의 경우 대외의존 현상은 더욱 심화되고 있다. 개방경제 하에서는 한 나라의 소득과 국제수지는 자국 국민만의 능력과 노력에 의해 결정되는 것이 아니라 그 나라와 경제적 관계를 맺고 있는 외국의 경제적 조건에도 의존할 수밖에 없다.

한 나라가 외국에 영향을 미칠 정도의 '대국(large country)'일 경우 그 나라의 소득증가는 자국 수입과 해외투자의 증가를 통해 외국의 소득과 국제수지에 영향을 미치게 되고 이러한 영향은 궁극적으로 자국 경제에 다시 영향을 주는 이른바 '해외반향(foreign repercussion)'을 고려한 '상호의존경제(inter-dependent economy)'를 형성한다.

이 장에서는 먼저 폐쇄경제(closed economy) 하의 소득결정과 정책효과를 간단히 살펴보고, 분석모형을 소규모 개방경제, 즉 해외 반향을 고려하지 않은 '소국(small country)'의 경우로 확장하여 폐쇄경제 하의 분석결과와 비교한다. 나아가 해외반향을 고려한 대국의 경우인 상호의존경제 하에서의 소득결정과 정책효과를 분석한다. 마지막으로 각국간의 '정책협조(policy coordination)'의 잠재적 이득과 한계를 분석한다.

8.1 소득과 국제수지

8.1.1 폐쇄경제 하의 소득과 승수

(1) 폐쇄경제의 소득결정

폐쇄경제 하에서 국민소득이 어떻게 결정되는가를 분석하기 위해서 케인스의 거시경제모형을 통해 살펴보자. 여기서 사용되는 케인스의 소득결정

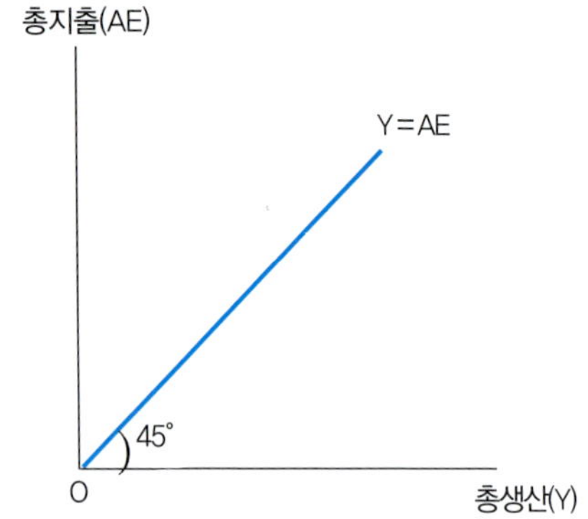

【 그림 8-1 케인시안 크로스 】

모형은 경직적 물가와 임금을 가정한 불완전고용모형으로 화폐부문이 배제된 실물부문의 소득결정모형이다.

균형국민소득은 국내총생산(GDP, 실질소득 Y로 표기)과 총지출(AE, Aggregate Expenditure)이 일치하는 곳에서 이루어진다. 종축을 총지출, 횡축을 총생산으로 하는 평면에 균형국민소득을 나타낸다면 원점에서 출발하는 45°선이 된다. 즉, 국민경제의 균형은 [그림 8-1]에서 보듯이 총생산과 총지출이 일치하는 45°선 위에 있다. 45°선은 케인스가 제시한 선이라 하여 **케인시안 크로스**(Keynesian Cross)라고 부른다.

폐쇄경제는 외국과의 무역이 없는 상태이므로 수출입을 제외한 국가 전체의 총지출은 소비(C), 투자(I), 정부지출(G)로 구성되어 있다.

$$\text{총지출 } AE = C + I + G \qquad (8.1)$$

소비함수는 케인스의 절대소득가설을 따르는 것으로 가정하자.

$$C = a + b(Y - T),\ a > 0,\ 0 < b < 1 \qquad (8.2)$$

Y는 소득, T는 조세, a는 기초소비, b는 한계소비성향이다.

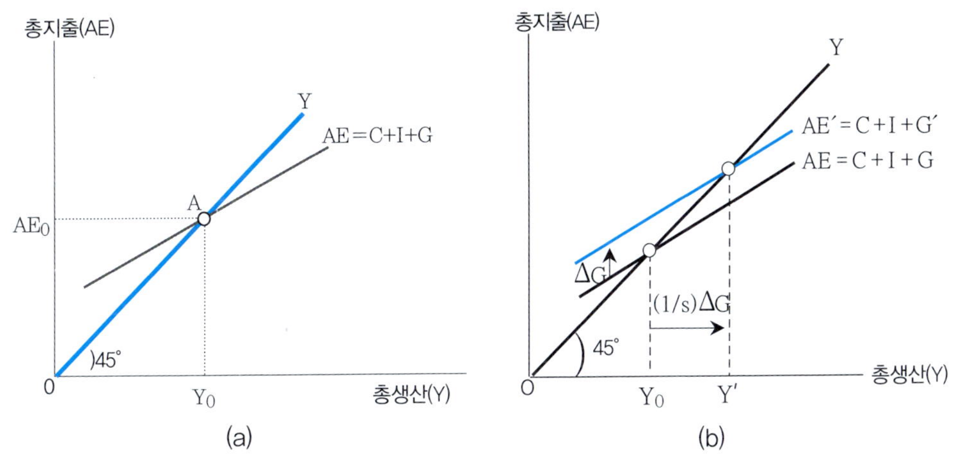

【 그림 8-2 폐쇄경제 하의 소득결정과 승수 】

$$AE = a + b(Y - T) + I + G \tag{8.3}$$

식 (8.3)으로 표시된 총수요는 소득의 증가함수인데 그 기울기는 한계소비성향과 같으므로 1보다 작다. 따라서 총지출곡선 AE는 [그림 8-2] (a)에서 45°선보다 완만하게 그려진다. 총수요 중 소비는 식 (8.2)를 따르고 투자는 기업의 독자적 판단에 의해 결정되는 독립투자(I_0)이며 정부지출은 정책당국에 의해 결정되는 정책변수라고 하자. 즉, $I = I_0$, $G = G_0$이다.

균형국민소득은 [그림 8-2] (a)에서 보듯이 총지출(AE)과 총공급(Y)이 일치하는 Y_0에서 결정된다.

(2) 폐쇄경제의 승수(multiplier)

승수(multiplier)는 어떤 정책이 실행되었을 때 그보다 몇 배의 정책효과를 나타내는 것을 의미하는 경제학 용어이다. 소득결정이론에서의 정부지출승수는 정부지출 1단위의 증가가 몇 단위의 소득증가를 초래하는가를 의미한다.

폐쇄경제하에서 투자승수와 정부지출승수는 얼마인가? 균형국민소득은 총생산과 총지출이 일치할 때 결정되므로 다음과 같이 정리할 수 있다.

$$Y = C + I + G$$

$$Y = a + b(Y - T) + I + G$$

$$(1-b)Y = a - bT + I + G$$

$$Y = (1/s)(a - bT + I + G), \quad s = 1 - b \qquad (8.4)$$

식 (8.4)에서 s는 한계저축성향으로 b+s=1이다. 이제 폐쇄경제 하의 투자와 정부지출이 소득에 미치는 승수는

투자승수 : $\Delta Y/\Delta I = 1/(1-b) = 1/s$
정부지출승수 : $\Delta Y/\Delta G = 1/(1-b) = 1/s$

로 동일하다. 여기서 Δ는 변화를 나타내는 기호이다.

[그림 8-2] (b)에서 보듯이 ΔG만큼의 정부지출 증가정책은 (1/s)ΔG만큼의 소득을 증가시키는 것을 알 수 있다. 한계소비성향 b가 클수록(한계저축성향 s가 작을수록) 승수는 커진다. 예를 들어 한계소비성향이 0.8(한계저축성향이 0.2)일 경우 투자승수는 5가 된다. 투자 1단위를 증가시킬 때 소득은 5단위 증가한다는 것이다.

승수효과는 [그림 8-2]에서 확인할 수 있다. 정부지출이 G에서 G′으로 증가했을 때 소득은 Y_0에서 Y′으로 증가한다. [그림 8-2]에서 한계소비성향이 클수록 총수요곡선은 45°선에 가까운 기울기를 갖고 승수가 커진다.

사실 이러한 승수효과 분석은 소비가 식 (8.2)의 케인스의 절대소득가설을 따른다는 가정과 관련이 있는 것이다. 한계소비성향이 0.8이라고 가정하자. 이제 정부지출의 1단위 증가는 총지출과 소득을 1단위 증가시킨다. 그러나 소득 1단위의 증가는 다시 한계소비성향을 통해 소비를 0.8단위 증가시키게 되고, 이는 총지출 증가를 통해 소득을 다시 0.8단위 증가시킨다. 소득 0.8의 증가는 소비 0.64(=0.8×0.8)를 증가시키고, 소비는 총지출의 한 요소이므로 다시 소득을 0.64만큼 증가시킨다.

이러한 동태적(dynamic) 순환과정이 되풀이되면서 장기적으로 소득은 당

초 정부지출 증가분의 5배까지 증가할 수 있다. 여기서 한계소비성향이 클수록 소득증가에 따른 소비증가가 커지고 순환과정은 오래가기 때문에 승수가 커지는 것이다.

거시경제학에서 다루어지는 문제이긴 하지만 만일 소비가 절대소득의 함수가 아니고 생애주기소득이나 항상소득의 함수라고 가정할 경우에는 승수의 크기가 달라진다. '생애주기소득가설(life cycle income hypothesis)'이나 '항상소득가설(permanent income hypothesis)'을 가정할 경우에는 영구적인(permanent) 지출변화는 승수 배만큼의 소득변화를 일으키지만, **일시적인 지출변화인 경우에는 사람들은 일시적인 소득증가로 인식하고 소비에 반영하지 않기 때문에 승수가 발생하지 않는다.**

8.1.2 소규모 개방경제 하의 소득과 승수 : 해외반향을 무시할 경우

(1) 소규모 개방경제의 소득결정

이제 외국과 재화와 용역을 서로 교역하고 있는 개방경제로 분석을 확장해 보자. 여기서는 우선 소국의 경우에 한정하여 분석하자. 소국(small country)이란 세계경제에 비해 너무 규모가 작기 때문에 소국경제의 변화가 외국에 아무런 영향도 미치지 못하는 경우를 의미한다.

그러므로 소규모 개방경제 하에서는 국내경제 변동이 해외경제에 영향을 미치고, 그러한 해외경제의 변화가 다시 국내경제에 피드백(feed back)을 주는 이른바 '해외반향(foreign repercussion)'은 발생하지 않는다. 해외반향을 고려한 대규모 개방경제에 대한 분석은 다음 절 8.2.에서 다룬다.

소규모 개방경제는 생산된 재화를 서로 교역할 뿐이므로 총공급은 폐쇄경제의 경우와 동일하다. 다만 총지출은 외국과의 교역이 이루어지기 때문에 달라진다. 개방경제의 총지출은 소비, 투자, 정부지출 외에 순수출(수출−수입)이 포함된다.

$$AE = C + I + G + (X - M) \tag{8.5}$$

$$M = m_0 + m(Y - T) \quad m_0 > 0,\ 0 < m < 1 \tag{8.6}$$

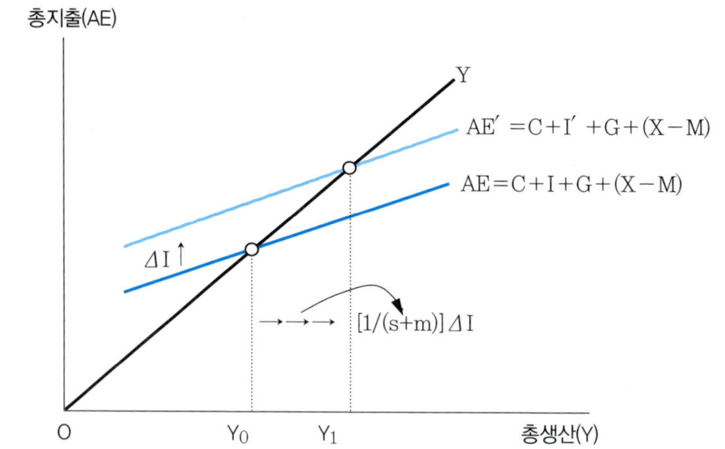

【 그림 8-3 소규모 개방경제 하의 소득결정과 승수 】

여기서 X는 수출, M은 수입이며, m_0는 기초수입, m은 자국의 한계수입성향이다. 균형소득은 [그림 8-3]에서 보듯이 총지출과 총생산이 일치하는 Y_0에서 결정된다.

(2) 소규모 개방경제의 승수

소규모 개방경제의 투자와 정부지출승수는 폐쇄경제와 어떻게 달라지는가? 이제 해외부문을 포함한 균형소득은 식 (8.7)과 같다.

$$Y=C+I+G+(X-M) \tag{8.7}$$

식 (8.7)에 소비함수식 (8.2)와 수입함수식 (8.6)을 대입하여 Y에 대해 정리하면

$Y=a+b(Y-T)+I+G+X-m_0-m(Y-T)$

$(1-b+m)Y=a-m_0+(m-b)T+I+G+X$

$Y=[1/(1-b+m)][a-m_0+(m-b)T+I+G+X]$이 된다. 그러므로

투자승수 : $\Delta Y/\Delta I=[1/(1-b+m)]=1/(s+m)$와

정부지출승수 : $\Delta Y/\Delta G=[1/(1-b+m)]=1/(s+m)$는 동일하다.

폐쇄경제와 소규모 개방경제의 투자승수와 정부지출승수를 비교해보면 폐쇄경제 하의 승수가 더 큰 것을 알 수 있다. 즉, $1/s>1/(s+m)$이다. 그 이유를 직관적으로 설명하면 **폐쇄경제의 경우 투자증가는 승수(1/s) 배만큼의 소득을 증가시킴에 반해 개방경제의 경우에는 소득증가는 수입을 유발함으로써 소득증가효과를 잠식하기 때문이다.**

[그림 8－3]에서 총지출곡선 $AE=C+I+G+(X-M)$의 기울기는 폐쇄경제 하의 총지출곡선 $AE=C+I+G$보다 작다. 왜냐하면 수입이 소득의 함수인데 부호가 음(－)이기 때문이다. 따라서 승수가 작아진다. [그림 8－2]와 [그림 8－3]을 대비해보면 총수요 증가에 대한 소득증가의 크기가 어떻게 다른지 알 수 있을 것이다.

마지막으로 소규모 개방경제 하의 수출승수에 대해 잠깐 살펴보자. 수출승수는 수출 1단위 증가가 몇 단위의 소득증가로 이어지는가를 보여준다.

수출승수 : $\Delta Y/\Delta X=1/(s+m)$

FAQ

학생의 질문 : 소규모 개방경제 하에서 승수들이 투자승수＝정부지출승수＝수출승수잖아요. 그럼 소규모 개방경제 하에서 소득증가 효과가 같다는 말인데 케인스는 정부지출과 투자, 수출 중 어느 정책이 효과적이라고 보았나요? 가정이 너무 많이 들어간 이론이라 현실에 적용시킬 수 없나요?

안교수 답변 : 현재의 단순한 모형에서만 보면 셋 중 어느 정책을 써도 소득에 미치는 효과가 같은 것은 맞아요. 화폐시장과 물가, 금리, 환율 그리고 노동시장 등을 고려한 완전한 국민소득 결정모형에서는 승수들이 달라질 수 있겠죠. 그리고 사실 수출은 우리가 하고 싶다고 맘대로 되는 것은 아니잖아요? 투자 역시 기업이 장래 경제에 대한 낙관적 예측이 있어야 할 것 같고요. 따라서 불황을 타개하기 위해 케인스는 정부 재량으로 할 수 있는 정부지출정책을 활용하라고 권고한 것입니다.

8.2 상호의존경제의 소득과 국제수지 : 해외반향을 고려한 경우

8.2.1 상호의존경제 모형

여기서는 대규모 개방경제의 경우를 분석해보자. 대규모 개방경제는 외국경제와 상호의존관계를 형성하고 있다. 대국(large country)의 투자확대는 자국 소득을 증가시켜 수입을 유발한다. 따라서 외국의 수출이 증가하고 외국소득이 증가하면 이는 다시 자국의 수출증가를 유발하게 될 것이고 자국의 소득증가로 이어진다. 즉, 양국 간에 교류와 함께 발생하는 정책효과의 외부성(externality)을 고려하여 분석하는 모형인 것이다.

2국모형(two country model)을 이용하여 상호의존적 경제의 소득과 무역수지 결정을 살펴보자. 분석을 단순화하기 위해 화폐부문과 국가 간의 자본이동은 무시하기로 한다.

(1) YY곡선의 도출

2국모형에서 자국의 수출은 외국의 수입과 동일하다. 그러므로 자국 수출은 식 (8.8)로 나타낼 수 있다. 여기서 m^*, Y^*는 각각 외국의 한계수입성향과 외국소득이다. 여기서는 조세를 정책변수로 사용할 계획이 없으므로 외국의 조세(T^*)는 무시하기로 하자. m_0와 m_0^* 역시 제로로 놓고 생략하자.

$$X=m^*Y^* \tag{8.8}$$

식 (8.7)에 (8.8)을 대입하여 정리하면 다음과 같다.

$$Y=C+I+G+(X-M)$$
$$Y=a+b(Y-T)+I+G+m^*Y^*-m(Y-T)$$
$$(1-b+m)Y=a+(m-b)T+I+G+m^*Y^*$$
$$(s+m)Y=Z+m^*Y^*,\quad Z=a+(m-b)T+I+G \tag{8.9}$$

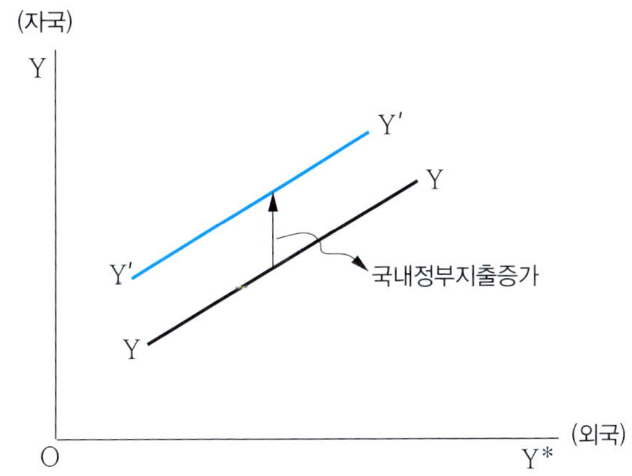

[그림 8-4 YY곡선과 이동]

식 (8.9)는 외국소득변화가 자국소득에 미치는 영향을 나타내는 것으로 YY곡선이라고 하자. (8.9)에서 Y^*가 증가할 때 균형을 위해서는 Y 역시 증가해야 한다. 그러므로 YY곡선은 우상향한다. 한편 YY곡선의 기울기는 $\Delta Y / \Delta Y^* = m^*/(s+m)$으로 m과 m^*가 비슷한 값이라고 할 때 1보다 작다.

[그림 8-4]는 $Y-Y^*$평면 위의 YY곡선을 보여준다. 이제 YY곡선의 이동을 살펴보자. 투자증가나 정부지출의 증가는 주어진 Y^*수준에서 Y의 증가를 초래하므로 YY곡선을 상향이동시킨다. 반면 조세증가는 YY곡선을 아래쪽으로 이동시킨다.

(2) Y^*Y^*곡선의 도출

외국의 경우도 자국과 동일하므로 다음 식이 성립한다.

$$(s^*+m^*)Y^* = Z^* + mY, \quad Z^* = a^* + (m^* - b^*)T^* + I^* + G^* \tag{8.10}$$

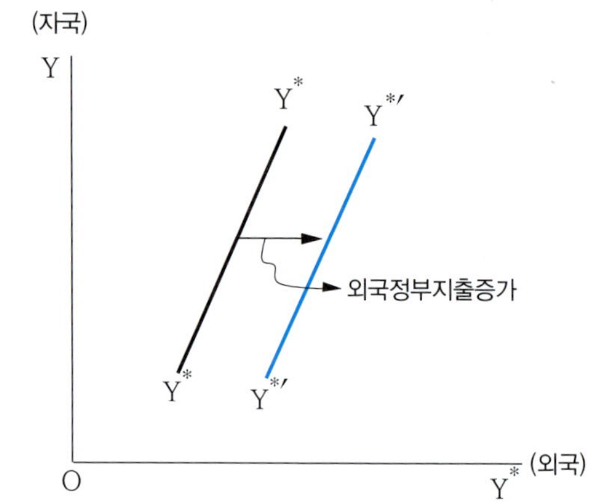

【 그림 8-5 Y^*Y^*곡선과 이동 】

식 (8.10)은 자국의 소득변화가 외국소득에 미치는 영향을 나타내는데 이를 Y^*Y^*곡선이라고 하자. Y^*Y^*곡선은 Y가 증가할 때 균형을 위해서는 Y^*도 증가해야 하므로 우상향의 곡선이다. $Y-Y^*$평면에서 Y^*Y^*곡선의 기울기는 $\Delta Y/\Delta Y^*=(s^*+m^*)/m$으로 m과 m^*가 비슷한 값이라고 할 때 1보다 크다. Y^*Y^*곡선은 [그림 8-5]가 보여주듯이 외국의 투자나 정부지출이 증가할 경우 밖으로 이동하고 외국의 조세증가일 때는 안으로 이동한다.

(3) BB곡선의 도출

BB곡선은 두 나라의 무역수지를 균형 하에 놓는 Y와 Y^*의 조합을 나타내는 선이다. BB곡선을 도출해 보자.

무역수지 : $B=X-M$에서 $X=m^*Y^*$, $M=mY$이므로
$B=m^*Y^*-mY$이다. (8.11)

$B=0$일 때 Y와 Y^*의 조합이 BB곡선이다. Y가 증가할 때 Y^*도 역시 증가해

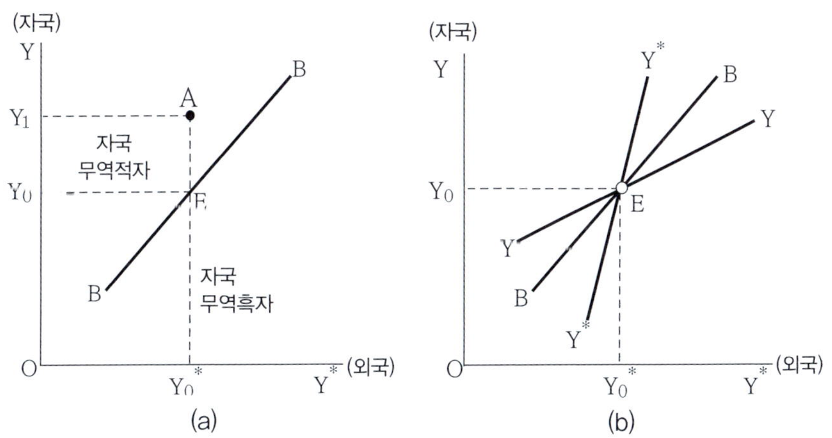

【 그림 8-6 상호의존경제의 균형 】

야 B=0를 유지할 수 있으므로 BB곡선은 [그림 8-6] (a)에서 보듯이 우상향한다. BB곡선의 기울기는 $\Delta Y/\Delta Y^{*}=m^{*}/m$로 m이 m^{*}와 비슷한 값이라면 1에 가깝다. BB곡선의 위쪽은 자국의 무역수지적자 영역이고 BB곡선의 아래쪽은 자국의 무역수지 흑자영역이다. m이 m^{*}보다 클수록 BB곡선이 완만해지고 자국소득(Y)이 증가할수록 수입이 증가하므로 자국의 무역적자 영역이 커진다. 2국 모형이므로 자국의 무역수지적자는 외국의 무역수지흑자를 의미한다.

이를 증명하기 위해 [그림 8-6] (a)의 BB곡선 위의 점 A를 생각해보자. 점 A에서 자국의 소득수준은 Y_0^{*}에 대응하는 Y_0보다 더 높은 Y_1이므로 수입증가로 무역수지는 적자를 나타낸다. 양국의 소득은 [그림 8-6] (b)에서 보듯이 YY, BB, $Y^{*}Y^{*}$곡선이 만나는 점 E에서 결정된다.

8.2.2 상호의존경제의 정책효과

(1) 자국의 외생적 지출증가 효과

국내경기침체로 실업이 증가하자 정부는 경기를 부양시킬 목적으로 정부

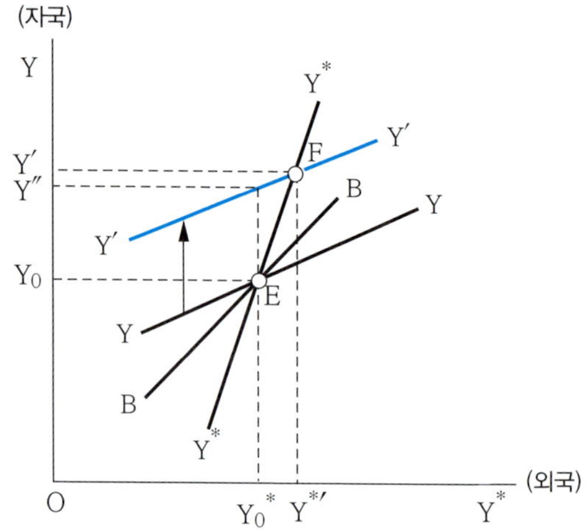

【 그림 8-7 외생적 지출증가 효과 】

지출을 증가시켰다고 하자. [그림 8-7]에서 정부지출의 증가는 총수요를 증가시킴으로써 YY곡선을 위로 이동시키고 자국의 소득을 증가시킨다. 해외반향이 없다면 자국의 소득증가는 Y"에 그쳤을 것이다. 그러나 해외반향을 고려한 상호의존경제 하에서는 새로운 균형은 점 F에서 이루어진다. F점에서 자국의 소득은 Y′로 증가하고 무역수지는 적자를 나타낸다.

한편 자국의 소득증가는 수입을 증가시키고 이는 외국의 수출이므로 외국소득을 증가시킨다. [그림 8-7]에서 새로운 균형점 F에서 외국 역시 Y*′으로 소득이 증가했고 무역수지는 흑자가 된 것을 확인할 수 있다.

(2) 기관차 이론

1970년대 초 미국경제의 취약성으로 브레튼우즈체제가 붕괴되고 동시에 석유파동으로 세계경제는 실업하의 인플레이션이 진행되는 스태그플레이션 상태였다. 당시 미국은 무역수지 적자로 몸살을 앓고 있었고 반면에 독일과 일본은 큰 폭의 무역수지 흑자국이었다. 미국은 세계경제의 회복을 위해 무

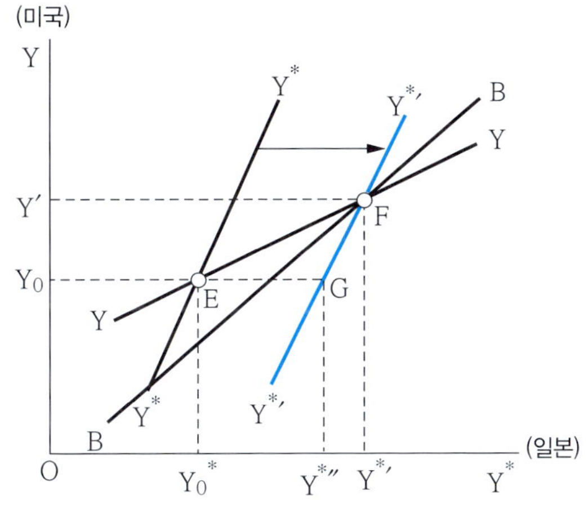

【 그림 8-8 흑자국의 지출증가 : 기관차 이론 】

역수지 흑자국이 확대 지출정책을 사용할 것을 주문했는데 이를 '기관차이론(locomotive theory)'이라고 한다.

[그림 8-8]을 보면 초기 균형점 E에서 양국은 모두 낮은 소득수준의 경기침체에 빠져 있다. 동시에 자국(미국)은 무역수지 적자, 외국(일본)은 흑자를 기록하고 있다.

이제 일본의 확대 지출정책은 Y^*Y^*곡선을 밖으로 이동시킨다. 만일 해외반향이 없다면 균형은 G가 되었을 것이다. 그러나 해외반향을 고려한 상호의존경제의 새로운 균형은 점 F가 된다. 점 F에서 양국의 소득은 모두 크게 증가했으므로 세계경제는 침체국면에서 벗어났고 동시에 양국 모두 무역수지 균형을 달성하고 있다. 즉, 무역수지 흑자를 얻고 있는 나라가 기관차 역할을 하여 세계경제를 침체국면에서 끌어내자는 것이다.

당시 일본이나 독일 등 무역수지 흑자국은 미국의 이러한 요구를 받아들이지 않았고, 세계경제는 1970년대 거의 전 기간을 경제침체국면 속에서 인플레이션이 진행되는 스태그플레이션(stagflation)에 시달린채 보냈다. 무역수지 흑자국의 기관차 역할 거부 이유는 무엇인가? 확대 지출정책이 세계경제

회복에 도움을 주겠지만 흑자국 자신은 물가상승과 무역수지흑자 소멸이라는 대가를 지불해야 하는 것을 누구보다 잘 알고 있었기 때문이었다.

(3) 상호협조적 경기부양정책

세계경제가 침체국면에 빠져있으나 양국의 무역수지는 균형에 있다면 양국의 상호협조적 수요확대정책이 유용한 정책방안일 수 있다. [그림 8-9]는 이러한 상호협조적 경기부양정책의 효율성을 보여준다. 초기 세계경제는 E점의 침체국면에 있다. 이때 양국간의 정책협조가 이루어져 동시에 수요확대정책을 사용한다면 YY곡선과 Y^*Y^*곡선 모두 밖으로 이동한다. 만일 해외반향이 없다면 양국의 소득은 각각 G, H만큼만 증가했을 것이다. 그러나 해외반향을 고려한 상호의존경제에서는 상승작용을 통해 최종 균형점은 F가 되고 양국 모두 경기침체에서 벗어날 수 있다. 동시에 양국 모두 무역수지 균형을 유지할 수 있다.

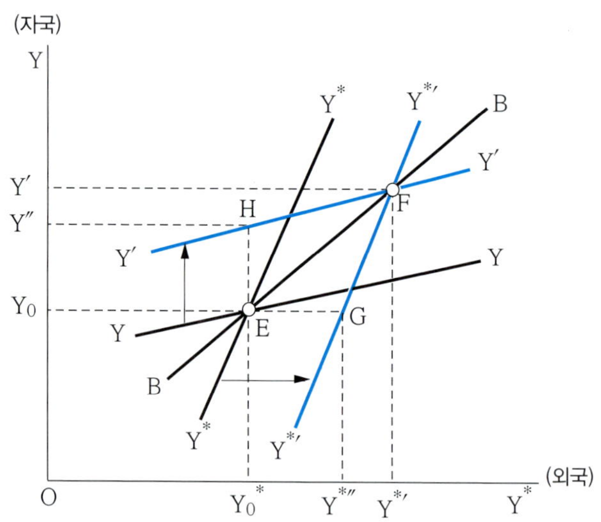

[그림 8-9 상호협조적 경기부양정책]

FAQ

- **학생의 질문** : 해외반향을 생각하면서 아프리카에 최빈국 같은 나라는 소규모개방경제에 해당되는 거라는 생각이 드는데 맞나요? 틀린가요?

- **안교수 답변** : 해외반향이란 나의 변화가 외국에 영향을 주고 또 외국의 변화는 다시 내게 영향을 미치는 상호 의존관계를 나타내는 것입니다. 아프리카 최빈국은 폐쇄경제가 오히려 적당할 것 같고 소규모 개방경제는 벨기에, 아일랜드, 그리스, 태국 뭐 그런 나라가 아닐까?

8.3 국제 정책협조

8.3.1 국제 정책협조의 잠재적 이득

국제정책협조 문제를 다룸에 있어 먼저 미시경제의 게임이론을 통해 국제정책협조의 이득과 문제점을 간단히 살펴보고자 한다. 두 나라 간의 정책협조와 비협조의 결과를 잘 알려진 '죄수의 딜레마(prisoner's dilemma)'모형을 이용해 분석해본 후 국제정책협조의 방향을 논의해보자.

(1) 비협조적 정책의 딜레마

분석을 단순화하기 위해 두 나라, A(자국)와 B(외국)를 상정하자. 각국이 사용할 수 있는 정책수단으로는 환율유지와 환율인상 두 가지가 있다. 정책의 결과 양국이 얻을 수 있는 보수행렬(payoff matrix)은 〈표 8－1〉과 같다. 표에서 음(－)은 후생이 감소하는 것을 의미하며 양(+)은 후생의 증가이다. 보수행렬에서 앞의 숫자는 A국의 보수이고 뒤의 숫자는 B국의 보수이다. 각국은 보수행렬에서 보여주고 있는 것처럼 게임의 결과 각자가 받게 될 보수를 잘 알고 있다. 이제 각국은 자국 이기주의에 입각하여 비협조적 게임을 하고 있다고 하자.

A국은 B국이 어떤 정책을 택하든 자신의 최선의 전략은 (환율인상)정책이다. 마찬가지로 B국의 최선의 전략은 A국의 정책이 무엇이든 상관없이 (환율인상)이다. 그러므로 균형은 (환율인상, 환율인상)정책이 되고 이때 양국의 보수는 (−1, −1)이다. 이 균형은 '내쉬균형'이면서 동시에 '우월전략균형'이다. 그러나 이는 '파레토열위'이다. 파레토효율이라는 측면에서 볼 때(환율유지, 환율유지)의 (1, 1)이 보다 나은 '파레토우위'가 된다. 비협조적 정책의 딜레마는 각국의 최선의 정책이 결과적으로는 바람직하지 못한 결과를 안겨 줄 수도 있다는 데 있다.

표 8-1 딜레마에 빠진 두 나라

payoff matrix		B국	
		환율유지	환율인상
A국	환율유지	(1, 1)	(−2, 2)
	환율인상	(2, −2)	(−1, −1)

쉬어가기!

게임이론에서의 기본적인 균형

① 우월전략균형

우월전략(dominant strategy)이란 상대방의 전략에 관계없이 나에게 최선인 전략을 말하며 나의 우월전략과 상대방의 우월전략이 각각 존재할 때 우월전략들의 쌍을 '우월전략균형'이라고 한다.

② 내쉬균형

'내쉬균형'은 수학자이며 경제학자인 내쉬(J. Nash Jr.)에 의해 제시된 균형의 한 형태이다. 내쉬균형은 쉽게 말해 상대방의 전략이 X일 때 나의 최선의 전략은 A이고, 나의 전략이 A일 때 상대방의 최선의 전략이 X이며 이러한 전략을 서로 변경할 이유가 없다면 두 사람의 전략 쌍 (A, X)를 말한다. 우월전략균형은 내쉬균형이지만 내쉬균형이 우월전략균형인 것은 아니다. 즉, 우월전략균형은 내쉬균형에 포함되는 균형의 개념이다.

③ 파레토최적

파레토최적(Pareto optimum)이란 이탈리아 경제학자 파레토(V. Pareto)가 제시한 효율성 판정기준으로 다른 사람의 후생을 감소시키지 않고는 나의 후생을 증가시킬 수 없는 상태를 말한다. <표 8-1>에서 (-1, -1)은 다른 나라의 후생을 빼앗지 않고도 더 나아질 수 있는 상태 (1, 1)이 존재하기 때문에 파레토열위이다. 한편 (1, 1)은 다른 나라의 후생을 빼앗지 않고는 자국의 후생을 증가시킬 수 없는 상태이므로 파레토우위이면서 이 경우 파레토최적인 것이다.

(2) 협조적 정책과 문제점

우리는 죄수의 딜레마 모형을 통해 합리성에 입각해 자신의 전략을 선택할 경우 파레토최적을 달성하지 못할 수 있음을 살펴보았다. 이제 두 나라가 서로 정책협조를 약속하고 그대로 이행한다면 결과는 어떻게 달라질까? 두 나라 모두 환율유지정책을 택함으로써 (1, 1)의 보수를 얻게 될 것이고 이 균형은 파레토최적이 된다.

정책협조가 합리성에 입각한 비협조적 전략보다 더 나은 보수를 준다고 할 때 문제는 '어떻게 국제적 정책협조방안을 도출해내고 이행을 강제할 수 있는가?'이다. 국제정책협조의 성공여부는 '**약속(commitment)을 강제할만한 위협(credible threat)이 있는가**'와 직결된다. 일회성 게임이 아니고 되풀이되는 '**반복게임(repeated game)**'인 경우 약속을 어겼을 때 다음 경기에서 보복을 할 수 있기 때문에 약속이 지켜질 가능성은 그만큼 높다.

국제경제관계는 계속 만나 교류할 수밖에 없는 관계이므로 일종의 반복경기적 성격을 띄고 있는 것도 사실이다. 따라서 한번 정책협조의 약속이 맺어지면 그만큼 이행 가능성도 높다. 그럼에도 불구하고 정권교체와 함께 정책방향이 바뀐다든지, 정책협조 후 참여국이 얻게 될 보수를 계량화하기 어렵다든지, 참여국 모두를 만족시키는 정책협조방안의 도출이 어렵다는 문제 등이 있다.

8.3.2 국제 정책협조의 전개

(1) 비대칭적 체제(1944~1985)

브레튼우즈체제 하에서 미국 달러화는 기축통화로 금과 대등한 특권을 누렸으므로 미국과 여타 국가는 비대칭적(asymmetric) 관계였다.

브레튼우즈체제 하에서 미국이 통화량을 증가시켰을 때, 미국과 일본 관계를 보자. 미국의 통화량 증가로 미국은 금리 하락과 자본유출 압력을 받게 된다. 엔화는 달러에 대해 평가절상 압력을 받게 된다. 브레튼우즈체제에서 환율유지 의무는 일본에게 있으므로 일본은행은 외환시장에서 달러를 매입, 엔화를 매각해야 한다. 엔화의 공급증가로 일본은 물가상승을 겪게 되고 일본 경제는 미국 경제에 종속되는 체제였던 것이다.

이러한 비대칭적 질서는 브레튼우즈체제 붕괴 후 10여 년간 지속되었다. 그 이유는 미국 달러화가 기축통화와 국제 준비자산으로서의 지위와 역할을 계속 부여받았기 때문이다. 1970년대 브레튼우즈체제가 붕괴되고 자유변동환율제도가 시행되자 미국은 긴축정책을 통한 무역수지 개선보다는 통화량 증가와 재정적자확대를 통해 확장정책을 폈고 달러가치 유지에 소극적이었다. 달러의 지나친 평가절하를 방지하기 위해서 일본과 독일 등 무역수지 흑자국은 외환시장에 개입하여 달러를 매입해주어야 했다. 다른 나라의 요구를 듣지 않고 자국의 이익만 취하는 이러한 정책을 '우아한 묵살(benign neglect)'이라고 부른다.

1980년대 초 레이건 행정부가 들어서면서 우아한 묵살정책은 미국의 고금리정책으로 절정에 달했다. 미국은 무역수지적자로 약해진 달러가치를 회복시키기 위해 고금리정책을 사용했는데 고금리로 달러자산의 미국유입이 많아져 각국은 달러부족에 놓이고 각국 외환시장에서 달러는 평가절상되었다. 세계적 고금리와 달러절상에 대한 각국의 비난이 일어났으나 1985년까지 미국은 별다른 조치를 취하지 않았다. 이와 같이 특정국가의 통화가 지배적 지위를 갖고 국제통화체제를 이끌어 가는 것을 패권적 지배(hegemonic dominance)라고 한다. 최근 미국의 트럼프정부와 바이든정부는 미국 최우선주의와 인플레이션 억제를 위한 고금리정책을 시행하고 있는데 이 또한 협조적 체제보다는 패권적 지배에 가깝다.

(2) 국제 정책협조

1985년 9월 22일 G5(미, 독, 일, 영, 프) 정상은 뉴욕 플라자호텔에 모여 자유방임적 국제통화제도의 운영이 실패했음을 선언하고 국제통화질서의 안정을 위해 '국제정책협조(international policy coordination)'에 나설 것에 합의했다. 이를 '**플라자협정**(Plaza Agreement)'이라고 한다. 플라자협정의 핵심은 고금리정책으로 고평가된 달러의 평가절하에 합의하면서 이후 환율안정에 상호 협조하자는 것이다.

플라자협정 이후 환율이 안정된 것은 사실이지만 이를 각국 간의 정책협조의 결과로 보는 데는 반론이 많다. 일본은행의 연구결과에 따르면 1981~87년 간 미국의 외환시장개입은 단지 186억달러에 불과한 반면 여타 국가들의 1987년 1년 간의 외환시장 개입액은 무려 1,300억달러에 달했다고 한다.

1986년 5월 주요국가들은 다시 일본 도쿄에서 국제통화제도의 개선을 위한 방편으로 경제지표(economic indicators)를 이용할 것을 제의했다. 이 제도는 각종 경제지표 중 국제적 파급효과가 큰 지표를 선정하여 관찰하면서 국가간의 불균형이 지속될 경우 관련국 간의 정책협조를 유도하자는 것이었으나 제대로 시행되지 못했다.

1987년 2월 G7(G5, 캐나다, 이탈리아) 정상은 프랑스 루브르에서 회담을 갖고 현 상태의 환율유지와 각국이 급격한 거시경제정책의 변화를 유발하지 않는다는 정책협조에 합의하였다. 이를 '**루브르합의**(Louvre Accord)'라고 하는데, 플라자협정에서의 단순한 정책협의보다 강한 성격의 합의였다. 즉, 각국의 정책협조 의무와 합의사항 이행여부, 감독 등과 같은 적극성을 포함하는 것이었다.

루브르합의 이후 달러는 상당기간 안정을 보였다. 그러나 많은 학자들이 루브르합의는 미국의 주도로 미국에 유리한 회담으로 미국이 세뇨리지를 거두어들인 것뿐이라고 평가하기도 한다. 비록 루브르합의에 적극적 이행의무 등이 포함되어 있으나 브레튼우즈체제와 같은 구속력도 아니며 각국의 자국 이기주의에 대항할 무기도 없었기 때문이다.

(3) 21세기 국제정책협조

1990년대 이후 세계경제는 미국, EU, 아시아권의 3극체제로 재편되고 있다. 자유무역을 향한 통상협상은 다국간(multilateral) 협정보다는 2국간(bilateral) 협정이 활발히 추진되는 양상이다. 아직 미국경제가 세계경제에서 차지하는 비중이 크다고는 하나 절대적 지위를 갖고 있지는 못하다. 그러므로 지역 간 정책협조의 모색은 앞으로도 계속될 수밖에 없다. 문제는 '얼마나 구속력 있는 정책협조체제가 구축될 수 있느냐?'이다. 3극체제가 만족할 구속력 있는 합의까지는 앞으로 많은 시간이 필요할 것이다.

2008년 미국의 써브프라임(sub-prime)사태로 촉발된 세계금융위기와 함께 새로운 국제협력체제의 도입을 시급히 논의하자는 주장이 제기되기도 했으나 각 국은 자국의 발등에 떨어진 불을 끄는 것이 급선무였다.

21세기 들어와 세계경제는 중국을 비롯한 인도, 브라질, 한국 등 신흥국을 제외하고 논의하는 것이 어려울 정도로 신흥국의 위상이 커졌다. 따라서 G8(G7, 러시아)이 아니라 G20을 중심으로 세계경제문제에 대한 논의가 확대되기에 이르렀다.

2012년 이후 심화되는 유로존 위기와 함께 국제 정책협조의 중요성이 그 어느 때보다 커졌다. 한・중・일 3국 및 아세안 국가들간의 경제협력도 중요한 과제이나 한・중・일 3국 간에는 영토문제와 과거사문제 등의 난제가 있어 갈길이 멀다.

2018년 국제정책협조는 금융・환율부문보다는 실물・무역분야를 중심으로 추진되고 있다. 특히 미국의 트럼프 행정부 이후 미・중 무역갈등이 심화되어 코로나 팬데믹 이후 미중 패권 전쟁으로 이어지는 양상이다. 세계 최대의 경제동맹으로 탄생하려던 미국과 일본을 중심으로 한 환태평양경제동반자협정(TPP)이 미국 트럼프 대통령의 탈퇴선언으로 위기를 맞았으나 일본을 중심으로 11개국이 참여한 가운데 2019년부터 CPTPP(TPP 11이라고도 부른다.)로 출범하게 되었다.

2021년 영국, 중국, 대만, 에콰도르 등이 가입신청을 하였고, 2023년 가입이 승인된 영국은 CPTPP 출범 후 첫 신규 가입국이자 첫 유럽 가입국이 되었다.

우리나라는 CPTPP 가입을 추진 중에 있으나 아직 공식적인 가입에는 속도를 내지 못하고 있다.

중국을 중심으로 한 역내포괄적 경제동반자협정(RCEP)은 한국, 일본, ASEAN 10국 및 호주, 뉴질랜드 등 15개국이 참여하여 2022년 공식 발효되었다. RCEP은 전세계 명목GDP의 약 30%를 차지하는 세계 최대 규모의 경제블록으로 명목GDP 기준 NAFTA, EU를 능가하는 규모이다.

RCEP을 통한 중국의 영향력 확대를 억제하기 위해 2022년 5월 미국 주도로 인도·태평양 경제프레임워크(IPEF)가 출범하였다. 2021년 비국 바이든 대통령의 제안으로 시작되어 한국, 일본, 호주, 뉴질랜드, 인도, ASEAN 7국 등 14개국이 참여하며 기존 FTA와 달리 행정협정으로 통상의제에 공동대응하기 위한 다자 경제협의체이다.

한편, 미국은 2022년 8월 반도체법(CHIPS Act), 인플레이션 감축법(IRA)을 발표하며 중국을 배제한 공급망 재편을 시도하고 있다.

2020년 1월 영국의 EU탈퇴와 코로나-19 팬데믹, 러시아의 우크라이나 침공, 미국 바이든 정부의 세계 공급망 재편성 시도와 금리인상으로 인한 강(强)달러 현상 등 세계 경제는 첩첩산중 침체국면으로 접어들고 있다.

우리나라 역시 에너지 수입액 증가, 원자재 가격 상승, 고금리로 인한 경제하강 국면에 진입하여 어느 때보다 추운 시기를 맞고 있다. 특히 2022년 후반기부터는 무역수지적자를 보이는 등 앞길이 험난할 것으로 예상된다. 우리로서는 그 어느 때보다 적극적으로 중국, 일본, 미국, EU, 환태평양 지역과의 경제협력강화에 나서야 할 시점이다.

2011년 우리나라의 무역 1조달러 클럽 가입

2011년 우리나라의 무역규모(수출+수입)는 1조달러를 넘어서 전 세계 9번째로 1조달러 클럽에 가입하였다. 아래 표는 2023년 1월 현재 1조달러의 무역규모를 달성한 국가들의 무역(수출+수입) 1,000억달러에서 1조달러에 이르기까지 소요된 기간을 보여준다.

무역 1조달러 달성 국가와 소요기간

2023년 1월 현재

국가	미국	독일	일본	프랑스	이탈리아	네덜란드	영국	중국	한국
1,000억달러 달성연도	1972	1973	1974	1975	1976	1977	1978	1988	1988
1조달러 달성연도	1992	1998	2004	2006	2006	2007	2007	2004	2011
소요기간(년)	20	25	30	31	30	30	29	16	23
2021년 무역규모(조$)	4.61	3.01	1.48	1.32	1.11	1.22	1.10	5.87	1.22

IMF분류에 의한 선진국

2022년 11월 현재

Major Advanced Economies(G7)	Canada, Italy, United States, France, Japan, Germany, United Kingdom
Euro Area(19)	Austria, Greece, Portugal, Belgium, Ireland, Slovak Republic, Cyprus, Italy, Slovenia, Finland, Luxembourg, Spain, France, Malta, Estonia, Germany, Netherlands, Latvia, Lithuania
Other Advanced Economies(17)	Australia, Iceland, Singapore, Czech Republic, Israel, Sweden, Denmark, Korea, Switzerland, New Zealand, Taiwan, Hong Kong SAR, Norway, San Marino, Andora, Macao SAR, Puerto Rico

세계주요 경제정상회의

( ) 내는 창설 혹은 참가연도

- World G8 : (1975) 미국, 영국, 독일, 일본, 프랑스, 이탈리아, (1976) 캐나다, (1977) EU, (1997) 러시아 (EU는 국가정상이 아닌 참가자로 정상회담 개최는 하지 않음, 2014년 러시아의 우크라이나 크름반도 합병 이후 러시아는 G8에서 퇴출되어 다시 G7이 됨)
- G8+5 : G8+(2000) 중국, 인도, 브라질, 멕시코, 남아공
- G20 : (2008) 미국, 영국, 독일, 일본, 프랑스, 이탈리아, 호주, 캐나다, 사우디아라비아, 러시아, 남아공, 아르헨티나, 브라질, 멕시코, 중국, 인도, 인도네시아, 터키, 대한민국, EU

쉬어가기!

중국 의존도 낮춰라…고심하는 美 동맹

미국과 동맹국들이 세계 2위 경제 대국인 중국과의 광범위한 무역·투자 관계는 지속하되, 전략물자를 중심으로 대(對)중국 의존도를 낮추기 위해 고심하고 있다. 노골화하는 미·중 패권갈등 외에도 지난해 우크라이나 전쟁 직후 에너지 수출 무기화에 나선 러시아의 사례가 중국에 대한 시각까지 바꾸는 교훈이 됐다는 평가다. 일간 월스트리트저널(WSJ)은 17일(현지시간) 주요 7개국(G7)을 비롯한 미국과 주요 동맹국들 사이에서 향후 지정학적 긴장이 고조되거나 또 한 번 팬데믹(세계적 대유행)이 확산할 경우 중국이 러시아처럼 주요 전략물자, 핵심자원의 수출을 중단할 수 있다는 우려가 커지고 있다고 보도했다. 서방 고위 경제관료들은 자국 투자, 전문기술에 제한을 두지 않을 경우 군사적 야심을 노골화하고 있는 중국의 군사력 증강에도 도움이 될 수 있다는 점 역시 경계하고 있다. 이러한 우려는 지난주 미국 워싱턴DC에서 열린 국제통화기금(IMF), 세계은행(WB) 춘계총회에서도 논의됐다. 미국, 캐나다, 프랑스, 독일, 이탈리아, 영국, 일본 등 G7 국가들은 이 자리에서 공급망 강화를 위한 새로운 이니셔티브에도 합의했다. 전기차 모터, 배터리 등에 사용되는 주요 광물을 안정적으로 확보하고 중국 의존도를 낮추기 위해 재정지원에 나서기로 한 것이다.

특히 지난해 발발한 러시아의 우크라이나 침공은 러시아는 물론, 중국에 대한 서방의 경계감을 한층 키우는 계기가 됐다. 세계 2위 가스 생산국인 러시아는 서방의 제재에 맞서 유럽지역에 천연가스 수출을 제한하며 글로벌 에너지 시장을 뒤흔들었다. 이러한 러시아의 행보는 이미 팬데믹 이후 각국별로 '공급망 재편' 필요성이 대두한 상황에서, 중국을 비롯한 자원부국들의 '자원 무기화'가 현실화할 수 있다는 공포를 부추겼다. 말 그대로 자원이 국제정치의 무기가 된 것이다.

(중략)

일각에서는 세계 경제가 미국을 비롯한 서방 대 중국·러시아 등 노골적인 무역 블록 간 경쟁으로 분열되는 것에 대한 우려도 쏟아 진다. 크리스탈리나 게오르기에바 IMF 총재는 지난 13일 기자회견에서 "냉전이 다시 반복되는 것을 보고 싶지 않다"며 "문제는 세계를 새로운 냉전으로 몰아넣지 않으면서 공급망 안전을 강화할 수 있는가"라고 꼬집었다. 이에 대해 재닛 옐런 미 재무부 장관은 공급망을 동맹국, 우방국 중심으로 재배치하는 '프렌드 쇼링'을 언급하며 "글로벌 자원의 효율적 배치 등 개방무역의 이점이 프렌드 쇼링을 통해 유지될 것"이라고 반박했다. 그간 미국은 자국을 중심으로 글로벌 공급망을 재편하며 노골적으로 중국을 배제하고자 하는 움직임을 보여왔다. 북미산 전기차에 만 세액공제 혜택을 지원하는 인플레이션감축법(IRA), 반도체지원법(CSA) 등을 지난해 잇달아 통과시킨 것도 이러한 일환이다. 중국에 대한 투자를 제한하는 방법을 검토 중인 미국은 이후 다른 서방 동맹국들까지도 이러한 대열에 합류할 것을 기대하고 있는 것으로 전해졌다.

(후략)

조슬기나 기자, 아시아경제 2023.4.18.

요약

1 한 나라가 외국에 영향을 미칠 정도의 '대국(large country)'일 경우 해외반향(foreign repercussion)이 일어나고 상호의존경제(inter-dependent economy)가 형성된다.

2 폐쇄경제(closed economy)는 외국과의 교역이 없는 경제이다.

3 폐쇄경제 하의 투자승수와 정부지출승수는 1/s로 동일하고 한계소비성향 b가 클수록(한계저축성향 s가 작을수록) 승수는 커진다.

4 소규모 개방경제는 외국과 교역을 하고 있으나 자국의 경제적 변화가 외국에 영향을 미치지 못하는 소국경제이다.

5 폐쇄경제와 소규모 개방경제의 승수를 비교해보면 폐쇄경제 하의 승수가 더 크다.

6 대규모 개방경제는 외국경제와 상호의존관계를 형성하고 있다. 상호의존관계 하의 경제는 양국간의 상승작용으로 정책효과가 폐쇄경제나 소규모 개방경제보다 크게 나타난다.

7 세계경제의 회복을 위해 무역수지 흑자국이 확대 지출정책을 사용하는 것을 '기관차이론(locomotive theory)'이라고 한다.

8 국제정책협조의 성공여부는 약속(commitment)을 강제할만한 위협(credible threat)이 있는가와 직결된다.

9 1985년 플라자협정과 1987년 루브르합의는 선진국 간의 국제정책협조의 새로운 장을 열었다.

10 1990년대 이후 세계경제는 미국, EU, 아시아권의 3극 체제로 재편되고 있다. 동시에 다국 간(multilateral) 협정뿐 아니라 2국 간(bilateral) 협정도 활발히 추진되는 양상이다.

11 죄수의 딜레마 모형은 비협조적 체제는 파레토최적을 달성하지 못할 수 있음을 보여준다.

12 비록 국제정책협조가 참여국의 후생을 증가시킨다 하더라도 협조체제를 구축하는 데는 많은 제약이 있다.

요 약

13 세계 경제에서 중국, 인도, 브라질, 한국 등 신흥국이 차지하는 비중이 커짐에 따라 세계 경제의 정책협조체제 역시 G7에서 G20으로 옮겨가고 있다.

14 당초 미국주도로 추진되던 TPP는 미국의 탈퇴로 위기를 맞았으나 2019년 1월 일본주도의 CPTPP로 출범하기에 이르렀다.

15 중국주도의 RCEP는 세계 최대의 무역협정으로 우리에게도 매우 중요한 협정이다.

16 미・중무역전쟁 선포 이후 미국 바이든 정부는 중국을 배제한 세계 공급망 재편성을 시도하고 있다.

17 2022년 8월 미국 바이든정부는 '미국 국민생활 안정화'라는 명분 하에 인플레이션 감축법(IRA : Inflation Reduction Act)를 발효하여 우리나라 자동차 및 설비부문 수출에 타격이 예상된다.

중요개념

대국과 소국
케인시안 크로스
절대소득가설
기관차이론
죄수의 딜레마
파레토 최적
정책효과의 외부성
다국(자)간 협정
IRA(인플레이션 감축법)

한계소비성향
소규모 개방경제
생애주기소득가설
국제정책협조
우월전략균형
반복게임
비대칭적체제
2국(자)간 협정

한국저축성향
해외반향(repercussion)
항상소득가설
협조적 정책
내쉬균형
플라자협정
루브르합의
CPTPP

폐쇄경제
상호의존경제
승수(multiplier)
비협조적정책
보수행렬
패권적지배
우아한묵살
RCEP

연습문제

I. 다음 물음에 간단히 답하시오.

01 정부지출승수가 소규모 개방경제 하에서보다 폐쇄경제 하에서 더 큰 까닭은 무엇인가?

02. 대규모 개방경제 하에서의 승수효과가 소규모 개방경제 하의 승수효과보다 큰 이유를 직관적으로 설명해 보라.

03. 한계소비성향이 클수록 승수효과가 커지는 까닭은 무엇 때문인가?

04. 상호의존경제에서 YY, BB, Y^*Y^*곡선을 도출해 보라.

05. 기관차이론을 설명해 보라.

06. 양국이 비협조적 정책을 고수할 경우 자신들의 최선의 선택이 파레토최적보다 못한 결과를 초래하게 되는 죄수의 딜레마 모형을 제시해 보라.

07. 협조적 정책이 성공하기 위해서 요구되는 것은 무엇인가?

08. 브레튼우즈체제가 정책협조라는 측면에서 볼 때 비대칭적 · 패권적 지배체제임을 설명해 보라.

09. 플라자협정과 루브르합의의 의의와 한계는 무엇인가?

10. 1970년대 스태그플레이션 시기에 무역흑자국인 독일과 일본이 기관차 역할을 거부한 이유는?

11. 국제정책협조는 정책효과의 외부성을 활용하려는 의도라는 주장을 설명해 보라.

12. 양국 간의 정책협조가 소규모개방경제보다 소득증가나 무역수지균형의 달성에 있어 유리한 이유는 무엇인가?

13. 소비이론 중 (   )가설에 따르면 일시적인 정부지출의 증가는 승수를 발생시키지 못한다.

연습문제

Ⅱ. 다음 물음에 O, X로 답하시오.

01. 국내의 경제상황이 국내경제뿐 아니라 국외경제에도 영향을 미칠 경우 그 나라는 대국이라고 한다.

02. 케인스의 절대소득가설에 따를 경우 한계소비성향과 한계저축성향의 합은 1이다.

03. 승수효과는 케인스의 절대소득가설과 깊은 관련이 있다. 항상소득가설 하에서는 영구적인 정책일 경우에만 승수효과가 일어난다고 본다.

04. 소규모개방경제 하에서의 승수효과는 폐쇄경제 하에서의 승수보다 작은데 그 이유는 무역수지 흑자가 발생하기 때문이다.

05. 상호의존경제 하에서는 한 나라의 정책이 다른 나라의 경제에 영향을 미친 후 다시 해외반향으로 되돌아오는 외부성이 발생하게 되어 소규모 개방경제보다 효과가 크다.

06. 상호의존경제 하에서 자국의 소득증가는 외국의 소득증가를 일으키는데 이는 우리의 수출이 증가하기 때문이다.

07. 기관차이론에 따라 기관차 역할을 하는 국가는 무역수지 흑자를 잃고 소득증가도 상호의존이 없을 때보다 작다.

08. 우월전략균형이 존재한다면 그때 내쉬균형은 1개 혹은 2개 존재할 수 있다.

09. 파레토우위가 있음에도 불구하고 달성하지 못하는 이유는 서로의 약속이 신뢰가 없기 때문이다.

10. 국제경제는 제2차 세계대전 이후 플라자협정 이전까지 미국 중심으로 운영되다가 그 후 정책협조를 위한 노력을 시작했다.

11. 비협조적 체제 하에서 각국의 최선의 정책이 결과적으로 파레토 최적을 달성한다는 사실을 보여주는 것이 죄수의 딜레마 모형이다.

Ⅲ. 다음 물음에 대하여 가장 적절한 답을 고르시오.

01. 1970년대 미국이 주문한 기관차이론에 대한 다음 기술 중 잘못된 것을 고르시오.

① 무역수지 흑자국이 지출을 증가

② 상호의존적 경제모형으로 양국 모두 소득증가

③ 양국 모두 무역수지 개선효과를 본다.

④ 기관차 역할국은 물가상승을 겪을 것이다.

02. 다음 중 국제적 정책협조를 위한 노력으로 보기에 가장 적절치 않은 것은?

① 도쿄 경제지표 이용협의　　② 루브르합의

③ 브레튼우즈협정　　④ 플라자협정

03. 다음과 같은 보수행렬이 주어졌을 때 옳은 것은?

		B 국	
		협 조	대 립
A 국	협 조	(100, 80)	(70, 90)
	대 립	(120, 50)	(50, 30)

① 우월전략균형이 1개 존재한다.　　② 내쉬균형이 2개 있다.

③ A국은 우월전략이 있다.　　④ 내쉬균형이 1개 있다.

04. G7 회원국은 어느 나라들인가?

CHAPTER

9

개방경제의 거시정책

Chapter

9 개방경제의 거시정책

모든 나라들이 대내경제의 균형과 동시에 대외경제의 균형은 원한다. 어떻게 대내외 균형을 동시에 달성할 수 있는가? 또한 국민소득의 증가와 대외경제균형을 달성하기 위한 통화정책과 재정정책의 유효성을 고정환율제도와 변동환율제도의 경우로 나누어 살펴보자.

9.1 대내외 균형(internal and external balance)

9.1.1 정책목표와 정책수단

한 나라가 달성하려는 경제목표(targets)는 대내균형과 대외균형 두 가지로 나누어 생각해 볼 수 있다. 즉, 각국은 대내균형을 위한 목표로 가능한 한 낮은 인플레이션과 실업률을 원할 것이고, 동시에 높은 경제성장률과 공평한 분배를 원할 것이다. 한편 대외균형 목표로서는 경상수지 균형과 환율 안정이 바람직한 목표로 설정될 수 있을 것이다.

이제 한 나라가 대내균형과 대외균형의 동시 달성을 목표로 삼고 있다고 하자. 만일 대내균형은 이미 달성되어 있으나 아직 대외균형은 달성되지 못하고 있다고 하자. 이 경우 정책당국은 대외균형을 달성하기 위한 정책수단만을 동원해서는 안된다는 사실을 명심해야 한다. 왜냐하면 대내경제와 대외경제는 밀접히 연관되어 있기 때문에 대외균형을 추구하는 동안 이미 달성되어 있던 대내균형이 깨질 수 있기 때문이다. 따라서 한 부문만이 불균형에 놓여 있는 경우라도 두 부문 모두 정책대상으로 삼아야 한다.

대내외균형을 동시에 달성하기 위해서는 적절한 정책수단(policy instruments)이 마련되어야 한다. 사용할 수 있는 정책수단으로는 통화정책, 재정정책(정부지출정책), 환율정책 등이 있다. 대내외균형의 동시 달성을 위해서는 정책목표의 수와 정책수단의 수가 같아야 하는데, 이를 '**틴버겐의 법칙**(Tinbergen's rule)'이라고 한다. 틴버겐의 법칙에 의하면 대내균형과 대외균형이라는 두 가지 목표를 달성하기 위해서는 두 가지 정책수단이 필요하다.

이때 '어떤 정책수단을 어떤 정책목표에 맞추어 사용하는 것이 좋은가'라는 문제가 발생한다. 이를 '**할당문제**(assignment problem)'라고 한다. 정책목표와 정책수단의 짝이 잘못 맞춰지면 균형이라는 정책목표의 달성은 커녕 오히려 불균형을 심화시킬 수도 있다.

할당문제의 해결을 위해 먼델(R. Mundell)은 '**유효시장구분원리**(Principle of effective market classification)'를 제시하였다. 각 정책수단은 그 정책이 가장 큰 효과를 나타낼 수 있는 목표에 맞추는 것이 가장 효과적이라는 것이다. 예를 들어 두 사람의 사냥꾼이 두 마리 토끼를 잡으려고 할 때 발이 빠른 사냥꾼은 발이 빠른 토끼를 좇는 것이 옳다는 것이다.

9.1.2 변동환율제도 하의 대내외균형

(1) 스완 다이아그램(Swan diagram)

이제 정책목표는 대내균형(낮은 실업률과 인플레이션)과 대외균형(경상수지의 균형) 두 가지이며 이를 달성하기 위한 정책수단으로는 환율과 실질지출(real expenditure)이 사용될 수 있다고 하자. [그림 9-1]을 이용해 대내외균형의 동시 달성을 살펴보자.

II곡선은 대내균형을 달성시키는 환율과 실질지출의 조합을 나타내는 선이다. 여기서 실질지출은 정부지출이나 통화량변동에 따른 국내지출의 변동을 의미한다.

II곡선의 기울기는 다음과 같이 분석해 볼 수 있다. 환율이 상승하면 경상수지가 개선되어 경기가 활성화되는데 과열된 경기를 식혀 대내균형을

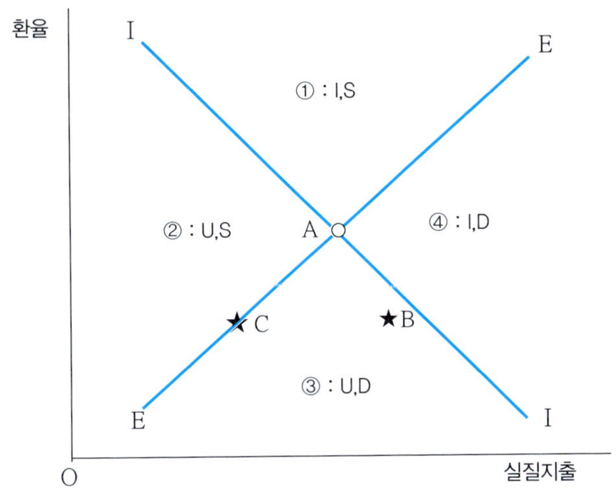

【 그림 9-1 변동환율제도 하의 대내외균형 】

회복하기 위해서는 실질지출이 감소해야 한다. 그러므로 대내균형을 달성하기 위한 환율과 실질지출 간의 관계는 음(−)의 관계임을 알 수 있다. 따라서 II곡선은 우하향한다. II곡선의 윗 영역은 주어진 환율에서 실질지출수준이 균형보다 높으므로 인플레이션이 발생하는 영역이다. 반면 II곡선의 아래 영역은 주어진 환율에서 실질지출수준이 균형보다 낮으므로 실업이 발생하는 영역임을 알 수 있다.

EE곡선은 대외균형을 달성시키는 환율과 실질지출의 조합을 나타내는 선이다. EE곡선의 기울기를 알아보자. 환율이 상승하면 경상수지 흑자가 발생하므로 대외균형을 위해 실질지출이 증가해야만 한다. 왜냐하면 실질지출의 증가는 수입을 증가시킬 것이기 때문이다. 그러므로 대외균형을 위한 환율과 실질지출 간의 관계는 양(+)이므로 EE곡선의 기울기는 우상향이 된다. EE곡선의 윗 영역은 주어진 실질지출에서 환율이 균형보다 높으므로 경상수지 흑자(surplus)가 발생하는 영역이다. 반면 EE곡선의 아랫 영역은 주어진 실질지출에서 환율이 균형보다 낮으므로 경상수지 적자(deficit)가 발생하는 영역이다.

[그림 9-1]은 II곡선과 EE곡선에 의해 4영역으로 구분되고 있는데, 각 영역의 상태를 인플레이션(I), 실업(U), 경상수지흑자(S), 경상수지적자(D)로 표시하고 있다. [그림 9-1]과 같은 형태의 그래프를 '스완 다이아그램(Swan diagram)'이라고 부르는데, 이는 1955년 이 그래프를 고안한 오스트레일리아 경제학자 스완(T.Swan)의 이름을 따른 것이다.

현재 경제가 ③영역의 B점에 있다면 이 나라는 실업과 대외적자로 시달리는 상태이다. 대내외균형이 달성되는 점 A로 이행하기 위해서는 환율인상과 지출감축정책을 동시에 시행하면 된다. 만일 현재 상태가 대외균형은 달성되어 있는 점 C에 있다면 대내외균형을 위한 정책은 무엇인가? 이 경우에도 두 가지 정책수단을 모두 동원해야 한다. 즉, 환율인상과 지출증가정책을 동시에 사용하여야 한다.

(2) 정책할당

정책목표가 대내균형과 대외균형의 두 가지로 설정되고 사용할 정책수단으로 환율과 실질지출이 선택되었을 때 대내외균형의 동시 달성을 위해 어떻게 정책할당을 해야 하는가?

[그림 9-2]는 II곡선과 EE곡선의 형태에 따라 정책할당이 달라질 수 있음을 보여준다. 그림 (a)는 만일 II곡선은 가파르고 EE곡선은 완만하다면 지출정책은 대내균형에 맞추고, 환율정책은 대외균형에 맞춰 사용되어야 한다. 정책을 반대로 할당할 경우 균형점으로 수렴하지 못하고 밖으로 발산하게 된다. 그림 (b)는 II곡선은 완만하고 EE곡선은 가파른 경제의 경우인데 이때는 지출정책은 대외균형에, 환율정책은 대내균형에 할당되어야 균형점으로 수렴할 수 있으나 그 반대로 정책을 할당함에 따라 발산하는 것을 보여주고 있다.

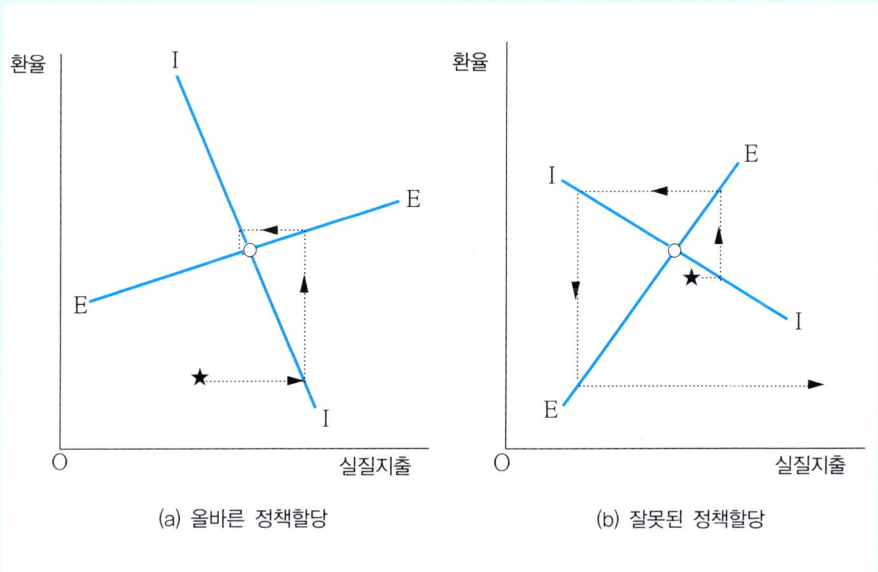

【 그림 9-2 정책할당 문제 】

FAQ

- **학생의 질문 :** 스완 다이아그램에서 II곡선의 위 영역은 인플레이션 영역, 아래 영역은 실업이 발생하는 영역이라고 하는데 왜 그런지 설명 부탁합니다. ^^;
- **안교수 답변 :** 그래프상에서 가로로 선을 그어보세요. 주어진 환율에서 II곡선보다 오른쪽은 균형보다 많은 지출이므로 초과수요가 일어나 인플레이션이 발생하고 반대는 초과공급 상태이므로 실업이 발생하는 것입니다.

9.2 개방거시경제모형

통화정책과 재정정책이 거시경제에 미치는 효과를 고정환율제도와 변동환율제도의 경우로 나누어 분석하기 위해 먼저 개방거시경제모형을 구성해야 한다. 개방거시경제모형의 균형과 정책효과를 분석하기 위해 대내균형은 재화시장의 균형을 나타내는 IS곡선과 화폐시장의 균형을 나타내는 LM곡선, 대외균형은 국제수지균형을 나타내는 BP곡선을 통해 분석해보자. 이러한 형태의 개방거시경제 분석모형을 개발한 학자의 이름을 좇아 보통 먼델-플레밍모형(Mundell-Fleming type model)이라고 한다.

9.2.1 재화시장의 균형

재화시장을 균형하에 놓는 소득(Y)과 금리(i)의 조합을 나타내는 곡선을 IS(투자저축)곡선이라고 하자. IS곡선은 다음과 같이 도출할 수 있다. 케인스의 소득균형식으로부터 다음과 같은 식을 얻을 수 있다.

$$Y = C + I + G + (X - IM) \tag{9.1}$$

$$C = a + b(Y - T) \qquad I = I(i)$$

$$G = G_0,\ T = T_0 \qquad X = X(e)$$

$$IM = IM(Y,\ e)$$

여기서 소비(C)는 케인스의 절대소득가설에 따른 소비함수로 소득의 증가함수이다. 투자(I)는 금리(i)의 감소함수이다. 정부지출(G)과 조세(T)는 정책당국에 의해 독자적으로 결정되는 외생변수이다. 수출(X)은 마셜-러너조건이 성립한다는 가정 하에서 환율(e)의 증가함수이고, 수입(IM)은 소득의 증가함수이며 동시에 환율의 감소함수이다.

결국 소비, 투자, 정부지출, 수출입을 식 (9.1)에 대입하여 Y에 대해 정리하면

$$Y = f(\overset{\ominus}{i}\ ;\ \overset{\oplus}{G},\ \overset{\oplus}{e},\ \overset{\ominus}{T}) \tag{9.1'}$$

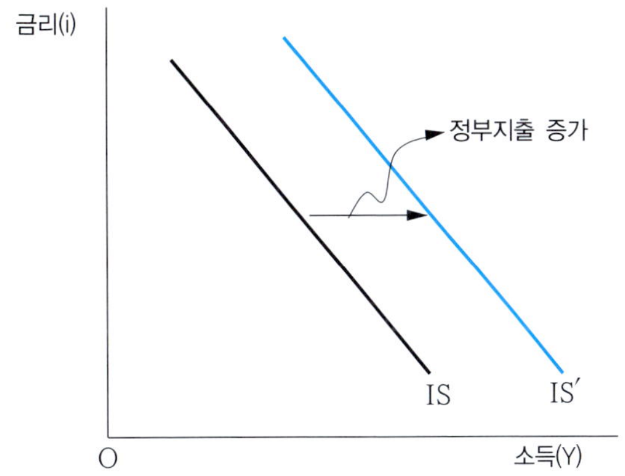

【 그림 9-3 IS곡선과 이동 】

을 얻는다. 즉, 소득수준 Y는 금리(i)와 정부지출(G), 환율(e) 및 조세(T)에 의해 결정된다. IS곡선의 기울기는 그래프의 종축과 횡축을 차지하는 금리와 소득의 관계로부터 도출된다. 금리가 증가하면 투자가 감소하고 총수요가 감소하여 소득이 감소하므로 소득은 금리의 감소함수이다. 따라서 IS곡선은 [그림 9-3]과 같이 (Y, i) 평면에서 우하향하는 형태를 갖게 된다. 정부지출, 조세, 고정환율제도 하에서 환율은 정책당국에 의해 결정되는 외생변수이다.

우하향하는 IS곡선의 이동에 대해 알아보자. 예를 들어 정부지출이 증가했다고 하자. 정부지출의 증가는 총수요를 증가시키고 소득을 증가시킨다. 그러므로 정부지출의 증가는 동일한 금리 수준에서 소득을 증가시키므로 IS곡선을 오른쪽으로 이동시킨다(IS→IS′). 환율상승의 경우 수출이 증가하고 수입이 감소하므로 무역수지 흑자를 통해 소득의 증가를 불러온다. 그러므로 환율상승 역시 IS곡선을 오른쪽으로 이동시킨다. 조세의 증가는 가처분소득을 낮추어 소득을 감소시키므로 IS곡선을 왼쪽(안으로)으로 이동시킨다.

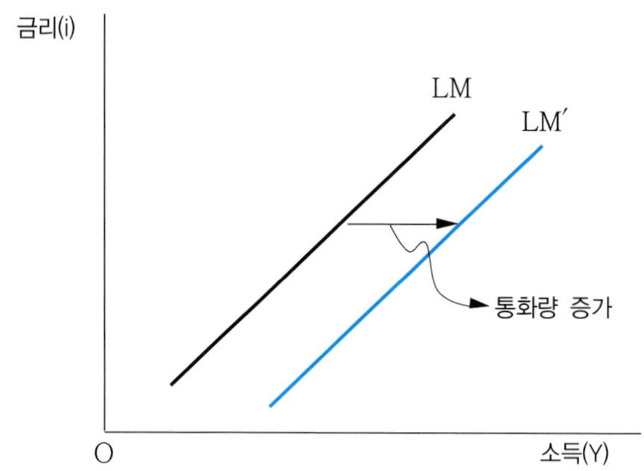

【 그림 9-4 LM곡선과 이동 】

9.2.2 화폐시장의 균형

화폐시장을 균형하에 놓는 소득과 금리의 조합을 나타내는 곡선은 LM (liquidity & money)곡선이라고 하자. LM곡선은 다음과 같은 케인스의 화폐시장 균형식으로부터 도출할 수 있다.

$$\frac{M_0}{P} = L(\overset{\oplus}{Y},\ \overset{\ominus}{i}) \tag{9.2}$$

위 식에서 좌변은 실질화폐공급량을 나타내는데 명목통화량은 정책당국에 의해 재량적으로 결정되는 외생변수이므로 0이라는 하첨자를 사용하여 M_0로 나타내었다. 우변은 실질화폐수요량으로 소득의 증가함수이며 금리의 감소함수이다. 따라서 소득이 증가할 경우 화폐시장을 균형시키기 위해서는 금리 역시 증가해야 한다. 그러므로 LM곡선은 [그림 9-4]와 같이 (Y, i) 평면에서 우상향하는 형태를 갖게 된다.

LM곡선의 이동에 대해서 살펴보자. 통화량이 증가하면 식 (9.2)의 좌변의 값이 커지게 되는데 화폐시장이 균형을 이루려면 우변도 증가해야 한다.

따라서 금리가 불변일 때 소득이 증가해야 한다. 통화량의 증가는 동일한 금리 하에서 소득을 증가시키므로 LM곡선은 오른쪽으로 이동한다(LM→LM′). 소득을 고정시킨 채 분석할 경우 LM곡선은 아래쪽으로 이동한다. 물가가 상승하는 경우에는 실질통화량이 감소하는 것이므로 통화량을 감소시켰을 경우와 마찬가지의 결과로 LM곡선을 왼쪽으로 이동시킨다.

9.2.3 국제수지 균형

경상수지와 자본이동을 포함하는 국제수지를 균형하에 놓는 소득과 금리의 조합을 나타내는 곡선은 BP(balance of payment)곡선이라고 하자. BP곡선은 다음과 같은 국제수지 균형식으로부터 도출된다.

$$BP = X(\overset{\oplus}{e}) - IM(\overset{\oplus}{Y},\ \overset{\ominus}{e}) + CF(\overset{\oplus}{i}) \qquad (9.3)$$

식 (9.3)에서 우변의 X(e)−IM(Y, e)은 무역수지를 나타낸다. 수출(X)은 환율의 증가함수이고 수입(IM)은 소득의 증가함수임과 동시에 환율의 감소함수이다. CF는 순자본유입(net capital inflow)이며 금리(i)의 증가함수이다.

BP곡선을 분석함에 있어 두 가지 가정이 가능한데 하나는 자본이동이 완전한 경우이고, 다른 하나는 자본이동이 불완전한 경우이다.

① 자본이동이 완전한 경우

완전한 자본이동(perfect capital mobility)은 자본이동의 금리탄력성이 무한한 경우로 국내금리가 약간만 변해도 자본이동이 무한히 크게 변한다. 그러므로 국내경제규모가 작아 세계경제에 아무런 영향도 미치지 못하는 소국(small country)의 경우 국내금리는 국제금리수준과 동일한 수준에서 결정된다. 만일 국내 금리가 국제금리보다 약간 상승한다고 가정해보자. 자본이동이 자유로우므로 순식간에 자본유입이 일어나 국내통화량이 증가하므로 국내금리는 국제금리 수준으로 환원된다.

그러나 미국이나 EU같이 국제금리에 영향을 줄 수 있는 대국(large country)이라면 자국의 금리상승은 국제금리를 약간이라도 상승시킬 수 있을 것

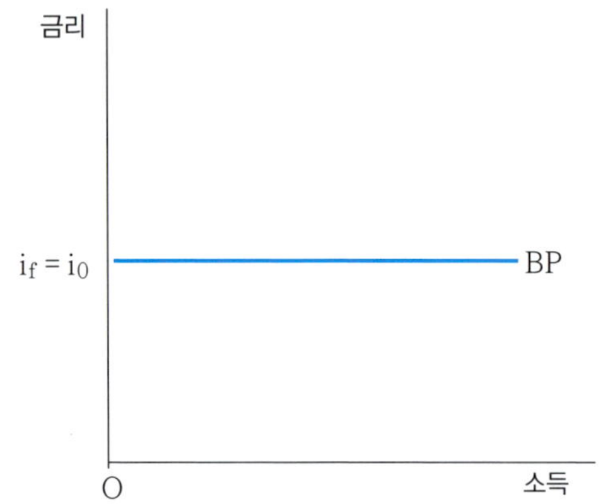

【 그림 9-5 완전한 자본이동 하의 BP곡선 】

이다. 완전한 자본이동의 가정 하에서는 금리가 조금만 상승해도 자본유입은 무한대 수준으로 증가하므로 국제수지를 균형으로 되돌리기 위해서는 소득이 거의 무한대로 증가하여 수입을 증가시켜야 한다. 그러므로 [그림 9-5]에서 보듯이 BP곡선은 소득수준에 관계없이 국제금리수준(i_f)에서 무한탄력적인 수평선이 된다.

② 불완전한 자본이동의 경우

자본이동이 불완전한 경우(imperfect capital mobility)에는 금리가 국제수지에 미치는 영향이 자본이동이 완전한 경우에 비해 작다. 소득이 증가하면 수입이 증가하여 무역수지를 악화시키게 되는데 국제수지를 균형시키기 위해서는 금리가 상승함으로써 자본유입이 일어나야 한다. 그러므로 국제수지를 균형하에 놓는 소득과 금리 간의 관계는 우상향이 된다. 불완전한 자본이동의 가정 하에서 BP곡선은 [그림 9-6]에 나타나 있듯이 우상향한다.

BP곡선의 이동을 살펴보면 환율의 상승은 수출을 증가시키는 반면 수입을 감소시킴으로 무역수지를 개선시킨다. 그러므로 동일한 금리 수준에서 국제수지를 균형으로 회복시키기 위해서는 소득의 증가로 수입을 유발해야

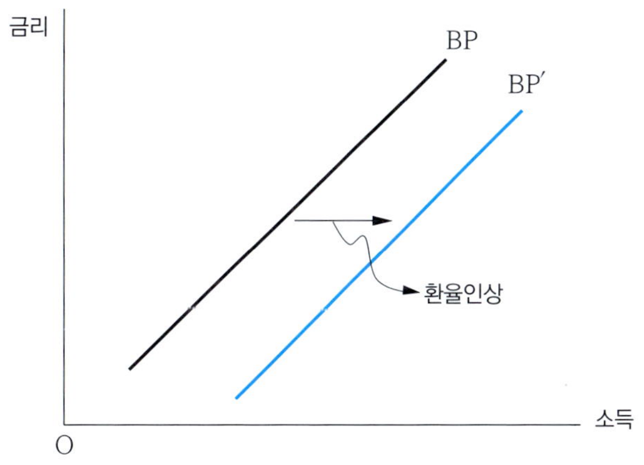

【 그림 9-6 불완전한 자본이동 하의 BP곡선 】

할 것이다. 그러므로 환율상승은 동일한 금리수준에서 소득증가를 유발하므로 BP곡선을 오른쪽으로 이동시킨다.

FAQ

- **학생의 질문 :** 완전한 자본이동의 가정 하에서 소득수준은 국제수지 결정에 아무런 영향도 주지 못한다는 말이 이해가 잘 안 돼요.

- **어느 학생의 답변 :** BP곡선에서 국제수지 균형식 BP = X(e)−IM(Y, e)+CF(i) 이 성립하잖아요. 그런데 여기서 자본이동이 완전한 경우, 금리 i에 따라 순자본 유입CF가 무한대로 변하기 때문에 상대적으로 변화량이 적은 소득수준은 전체 BP에 그다지 많은 영향을 끼치지 못한다는 뜻이 아닐까요?

9.3 통화정책과 재정정책의 유효성

앞에서 제시한 개방거시경제 모형을 통해 통화정책과 재정정책이 소득과 국제수지에 미치는 유효성을 분석해보자. 여기서는 크게 자본의 이동이 완전히 자유로운 경우(perfect capital mobility)와 불완전한 경우로 나눈 후 고정환율제도일 경우와 변동환율제도인 경우로 구분하여 분석한다. 한편 자본이동이 완전한 경우에는 소국 경우와 대국 경우로 나누어 그 차이점을 살펴보고자 한다.

9.3.1 완전한 자본이동의 경우

(1) 통화정책의 유효성

통화정책은 통화량을 증가시키는 확장적 통화정책과 통화량을 감축하는 긴축적 통화정책이 있다. 여기서는 통화량 증가의 경우에 한정하여 설명하고자 한다. 정부가 통화량을 증가시키는 방법은 여러 가지가 있다. 중앙은행이 자본시장에서 유가증권(통안채, 국공채)을 매입함으로써 시중에 자금을 공급할 수도 있고, 중앙은행이 재할인 한도를 확대하거나 지급준비율을 낮춤으로써 통화량을 증가시킬 수도 있다. 통화정책의 유효성을 고정환율제도와 변동환율제도로 나누어 분석해보자.

① 고정환율제도의 경우

소국(small country)인 경우 고정환율제도 하에서 통화량을 증가시키면 [그림 9-7] (a)에서 보듯이 초기 균형점 E점에서 LM곡선이 오른쪽으로 이동하게 된다(LM→LM'). LM곡선의 오른쪽 이동은 소득을 증가시키고 국내금리는 국제금리 아래로 낮아지려는 압력을 받게 된다. 소득 증가는 수입을 유발하여 무역수지를 악화시키고 국내금리의 하락압력은 국내자본을 국외로 유출시킨다. 따라서 대외수지가 악화되고 환율인상 압력이 발생하게 되는데 고정환율제도이므로 정부는 환율유지를 위해 보유외환을 매각함으로 대

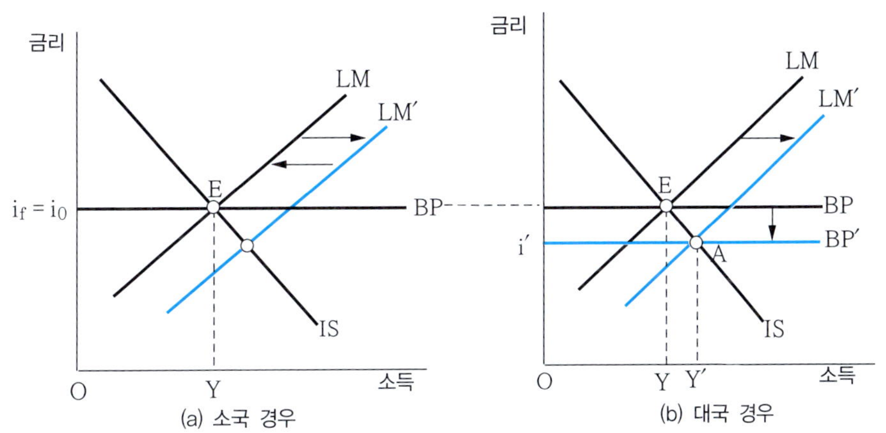

【 그림 9-7 통화정책 : 고정환율제도 】

응할 수밖에 없다.

보유외환 매각으로 통화량이 감소하므로 LM곡선은 원래의 위치로 되돌아가게 되고(LM'→LM), 균형점 또한 초기의 균형점이었던 E점으로 환원된다. 따라서 소국인 경우 국내금리가 국제금리에 영향을 미칠 수 없으므로 고정환율제도 하에서 통화정책의 효과는 무력하다.

[그림 9−7] (b)는 대국(large country)의 경우를 보여주고 있다. 대국인 경우 국내금리의 하락은 국제금리를 하락시킬 수 있다. 그러므로 통화량 증가로 국내금리가 하락하면서 국제금리도 하락하여 BP곡선은 아래로 이동한다. 그 결과 새로운 균형점은 [그림 9−7] (b)의 A점에서 결정되고 국제수지는 균형, 소득은 Y′으로 증가하여 소국의 경우보다 효과가 있다.

② 변동환율제도의 경우

소국인 경우 변동환율제도 하에서 통화량 증가정책은 LM곡선을 오른쪽으로 이동시키게 되고 국내금리의 하락압력으로 자본유출이 일어난다. 자본 유출과 함께 대외수지 적자가 발생하고 그 결과 환율이 인상된다. 환율 인상으로 수출은 증가하고 수입은 감소하여 IS곡선을 오른쪽으로 이동시킨

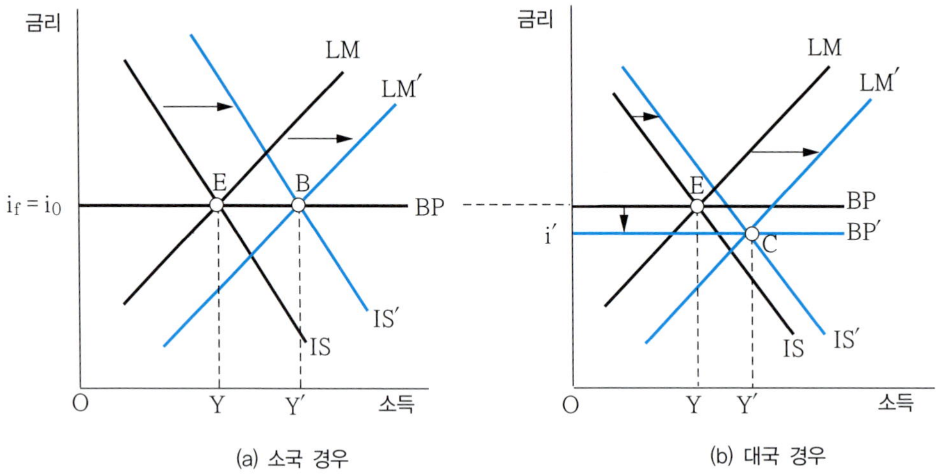

【 그림 9-8 통화정책 : 변동환율제도 】

다. 따라서 균형점은 [그림 9-8] (a)에서 보듯이 B점이 된다. 소국인 경우 변동환율제도 하에서 통화정책의 효과는 국제수지는 균형, 소득은 Y에서 Y′으로 크게 증가한다.

한편 대국인 경우 통화량의 증가는 국내금리를 낮추고 그에 따라 국제금리도 함께 낮아져 BP곡선은 아래로 이동한다. 그러므로 새로운 균형점은 [그림 9-8] (b)의 C점이 되고 소국 경우보다 소득효과가 약간 감소함을 알 수 있다.

(2) 재정정책의 유효성

재정정책은 크게 정부지출정책과 조세정책으로 나눌 수 있다. 여기서는 정부지출정책을 중심으로 살펴보고자 한다. 정부지출정책 역시 확장적 지출정책과 긴축적 지출정책이 있는데, 여기서는 확장적 정부지출의 경우를 중심으로 분석해보자.

적자재정을 통한 정부지출을 증가시키기 위해서는 재원이 필요한데 정부는 중앙은행에서 차입하거나, 해외에서 차입하거나 혹은 국공채를 발행

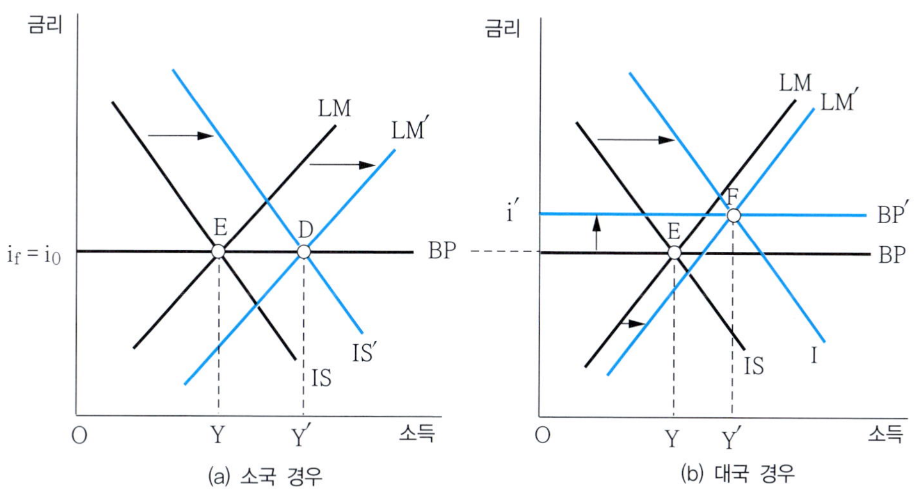

【 그림 9-9 재정정책 : 고정환율제도 】

(bond sale)하여 필요 재원을 조달하게 된다. 여기서는 순수한 의미의 정부지출정책이라고 할 수 있는 국공채발행을 통한 정부지출을 중심으로 분석한다.

① 고정환율제도의 경우

소국인 경우 고정환율제도 하에서 정부지출이 증가하면 [그림 9-9] (a)에서 보듯이 IS곡선은 오른쪽으로 이동하게 된다. IS곡선의 상향이동으로 국내금리는 국제금리 이상으로 상승압력을 받게되고 그 결과 해외자본의 유입이 일어나고 대외수지는 흑자가 된다. 대외수지가 흑자가 됨에 따라 환율은 인하압력을 받게 된다. 따라서 정부는 고정환율을 유지하기 위해 외환시장에 개입하여 외환을 매입하여야 한다.

정부의 외환매입은 통화량을 증가시키게 되므로 LM곡선이 오른쪽으로 이동하게 된다. 따라서 최종 균형점은 D점이 된다. 결국 소국인 경우 고정환율제도 하에서 재정정책은 국제수지는 균형, 소득은 Y′으로 크게 증가시

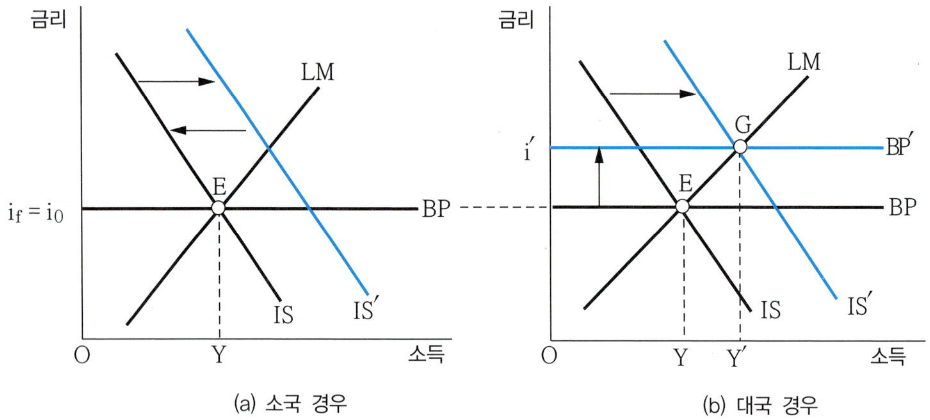

【 그림 9-10 재정정책 : 변동환율제도 】

키는 효과가 있다.

한편 대국의 경우에는 재정정책이 소득에 미치는 효과가 어떻게 달라지는가? 대국인 경우 정부지출증가로 IS곡선이 오른쪽으로 이동하면서 국내금리를 상승시킨다.

[그림 9-9] (b)에서 보듯이 국내금리의 상승은 국제금리의 상승을 초래하고 BP곡선은 상향이동하게 된다. 이때 국내금리와 국제금리가 같이 상승하였기 때문에 해외로부터의 자본이동이 소국 경우보다는 작게 일어나고, 따라서 환율인하 압력도 작아 정부의 외환매입량도 작다. 그러므로 국내통화량의 증가도 소국 경우보다 작아 LM곡선의 우측 이동 역시 소국 경우보다 작게 이루어진다. 대국의 경우 새로운 균형점은 F점이 되며 국제수지는 균형, 소득은 Y′으로 소국보다 작게 증가한다.

② 변동환율제도의 경우

[그림 9-10] (a)에는 소국인 경우 변동환율제도 하에서 정부지출 증가정책의 효과를 보여준다. 정부지출의 증가는 IS곡선을 오른쪽으로 이동시키고 이때 국내금리는 상승압력을 받게 된다. 그에 따라 자본유입 압력이 일어나

고 그 결과 환율은 하락하게 된다. 환율하락으로 수출은 감소하고 수입은 증가하여 재화시장의 수요감소로 IS곡선은 다시 원래 위치로 환원되고 균형점 역시 초기점 E로 복귀한다. 결국 소국인 경우 변동환율제도 하에서 정부지출정책은 소득에 아무런 효과도 없다.

이제 대국의 경우를 살펴보자. 대국인 경우 정부지출 증가로 국내금리가 상승하면 국제금리 역시 상승하므로 BP곡선은 상향이동하게 된다. BP곡선이 상향이동하면서 자본유입 압력도 소멸되고 더 이상 환율인하도 발생하지 않게 되어 IS곡선의 원래 위치로의 복귀도 발생하지 않는다. 그러므로 [그림 9-10] (b)에서 보듯이 새로운 균형점은 G점이 되고 국제수지는 균형, 소득은 소국 경우보다 증가한다.

9.3.2 불완전한 자본이동의 경우

불완전한 자본이동의 경우에는 BP곡선이 우상향하게 됨은 앞서 살펴보았다. 여기서 문제는 우상향하는 BP곡선의 기울기가 LM곡선의 기울기와 비교할 때 어느 곡선이 더 완만한가이다.

[그림 9-11] (a)가 보여주는 것처럼 LM곡선이 BP곡선보다 가파르다면 이 경우는 완전한 자본이동의 경우와 거의 동일한 결론에 도달하게 된다. 그러나 [그림 9-11] (b)에서 보는 것처럼 LM곡선이 BP곡선보다 완만한 경우에는 두 곡선의 위치가 서로 뒤바뀌기 때문에, 오히려 변동환율제도하에서 재정정책의 유효성이 커지게 된다. 통화정책의 경우에는 실제적인 차이가 없다. 왜 그런가는 각자 그래프를 이용해 직접 분석해보기 바란다.

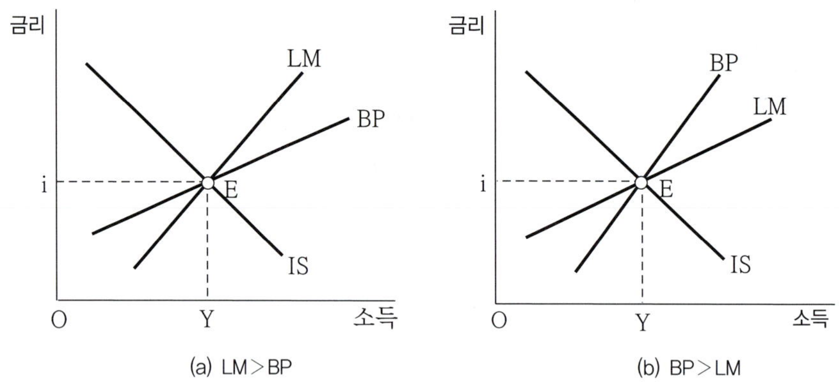

[그림 9-11 불완전한 자본이동의 경우]

FAQ

학생의 질문 : 고정환율제도의 경우 정부지출이 증가하면 IS곡선이 상향 이동하여 LM 곡선과 만나 금리상승이 일어나는데 직관적으로 왜 정부지출이 증가하면 금리가 상승하는지 궁금합니다.

안교수 답변 : 정부지출 재원으로 정부가 국공채를 발행하여 자금을 끌어 쓰면 민간이나 기업이 쓸 자금이 그만큼 부족해진다는 뜻인데요. 왜냐하면 통화량은 변하지 않았는데 정부가 자금의 수요자로 나서니까요. 결과적으로 초과화폐수요가 되고 금리가 올라가는 것입니다.

또 다른 설명으로는 채권가격과 채권수익률(시장금리) 간의 관계를 이용할 수 있겠습니다. 정부가 지출재원을 마련하기 위해 국채를 발행하면 시중에 국채공급량이 증가하게 되고 국채가격은 하락합니다. 국채는 만기에 일정한 이자를 주는 증서이므로 전보다 낮은 가격으로 매매된다는 것은 수익률은 상승한다는 것을 의미합니다. 국채수익률 역시 시장금리의 하나이므로 금리상승이 일어납니다.

요약

1 한 나라가 달성하려는 경제목표(targets)는 대내균형과 대외균형으로 나눌 수 있다.

2 대내외균형을 동시에 달성하기 위해서는 적절한 정책수단(policy instruments)이 마련되어야 한다. 틴버겐의 법칙에 의하면 두 가지 목표를 달성하기 위해서는 두 가지 정책수단이 필요하다.

3 어떤 정책수단을 어떤 정책목표에 맞추어 사용하는 것이 좋은가라는 할당문제에 대해 먼델(R. Mundell)은 유효시장구분원리를 제시하였다.

4 소국인 경우 국내금리가 국제금리에 영향을 미칠 수 없으므로 고정환율제도 하에서 통화정책은 무력하다. 한편, 대국인 경우에는 국제수지는 균형, 소득은 증가하여 소국의 경우보다 효과가 있다.

5 변동환율제도 하의 통화정책의 유효성은 소국인 경우 국제수지는 균형, 소득은 크게 증가한다. 한편 대국의 경우에는 소국보다 소득효과가 약간 작다.

6 고정환율제도 하의 재정정책의 유효성은 소국인 경우 국제수지는 균형, 소득은 크게 증가한다. 한편 대국의 경우에는 국제수지는 균형, 소득은 소국보다 작게 증가한다.

7 변동환율제도 하의 재정정책의 유효성은 소국인 경우 아무런 소득효과도 없다. 반면 대국인 경우 재정정책은 국제수지는 균형, 소득은 증가한다.

중요개념

대내외균형	정책목표와 수단	틴버겐의 법칙	할당문제
유효시장구분원리	스완 다이아그램	먼델 - 플레밍모형	IS곡선
LM곡선	BP곡선	소국과 대국	통화정책
재정정책	bond sale	완전한 자본이동	불완전한 자본이동

연습문제

Ⅰ. 다음 기술에 대해 O, X로 답하시오.

01 대내균형이나 대외균형 중 하나가 불균형에 있을 때 정책당국은 불균형이 발생한 부문에 알맞은 정책수단을 동원하여 그 부분만 해결하면 된다.

02. 자본이동이 완전히 자유로운 경우 소국의 국내금리는 국제금리와 동일하게 결정된다.

03. 대국의 경우 국내금리를 변동시키면 국제금리에 영향을 준다.

04. 자본이동이 완전할수록 통화정책은 변동환율제도 하에서 효과적이며, 재정정책은 고정환율제도 하에서 보다 효과적이다.

05. 국공채발행에 의한 정부지출증가는 통화량을 조절하는 정책이 아니다.

06. 환율인하는 대내경제의 침체를 불러올 것이므로 실질지출을 증가시켜 대내경제의 침체를 해소하는 것이 필요하다. 따라서 대내균형을 위해서는 환율과 실질지출은 음의 관계가 되어야 한다.

07. 금리인하는 총수요를 낮추므로 총수요를 종전과 같이 유지하기 위해서는 정부지출을 증가시켜야 한다.

08. 명목통화량이 감소되었을 때 화폐시장의 균형을 위해서는 주어진 소득수준에서 금리가 인상되어야 한다.

09. 자본이동이 완전하다는 것은 자본이동의 금리 탄력성이 무한하다는 것으로 국제수지는 소득과 관계없이 국제금리수준에서 균형을 이루게 된다.

10. 일반적으로 고정환율제도 하에서는 재정정책이, 변동환율제도 하에서는 통화정책이 소득에 미치는 효과가 크다.

11. 국채발행을 통한 확장적 정부지출정책은 대국일 경우 국내금리와 국제금리를 약간 상승시킨다.

12. 원달러환율의 상승은 달러표시 수출가격을 낮추고 달러표시 수입가격은 올린다.

Ⅱ. 다음 용어를 간단히 설명하시오.

01. 틴버겐의 법칙

02. 유효시장구분원리

03. 소국과 대국

04. 완전한 자본이동

Ⅲ. 다음 물음에 답하시오.

01. 환율과 실질지출 평면에서 우하향하는 대내균형곡선(II곡선)과 우상향하는 대외균형곡선(EE곡선)의 '스완 다이아그램'을 그리고 각 영역내에 인플레이션(I), 실업(U), 무역수지흑자(S), 적자(D)를 표시해 넣으시오.

02. 자본이동이 완전하다고 가정하고 변동환율제도 하에서 팽창적 통화정책의 소득 및 국제수지에 대한 효과를 설명하시오.

03. 완전한 자본이동을 가정하고 고정환율제도 하에서 확장적 재정정책의 소득 및 국제수지효과를 그래프를 이용해 설명하시오.

04. BP곡선이 LM곡선보다 가파른 경우 변동환율제도 하에서 팽창적 통화정책과 재정정책의 소득 및 국제수지효과를 설명해 보라.

05. 먼델이 제시한 '각 정책수단은 그 정책이 가장 큰 효과를 나타낼 수 있는 목표에 맞추는 것이 가장 효율적'이라는 원리를 무엇이라 하는가?

06. 변동환율제도 하에서 확장적 통화금융정책의 소득 및 국제수지에 미치는 효과를 소국과 대국으로 구분하여 나타내라.

07. 다음 중 적자재정의 재원조달방안으로 볼 수 없는 것은?
① 조세증액 ② 해외차입 ③ 한국은행차입 ④ 국공채발행

08. 다음 중 무역수지를 개선시키는 정책이 될 수 없는 것은?
① 흑자재정 편성 ② 금리인하 ③ 관세율인상 ④ 평가절하

CHAPTER 10

국제무역과 국제수지 결정이론

Chapter 10

국제무역과 국제수지 결정이론

이 장에서는 기본적으로 고정환율제도 하에서 국제무역과 국제수지는 어떻게 결정되며 무역수지가 적자일 경우 자국통화의 평가절하는 무역수지를 개선시킬 수 있는가를 분석한다. 무역수지와 국제수지 결정이론은 크게 두 가지 견해로 나누어진다. 하나는 유량적 접근(flow approach)이고 다른 하나는 저량적 접근(stock approach)이다. 유량적 접근은 다시 탄력성접근법과 총지출접근법으로 나누어 볼 수 있다.

10.1 탄력성접근법

10.1.1 탄력성접근법이란?

탄력성접근법(elasticity approach)은 1937년 영국의 로빈슨(Joan Robinson) 여사가 제시한 이론으로서 각국의 무역수지는 자국 상품에 대한 외국수요와 외국상품에 대한 자국수요의 상대적 크기 및 양국의 수출공급능력의 상대적 크기에 의존한다는 것이다.

한 예로 자국상품에 대한 외국수요가 외국상품에 대한 자국수요보다 클수록 무역수지가 개선될 가능성이 높다. 이러한 양국의 상대적 수요와 공급은 양국의 상대가격에 의존하는데 두 나라 간의 상대가격은 환율에 의해 가장 큰 영향을 받게 된다.

요약하면 환율의 변동은 상대가격의 변동을 초래하고 이는 양국의 수요와 공급에 영향을 미치며 무역수지를 결정하게 된다. 이때 환율변동에 대한 양국의 수요와 공급의 탄력성이 어떠한가가 무역수지 결정에 있어 가장 중요한 문제가 된다는 점에서 탄력성접근법이라고 부르는 것이다. 탄력성접근법은 다음과 같은 3가지 가정 하에서 제시된 것이다.

① 고전학파의 가정에 입각한 완전고용경제를 가정한다. 그러므로 국민소득은 완전고용산출량수준으로 고정되어 있다.

② 수출 및 수입만을 분석하는 부분균형분석이다. 즉 소득, 고용, 생산, 자본거래 등은 불변으로 놓고 무역부문만을 분석대상으로 한다는 점에서 부분균형분석이다.

③ 화폐 및 자본이동은 무시하고, 오직 무역수지에 한정하는 유량(flow)분석이다.

10.1.2 마셜-러너조건

탄력성접근법 하에서 환율의 평가절하는 평가절하국의 무역수지를 개선시키는 쪽으로 작용할 수 있는가? 이 문제에 대한 답은 1923년 마셜(A. Marshall)의 연구와 1944년 러너(A. P. Lerner)의 연구에 의해 이루어졌는데, 두 사람의 이름을 좇아 '마셜-러너조건(Marshall-Lerner condition)'이라고 한다.

마셜-러너조건을 자세히 살펴보자. 예를 들어, 우리나라가 무역수지를 개선시키기를 원한다고 하자. 즉, 우리나라는 수출이 수입보다 많은 무역수지 흑자를 실현하고 싶다고 하자. 이제 정책당국이 무역수지 흑자를 얻기 위해 원화의 평가절하를 실시했다고 할 때 과연 소기의 목적을 달성할 수 있을까? 환율의 평가절하는 수출입 재화의 상대가격을 변화시킨다. 상대가격의 변화는 결국 수출입량에 영향을 주게 되는데 최종적으로 무역수지가 개선될 것인가의 문제는 다음의 네 가지 탄력성과 관련이 있다.

① 우리 수출품에 대한 외국 수입수요의 가격탄력성 ⇒ ε_d^*

② 외국 수출품에 대한 우리 수입수요의 가격탄력성 ⇒ ε_d

③ 우리 수출공급의 가격탄력성 ⇒ ε_s

④ 외국 수출공급의 가격탄력성 ⇒ ε_s^*

마셜과 러너는 평가절하가 무역수지를 개선시킬 수 있는 조건을 제시했는데 다음 두 가지 가정을 전제로 한 것이다.

첫째, 평가절하 당시 무역수지는 균형상태에 가까이 있다는 것과 둘째, 양국의 공급탄력성 ε_s와 ε_s^*는 무한탄력적이라는 것이다.

앞의 두 가지 가정 하에서 마셜과 러너 두 사람은 우리 수출품에 대한 외국 수입수요의 가격탄력성인 ε_d^*와 외국수출품에 대한 우리 수입수요의 가격탄력성인 ε_d의 합이 1보다 크면 평가절하가 무역수지를 개선시킨다는 조건을 제시했는데 이를 마셜-러너조건이라고 한다.

$$\varepsilon_d^* + \varepsilon_d > 1 \tag{10.1}$$

마셜-러너조건은 충분조건일 뿐, 필요조건은 아니다. 즉 마셜-러너 조건이 성립하지 않더라도 평가절하는 무역수지를 개선할 수 있다. 마셜-러너 조건의 전제가 되는 두 가지 가정을 완화한다면 두 탄력성의 합이 1보다 작더라도 즉, $\varepsilon_d^* + \varepsilon_d < 1$이더라도 평가절하는 절하국의 무역수지를 개선시킬 수 있다. 그런 의미에서 마셜-러너조건은 평가절하가 절하국의 무역수지를 개선시키기 위한 충분조건일 뿐 필요조건은 아니라는 것이다.

사실 마셜-러너조건은 성립 당시 외환시장 안정조건으로 제시된 것이었으나, 후에 평가절하가 무역수지를 개선시킬 수 있는 조건으로 사용되면서 유명해졌다.

10.1.3 마셜-러너조건의 예시

우리나라의 환율인상($1=₩1,100에서 $1=₩1,150으로 인상)은 우리나라 무역수지에 어떤 영향을 미칠 것인가? 환율인상, 즉 평가절하의 무역수지에 미치는 영향을 수출과 수입으로 나누어 분석하면 다음과 같다.

① 우리나라 수출품의 달러표시 가격은 하락한다.

예를 들어, 1,100원짜리 물건이 예전에 1달러로 수출되었으면 환율인상 이후에는 1달러보다 조금 싼 가격으로 수출될 것이다. 달러표시 수출가격

인하에 따라 외국의 우리 상품에 대한 수입수요는 증가한다. 이때 우리 수출품의 가격하락에 대한 외국 수입수요량의 증가정도, 즉 탄력성(ε_d^*)을 알아야 총수출액의 증감을 알 수 있다. $\varepsilon_d^*>1$이면 탄력적이므로 평가절하는 총수출액을 증가시킨다. 한편 $\varepsilon_d^*=1$이면 단위 탄력적이므로 총수출액은 변함이 없다. $\varepsilon_d^*<1$이면 비탄력적이므로 평가절하는 오히려 총수출액을 감소시킨다.

② 원화의 평가절하에 대해 외국 수출품(우리의 수입품)**의 달러표시 가격은 변하지 않고 그대로이나 원화표시 수입가격은 상승하게 된다.**

예를 들어, 10달러짜리 수입티셔츠가 평가절하 이전에는 11,000원이었다면 평가절하 후에는 11,500원으로 상승한다. 따라서 우리의 외국티셔츠 수입수요는 감소하게 되고 달러표시 총수입액도 감소하게 된다. 왜냐하면 달러표시 수입가격은 불변이나 수입량이 감소하였기 때문에 달러표시 총수입액이 감소하는 것이다.

이때 수입액이 얼마나 감소하느냐 하는 문제는 외국 수출품에 대한 우리의 수입수요의 가격탄력성, 즉 ε_d에 따라 결정된다. 만일 $\varepsilon_d>0$이면 총수입액은 감소한다. 즉, 원화가격 상승(달러가격 불변)에 대해 수입량 감소이므로 달러표시 총수입액은 감소한다. 만일 $\varepsilon_d=0$이면 달러표시 총수입액은 변하지 않는다. 왜냐하면 원화가격상승(달러가격 불변)에도 불구하고 수입량은 변하지 않았으므로 달러표시 총수입액 역시 변하지 않는다.

이제 $\varepsilon_d^*>1$이고 $\varepsilon_d=0$이라고 가정하자. $\varepsilon_d^*>1$이므로 평가절하는 달러표시 총수출액을 증가시키는 반면 $\varepsilon_d=0$이므로 달러표시 총수입액은 변함이 없다. 그러므로 $\varepsilon_d^*+\varepsilon_d>1$일 때 평가절하는 절하국의 무역수지를 개선시킨다는 마셜-러너조건이 성립함을 알 수 있다.

이상의 논의를 그래프를 통해 살펴보자.

[그림 10-1] (a)는 우리 수출을 나타내고 [그림 10-1] (b)는 우리 수입을 보여주고 있다. 마셜-러너조건의 가정에 따라 우리 수출공급곡선(S)과 외국 수출공급곡선(S*)은 모두 무한탄력적으로 그려져 있다. 즉 $\varepsilon_s=\varepsilon_s^*=\infty$이다. 또한 평가절하 전 우리의 무역수지는 균형을 이루고 있다. 즉 □Oabq=□

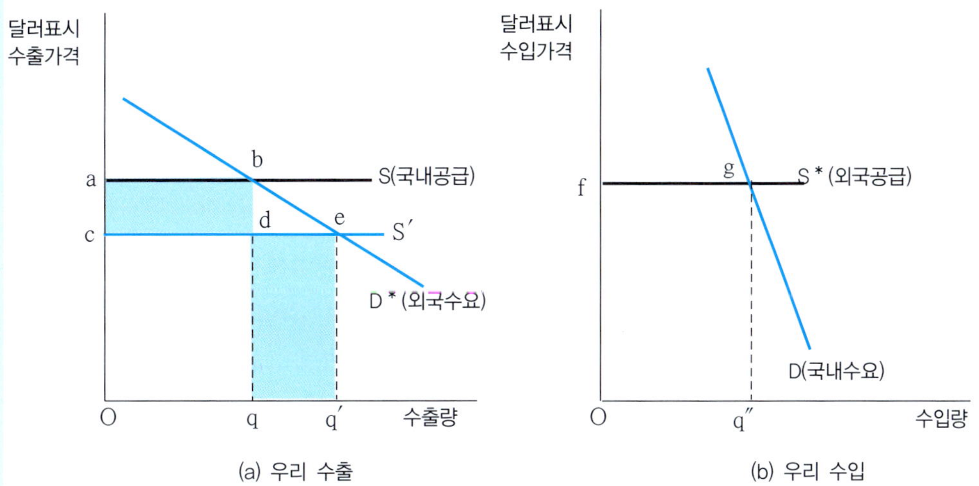

[그림 10-1 평가절하의 무역수지 효과 ($\varepsilon_d^* > 1$, $\varepsilon_d = 0$ 경우)]

Ofgq"이다.

이제 분석을 단순히 하기 위해 $\varepsilon_d^* > 1$, $\varepsilon_d = 0$이라고 가정하자. [그림 10-1] (a)에서 보듯이 평가절하로 달러표시 수출가격이 하락했음에도 $\varepsilon_d^* > 1$이므로 달러표시 총수출액은 증가하였다. 즉 □qdeq′>□cabd이다. 한편 [그림 10-1] (b)에서 보듯이 달러표시 수입가격은 불변이며, 동시에 $\varepsilon_d = 0$이므로 우리의 달러표시 수입총액(□Ofgq")은 변동이 없다. 그러므로 $\varepsilon_d^* + \varepsilon_d > 1$일 때 평가절하는 절하국의 무역수지를 개선시킨다는 마셜-러너조건이 성립함을 알 수 있다. 그림 (b)에서 $\varepsilon_d = 0$임에도 수요곡선이 우하향인 것은 종축이 달러표시 수입가격으로 되어 있기 때문이다. 이 경우 $\varepsilon_d > 0$이라면 원화표시 수입가격의 상승(하락)은 수요곡선을 안(밖)으로 이동시킨다. [그림 10-1] (b)에서는 $\varepsilon_d = 0$이므로 수요곡선이 이동하지 않고 있다.

10.1.4 장단기 탄력성과 J곡선

(1) 장단기 탄력성 변화와 J곡선

평가절하가 일어났을 때 단기적으로는 국내외 생산자와 소비자가 상대가격의 변화에 신속하게 반응할 수 없는 여러 가지 장애요인이 있다. 단기에는 어떤 장애요인이 있는가?

평가절하로 우리 수출품의 달러가격이 하락했더라도 외국에서는 당장 수입을 증가시킬 수 없는 경우가 많다. 왜냐하면 수입은 이미 수 개월 전의 계약에 의해 이루어지는 것이 보통이며 단골관계 때문에 갑자기 수입선을 제3국에서 우리나라로 바꾸기도 어렵기 때문이다. 수출하는 우리나라의 입장에서도 근로자의 추가고용 문제나 생산시설의 제약 때문에 수출물량을 단기간에 크게 증가시키기 어렵다.

한편 우리의 수입에서도 외국상품의 원화가격이 상승했더라도 사전에 계약이 이루어진 수입량을 감축시키기 어렵고, 산업구조가 외국과 연결되어 있기 때문에 수입품을 갑자기 국내산 수입대체품으로 바꾸기도 어렵다. 따라서 단기적으로는 수입물량이 감소되기 어렵다.

평가절하시 기업들의 단기 반응이 지연되어 단기탄력성이 장기탄력성보다 작게 되는 이유로 '**교두보효과**(beach head effect)'를 제시하는 이론도 있다. 평가절하로 가격조건이 유리해졌다 하더라도 그 산업이 대규모 시설투자를 해야 하는 산업인 경우(예, 자동차, 조선, 반도체 등) 고정자산의 투입액이 크므로 쉽게 투자결정을 내리기 어렵다. 보통 고정자산은 '매몰비용(sunk cost)'의 성격이 강하므로 수익성이 악화되어 시장에서 퇴출할 경우 거의 회수할 수 없는 자산일 경우가 많기 때문이다. 그러므로 평가절하로 가격조건이 유리해졌다고는 하나 대규모 자본이 투입되어야 하는 산업의 경우 단기적으로 쉽게 시장에 진입하거나 기존시설을 확장하기 어려워 수출공급의 증가에는 한계가 있다.

다른 한편 외국의 입장에서는 우리의 평가절하로 가격조건이 악화되었으므로 조업감축을 해야 마땅하나 가격이 평균가변비용보다 높다면 고정비용의 일부가 보상되는 것이므로 단기적으로는 조업을 계속하는 것이 유리하다. 그러므로 단기적으로 조업을 중단하지 않게 되어 우리 수출품에 대한 외국의 급격한 수입증가가 단기에는 이루어지지 않는다는 것이 교두보효과의 주장이다.

결국 평가절하를 단행하더라도 단기적으로는 여러 가지 장애요인 때문에 양국 수입수요의 가격탄력성의 합이 1보다 작아 마셜-러너조건이 성립하지 못하고 절하국의 무역수지가 오히려 악화되는 상황이 발생할 수 있는 것이다. 그러나 시간이 흐름에 따라 장애요인들은 서서히 조정되기 때문에 양국 수입수요의 가격탄력성은 장기적으로 탄력적으로 바뀐다. 따라서 장기에는 두 탄력성의 합이 1보다 크게 되어 마셜-러너조건이 성립하고 평가절하는 절하국의 무역수지를 개선시킬 수 있게 된다. 즉, 평가절하 후 단기에는 경상수지가 오히려 악화되고 시간이 지남에 따라 흑자로 전환될 수 있다는 것인데, 그 모양이 [그림 10-2]에서 보듯이 영어 알파벳의 'J'와 같다고 하여 **J곡선**(J-curve)이라고 한다.

(2) J곡선효과의 단계별 구분

J곡선효과가 일어나는 과정을 단계별로 구분해 보면 다음과 같다.

① 1단계 : 통화계약기간

1단계 통화계약기간(currency contract period)은 평가절하가 단행되는 시기로써 [그림 10-2]의 t_0 근처에 해당하는 시기이다. 평가절하 이전에 수출입계약은 이미 확정되어 있다. 따라서 수출입가격 또는 수출입물량을 변경하는 것은 거의 불가능하다. 단지 환율변동으로 인한 수출입대금의 변동이 있을 뿐이다. 수출입대금의 변동은 계약통화를 약세통화로 하였는지 혹은 강세통화로 하였는지에 따라 달라진다.

예를 들어 우리나라가 평가절하를 단행했다고 하자. 우리의 수출입 계약통화가 달러였다면 달러표시 수출입총액은 변하지 않는다. 그러나 만일 우리의 수출입계약통화가 원화였다면 달러표시 수출액과 수입액은 모두 감소한다. 만일 평가절하 이전에 수출은 원화로 계약하고 수입은 달러로 계약했다면 평가절하는 절하국의 달러표시 무역수지를 악화시킨다.

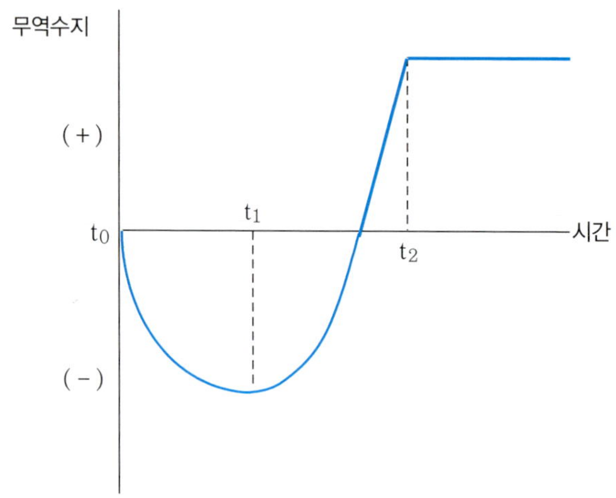

【 그림 10-2 평가절하와 J곡선 】

② 2단계 : 가격조정단계

수출입가격의 조정은 일어나지만 수출입물량의 조정은 아직 일어나지 못하는 단계이다. 왜냐하면 기존의 수출입국과 생산, 소비구조가 이미 밀접하게 연관되어 있으므로 시설투자 조정이나 수입선을 변경하는데는 시간이 소요되기 때문이다. 또한 소비패턴, 취향 등은 쉽게 바뀌지 않는 것이므로 수출입물량의 조정이 빨리 일어나지 않는다. 따라서 평가절하로 외화표시 수출가격이 하락했음에도 수량조정은 이루어지지 못하므로 오히려 무역수지가 악화된다. 그림에서는 t_0에서 곡선의 최저점 t_1에 이르는 t_0t_1 구간이다. 이 기간 동안에는 마셜-러너조건이 성립하지 않는다. 즉 $\varepsilon_d^* + \varepsilon_d < 1$이다.

③ 3단계 : 수량조정단계

수량조정이 일어나는 단계로 평가절하로 무역수지 개선이 이루어지는 단계이다. [그림 10-2]에서 곡선의 최저점에서 시작하여 t_1t_2 구간에 해당하는 기간이다. 이 기간 동안에는 마셜-러너조건이 성립한다. 즉 $\varepsilon_d^* + \varepsilon_d > 1$이 된다.

〈표 10-1〉은 미국, 일본, 한국의 장단기 수입수요의 가격탄력성을 추정한 연구결과이다. 단기 탄력성의 합은 미국과 일본의 경우 1보다 작고 한국의 경우 1보다 조금 크다. 반면 장기 탄력성의 합은 세 나라 모두 1보다 훨씬 크다. 시간이 흐를수록 생산자와 소비자 모두 환율변동에 따른 상대가격의 변화에 반응하고 있음을 알 수 있다.

우리나라의 경우 ε_d가 0.07, 0.25로 낮다는 것은 그만큼 우리의 수입구조가 경직적임을 의미한다. 반면 단기, 장기 ε_d^*가 1.10, 2.89로 큰 것은 우리 수출품이 국제시장에서 외국과 경쟁이 심하다는 의미이다.

표 10-1 장단기 탄력성 추정치

	ε_d		ε_d^*		$\varepsilon_d^* + \varepsilon_d$	
	단 기	장 기	단 기	장 기	단 기	장 기
미국	0.23	0.73	0.34	1.23	0.57	1.96
일본	0.35	1.40	0.13	1.18	0.48	2.58
한국	0.07	0.25	1.10	2.89	1.17	3.14

FAQ

학생의 질문 : 마셜-러너조건에서 '평가절하 당시 무역수지가 거의 균형상태에 있어야 한다.'는 가정이 전제된 이유를 잘 모르겠네요...

안교수 답변 : 수식으로 간단히 설명해 볼게요.

Surplus = X-eM, 환율 e에 대해 미분하면

$$\frac{d\text{Surplus}}{de} = \frac{dX}{de} - e\frac{dM}{de} - M = M\left\{\left(\frac{dX}{de}\frac{e}{X}\right)\frac{X}{eM} - \left(\frac{dM}{de}\frac{e}{M}\right) - 1\right\}$$

$$= M\left(\varepsilon^*_d \frac{X}{eM} - \varepsilon_d - 1\right) = M\left(\varepsilon^*_d \frac{X-eM}{eM} + \varepsilon^*_d - \varepsilon_d - 1\right)$$

평가절하 당시 무역수지가 균형에 있다면 $X - eM = 0$

$\therefore \frac{d\text{Surplus}}{de} = M(\varepsilon^*_d - \varepsilon_d - 1)$ 여기서, $\varepsilon^*_d > 0$, $\varepsilon_d < 0$이다.

두 수요탄력성을 +값으로 놓으면 $\varepsilon^*_d + \varepsilon_d > 1$이면 평가절하가 무역수지 개선할 수 있다는 M-L 조건이 성립

10.2 총지출접근법

10.2.1 총지출접근법이란?

총지출접근법(absorption approach)은 1952년 알렉산더(Sydney Alexander)에 의해 제시된 이론이다. 탄력성접근법이 무역수지를 환율변화를 통한 상대가격의 변화에서 파악하고 있다면 총지출접근법은 무역수지는 상대가격뿐 아니라 소득과 지출의 변화를 통해서도 일어나는 것으로 파악한다.

(1) 가 정

총지출접근법은 케인스모형에 따른 유량적 분석으로 다음과 같은 가정에 입각하고 있다.

① 무역수지를 수출입을 통해서가 아니라 국민소득 전체를 통해 분석한다는 점에서 일반균형분석을 가정한다.

② 경제는 불완전고용 상태에 있으며, 소득은 가변적이라는 케인지안 분석틀을 가정한다.

(2) 총지출접근법의 도출

케인스의 국민소득 균형식

$$Y=C+I+G+(X-M) \tag{10.2}$$

에서 Y : 국민소득, C : 소비, I : 투자, G : 정부지출, X : 수출, M : 수입이다. 이제 소비는 케인스의 절대소득가설(absolute income hypothesis)에 따라

$$C=a+b(Y-T) \tag{10.3}$$

에서 a는 기초소비이며 b는 한계소비성향으로 0과 1 사이의 값이다. T는 조세이다. (Y−T)는 개별 경제주체가 소비와 저축으로 사용할 수 있는 가처분소득이다. 이제 국내 총지출(absorption)은 C+I+G이므로 총지출을 A라

할 때

$$C+I+G=A \tag{10.4}$$

이므로 Y=A+(X−M)이다. (X−M)은 무역수지(B)이므로

$$B=Y-A \tag{10.5}$$

가 된다. 식 (10.5)에서 보듯이 **총지출접근법은 무역수지란 일반균형분석을 통해 결정된 총소득과 총지출로부터 결정되는 것**으로 인식하고 있다.

10.2.2 평가절하의 효과

총지출접근법에서는 평가절하의 무역수지에 대한 효과를 어떻게 보고 있는가? 평가절하가 Y에 미치는 효과와 A에 미치는 효과를 각각 나누어 살펴봄으로써 평가절하의 무역수지 효과를 분석한다. A에 미치는 효과는 직접 A에 미치는 효과와 Y를 통해 간접적으로 A에 미치는 효과로 나누어진다.

① 유휴자원효과

만일 경제 내에 유휴자원이 있다고 하자. 이제 평가절하는 상대가격의 변동을 통해 수출을 증가시키고 수입을 감소시킴으로써 무역수지를 개선시킨다. 동시에 무역수지 개선은 소득을 증가시킨다. 소득이 ΔY만큼 증가함에 따라 총지출의 구성요소인 소비는 $b\Delta Y$만큼 증가한다. 그러나 소득증가분(ΔY)이 총지출증가분($\Delta A=b\Delta Y$)보다 크므로, 즉 $(\Delta Y-\Delta A)>0$이고 따라서 $\Delta B>0$이다. 그러므로 유휴자원효과(idle resource effect)로 인한 평가절하의 무역수지효과는 전체적으로 양(+)이다.

② 실질잔고효과

평가절하는 자국통화 표시 수입가격을 상승시키므로 물가를 상승시킨다. 물가상승은 실질잔고(통화량/물가)를 낮춘다. 실질잔고가 하락하면 사람들은 지출을 줄임으로써 대응하게 될 것이므로 A가 감소하고 따라서 (Y−A)는

증가한다. 그러므로 실질잔고효과(real balance effect)는 평가절하가 발생할 때 무역수지를 개선시키는 쪽으로 작용한다.

③ 교역조건효과

평가절하로 인해 외국통화 표시 수출가격은 하락하는 반면 외국통화 표시 수입가격은 변하지 않으므로 자국의 교역조건(수출가격/수입가격)은 악화된다. 교역조건의 악화는 실질소득의 감소를 초래한다. 실질소득이 ΔY만큼 하락할 때 소비도 bΔY만큼 감소하겠지만 소득감소효과가 더 크다. 결국 평가절하로 인한 교역조건효과(terms of trade effect)는 무역수지를 다소 악화시키는 쪽으로 작용할 것이다.

평가절하가 무역수지에 미치는 효과는 이론적으로는 위와 같이 몇 가지 ⊕,⊖ 효과를 분석함으로써 파악할 수 있다 하더라도 궁극적으로는 실증분석을 통해 확인할 수밖에 없을 것이다.

지금까지 총지출접근법에 대한 실증적 연구가 많이 이루어졌는데, 종합적으로 평가하면 평가절하가 장기적으로 무역수지를 개선할 수 있다는 연구결과가 많이 제시되었다.

10.2.3 총지출접근법에서의 평가절하정책의 의미

① 평가절하는 궁극적으로 자국의 수출을 증가시키고 수입은 감소시킴으로써 자국의 소득을 향상시키는 효과는 있으나 상대국의 소득은 감소시키는 근린궁핍화정책(beggar my neighbor policy)일 수 있다는 지적이 있다. 따라서 한 나라의 평가절하정책은 상대국의 보복적 평가절하를 유도함으로써 양국 간의 경쟁적 평가절하로 이어질 위험이 있다.

② 총지출접근법에서 평가절하의 무역수지 개선효과는 탄력성접근법에서의 개선효과보다 작다. 왜냐하면 총지출접근법에서는 소득이 증가하기 때문에 그에 따른 수입유발효과가 발생하기 때문이다. 탄력성접근법에서는 소득이 변하지 않는다고 가정하고 있으므로 수입유발효과가

일어나지 않는다.

③ 완전고용이 달성되어 있는 경제에서는 평가절하가 무역수지를 개선시키는 정책으로 효과적이지 못하다. 완전고용경제인 경우 총지출 감축 정책이 무역수지를 개선시키는 강력한 방법이 된다. 왜냐하면 완전고용 하에서는 소득이 완전고용소득에서 일정하므로 식 (10.5)는 $B=Y_F-A$가 된다. 여기서 완전고용 국민소득 Y_F는 일정하므로 $B>0$이 되려면 A가 축소되어야 하기 때문이다.

10.3 통화론적 접근법

10.3.1 통화론적 접근법이란?

통화론적 접근법(monetary approach)은 1970년대를 풍미했던 통화주의(Monetarism)와 함께 대두되었는데, 국제금융이론가였던 존슨(H.G. Johnson, 1923~1977)은 총지출접근법으로부터 통화론적 접근법의 통찰력(insights)을 얻었다. 존슨은 $B=Y-A$에서 $B>0$이 지속된다는 것은 고정환율제도 하에서 중앙은행이 중화정책(sterilization)을 실시하기 때문이라고 보았다. 그렇지 않으면 $B>0$은 무역수지 흑자이므로 대외준비자산(R)을 증가시키고 정부가 중화정책을 사용하지 않는다면 통화량증가로 이어져 물가상승을 일으키고 결국 수출감소, 수입증가로 이어져 당초의 무역수지 흑자는 소멸될 것이기 때문이다. 그러므로 무역수지 흑자가 소멸되지 않고 계속된다면 이것은 정부가 중화정책을 계속 사용하기 때문인 것으로 보아야 한다는 것이다. 즉, 무역수지의 문제는 결국 화폐문제라는 것이다.

사실상 국제수지의 통화론적 접근법(MABP)은 1752년 흄(D. Hume)에 의해 금본위제도 하에서 이론적 틀이 제시되었다고 볼 수 있다. 금본위제도 하에서 금(통화량)과 무역수지간의 관계는 매우 밀접하다. 흄은 그의 가격·정화

플로우메커니즘(price specie flow mechanism)에서 만일 어느 나라의 금 보유량이 갑자기 감소한다면 그 나라의 통화량도 감소할 것이고, 따라서 물가는 내려가고 수출은 증가하고 수입은 감소함으로써 무역수지는 개선된다고 주장했다. 즉, 금보유량(통화량)과 무역수지 간의 관계를 시사하고 있는 것이다.

탄력성접근법과 총지출접근법은 유량으로서의 실물부문에 초점을 맞추고 국제수지를 파악하는데 비해 통화론적 접근법은 저량으로서의 화폐수요와 공급에 초점을 맞추고 있다. 화폐는 실물부문과 반대방향으로 움직이므로서 둘은 각자 서로의 거울이 된다는 점에서 'mirror image'란 말로 이들의 관계를 표현하기도 한다. 그러므로 통화론적 접근법은 화폐를 통해 실물현상인 국제수지를 파악하려는 시도라 할 수 있다.

통화론적 접근법에 따르면 어느 나라가 초과화폐공급상태에 있다면 그 나라의 대외수지는 악화될 수밖에 없으며 반대로 그 나라가 초과화폐수요상태라면 그 나라의 대외수지는 좋아진다는 것이다.

10.3.2 화폐의 수급과 국제수지

왜 초과화폐공급상태는 대외수지를 악화시키는가? 이제 통화론적 접근법에 따라 초과화폐공급을 경험하고 있는 경제의 무역수지와 자본거래의 변동을 분석함으로써 대외수지가 악화되는 이유를 설명해보자. 예를 들어 현재 국민경제의 화폐수요량은 100인데 반해 화폐공급량은 110이라고 하자. 합리적인 사람이라면 이러한 초과화폐공급상태를 벗어나기 위해 자산군관리(portfolio management)를 시도할 것이다. 즉, 초과공급량 10을 다른 자산으로 전환하고자 할 것이다. 화폐 이외의 다른 자산으로 금융자산과 실물자산을 생각해보자.

① 금융자산에 투자

사람들은 초과공급된 화폐를 환금성(유동성)이 좋으면서도 수익을 얻을 수 있는 다른 금융자산, 예를 들면 채권, 증권, 정기예금 등에 투자하려고 할 것이다. 금융자산에 대한 투자는 금융자산의 수요를 증가시키고 그 가격을 상승시킨다. 금융자산 가격의 상승은 그 수익률을 낮추므로 금리가 하락한다. 금리의 하락은 자본의 해외유출을 초래한다.

② 실물자산에 투자

이미 금융자산을 충분히 보유하고 있는 사람들은 초과화폐공급량을 실물자산, 즉 소비재, 내구재 심지어 부동산에 이르기까지 투자하고자 한다. 이러한 실물수요의 증가는 물가상승을 초래하고 이는 우리 상품의 국제경쟁력을 약화시킴으로써, 수출감소와 수입증가를 초래하여 결국 무역수지가 악화된다.

초과화폐공급상태가 자본유출과 무역수지를 악화시켜 대외수지악화를 초래한다는 것이다. 반대로 초과화폐수요상태인 경우에는 대외수지가 개선된다. 이상에서 살펴 보았듯이 통화론적 접근법은 국제수지는 저량으로서의 화폐수요와 공급이 불균형 상태일 때 그것을 조정하는 과정에서 일어나는 외국과의 금융 및 실물거래를 반영한 것임을 알 수 있다.

10.3.3 통화론적 접근법의 이론구조

국제수지의 통화론적 접근법의 이론구조를 밝히기 위해서는 화폐시장을 분석할 필요가 있다. 화폐수요함수는 여러 가지 변형이 있을 수 있겠으나 여기서는 케임브리지학파의 현금잔고수량설에 의한 화폐수요함수를 중심으로 살펴보자.

$$L^d = kPY \qquad (10.6)$$

여기서 L^d는 화폐수요, PY는 명목소득, k는 명목소득 중 화폐로 보유하려는 비율이다. k는 '마셜(A. Marshall)의 k' 혹은 '케임브리지의 k'라고 하는데 고전학파의 화폐수량설에 따르면 0과 1 사이의 안정적 값이다. 화폐수량설을 주장하는 사람들은 k가 안정적인 이유로 k는 금융제도, 지불습관, 화폐관 등에 의존하는데, 이러한 것들은 단기적으로 쉽게 바뀌지 않기 때문이라고 본다.

한편 화폐공급함수는 다음과 같다.

$$M^s = R + D \tag{10.7}$$

여기서 M^s는 통화공급량이며, R은 중앙은행이 매입한 대외준비자산, D는 중앙은행의 민간에 대한 신용공여액이다. 즉, 화폐공급은 중앙은행이 매입한 대외준비자산의 양이나 중앙은행의 국내부문에 대한 자금공급에 의해 이루어진다.

이제 구매력평가가 항상 성립한다고 가정하면

$$P = EP^* \tag{10.8}$$

이다. 식 (10.8)을 식(10.6)에 대입하면 $L = kEP^*Y$이 된다. 화폐시장 균형식 : $L^d = M^s$으로부터 $kEP^*Y = R + D$이다. 이를 변화율로 표현하면 근사치로

$\hat{E} + \hat{P}^* + \hat{Y} = \hat{r} + \hat{d}$이 되고, 항을 조정하면

$$\hat{r} - \hat{E} = \hat{P}^* + \hat{Y} - \hat{d} \tag{10.9}$$

를 얻는다. 여기서 대외수지변화를 나타내는 $\hat{r} \fallingdotseq \hat{R}/(R+D)$이고, 통화변화량을 나타내는 $\hat{d} \fallingdotseq \hat{D}/(R+D)$이다.

고정환율제도 하에서는 $\hat{E} = 0$이므로 식 (10.9)는

$$\hat{r} = \hat{P}^* + \hat{Y} - \hat{d} \tag{10.10}$$

이 된다. 식 (10.10)에서 보듯이 통화량의 증가($\hat{d}$)는 초과화폐 공급이므로 대외수지($\hat{r}$)를 악화시킨다. 또한 외국물가의 상승($\hat{P}^*$)은 수입물가를 상승시키고 국내물가를 상승시켜 실질잔고를 감소시키는데 실질잔고의 감소는 초과 화폐수요를 일으키므로 대외수지($\hat{r}$)를 개선시킨다. 국내소득($\hat{Y}$)의 증가는 화폐수요를 증가시키므로 초과화폐수요상태가 되어 대외수지를 개선시킨다.

10.3.4 통화론적 접근법에 대한 평가

통화론적 접근법에 대한 평가는 국제수지를 유량적 분석에서 화폐의 수급문제로 인식함으로써 저량적 분석으로 확장했다는 점에 의의가 있다. 이러한 견해는 국제금융분석에 있어 거시경제적 관점을 확립하는데 크게 기여했다 하겠다. 보다 구체적으로 통화론적 접근법의 시사점을 요약해보면 다음과 같다.

① 정부가 중화정책을 사용하지 않는다면 대외수지 불균형은 자동적으로 조절된다.

② 평가절하는 대외수지 불균형을 빨리 해소시킨다는 점에서는 도움이 되지만 필요한 조건은 아니다. 통화론자들은 대외수지 불균형을 빨리 해결하려면 평가절하보다 오히려 통화량을 직접 감축하는 긴축정책이 낫다고 본다.

③ 무역수지뿐 아니라 자본이동도 포함한다는 점에서 자본이동이 활발한 선진국에 보다 적합한 이론이다.

④ 무역수지와 경제성장과의 관계를 설명하는 데 보다 설득력이 있다. 예를 들면 1970년대 경제성장이 빠르면서도 무역흑자가 컸던 일본이나 독일의 경우를 설명하기에 적합하다. 즉, 소득증가는 화폐수요를 증가시키고 초과화폐수요는 무역수지를 개선시키기 때문이다.

FAQ

학생의 질문 : 저량이 일정 시점이고 유량이 일정 기간이라는 건 알겠는데요. 어떤 면에서 탄력성 접근법과 총지출접근법이 유량적 분석이고 통화론적 접근법은 저량적 분석이라고 하는지 모르겠어요.

어느 학생의 답변 : 탄력성접근법은 수요의 가격탄력성을 기준으로 수출입을 직접 분석하는데 수출입은 유량이자나요. 마찬가지로 총지출접근법은 소득과 지출을 분석하는 것인데 소득과 지출도 유량개념이고요. 통화론적접근법은 일정 시점의 화폐수요와 화폐공급 간의 불균형에서 출발하는 것이니까 저량 개념인 거구요.

10.4 국제수지 조정정책

존슨(H. G. Johnson)은 유량적 접근과 저량적 접근을 종합하여 대외수지 조정정책을 [그림 10-3]과 같이 제시한 바 있다.

(1) 대외수지가 저량불균형(stock disequilibrium)인 경우에는 화폐적현상으로서 일시적 불균형이다. 따라서 시간이 흐르면 곧 자동조절될 수 있으므로 특별한 조정정책을 사용할 필요가 없다.

(2) 유량불균형(flow disequilibrium)은 경상수지의 구조적·지속적 불균형이므로 대책이 필요하다. 이 경우 해결책으로는 외국으로부터 경상수지적자분을 융통(financing)하여 보충하는 방법과 유량(flow)분석에 따라 직접 경상수지 조정(adjustment)정책을 시행하는 방법으로 나눌 수 있다.

① 자금융통(financing)

구조적 불균형일 때 외국으로부터 자금을 조달하여 해결하는 방법이다. 이 방법은 후진국이나 개발도상국에서 많이 채택하는 방법인데 우리나라의 경우에도 1960년대 이후 경제개발전략으로 외자도입을 적극 추진한 바 있다. 후진국이나 개도국의 경우 유휴자원이 많은 미개발 상태이므로 사회적 한계생산성이 낮다. 그러므로 해외차입을 통해 투자를 확대하면 사회적 한계생산성을 높일 수 있으므로 바람직한 방안이다. 물론 외자도입의 사회적 편익이 외자도입비용을 초과하여 원리금상환 후 이익을 얻을 수 있어야 한다. 만일 외자도입의 사회적 편익이 외자도입비용보다 적다면 외채부담에 시달리게 될 것이다.

② 조정(adjustment)

경상수지 조정정책은 지출감축정책(expenditure reducing policy)과 지출전환정책(expenditure switching policy)으로 나눌 수 있다.

(a) 지출감축정책 : 통화량 감축이나 정부지출 감축 등과 같은 긴축정책을

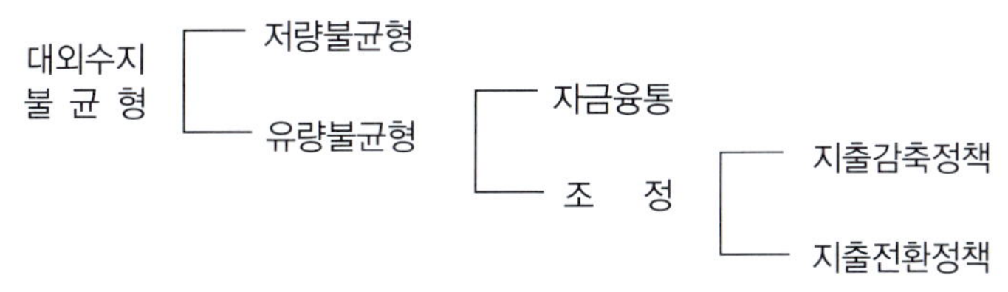

【 그림 10-3 존슨의 국제수지 조정정책 】

사용함으로써 수요감소와 물가하락을 통한 무역수지 개선을 꾀하는 것이다. 지출감축정책은 경제가 완전고용에 근접해 있어 실업문제로 인한 부담이 적은 반면 인플레이션 위험은 높은 나라인 경우 유효한 정책이라고 하겠다.

(b) 지출전환정책 : 외국상품으로 향하는 수요를 우리나라 상품으로 전환시키는 정책으로써 평가절하나 관세부과 등과 같은 정책수단이 동원될 수 있다. 평가절하나 관세인상은 물가상승을 초래하므로 지출전환정책은 인플레이션 위험이 높은 나라보다는 인플레이션 위험이 적고 실업률이 높은 나라에서 유효한 정책이라고 할 수 있다. 이 정책은 다른 나라의 보복(retaliation) 등 무역분쟁을 일으킬 소지가 있다.

요약

1 탄력성접근법(elasticity approach)은 한 나라의 무역수지는 자국 상품에 대한 외국수요의 탄력성과 외국상품에 대한 자국수요의 탄력성에 의존한다는 것이다.

2 마셜-러너조건은 일정한 가정 하에서 우리 수출품에 대한 외국 수입수요의 가격탄력성인 ε_d^*와 외국수출품에 대한 우리 수입수요의 가격탄력성인 ε_d의 합이 1보다 크면($\varepsilon_d^* + \varepsilon_d > 1$) 평가절하가 무역수지를 개선시킨다는 것이다. 마셜-러너조건은 충분조건일 뿐, 필요조건은 아니다.

3 평가절하를 단행하더라도 단기적으로는 교두보효과가 설명하듯이 수량조정에 대한 장애요인들 때문에 평가절하국의 무역수지가 오히려 악화되고 시간이 지남에 따라 흑자로 전환되는 것을 J곡선(J-curve)효과라고 한다.

4 J곡선효과가 일어나는 과정은 통화계약단계, 가격조정단계, 수량조정단계로 나누어 볼 수 있다. 평가절하로 무역수지가 개선되는 단계는 수량조정이 일어나는 단계이다.

5 탄력성접근법이 무역수지를 환율변화를 통한 상대가격의 변화에서 파악하고 있다면 총지출접근법은 무역수지는 상대가격뿐 아니라 소득과 지출의 변화를 통해서도 일어나는 것으로 파악한다.

6 총지출접근법은 소득과 지출을 분석함으로써 무역수지를 분석하려는 것인데 케인시안의 분석틀에서 $Y = C + I + G + (X - M)$이 된다. 이제 $C + I + G = A$라고 할 때 $X - M = Y - A$이므로 $X - M$을 분석하기 위해 $Y - A$를 분석하자는 것이다.

7 총지출접근법에서는 평가절하의 무역수지에 대한 효과를 유휴자원효과, 실질잔고효과, 교역조건효과 등으로 나누어 분석한다. 총지출접근법에서 평가절하의 무역수지 개선효과는 탄력성접근법에서의 개선효과보다 작은데 그 이유는 소득증가로 수입이 유발되기 때문이다.

8 총지출접근법에서 완전고용 하의 경제는 평가절하를 통해 무역수지를 개선시키는 정책은 효과적이지 못하다. 총지출 감축정책을 통해서 무역수지를 개선시키는 것이 효과적이다.

9 탄력성접근법과 총지출접근법은 유량으로서의 실물부문에 초점을 맞추고 국제수지를 파악하는 데 비해, 통화론적 접근법은 저량으로서의 화폐수요와 공급에 초점을 맞추고 있다. 통화론적 접근법은 화폐를 통해 실물현상인 국제수지를 파악하려는 것이다.

요약

10 통화론적 접근법에 따르면 어느 나라가 초과화폐공급상태에 있다면 그 나라의 대외수지는 악화될 수밖에 없으며 반대로 그 나라가 초과화폐수요상태라면 그 나라의 대외수지는 호전된다는 것이다.

11 통화론적 접근법의 논리에 의하면, 정부가 중화정책을 사용하지 않는다면 대외수지 불균형은 자동적으로 조절되며, 평가절하는 대외수지 불균형을 빨리 해소시킨다는 점에서는 도움이 되지만 필요한 조건은 아니다.

12 대외수지가 저량불균형(stock disequilibrium) 상태일 경우 이는 화폐적 현상으로서 일시적 불균형일 뿐이다. 따라서 시간이 흐르면 곧 자동조절될 수 있으므로 특별한 조정정책을 사용할 필요가 없다. 그러나 유량불균형(flow disequilibrium)인 경우에는 구조적 · 지속적 불균형이므로 대책이 필요하다.

13 자금융통은 구조적 불균형일 때 외국으로부터 자금을 조달하여 해결하는 방법이다. 이 방법은 후진국이나 개발도상국에서 많이 채택하는 방법으로 해외차입을 통해 투자를 확대하면 사회적 한계생산성을 높일 수 있으므로 바람직한 방안이다.

14 국제수지 조정정책은 지출감축을 통한 수입감소나 외국상품으로 향하는 수요를 우리나라 상품으로 전환시키는 지출전환정책을 통한 수출증대, 수입억제 방안이 있다.

15 경상수지 적자가 구조적 요인으로 인한 것이라면 경상수지 조정정책을 사용하는 것이 좋다. 이때 그 나라가 실업률은 높고 인플레이션 위험은 낮다면 지출전환정책으로 평가절하를 실시하는 것도 좋은 방안이다.

중요개념

탄력성접근법	마셜-러너조건	교두보효과	J곡선
통화계약기간	가격조정단계	수량조정단계	장단기탄력성
총지출접근법	유휴자원효과	실질잔고효과	교역조건효과
근린궁핍화정책	통화론적 접근법	mirror image	저량불균형
자산군관리	유량불균형	마셜의 k(케임브리지의 k)	지출감축정책
지출전환정책	국제수지조정정책	완전고용 국민소득	현금잔고수량설

연습문제

Ⅰ. O, X 문제

01 국제수지 결정이론은 크게 유량적 접근과 저량적 접근으로 나누어 볼 수 있는데, 유량적 견해는 탄력성접근법과 총지출접근법으로 나눌 수 있다.

02. 총지출접근법은 국민경제가 불완전고용상태로서 소득증가가 가능한 상태라는 입장에서 분석을 하는데 비해 탄력성 접근법은 소득불변을 가정한다.

03. 마셜-러너조건이 성립하지 않아도 평가절하가 무역수지를 개선시킬 수는 있다.

04. 원화의 평가절하(환율인상)로 한국수출업자 A는 달러표시 수출가격을 전보다 낮출 수 있는 반면 한국수입업자 B의 달러표시 수입가격은 상승한다.

05. 우리나라의 외국 상품에 대한 수입수요의 가격탄력성이 단기에 있어 0.09이고 장기에 있어서는 0.25이다. 이는 우리의 수입구조가 매우 경직적이고 수입의존도가 높은 것을 의미한다.

06. 어떤 연구에 따르면 우리 수출품에 대한 외국의 수입수요의 가격탄력성이 단기에는 1.10이고 장기에는 2.89이다. 이러한 사실은 우리 수출품과 외국 상품과의 경쟁관계가 높은 것을 의미한다.

07. 평가절하가 일어났을 때 J곡선 현상이 나타나는 것은 양국의 수입수요의 가격탄력성들이 단기 탄력성은 작은데 반해 장기탄력성은 커지기 때문이다.

08. 평가절하로 J곡선 현상이 발생하는 까닭은 단기적으로는 평가절하국에 불리한 가격조정만 일어나고 유리한 수량조정은 장기적으로 일어나기 때문이다.

09. 교두보효과란 대규모 투자를 통해 교두보를 확보한 기업은 투자한 매몰비용 때문에 환율변동으로 손실이 있더라도 단기적으로는 기존시장을 떠나지 못한다는 것이다.

10. 탄력성접근법과 총지출접근법은 무역수지와 소득변화를 포함하는 일반균형분석이다.

11. 총지출접근법에 따르면 무역수지는 총소득과 총지출 간의 관계를 통해 분석가능한 것으로 인식한다.

12. 총지출접근법에 의하면 교역조건 효과를 통해서 평가절하의 무역수지개선효과는 커진다.

13. 총지출접근법에 따르면 평가절하는 유휴자원이 많을수록 무역수지를 개선시킨다.

14. 총지출접근법에 따르면 완전고용이 달성되어있는 경제에서 평가절하정책은 무역수지를 개선시키는 좋은 방법이라고 본다.

15. 국제수지의 통화론적 접근법에 따르면 우리나라의 화폐수요가 미국의 화폐수요보다 크게 증가했다면 우리의 미국에 대한 대외수지는 악화된다는 것을 주장한다.

16. 통화론적 접근법에 따르면 한 나라의 소득증가는 화폐수요를 증가시키므로 금리를 상승시키고 동시에 물가를 낮춘다. 그러므로 무역수지흑자와 자본유입을 초래하므로 대외수지를 개선시킨다고 본다.

17. 통화론적 접근법에 따르면 정부가 중화정책을 사용하지 않는 한 국제수지 불균형은 자동조절되므로 구태여 평가절하정책을 사용할 필요가 없다.

18. 후진국의 경우 활용되지 못하고 있는 자원이 많으므로 외국자본을 도입하여 대외수지 불균형을 조절하는 것은 적절치 못한 정책이다.

19. 관세율 인상정책은 수입품의 상대가격을 변화시켜 무역수지를 개선시키는 지출억제정책으로 유용하다.

20. 원화의 환율인상이 발생했을 때 원화표시 수출가격이 불변이고 우리수출품에 대한 외국의 수입수요의 가격탄력성이 제로라면 우리의 달러표시 수출총액은 변하지 않는다.

21. 국제수지의 통화론적 접근법에 따르면 화폐시장에서 화폐 초과공급상태가 되면 대외수지는 적자로 나타난다는 것이다.

연습문제

Ⅱ. 다음 물음에 답하시오.

01. 외환수요의 급증으로 환율이 인상될 때 중앙은행은 환율을 종전수준으로 환원시키고자 한다. 외환수요와 공급에 대해 어떤 조치가 동원될 수 있는가?

02. 원화의 평가절하(환율인상)가 발생했으나 단기적으로는 가격조정만 일어나고 그에 따른 수입수량조정이 아직 이루어지지 못하고 있다면 그 이유는 무엇 때문인가?

03. 마셜-러너조건을 설명하시오.

04. 총지출접근법에서 평가절하가 무역수지에 미치는 효과 중에서 실질잔고효과를 설명하시오.

05. 총지출접근법에 따를 경우 평가절하가 무역수지에 미치는 효과를 교역조건효과에 한정하여 살필 때 교역조건과 무역수지는 각각 어떤 영향을 받는가?

06. 대외수지에 구조적 불균형이 있고 실업률은 높고 인플레이션 위험은 낮은 경우 적절한 국제수지 조정정책은?

07. 평가절하가 무역수지에 미치는 효과는 총지출접근법이 탄력성접근법의 경우보다 작다. 그 이유는 무엇 때문인가?

08. 존슨은 총지출접근법으로부터 통화론적 접근법의 통찰력을 얻었다고 한다. 그 내용을 설명해보시오.

09. 국제수지 조정정책으로서의 지출감축정책을 설명해 보라.

10. J곡선 효과가 발생하는 이유로 교두보효과를 설명해 보라.

11. $Y=C+I+G+(X-M)$, $C=10+0.8(Y-T)$, $T=70$, $I=100$, $G=70$, $X=120$, $M=0.3(Y-T)$일 때 정부지출이 70에서 75로 5단위 증가하면 소득은 몇 단위 증가하는가?

12. 총지출접근법은 결국 무역수지를 어떻게 설명하려는 것인가?

13. 평가절하가 무역수지에 미치는 영향을 J곡선으로 나타내고 그래프에 가격조정단계와 수량조정단계를 각각 표시하시오.

14. 유휴자원이 많은 경제에서 평가절하의 단행이 무역수지에 미치는 영향을 설명하시오.

15. 일본이 급속한 경제성장(소득증가)을 이룩하면서 동시에 무역수지흑자를 기록한 사실을 통화론적접근법에 따라 해석해 보시오.

16. 통화론적접근법에서 초과화폐공급이 발생하면 왜 국제수지가 악화되는지 초과화폐공급이 금융자산과 실물자산에 미치는 효과로 설명해 보시오.

17. 한국과 미국 양국의 화폐공급은 변동이 없다. 다만 한국의 화폐수요가 미국보다 크게 증가했다고 하자. 통화론적 접근법에서는 한국의 대미무역수지는 어떻게 변한다고 보는가?

18. 우리수출품에 대한 외국 수입수요의 가격탄력성이 양(+)이라면 원화의 평가절하로 달러표시 수출총액은 증가한다.

19. 총지출접근법에 따르면 평가절하는 교역조건을 악화시키지만 그로 인해 무역수지를 개선시키는 역할을 한다.

20. 두 나라 수요의 가격탄력성이 장단기에 있어 다르다는 사실이 J곡선현상을 설명해준다.

21. 개도국의 경우 생산요소의 사회적 한계생산성이 낮기 때문에 해외차입을 통한 자본재 수입은 생산성을 높일 수 있는 고려할만한 방안이다.

22. 우리 상품에 대한 외국의 수입수요의 가격탄력성이 장기는 물론 단기에도 크다는 사실은 우리 수출품에 대한 외국인의 선호가 안정적이고 강하다는 것을 의미한다.

CHAPTER 11

환율결정이론

Chapter

11 환율결정이론

환율은 어떻게 결정되는가? 우리는 이미 환율은 외환시장에서 외환의 수급상황에 따라 결정됨을 알고 있는데 무슨 환율결정인가? 환율이 외환시장에서 결정되고 있지만 우리가 관심을 갖고 있는 것은 무슨 요인들에 영향을 받으며 앞으로 어떻게 전개될 것인가이다. 즉, 환율에 영향을 주는 요인들을 분석해낼 수 있다면 그 원리에 따라 장래 환율을 예측할 수 있다.

물론 여기에는 두 가지 중요한 조건이 필요하다. 첫째는 개발된 환율결정이론은 현실에 부합해야 한다. 둘째는 장래 환율은 개발된 환율결정이론대로 움직여야 한다. 즉, 개발된 환율결정이론은 미래환율에 대한 예측력을 가져야 한다는 것이다. 아무리 오늘의 환율을 잘 설명하는 환율결정이론을 개발했다 하더라도 예측력이 떨어진다면 가치가 없기 때문이다.

환율결정이론에 대한 논의는 약 200년 전부터 있었다. 그러나 크게 보면 전통적인 유량(flow)개념으로서의 환율이론과 1970년대 이후 변동환율제도의 시행과 함께 대두된 현대적인 저량(stock) 개념으로서의 환율이론으로 나눌 수 있다.

유량적 접근법은 국제대차설, 환심리설, 구매력평가설 등이 있고 저량적 접근법으로는 자산시장접근법이 있다. 자산시장접근법은 통화론적 접근법과 포트폴리오잔고접근법, 통화대체모형 등으로 나누어 살필 수 있다. 구매력평가설은 제7장에서 다루었으므로 여기서는 생략한다.

11.1 국제대차설

국제대차(貸借)설은 영국의 경제학자 고쉔(George J. Goschen, 1831~1907)이 1861년 제시한 것으로 금본위제 하에서의 단기환율결정이론이다. 국제대차설은 전통적인 유량(flow)개념으로서의 환율이론 중 하나이다.

국제대차설에서는 환율이란 외환의 시세를 의미하는 것으로, 외환의 매매가격으로 본다. 그러므로 국제대차설에 따르면 **외환 역시 일반 상품과 마찬**

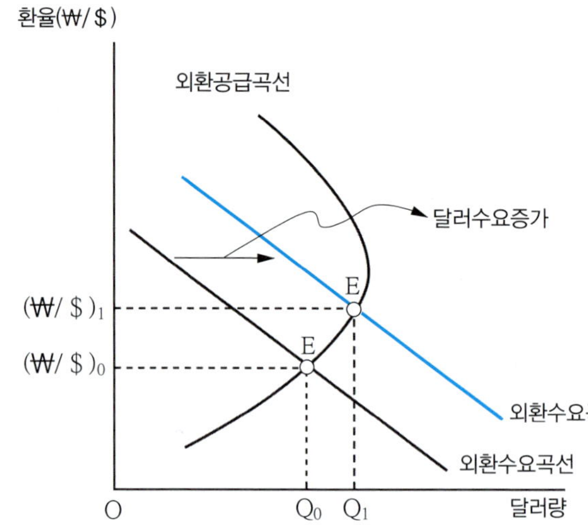

[그림 11-1 국제대차설 : 환율결정]

가지로 외환의 수요플로우와 공급플로우에 의해 결정된다는 것이다. 여기서 외환의 수요플로우는 외국상품의 수입대금결제나 대외차입금의 상환, 외국에 대한 자국의 투자로 인하여 발생한다. 한편 외환공급플로우는 수출대금의 수취나 해외대출금의 회수, 외국인의 국내투자와 함께 발생한다. 일정기간 동안 외환의 공급량보다 외환의 수요량이 더 많다면, 즉 외화수취액보다 외화지급액이 많다면 외환지급초과(초과수요)이므로 시장에서 외환의 가격은 올라가고 자국통화표시 환율은 인상된다.

[그림 11-1]은 외환의 수요와 공급에 의해 환율이 결정되는 것을 보여준다. 여기서 수요, 공급은 모두 플로우이다. 외환에 대한 수요의 증가는 수요곡선을 밖으로 이동시키고 균형환율은 인상된다. 그림에서 특기할 것은 수요곡선과 공급곡선의 기울기이다.

외환의 수요플로우는 외환시세인 환율이 낮을수록 원화표시 수입가격이 낮아지므로 우리의 수입이 증가하고 그 결과 외환수요가 증가하여 우하향의 기울기를 갖는다. 외환의 공급플로우는 환율에 대해 우상향하다가 후방굴절하는 모양을 나타낸다. **후방굴절 공급곡선**(backward bending supply curve)의 존재는 그 영역에서 외환공급의 환율탄력성이 음(−)인 것을 의미한다.

후방굴절 공급곡선의 발생 이유를 우리 수출과 관련하여 살펴보면 다음과 같다. 환율인상으로 외화표시 수출가격이 하락하면 우리 수출품에 대한 외국의 수입수요가 증가한다. 초기에는 외국 수입수요의 가격탄력성이 1보다 크므로 총수출액은 증가하고 외환공급곡선은 우상향한다. 그러나 가격하락이 계속되면 가격하락에 비해 수출량 증가가 크지 않게 되고 수입수요의 가격탄력성이 1보다 작은 비탄력적인 상태에 이른다. 결국 총수출액은 감소하고 외환공급량이 감소해 후방굴절 공급곡선이 된다.

국제대차는 오늘날의 국제수지에 해당하는 개념이므로 국제수지설이라고도 부른다. 국제대차설은 단기적인 환율결정이론으로서는 설명력이 있으나 환율은 유량으로서의 외환의 수요나 공급 외에 여러 가지 변수에 의해서도 영향을 받고 있으므로 현대적인 환율결정이론으로서는 한계가 있다.

참고로 발라(L. Walras, 1834~1910)의 가격조정에 의한 시장균형 메커니즘에 입각하여 외환시장의 안정성을 살펴보자. [그림 11−2]에서 외환의 수요

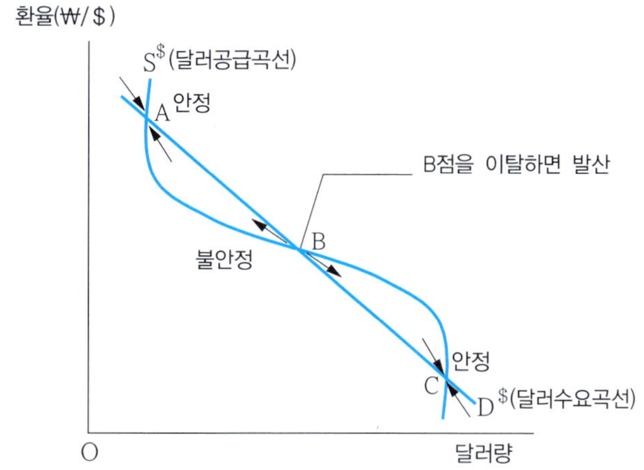

【 그림 11-2 외환시장의 균형과 안정성 】

와 공급은 A, B, C 세 곳에서 일치하고 있다. 즉, A, B, C점 세 곳에서 균형이 발생하고 있다. 발라적인 가격조정메커니즘에서 볼 때 균형점 A와 C는 균형을 이탈하면 다시 균형으로 복귀하므로 안정적 균형이다. 균형점 B는 균형을 이탈하면 다시 B점으로 복귀하지 못하므로 불안정한 균형이다. AB구간은 초과수요로 환율이 상승하고 BC구간은 초과공급이므로 환율이 하락하기 때문에 B점을 이탈하면 다시 B점으로 복귀할 수 없다.

11.2 환심리설

환심리설은 불가리아 태생의 프랑스 경제학자 아프따리옹(A. Aftalion, 1874~1956)에 의해 제시된 것으로 전통적인 유량적 환율이론이다. 아프따리옹은 한계효용이론에 입각하여 환율이론을 전개하였다. 한계효용이론에서는 어떤 사람이 느끼는 화폐의 가치는 '그가 화폐로 얻을 수 있다고 기대하는 주관적 만족'이라고 정의된다.

예를 들어 한계효용이론에 따르면 부자의 1억원과 가난한 사람의 100만원은 액수는 100배나 되지만 두 사람의 자신의 화폐량에 대한 주관적 가치는 동일할 수도 있다는 것이다.

아프따리옹은 환심리설을 제창하면서 외환의 가치인 환율 역시 개개인의 주관적 · 심리적 평가에 의해 결정된다고 주장하였다. [그림 11-3]은 환심리설을 정리하여 본 것이다. 아프따리옹은 화폐가치에 대한 심리적 평가요인을 질적 평가와 양적 평가로 나누었다. 질적 평가는 화폐의 구매력변화에 입각해서 이루어지는 데 비해 양적 평가는 국제대차, 자본이동, 통화량변화, 각국의 경제정책변화 등에 입각하여 이루어진다.

결국 개개인의 외환가치에 대한 주관적 · 심리적 평가에 따라 외환에 대한 수요플로우와 공급플로우가 결정되고 외환가격인 환율이 결정된다. 환심리설은 무역수지뿐 아니라 자본수지를 포함하는 분석이라는 이점이 있으나 현재는 역사적 학설의 한 유형으로 소개되는 정도이다.

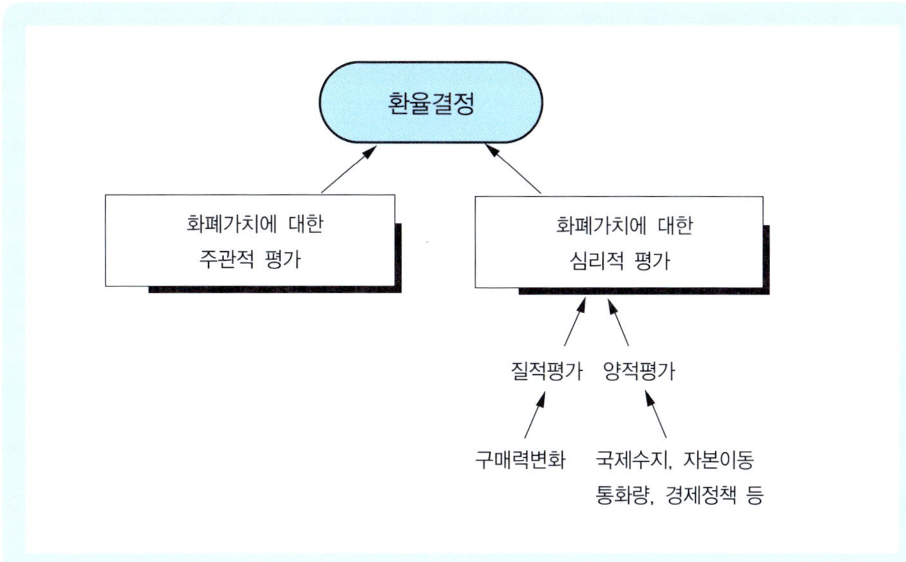

[그림 11-3 환심리설]

11.3 자산시장접근법

자산시장접근법(asset market approach)은 1970년대 변동환율제도가 실시된 후 활발히 논의되기 시작했는데 저량(stock)적 접근법이다. 즉, 환율은 자산시장에서의 국내외 자산의 저량으로서의 수요와 공급에 의해 결정된다는 것이다. 이 접근법은 국내채권과 외국채권간의 대체성 여부에 따라 '통화론적 접근법(monetary approach)'과 '포트폴리오잔고접근법(portfolio balance approach)'으로 나누어진다.

이제 자산시장이 국내화폐, 국내채권, 외국화폐, 외국채권 등 4개의 시장으로 구성되어 있으며 전체 자산시장은 항상 일반균형을 달성한다고 가정하자. 만일 **국내채권과 외국채권이 완전대체적(perfect substitutes)이라면 두 자산은 서로 무차별한 것이므로 동일한 자산으로 취급**된다. 그러므로 자산시장은 국내화폐, 외국화폐 및 국내외 채권시장 등 3개의 시장으로 축소된다.

일반균형이 성립하므로 '발라의 법칙(Walras' law)'에 따라 2개의 시장만이 독립된 시장이다. 따라서 우리는 국내외 채권시장을 제외하면 국내화폐와 외국화폐의 2개 시장만 분석하면 된다. 즉, 국내채권과 외국채권이 완전대체적인 경우에는 환율은 국내화폐와 외국화폐간의 저량으로서의 상대적 수요와 공급에 의해 결정된다는 것이 통화론적 접근법이다. 반면에 포트폴리오잔고접근법은 국내채권과 외국채권이 불완전 대체적(imperfect substitutes)일 경우 환율은 국내채권과 외국채권을 포함하는 전체 포트폴리오의 상대적 수요와 공급에 의해 결정된다는 이론이다.

11.3.1 통화론적 접근법

통화론적 접근법은 가격이 신축적이냐 경직적이냐에 따라 신축적가격모형과 경직적가격모형으로 나누어진다.

(1) 신축적가격모형

신축적가격모형(flexible price model)은 통화론적 접근법의 한 유형인데, 재화시장에서의 가격조정이 완전 신축적이어서 자산시장에서의 환율조정과 동시에 이루어진다고 본다. 즉, 재화시장에서의 수급 불균형이 발생하면 가격이 즉각적으로 조정되어 재화시장을 균형으로 회복시킨다는 것이다.

신축적가격모형은 사실 고전학파 거시경제모형과 관련이 있다. 가격, 명목금리, 명목환율과 같은 명목변수들은 소득, 고용, 국제수지 등과 같은 실질변수와는 독립적으로 결정된다는 '**고전학파의 2분성**(Classical dichotomy)'이 그것이다. 환율은 화폐의 수요, 공급과 같은 명목적 변화에 의해 결정되고 소득변동이나, 국제수지변화 같은 실질변화와는 관련이 없다고 본다.

일국의 통화량 변동에 대해 물가, 환율 등의 명목변수들이 비례적 변화를 나타낼 것이므로 신축적가격모형 하에서는 물가와 환율 간의 관계를 주장하는 구매력평가가 장기는 물론 단기에서도 성립한다.

[그림 11-4]는 통화량이 100에서 110으로 상승했을 때 신축적가격모형 하

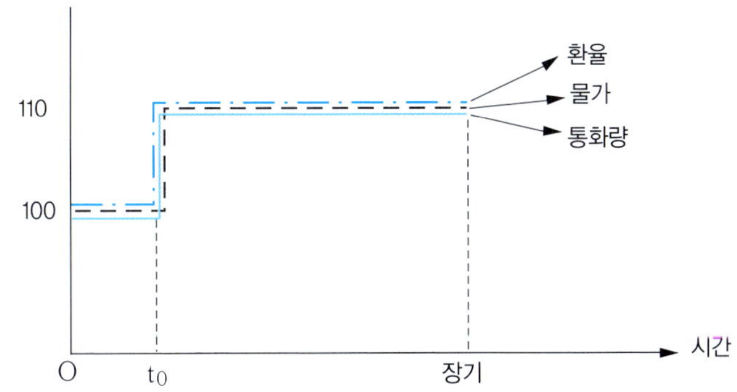

[그림 11-4 신축적가격모형 하에서 통화량증가 효과]

에서의 물가, 명목환율의 변동을 보여준다. 명목변수인 통화량이 변했을 때 다른 명목변수인 물가, 명목환율 모두 동일한 변화를 나타낸다.

이 모형은 인플레이션이 빠르게 진행되는 시기에 적합한 이론이라고 하겠다. 인플레이션이 빠르다는 것은 가격상승이 빠르게 반영되고 있는 것이다. 사실 1920년대 독일의 초인플레이션시대와 1970년대 석유파동(oil shock) 당시의 스태그플레이션(stagflation)시대 그리고 1980년대 남미의 초인플레이션시대에 대한 실증분석 결과는 신축적가격모형의 현실 부합성이 비교적 높다는 사실을 입증하기도 했다.

그러나 1980년대 이후 미국달러와 다른 주요국 통화간의 환율을 설명함에 있어서는 설명력도 낮아졌고 예측력에 있어서는 더욱 낮은 성과를 보였다.

(2) 경직적가격모형

경직적가격모형(sticky price model)은 돈부시(R. Dornbusch) 교수가 주장한 것으로 단기에는 가격이 경직적이라는 가정에서 출발한다. 그러므로 통화량 증가와 같은 충격이 경제내에 주어졌을 때 자산시장에서 환율은 즉각 변동하는 데 반해 재화시장에서의 가격은 단기에는 경직적이다가 서서히 변하기 시작하여 장기균형으로 수렴한다고 본다.

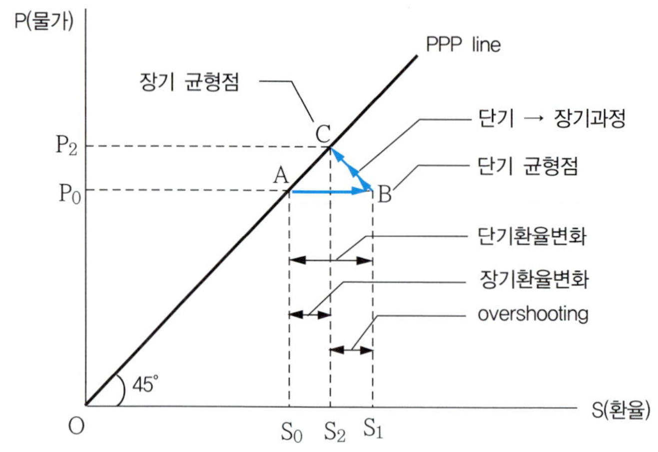

【 그림 11-5 환율의 과도한 변동(overshooting) 】

경직적가격모형에서는 구매력평가가 장기에서는 성립하나 단기에서는 성립하지 않는다. 이 모형은 가격경직성을 가정한다는 점에서 케인시안모형이라고도 하며, 단기의 과도한 환율변동(excess volatility)을 설명한다고 해서 '**오버슈팅(overshooting)모형**'이라고도 부른다.

이제 경직적가격모형에서 왜 오버슈팅이 발생하는지 [그림 11-5]를 이용해 살펴보자. 화폐시장이 초기에 균형점 A에 있다고 하자. 초기 환율은 S_0이고 물가는 P_0이다. 이제 정부가 통화량을 증가시켰다고 하면 화폐시장은 초과화폐공급상태가 된다. 초과화폐공급상태로 말미암아 화폐시장에서 금리가 가장 먼저 반응하여 금리가 낮아지고 자본유출이 일어난다. 자본유출은 즉각적으로 환율인상을 초래하는데, 이때 환율이 장기균형환율보다 과도하게 인상된다는 것이다.

왜 환율은 단기적으로 장기균형환율보다 과도하게 반응하는가? 초기 환율이 인상될 때 물가는 아직 반응을 하지 않고 있다. 한편 환율인상에 따라 수출입은 단기에는 가격조정만 있고 수량조정은 이루어지지 않으므로 J곡선효과가 발생하여 무역수지가 악화된다. 따라서 환율은 가격경직성과 J곡선으로 인한 무역수지 악화까지를 포함하여 조정되어야 하는 부담을 떠안게 된다.

결국 환율은 단기에는 장기균형환율 S_2보다 과도하게 반응하여 점 B까지 상승한 S_1이 된다. S_2S_1만큼을 오버슈팅(overshooting)이라고 한다. 오버슈팅과 함께 환율이 장기균형환율보다 저평가되면 투자자들은 저평가된 통화에 대한 투자를 증가시킨다. 그 결과 외환유입이 일어나고 이것이 무역수지적자를 메꾸어줌으로써 외환시장의 단기 불균형을 해소해준다.

그러나 시간이 흐르면서 재화시장의 물가가 서서히 상승하기 시작한다. 물가상승은 실질잔고(M/P)를 낮춰 이자율을 상승시키고 자본유입을 촉진한다. 동시에 수출입에 있어 수량조정이 서서히 일어나면서 무역수지도 흑자를 나타내기 시작한다. 이러한 자본유입과 무역수지의 흑자는 환율을 인하시키며 장기균형환율은 S_2로 수렴한다. 장기조정과정은 [그림 11-5]에서 B점에서 C점으로 균형이 이동하는 것으로 나타나고 있다.

경직적가격모형이 설득력 있는 이유는 첫째, 환율과 물가간의 단기간의 괴리, 즉 구매력평가가 단기에 성립하지 않는 이유를 설명해준다. 이 이론에 의하면 환율은 단기적으로 오버슈팅되는데 반해 물가는 경직적이므로 단기에 구매력평가가 성립하지 않는다. 둘째, 점 B에서 점 C로의 이동과정은 물가상승과 평가절상이 동시에 일어나는 것을 설명해준다. 실제로 1970년대 독일과 일본이 미국보다 물가상승률은 높았음에도 통화가치는 평가절상되었던 경험을 설명하는 데 유용하다.

[그림 11-6]은 경직적가격모형 하에서 통화량변화에 대한 환율, 물가의 시간의 흐름에 따른 변동을 보여준다.

경직적가격모형은 과도한 환율변동을 설명하는 데 기여했다. 경직적가격모형은 실제 환율이 왜 구매력평가지수로부터 괴리하는가를 설명하는데 유용한 모형이다. 환율은 즉각 조정되나 가격은 경직적이기 때문에 실제환율과 구매력평가지수 간에는 괴리가 있다는 설명이다. 실증분석 결과 1970년대와 1980년대 초까지는 좋은 설명력을 보였으나 1980년대 중반 이후에는 좋은 환율예측력을 보여주지 못하는 한계를 드러냈다.

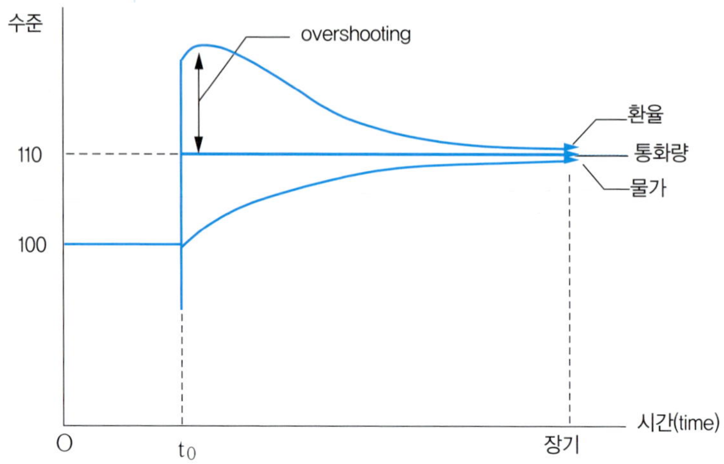

【 그림 11-6 경직적가격모형 하에서의 통화량증가 효과 】

11.3.2 포트폴리오잔고접근법

이 이론에 따르면 국내채권과 외국채권이 불완전 대체적이라고 가정하고 환율은 국내자산(국내화폐, 국내채권)과 외국자산(외국화폐, 외국채권)의 저량으로서의 수요와 공급에 의해 결정된다고 본다.

예를 들어 국내자산량은 10% 증가하고 외국자산량은 불변이라면 국내자산의 가치는 하락하고 자국화폐는 평가절하(환율인상)된다는 것이다.

다른 예로 국내통화량은 1% 감소한 반면 국내채권량은 10% 증가하여 두 자산을 가중평균해 보니 전체적으로 국내자산량이 5% 증가했다고 하자. 반면 외국통화량이나 채권량은 불변이라고 하자. 포트폴리오잔고접근법에 따르면 국내자산이 5% 증가했으므로 자국통화는 평가절하되어야 한다고 주장할 것이다. 그러나 통화론적 접근법의 입장에서 보면 국내통화량이 1% 감소한 것만 고려하므로 자국통화의 평가절상이 일어나야 할 것이다.

포트폴리오잔고접근법에서 국내채권과 외국채권이 불완전 대체적이라고 인식하는 것은 두 채권 간의 위험도가 다르다는 것을 의미하는 것이므로 이 모형은 '위험할증(risk premium)'을 고려하는 모형이라고 할 수 있다. 포트폴리오잔고접근법은 자료추출의 문제 등으로 실증분석 결과가 좋지는 않았다.

11.3.3 통화량변화 없는 외환시장개입

포트폴리오잔고접근법은 중앙은행으로 하여금 통화량의 변화없는 외환시장개입을 가능케 해준다. 즉, 정책당국이 통화량 변동없이 국내외 채권의 보유구성만 변경시킴으로써 외환시장에 개입하여 환율을 안정시키는 정책을 '**중화개입**(불태화 개입, sterilized intervention)'이라고 한다.

이제 엔화의 과도한 절상으로 국내경기가 위축되는 것을 막기 위해 중앙은행인 일본은행은 외환시장에 개입하고자 한다. 일본은행은 달러를 매입하고 엔화를 매각함으로써 엔화의 평가절상을 막을 수도 있다. 그러나 이 방법은 국내통화량을 증가시켜 인플레이션을 초래할 것이므로 바람직한 개입정책이 못된다고 판단하고 있다.

일본은행은 통화량의 증가없이 엔화의 평가절상을 해소하길 원하고 있다. 만일 국내채권과 외국채권이 불완전 대체적이라면 일본은행은 엔화표시 채권을 매각하고 엔화를 매입한다. 매입한 엔화를 달러로 바꾼 후 달러표시 채권을 매입한다. 결국 엔화 통화량의 변화는 없고 일본은행은 보유자산 중 엔화표시 채권을 달러표시 채권으로 바꿔 놓은 셈이다.

외환시장에서는 엔화표시 채권의 공급이 증가한 반면 달러표시 채권의 공급은 감소한다. 포트폴리오잔고접근법에 따라 엔화표시 자산이 달러표시 자산보다 상대적으로 증가했으므로 엔화가치는 하락하게 된다. 엔화의 평가절상은 해소된 반면 국내 통화량의 변화는 일어나지 않았다.

11.3.4 통화대체

(1) 통화대체와 과도한 환율변동

A국 통화와 B국 통화 간에 수요측면의 '통화대체(currency substitution)'가 존재한다고 하자. 즉, 양국 화폐수요자들은 두 통화를 서로 대체할 수 있는 무차별한 것으로 생각하고 있다.

A국의 통화공급량이 증가하면 A국은 물가상승을 겪게 될 것이다. 그 결과 A국 통화가치는 하락하고 양국의 화폐수요자들은 A국 통화수요를 줄이고 무차별한 B국 통화수요를 증가시킬 것이다. A국 통화의 B국 통화로의 대체가 발생한다는 이야기다. 결국 A국 통화의 평가절하가 가속화되고 B국 통화가치는 폭등한다. 그러므로 **통화대체가 존재할 경우 통화대체가 없을 때보다 훨씬 과도한 환율변동이 발생하게 된다.**

통화대체모형은 오버슈팅모형과 같이 단기적인 환율의 과도한 변동을 설명하는 데 유용하다. 통화대체는 지역통합성이 강한 미국 달러와 캐나다 달러간, 영국 파운드와 EU 유로 간에 높게 나타날 것이다.

(2) 통화대체와 통화정책의 독자성

통화정책의 독자성은 변동환율제도 하에서 가능하고 고정환율제도 하에서는 불가능하다고 알려져 왔다. 고정환율제에서 통화공급이 증가하면 인플레이션으로 이어져 환율인상의 압력을 받는다. 그러나 환율변동이 불가능하므로 무역수지 적자가 일어나고 자국보유 준비자산(foreign reserve)이 감소한다. 준비자산의 감소는 통화량을 감소시키므로 결국 통화공급량을 증가시키려는 당초의 목표는 수포로 돌아간다.

한편 변동환율제도 하에서는 통화공급량이 증가하면 인플레이션이 일어나고 환율이 인상됨으로써 화폐시장의 불균형을 해소한다. 즉, 변동환율제도 하에서는 환율이 변동함으로써 통화정책으로 인한 불균형을 조정해 주므로 독자적인 통화정책이 가능한 것이다.

그러나 양국 통화간의 통화대체가 존재한다면 변동환율제도라 하더라도 과연 독자적인 통화정책이 가능할 것인가? 양국 통화 간의 통화대체성이 높을수록 한 나라의 통화량 증가정책은 자국통화의 과도한 환율인상을 일으킬 것이므로 독자적인 통화정책의 시행은 부담이 아닐 수 없다. 따라서 양국 통화간의 통화대체성이 크면 클수록 독자적 통화정책의 부담이 커질 것이므로 양국간의 상호협조적인 통화정책이 필요하게 된다.

표 11-1 환율결정이론(자산시장 접근법) 요약표

모 형		분석 대상	환율결정 변수	주요 논점
통화론적 접근법	신축적 가격모형	화폐시장 (국내채권과 외국채권의 완전 대체)	양국 화폐의 수요/공급	장단기 물가 완전신축 (고전학파 이분법 성립, 장단기 PPP성립)
	경직적 가격모형		양국 화폐의 수요/공급	단기 물가의 경직성 (단기 PPP이탈, 오버슈팅 발생, 장기 PPP성립)
포트폴리오잔고접근법		양국화폐 및 양국채권	양국 자산의 수요/공급	양국채권 불완전대체 위험할증 존재
통화대체		화폐시장 (양국 화폐수요 무차별)	양국 화폐의 수요/공급	과도한 환율변동 통화정책 협조 필요

11.4 최근의 환율이론

11.4.1 환율결정에 있어 뉴스의 역할

앞서 말한 통화대체는 그 자체만으로는 환율을 결정할 수 없으나 환율변동을 가속화시킨다는 점에서 중요한 개념이라 하겠다. 1980년대 들어와 환율결정이론들이 미래 환율에 대한 예측력이 떨어지면서 환율결정에 있어 뉴스(news)의 역할도 통화대체와 마찬가지로 환율결정에 영향을 주는 중요한 요인으로 인식되기 시작했다.

외환을 비롯한 금융자산은 일반 내구재와 같은 성질을 갖고 있다. 그러므로 시간이 흐름에 따라 내구재 가치가 변하듯이 외환의 가치도 변한다. 향후 환율이 어떻게 변하느냐에 따라 보유 외환의 가치가 변동할 것이므로 외환시장 참여자는 환율예측에 많은 노력을 기울인다.

환율은 뉴스에 의해 크게 영향을 받는다. 여기서 뉴스란 뜻밖의 정치적 혹은 경제적 사건을 말하는 것이지만 간단히 말해 예상치 못한 사건이라고 정의할 수 있다. 환율은 예상치 못한 뉴스에 반응하고 변동한다. 1970년대 이후 환율이 과도하게 변동한 이유 중 하나가 바로 예측하지 못한 일이 많이 일어나 예측오차가 컸기 때문이라는 분석이다.

11.4.2 환율변동의 미시적 분석

거래자 간의 상호작용에 따른 미시적 분석을 통해 환율변동이 발생하기도 한다. 소득, 국제수지, 물가 등과 같은 거시적 변동요인이 없는 상태에서도 외환거래자들은 각자의 제시환율(bid-ask qoute)을 조정함으로써 환율이 변동하게 된다.

(1) 재고통제

외환거래자는 자신의 포지션이 열린포지션(open position)일 때 환위험을 회피하기 위해 '재고통제(inventory control)'를 실시하게 되는데 이러한 재고통제로 환율이 변동하기도 한다.

예를 들어 한국의 외환거래자 A씨는 오후 2시 현재 달러매도 : 1억달러, 달러매입 : 8천만달러의 포지션에 있다고 하자. 즉, A씨는 2천만 달러의 달러초과매도 상태인 열린포지션에 있다. 현재 A씨의 제시환율은 \$1=₩1,200.10-1,220.20이다. 오후 2시 이후 A씨는 환위험을 회피하기 위해 달러매입량을 늘리게 되고 달러매입환율을 1달러 1,210.10원으로 올린다. 이제 환율은 \$1=₩1,210.10 - 1,220.20으로 변동한다. 결론적으로 환위험을 회피하기 위해 재고통제를 시행함에 따라 환율이 조금씩 변동하는 것이다.

(2) 비대칭적 정보

외환시장 거래자들 간에 '비대칭적 정보(asymmetric information)'가 존재할 때 정보열위의 거래자는 대규모 주문을 시장상황에 대한 신호(signal)로 받아들이고 자신의 제시환율을 변경한다.

현재 A씨의 제시환율은 $1=₩1,210.10 - 1,220.20이다. 이때 Citi은행 서울지점으로부터 5천만달러를 사겠다는 달러매입주문이 들어왔다고 하자. 이와 같이 대규모 거래가 이루어지고 나면 A씨는 자신이 모르는 정보가 있는 것으로 생각하고 자신의 달러매도환율을 상향 조정한다. A씨의 제시환율은 $1=₩1,210.10 - 1,230.20으로 변하게 되고 이러한 변동은 자신보다 나은 정보를 가진 거래자로부터 입을 수 있는 손실을 줄이려는 의도이다.

11.4.3 무작위행보모형

'무작위행보(random walk)'란 술취한 사람의 다음 발걸음이 어디를 딛게 될지 모른다는 것에서 유래된 개념이다. 환율예측이론에서 무작위행보란 내일 환율이 오를지 내릴지 전혀 알 수 없다는 것을 의미하는 것이다. 그러므로 환율예측모형으로서의 무작위행보모형이라고 하면 내일 환율이 오늘 환율과 같다고 예측하는 방식을 말한다. 물론 내일이 되면 오늘 무작위행보모형의 예측은 틀렸고 예측오차는 0보다 클 것이다. 내일이 되어 그 다음 날의 예측환율은 물론 내일의 실제환율이 된다.

아래 식(11.1)은 무작위행보모형을 보여준다. e_t, e_{t-1}은 각각 t기와 t−1기 환율이며 μ_t는 t기 교란항이다.

$$e_t = e_{t-1} + \mu_t \tag{11.1}$$

이러한 무작위행보모형의 의의는 앞서 살펴본 이론적이고 구조적인 환율모형들의 예측력을 판정하는 하나의 기준이 된다는 점이다. 즉, 예측력이 뛰어난 모형이라면 무작위행보모형의 예측오차보다는 예측오차가 작아야 할 것이기 때문이다. 많은 연구 결과들은 앞서 살펴본 구조적 환율모형들이 예측력에 있어 무작위행보모형보다 못한 경우도 많았음을 보여주고 있다.

11.5 환율결정이론에 대한 평가

환율결정이론은 국제금융론에서 가장 중요한 주제 중 하나이다. 국제경제의 통합과 상호의존성이 커지면 커질수록 대외거래 규모 또한 증가할 수밖에 없다. 대외거래의 수익은 환율변동으로 인한 환위험을 어떻게 줄일 수 있는가 혹은 환율변동을 어떻게 활용할 수 있는가에 달려 있다. 때문에 환율예측은 다른 무엇보다 중요한 문제가 아닐 수 없다. 정확한 환율예측을 위해서는 환율이 어떤 요인들에 의해 영향을 받고 결정되는지 알아내야 한다.

지금까지 살펴본 환율결정이론들은 비교적 짧은 기간동안 설명력을 보여주었고 일시적으로 주목을 받았음은 사실이다. 그러나 그 어느 모형도 장기적 설명력을 지니지 못했고 예측력에 있어서도 확고한 우세(dominance)를 보여주지 못했다.

앞에서 살펴본 구조적 환율결정모형들은 예측력에 있어 무작위행보모형(random walk model)보다도 못한 결과를 종종 나타냈다. 그러한 이유는 환율은 아마도 시장상황에 따라 가장 급속하게 변하는 경제변수 중 하나이기 때문일 것이다. 즉, 환율은 그만큼 다양한 요인에 의해 영향을 받고 있음을 뜻하는 것이다.

오늘의 환율을 잘 설명하는 어떤 이론도 내일의 환율을 예측하기에는 역부족이며, 내일은 또 다른 환율이론이 등장하는 것이 현실이다. 그렇다고 환율예측을 포기해야 하는가? 그렇지 않다. 오히려 그렇기 때문에 환율이론이 더 중요해지고 환율예측이 더 필요하다.

요약

1 환율결정의 유량적 접근법은 국제대차설, 환심리설, 구매력평가설 등이 있고 저량적 접근법으로는 자산시장접근법이 있다. 자산시장접근법은 통화론적 접근법과 포트폴리오잔고접근법, 통화대체모형 등으로 나누어진다.

2 국제대차설에서는 환율을 외환의 시세, 즉 외환의 매매가격으로 본다. 그러므로 국제대차설에 따르면 외환 역시 일반 상품과 마찬가지로 외환의 수요플로우와 공급플로우에 의해 결정된다.

3 국제대차설은 단기적인 환율결정이론으로서는 설명력이 있으나 환율은 유량으로서의 외환의 수요나 공급 외에 여러 가지 변수에 의해서도 영향을 받고 있으므로 현대적인 환율결정이론으로서는 한계가 있다.

4 아프따리옹은 환심리설을 제창하면서 외환의 가치인 환율 역시 개개인의 주관적·심리적 평가에 의해 결정된다고 주장하였다.

5 환심리설은 무역수지뿐 아니라 자본수지를 포함하는 분석이 가능하다는 이점은 있으나 현재는 역사적 학설의 한 유형으로 소개되는 정도라 하겠다.

6 자산시장접근법은 환율은 자산시장에서의 국내외 자산의 저량으로서의 수요와 공급에 의해 결정된다는 것이다.

7 국내채권과 외국채권이 완전대체적인 경우에는 환율은 국내화폐와 외국화폐 간의 저량으로서의 상대적 수요와 공급에 의해 결정된다는 것이 통화론적 접근법이다.

8 포트폴리오잔고접근법은 국내채권과 외국채권이 불완전 대체적일 경우 환율은 국내외 채권을 포함하는 전체 포트폴리오의 상대적 수요와 공급에 의해 결정된다는 이론이다.

9 신축적가격모형(flexible price model)은 통화론적 접근법의 한 유형인데 재화시장에서의 가격조정이 완전 신축적이어서 자산시장에서의 환율조정과 거의 동시에 이루어진다고 본다.

10 경직적가격모형(sticky price model)은 단기에는 가격이 경직적이라는 가정에서 출발한다. 그러므로 충격이 주어졌을 때 환율은 즉각 변동하는 데 반해 가격은 단기에는 경직적이다가 서서히 변하기 시작하여 장기균형으로 수렴한다고 본다. 따라서 경직적가격모형에서는 구매력평가가 장기에서는 성립하나 단기에서는 성립하지 않는다.

요약

11 정책당국이 통화량 변동없이 국내외 채권의 보유구성만 변경시킴으로써 외환시장에 개입하여 환율을 안정시키는 정책을 '중화개입'이라고 한다.

12 통화대체가 존재할 경우 통화대체가 없을 때보다 훨씬 과도한 환율변동이 발생하게 된다.

13 통화대체모형은 오버슈팅모형과 같이 단기적인 환율의 과도한 변동을 설명하는 데 유용하다. 한편, 양국 통화 간의 통화대체성이 클수록 환율안정을 위해서는 양국 간에 상호협조적인 통화정책이 필요하다.

14 뉴스(news)의 역할도 통화대체와 마찬가지로 환율결정에 영향을 주는 중요한 요인으로 인식되기 시작했다. 여기서 뉴스란 뜻밖의 정치적 혹은 경제적 사건을 말하는 것이지만 간단히 말해 예상치 못한 사건이라고 정의할 수 있다.

15 외환거래자는 자신의 포지션이 오픈포지션일 때 환위험을 회피하기 위해 재고통제를 실시하게 되는데 이러한 재고통제로 환율이 변동하기도 한다.

16 외환시장 거래자 간에 비대칭적 정보가 존재할 때 정보열위의 거래자는 대규모 주문을 시장상황에 대한 신호로 받아들이고 자신의 제시환율을 변경한다.

17 환율예측이론에서 무작위행보란 내일 환율이 오를지 내릴지 전혀 알 수 없는 상태이다. 환율예측모형으로서의 무작위행보모형은 내일 환율이 오늘 환율과 같다고 예측하는 방식을 말한다.

중요개념

국제대차설	외환수요플로우	후방굴절공급곡선	환심리설
발라의 법칙	가격조정에 의한 균형	통화론적 접근법	시장안정성
신축적가격모형	경직적가격모형	국내외채권의 대체성	고전학파의 2분성
오버슈팅	위험할증	중화개입	포트폴리오잔고접근법
재고통제	통화대체	비대칭적 정보	뉴스와 환율
무작위행보모형			

연습문제

Ⅰ. O, X 문제

01 국제대차설은 고쉔에 의해 제시된 것으로 매우 단기적인 환율결정이론이다. 국제대차설에 따르면 일정기간 동안 외화수취액보다 외화지급액이 많다면 외환시장에서 외환의 초과수요가 발생하므로 원화의 대미달러 환율은 인상된다는 것이다.

02. 후방굴절 외환공급곡선에서 환율인상에 따라 외환공급량이 감소하면 외환공급의 환율탄력성은 음이고 곡선은 후방굴절한다.

03. 외환의 가치인 환율 역시 개개인의 주관적 · 심리적 평가에 의해 결정된다고 주장하는 환율학설은 환심리설이다.

04. 지난 20년동안 물가변동과 환율변동을 대비해 볼 때 환율변동이 더 활발했다는 사실은 재화시장과 자산시장의 조정속도가 상이함을 확인시킨다.

05. 환율결정의 통화론적접근법 하에서는 국내소득의 상승은 수입을 유발하여 경상수지를 악화시킬 수 있다고 본다.

06. 국내화폐, 외국화폐, 국내채권, 외국채권의 네 개의 시장으로 구성된 경제를 생각해보자. 이제 국내외채권이 완전대체적이고 발라의 법칙이 성립한다면 우리는 두 시장만 분석해도 된다.

07. 신축적가격모형에서는 통화량이 10% 상승하면 물가가 즉각적으로 10% 상승하므로 환율도 10% 상승한다고 본다.

08. 통화론적 접근법에서 단기에 가격이 경직적이라고 가정하면 통화량증가에 대해 단기적으로 환율은 장기균형환율보다 오버슈팅된다.

09. 환율결정이론 중 포트폴리오잔고접근법은 위험할증(risk primium)이 존재함을 보여준다.

10. 변동환율제도 하에서 통화대체가 존재할 경우 급격한 환율변동위험 때문에 독자적 통화정책을 실시해야 한다.

11. 통화대체모형이나 경직적가격모형은 실제환율의 구매력평가로부터의 괴리를 설명하는 데 유용하다.

12. 외환공급곡선이 후방으로 굴절하는 까닭은 환율인상에 대한 외환공급의 가격탄력성이 0과 1 사이의 값으로 비탄력적이기 때문이다.

13. 경직적가격모형은 다른 사정이 동일할 경우 국내통화량의 10% 증가는 단기에 있어 환율의 10% 평가절하를 초래한다는 것이다.

Ⅱ. 다음 물음에 답하시오.

01. 경제가 성장하는 나라(소득이 증가하는 나라)는 자국통화가치가 어떻게 변할 것인지 유량적 관점과 저량적 관점으로 대비하여 분석해 보라.

02. 흄의 가격정화플로우 메커니즘이 작동하려면 중앙은행은 통화정책을 어떻게 운영해야 하나?

03. 환율결정이론에서 통화론적 접근법과 포트폴리오잔고접근법은 근본적으로 어떻게 다른가?

04. 환율결정의 경직적가격모형에서 t_0시점에서 통화량이 급증하였을 때 물가와 환율이 어떻게 반응하는지 그래프로 설명하시오.

05. 영란은행은 달러에 대한 파운드화의 평가절하를 저지하고자 한다. 파운드 통화량의 변동없이 어떻게 외환시장에 개입하여야 할까?

06. 국내외 채권이 불완전 대체적이다. 한국은행은 통화량변화 없이 원달러 환율을 인하하는 시장개입을 하고자 한다. 어떻게 하면 될까?

07. 외환 거래자 간의 비대칭적 정보가 존재할 때 이것이 어떻게 환율변동을 일으키는가?

08. 한국의 A은행의 현재 달러매매율은 $1 = ₩1,200 - ₩1,210이다. 이제 A은행에 B은행으로부터 6,000만$를 사겠다는 주문이 도착했다면 이러한 정보를 통해 A은행은 자신의 제시환율(quotes)을 어떻게 변경시킬 것으로 예측되는가? 왜 그렇게 하고자 하나?

09. 우리은행 딜러는 자신이 제시한 달러매입환율로 씨티은행 서울지점으로부터 1억 달러를 쉽게 매입하고 나자 자신도 모르는 정보가 있는 것으로 판단하였다. 비대칭적 정보로 위험을 느끼고 있는 우리은행 딜러는 자신의 종전 제시환율 중 무슨 환율을 어떻게 조정할까?

10. 외환의 가치인 환율 역시 개개인의 주관적·심리적 평가에 의해 결정된다고 주장하는 환율학설은 (　　　　　　)이다.

11. 통화론적접근법에서 단기에 가격이 경직적이라고 가정하면 통화량증가에 대해 단기적으로 환율은 장기균형환율보다 (　　　　　　　)된다.

12. 통화대체가 있을 경우 통화량 증가정책은 왜 과도한 환율변동을 유발하는지 설명하시오.

13. 경직적 가격모형을 이용해 갑자기 통화량이 증가했을 때 환율의 장단기 변동과정을 그래프에 그려보시오(오버슈팅을 표시해야 함.).

14. 한국은행은 중화개입방식으로 원화의 평가절하를 저지하고 싶다. 어떻게 해야 하는가?

15. 통화대체가 없다고 가정하자. 왜 변동환율제도 하에서는 독자적인 통화정책의 수행이 가능하다고 하는가?

16. 다음 용어를 간단히 설명하시오.

Sterilized Intervention

17. 갑자기 외환에 대한 수요가 증가함으로써 환율이 인상되고 있다.
정부는 환율을 종전수준으로 되돌려 놓길 원한다. 자산시장접근법을 따를 경우 어떤 조치들을 취할 수 있는가?

CHAPTER 12

유로시장과 국제채무

Chapter

12 유로시장과 국제채무

국제금융시장은 외환을 거래하는 외환시장과 파생금융상품을 거래하는 파생금융시장, 자금을 융통하는 장단기 금융시장으로 나누어 살필 수 있다. 여기서는 주로 단기 금융시장인 유로시장을 중심으로 자금의 예치와 대출이 어떻게 이루어지며 유로시장의 발전과 효율성은 무엇인지를 살펴본다. 나아가 국제채무의 현황과 채무위기 그리고 아시아 금융위기 및 국가신용등급에 대해서 살펴봄으로써 국제금융시장에서의 자금조달 문제를 생각해본다.

12.1 유로시장이란?

12.1.1 유로시장의 정의와 구분

(1) 유로시장의 정의

유로시장(Euro-market)은 발생초기에는 **'어떤 통화로 표시된 자금이나 채권이 해당통화 발행국 이외의 국가에서 거래되는 시장'**을 의미했다.

예를 들어 유로엔(Euro-yen)시장이란 일본 이외의 지역에서 일본 엔화표시 예금과 대출, 채권발행 등의 금융업무가 이루어지는 시장이다. 여기서 유로라는 접두어는 유로시장이 처음 형성될 때 유럽, 특히 런던을 중심으로 시작되었기 때문에 붙여진 것이다. 지금은 하나의 고유명사로 사용되고 있고 유럽이라는 지역적 의미는 없어졌다. 그러므로 싱가포르, 홍콩, 바레인, 도쿄, 뉴욕 등 세계 어느 곳이든 그 나라 통화가 아닌 타국 통화표시 자금이나 채권에 대한 금융업무가 이루어지면 유로시장이라고 부른다.

최근 유로시장의 발전과 각국 금융시장 간의 경쟁이 심해지면서 각국 정부는 자국의 국내금융시장과는 격리된 계정으로 자국소재 유로은행이 자국통화를 취급하는 것을 허용하였다. 그 결과 현재 대부분의 유로은행이 자신이 위치하고 있는 소재국 통화도 취급하고 있다.

예를 들어 미국 뉴욕의 유로은행들은 달러표시 자금을 '**역외계정**(IBF : International Banking Facilities)'을 통해 거래하고 있다. 즉, 당초 유로달러는 미국 이외의 국가에서만 거래되던 것이 지금은 미국 내에서도 국내금융시장과 격리된 IBF를 통해 거래를 허용하고 있는 것이다. 이와 같이 오늘날 유로시장의 정의는 자국의 국내금융시장과 지리적으로 격리되거나 혹은 별도의 취급계정을 통해 자국 통화가 거래되는 시장을 통칭하는 것이며 그런 의미에서 '역외금융시장(off-shore banking)'과 비슷한 시장이라고 할 수 있다.

역외금융이란 외국환은행이 비거주자로부터 외화자금을 조달하여 비거주자를 상대로 자금을 운용하는 거래를 의미한다. 역외금융거래를 영위하는 외국환은행은 동 거래를 일반거래와 구분하여 역외금융계정을 설치하여야 한다. 우리나라의 경우 역외금융거래와 일반계정 간의 자금이체는 기획재정부장관이 승인하는 경우를 제외하고는 할 수 없도록 되어 있다.

유로시장에서 거래되는 통화로는 유로달러, 유로파운드, 유로엔, 유로스위스프랑, 유로유로화 등 대부분의 주요 국제통화가 포함되어 있다. 이들 통화 가운데 유로달러의 비중은 약 50% 정도를 차지하고 있다. 싱가포르시장에서

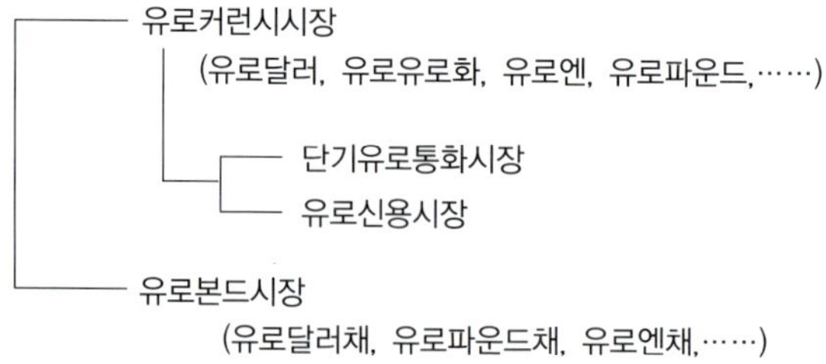

[그림 12-1 유로시장의 분류]

거래되는 유로통화들은 특별히 아시안통화(Asian currency)라고도 하는데, 예를 들면 싱가포르시장에서 거래되는 유로달러는 아시안달러라고도 부른다.

(2) 유로시장의 구분

유로시장은 크게 유로커런시(Euro-currency, 유로통화)시장과 유로본드(Euro-bond, 유로채)시장으로 나누어진다. 유로커런시시장은 유로통화표시 자금의 예금과 대출이 이루어지는 시장임에 반해 유로본드시장은 유로통화표시 채권의 발행과 거래가 이루어지는 시장이다. 유로커런시시장은 만기가 1년 미만인 단기유로통화시장(Euro-money market)과 만기 1년 이상의 유로신용시장(Euro-credit market)으로 나눌 수 있다. [그림 12-1]은 유로시장 분류를 도식화한 것이다.

12.1.2 유로은행과 유로금융센터

(1) 유로은행

유로은행(Eurobank)은 유로커런시시장에서 예금 및 대출업무를 수행하는 은행을 말한다. 예를 들면 미국 시티은행의 싱가포르지점이 유로달러나 유로엔, 유로파운드 등의 예금과 대출업무를 취급하고 있다면 시티은행 싱가포르지점은 유로은행이 된다. 유로커런시시장의 총 거래액 중 70% 이상은 유로은행간 거래이다. 유로은행들은 자금의 최종수요자를 찾기 위해 은행 간 거래를 통해 자금을 수시로 이전하기 때문이다. [그림 12-2]는 유로은행의 은행 간 거래와 대고객거래를 보여준다.

유로은행의 예금자와 대출희망자는 타 유로은행, 각국 정부, 각국 금융기관, 다국적기업 등이다. 유로은행의 예금은 만기가 2~7일 정도인 콜예금(call money), 고정 만기를 가진 정기예금(time deposit), 유통시장을 통해 양도 가능한 양도성예금증서(cirtificates of deposit) 그리고 만기가 긴 경우 일정기간마다(예를 들어 매 3개월마다) 이자를 지급하는 변동금리채(floating rate note)가 있다. 이 가운데 유로 정기예금의 비중이 가장 크다. 유로예금은 단기 예금으로 예치기간은 길어야 1년이고 대부분 6개월 미만이다.

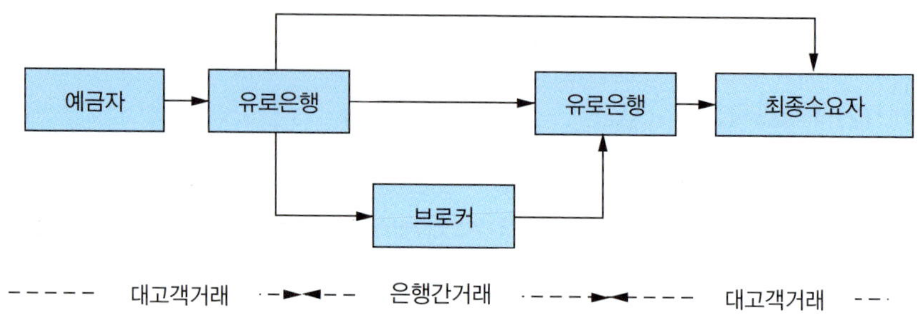

[그림 12-2 유로은행의 거래형태]

유로은행의 대출업무는 타 유로은행에 대한 은행간 대출업무와 각국 정부 및 기업에 대한 중장기 대출업무로 나누어 볼 수 있다. 지난 수십년 간 유로자금의 대출기준금리로는 '**런던은행 간 대출금리**(LIBOR: London Interbank Offered Rate)'가 가장 널리 사용되었으나 2012년 LIBOR 산출조작사건으로 최근 산출이 중단되었다. LIBOR를 대체할 대출금리로 미국 달러 SOFR, 영국 파운드 SONIA, 일본 엔 TOBOR, 유로 EURIBOR 등이 개발되어 2023년 7월부터 사용되고 있다. 보통 자금의 최종수요자가 유로시장에서 대출을 받을 때 적용되는 대출금리는 보통 대출기준금리에 수요자의 신용정도에 따라 일정수준의 가산금리(spread)를 더한 값이 된다.

유로대출은 대체로 10년 혹은 그 이상의 장기대출이다. 다만 유로예금의 만기가 6개월 미만의 단기임을 감안하여 단기대출을 계속 '갱신(rollover, 회전이라고도 한다.)'하는 형태의 장기대출 방식을 취하게 된다.

이때 단기대출을 회전할 때마다 대출금리도 재조정하게 된다. 물론 모든 대출이 일정기간마다 자동 갱신되는 것은 아니며 유로은행의 자금사정이나 채무자의 신용상태에 따라 종료될 수도 있다.

(2) 유로금융센터

유로금융센터는 유로은행들이 밀집된 장소를 의미한다. 세계적인 유로금융센터는 런던, 취리히, 파리 등의 유럽과 싱가포르, 도쿄, 홍콩 등의 아시아 그리고 뉴욕을 중심으로 하는 미국지역 등이 있다.

유로금융센터가 되기 위해서는 몇 가지 조건을 갖추어야 한다.

① 소재국의 정치적 안정과 소재국 통화의 국제통화로서의 기능
② 소재국의 국내금융산업의 발달과 국제금융업무에 대한 낮은 규제, 조세상의 혜택 등이 필요
③ 국제금융업무 수행을 위한 인적·물적 지원 시스템의 완비. 즉 정보통신시실이나 고급 금융인력의 지원, 외국어 구사 능력 등이 요구된다.

유로은행의 금융거래와 관련하여 흔히 착각하기 쉬운 점이 있다. 런던의 유로은행에 유로달러가 예치되었다고 할 때 달러화가 실제로 런던으로 보내지는 것은 결코 아니라는 사실이다. 단지 런던 소재 유로은행에 개설된 계좌에 달러예금으로 계상되는 것일 뿐 달러 그 자체가 이동하는 것은 아니라는 사실을 유의해야 한다.

12.2 유로시장의 생성과 효율성

12.2.1 유로시장의 생성

유로달러는 발생초기 미국 이외 지역에 소재하고 있는 은행에 예치되어 대출되는 달러 자금을 의미했는데 왜 미국 달러화가 미국 이외 지역에 소재한 은행에 예치되고 그 곳에서 대출되기 시작하였나?

① 유로달러는 1950년대 미·소간의 냉전이 격화됨에 따라 소련과 동유럽 공산국가들이 준비자산으로 보유하고 있던 달러예금을 미국으로부터 유럽의 영국과 프랑스의 은행으로 자금을 이체하면서 생성되기 시작했다.

② 영국 정부는 1957년 '수에즈운하 사건'과 무역수지 적자로 파운드 위기를 맞게되자 외환관리법을 강화하여 영국과 관련되지 않은 무역거래에 대해 파운드대출을 규제하였다. 이에 따라 파운드의 국제통화로서의 비중은 줄어들고 달러의 비중은 증대되었다. 이에 유럽의 금융기관들은 파운드 대신 미국 달러자금을 거래하는 쪽으로 전환하기 시작했다.

③ 그러나 미국 정부가 미국내 달러 예금에 대해 '**금리상한 규제조치**(Regulation Q)'를 취하자 많은 달러 자금이 금리가 높은 유럽소재 은행으로 옮겨갔다. 또한 미국은 달러의 대외유출 규제조치를 취했는데, 이와 함께 유럽의 기업이나 미국의 다국적기업들은 미국내 금융기관이 아닌 유로시장에서 달러자금을 조달하는 쪽으로 전환했다.

④ 특히 1970년대 석유파동과 함께 OPEC(석유수출국기구) 국가들이 '오일달러(petrodollar)'를 유로은행을 통해 무역수지 적자국으로 환류(recycling)함으로써 풍부한 자금의 공급이 이루어져 현저한 발전을 이루었다.

12.2.2 유로시장의 자체 효율성

유로시장이 출범 당시의 시대적 배경과 함께 생성되었다고는 하나 어떻게 해서 지금까지도 계속 발전할 수 있었는가? 이러한 유로시장의 자체 효율성의 원천을 몇 가지로 나누어 살펴보면 다음과 같다.

① 1960년대 들어와 유럽 각국은 어느 정도의 전후 복구가 이루어지자 경제성장을 위한 자금수요를 충당하기 위해 국제거래에 대한 규제를 철폐하고 금융시장의 발전을 꾀하기 시작했다. 특히 유럽 각국은 자국소재 은행들의 유로통화 취급에 대해 각종 금융규제를 철폐해 주었다. 특히 지급준비금 예치의무 면제, 예금보험 면제 등의 특혜와 함께 유로은행들은 자금조달비용을 크게 낮출 수 있었다.

② 한편 유로시장은 대규모 도매거래시장으로서 보통 만기가 1년 미만인 예금의 경우 100만달러 이상, 만기가 1년 이상인 경우에는 1,000만달

러 이상의 대규모 예금을 취급하고 있다. 동시에 대출에 있어서도 대규모의 중장기 대출을 취급하여 은행 간 거래가 활발히 이루어지므로 최종수요자를 찾는 탐색비용(search cost)을 낮출 수 있는 이점이 있다.

③ 유로은행은 위험을 낮추기 위해 예금과 대출을 서로 일치시키는 방법을 사용하고 있다. 즉, 유로예금은 대체로 6개월 미만의 단기예금임에 반해 대출은 10년 이상의 장기대출이므로 만기일 불일치 위험이 매우 높다. 따라서 유로은행의 대출은 단기대출을 일정기간마다(예를 들어 3개월마다) 갱신(rollover)해주는 방식으로 이루어진다. 그러므로 예금과 대출의 만기일을 서로 일치시킬 수 있게 되는 것이다. 단기대출을 갱신할 때마다 대출금리도 재조정되므로 금리변동으로 인한 위험도 해소된다. 동시에 대규모 대출의 경우 여러 은행이 함께 참여하는 신디케이트 론(syndicate loan) 위주로 대출함으로써 위험을 분산하고 있다.

④ 유로시장의 유로통화는 지불수단으로 사용될 수 없다. 이는 유로통화 예금은 요구불예금(demand deposit)이 아니라 정기예금이기 때문에 예금을 근거로 수표를 발행할 수 없는 것이다. 유로은행은 단지 자금의 중개기관(intermediaries)일 뿐이므로 취급업무도 단순하고 운영비용도 적게 든다.

이상에서 살펴본 바와 같이 유로시장은 자금조달 및 운용에 있어서의 비교우위와 위험경감적 자금운용시스템을 갖추고 있다. 이러한 이점을 바탕으로 비(non)유로은행에 비해 보다 높은 예금금리를 보장하는 대신 보다 낮은 대출금리를 요구함으로써, 지속적인 발전을 이룩할 수 있는 자체효율성을 확보하게 되었다.

[그림 12-3]은 유로시장의 금리구조와 미국내 금융기관의 금리구조를 비교한 것이다. 그림에서 보듯이 유로시장의 예금금리는 미국 예금금리보다 높은 반면 대출금리는 낮다. 즉, 유로시장의 예대마진(預貸 margin)은 미국의 예대마진보다 작다. 유로시장이 이렇게 작은 예대마진으로도 충분히 영업이익을 낼 수 있는 것은 각종 규제가 적고 비용절약형 효율성을 갖추고 있어 그만큼 자금조달 및 운용에 있어 유리하기 때문이다.

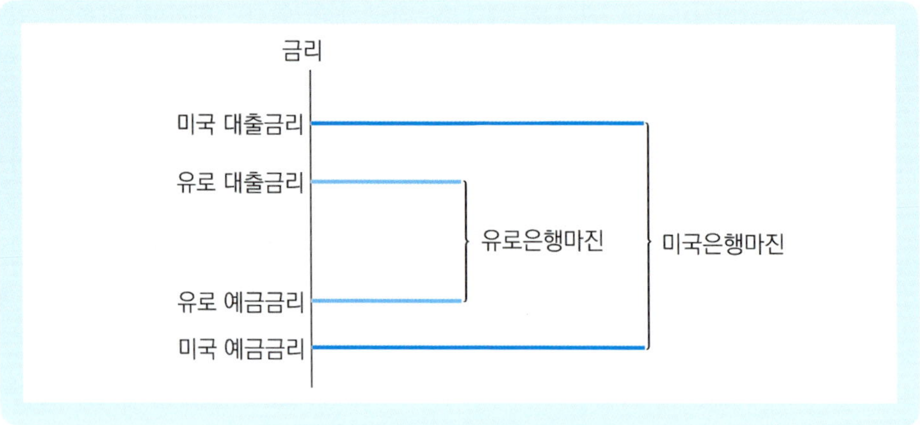

【 그림 12-3 유로시장과 미국내 은행의 예대마진 】

12.3 국제채무

12.3.1 외채의 발생원인

한 나라 안에서 많은 기업이나 개인 심지어 정부까지도 채무를 지고 있듯이 국제경제사회 역시 많은 나라가 외국으로부터 자금을 빌리기도 하고 빌려주기도 한다. 외채(foreign debt)는 차입원천에 따라 IMF나 외국정부와 같은 공적기관으로부터 차입하는 경우와 외국의 상업은행으로부터 차입하는 경우로 나눌 수 있다. 한편 채무주체에 따라 정부의 채무를 공공채무라 하고 민간이 차입한 채무를 민간채무라고 한다.

외채가 누적되는 이유는 크게 네 가지로 나누어 설명할 수 있다.

① 경상수지 적자가 외채 누적의 중요한 요인이다.

경상수지 적자가 발생하면 외국으로부터 자본을 도입하여(금융계정의 외화부채증가) 해결하게 되는데 이때 외채가 늘어나게 된다.

케인지안의 단순한 국민소득모형에서

총공급 $Y=C+S+T$,
총지출(총수요) $E=C+I+G+(X-M)$이라고 하자.
균형국민소득은 $Y=E$에서 결정되므로
$C+S+T=C+I+G+(X-M)$가 되어
$(X-M)=(S-I)+(T-G)$로 나타낼 수 있다. (12.1)

식 (12.1)에서 투자(I)가 저축(S)을 상회하거나 재정지출(G)이 정부의 조세수입(T)을 상회할 때 경상수지는 적자가 된다. 이러한 경상수지 적자가 자본도입을 통해 해소될 수밖에 없을 경우 외채가 증가하게 된다.

외채라고 모두 나쁜 것은 아니다. 저축을 상회하는 투자로 인해 발생한 외채는 투자의 한계효율이 외채금리보다 높다면 오히려 경제발전에 긍정적 효과를 미친다. 정부의 재정적자로 인한 외채누적은 정부의 재정적자가 생산적 목적에 쓰였는가 혹은 비생산적 목적으로 사용되었는가에 따라 평가가 다를 것이다.

우리나라의 경우 1960~1970년대 경제발전계획 기간 중 경상수지 적자에도 불구하고 외국자본을 개발자금으로 도입한 바 있다. 우리 경제가 급속한 발전을 통해 원리금을 상환하고 자립경제를 이룩한 것은 세계가 주목하고 있는 바와 같다.

② 정부의 외환보유액 증가가 외채누적의 또 다른 요인이다.

정부는 대외신인도 상승과 긴급사태에 대한 대비 차원에서 충분한 외환보유액을 확보하고자 한다. 경상수지 흑자를 통해 외환보유액을 증가시킬 수 없다면 외채를 통해 외환보유액을 늘리는 것이 한 방법이다. 물론 외채를 통한 외환보유액 증가는 총대외채무는 증가시키지만 외환보유액 그 자체가 대외채권이므로 순대외채무가 증가하는 것은 아니다. 그러므로 외환보유액 증가를 위한 외채누적 그 자체는 별 문제가 없다 하겠다.

③ 국제금리의 상승 역시 외채누적의 원인이 된다.

국제금리가 상승할수록 외채원금에 대한 이자지급액이 커지므로 외채누적의 원인으로 작용할 것이다. 1980년대 초 세계적 고금리시대를 맞아 남미 각국 및 우리나라를 비롯한 아시아 개발도상국의 외채규모가 급증한 경우가 한 예이다.

④ 자본의 해외도피(capital flight)도 외채누적의 한 요인이다.

여기서 말하는 자본도피는 국내외 금리차나 예상환율변화에 따른 정상적인 자본이동을 말하는 것이 아니라 정치·경제적 이유에서의 도피성 자본유출을 뜻한다. 도피성 자본유출은 자국의 투자자금을 고갈시킨다는 점에서 심각한 문제가 아닐 수 없다.

12.3.2 외채상환능력 지표

한 나라의 외채가 어떤 상태인지 혹은 외채상환능력이 있는지 파악하는 것은 매우 중요하다. 외채상환능력을 나타내는 지표로 흔히 활용되는 것으로 외채상환부담률(DSR, debt service ratio)이 있다.

외채상환부담률은 **외채원리금을 연중 경상수입**(수출, 서비스 및 소득수입의 합계)**으로 나눈 비율**로서 장기적인 외채상환능력을 측정하는 지표로 이용되고 있다. 외채상환부담률이 크면 클수록 외채상환능력이 악화되는 것을 의미한다.

12.3.3 국제채무위기

국제채무(international debt)와 관련해서는 채무위기(debt crisis)가 문제의 핵심이라 하겠다. 국제채무위기는 작게는 여러 건이 발생했지만 큰 사건만 보면 4차례 위기를 꼽을 수 있다.

그 첫째는 1980년대 남미의 채무위기이고, 둘째는 1994~1995년에 발생한 멕시코의 금융위기, 셋째는 1997~1998년의 태국, 말레이시아, 필리핀, 한국으로 이어진 아시아 금융위기, 넷째는 2008~2009년에 걸쳐 발생한 세계금융위기와 유로존의 재정위기로 인한 채무위기가 그것이다.

채무위기가 발생하여 채무국이 채무이행을 중단할 경우 채권국이 대응할 수 있는 수단은 사실상 별로 없다. 1980년대 남미의 채무위기는 특히 많은 자금을 빌려주었던 미국의 금융기관에게 치명적 사건이었다. 많은 채권은행이 남미 각국의 채무불이행으로 당장 파산에 이를 지경이었기 때문이다. 위기가 발생하면 채권국과 채권은행은 채무국과의 협상을 통해 '**채무재조정**(debt rescheduling)'에 나서게 되는데, 이는 채무액을 경감해주는 동시에 만기일을 연장해줌으로써 어떻게든 일부라도 상환받으려는 의도에서 취해지는 조치라 하겠다.

이러한 채무조정포럼으로는 1974년 파리에서 발족된 '파리클럽'과 1980년대 초 런던에서 발족된 '런던클럽'이 있다. 파리클럽은 채권국(주로 OECD국) 정부가 주로 IMF자금지원을 받은 저소득 과다채무국에 대해 자신들이 공여한 공공채무의 재조정을 논의하는 비공식 모임임에 비해 런던클럽은 국제 상업은행 대표들이 민간채무과다국의 채무상환문제를 논의하기 위한 비공식모임이라고 할 수 있다.

12.3.4 아시아 금융위기

1997년 태국 바트화의 폭락에 이어 말레이시아, 필리핀, 인도네시아를 거쳐 그 해 11월 한국의 외환위기로 아시아 금융위기는 그 절정에 다달았다. 아시아 금융위기는 규모나 파급효과면에서 1980년대 남미의 채무위기보다는 작다고 할 수 있다. 때문에 국제적 지원도 쉬웠고 동시에 위기로부터의 탈출도 비교적 빨랐다. 아시아 금융위기는 왜 발생하게 되었는가?

아시아 금융위기의 원인에 대해서는 아직도 논란이 계속되고 있으며 일치된 결론이 없다. 현재까지 논의된 사항을 정리하면 크게 두 가지 시각이 있다. 그 하나는 위기의 원인이 외부적 요인에 있다고 보는 것으로 국제 헤지펀드의 아시아 금융시장교란에서 그 원인을 찾으려는 시각이다. 다른 하나는 아시아 각국의 내부적 요인에 초점을 맞추어 아시아 경제의 구조적 취약성으로부터 금융위기의 원인을 찾는 것이다. 외부적 요인도 내부적 요인이 성숙되었기 때문에 일어난 것이라고 할 때, 기본적인 원인규명은 내부적 요인으로부터 출발하지 않을 수 없을 것이다.

위기의 내부적 원인에 있어서도 경제학자들의 견해는 두 그룹으로 나뉜다.

(1) 도덕적 해이 모형

아시아 금융위기는 정부의 암묵적 지급보증이 초래한 도덕적 해이(moral hazard)와 관련이 있다고 본다. 아시아 금융기관은 기업이나 금융기관이 파산위험에 놓이더라도 궁극적으로 정부가 지원해 줄 것이라는 도덕적 해이에 빠져 있다. 따라서 위험은 낮게 평가하는 대신 수익 자산에 과잉투자한다. 기업에 대한 과도한 대출이 이루어지고 해외자산에 대한 과잉투자도 발생한다. 정부가 지급보증을 해줄 수 있는 한 이러한 상황은 계속될 것이다. 그러나 더 이상 정부의 지원이 이루어질 수 없는 상태가 예상되면 시장은 급격히 위기상황으로 빠져든다.

(2) 취약한 금융구조와 불균형

최근 폭 넓은 지지를 받고 있는 견해로 아시아 금융위기는 취약한 금융구조로 인한 일시적 불균형에 그 원인이 있다는 것이다.

금융시스템상 불균형의 원인은 다양하겠으나 ① '부채의 만기'와 '부채에 의한 투자실현의 만기' 간의 불일치, ② 부채와 자산의 표시통화 간의 불일치 등을 꼽을 수 있다.

당시 은행은 투자수익을 극대화할 목적으로 낮은 금리로 해외자금을 단기 차입한 후 보다 높은 금리의 장기대출로 자금을 운용하였다. 경제가 순조롭게 돌아갈 때에는 문제가 없으나 채권자가 경제를 어둡게 전망하여 대출금의 상환을 요구할 경우 은행은 유동성 부족에 직면하게 된다. 이때 장기 대출로 운용되는 자금의 회수가 어렵게 되고 위기를 맞는다.

한편 차입금은 외화로 표시되고 투자자산은 자국통화로 표시된 경우, 채권자가 경제를 어둡게 전망하여 갑자기 상환을 요구할 경우 보유 외환이 부족하면 통화위기를 맞게 된다. 부채상환을 위한 외화수요의 증가로 외화가치는 폭등하고 자국통화표시 자산의 가치는 상대적으로 폭락하면서 자금의 해외유출이 급증하기 때문이다. 이들은 아시아 금융위기시 국제적 헤지펀드와 투자자들이 기존 자금에 대한 갱신(rollover)을 거부하고 일시에 자금을 회수한 것이 위기를 심화시키는데 일조했다고 본다.

쉬어가기!

헤지펀드(Hedge Funds)

헤지펀드는 소수의 투자자로부터 자금을 모아 국제 증권이나 파생금융상품에 투자하여 보다 높은 수익을 얻으려는 민간 투자기금이나 투자조합을 의미한다. 최근 고위험, 고수익을 추구하는 공격적인 헤지펀드가 많아지면서 헤지펀드는 파생금융상품을 교묘하게 조합한 도박성이 큰 신종상품을 개발하기도 하는데, 이것이 국제금융시장을 교란시키는 요인으로 지적되기도 한다. 헤지펀드 제1위 자리는 Bridgewater가 차지하고 있고 아마란스 투자자문 LTCM 등이 유명하다. 공격적인 헤지펀드로는 소로스(George Soros)의 퀀텀펀드(Quantum Fund)와 타이거사의 재규어펀드(Jaguar Fund) 등이 있다.

헤지펀드 운용 자산규모는 지속적인 증가를 보이며 2018년 5월 현재 9,000여 헤지펀드와 총 3조 6,000억 달러로 성장했다.

한국은행에 따르면 2013년 말 1.8조원 규모로 출범한 한국형 헤지펀드는 2017년 12.4조원 2020년 6월 약 32조원 규모로 성장한 상태다. 참고로 중국의 헤지펀드규모는 2020년 6월 현재 2조3천억위안으로 한국시장의 20배가 넘는다.

전세계 헤지펀드 규모

(단위 : 10억달러)

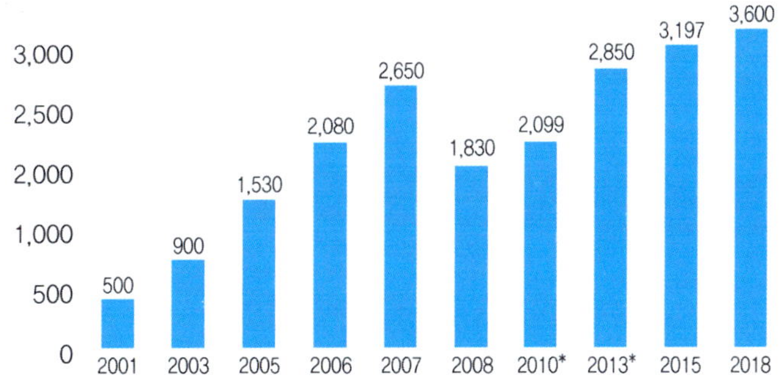

* 유로존 지역의 광역펀드(UCITS 자산) 포함
자료 : 헤지펀드 인텔리전스, Hedge Fund Research

12.3.5 한국의 외환위기와 IMF관리체제

1997년 말 한국의 외환위기를 내부의 구조적 취약성을 중심으로 살펴보면 다음과 같은 사실을 지적할 수 있다.

① 중국 위안화와 일본 엔화의 평가절하로 한국상품의 수출경쟁력이 약화되었고 한국의 주력 수출품인 반도체 가격의 폭락과 과소비로 인한 외화유출 등으로 한국의 경상수지 적자가 심화되어 외환위기의 원인을 제공하였다.

② 한국경제는 1990년대 경제발전과정에서 고비용(땅값, 임금, 금리, 물류), 고규제, 원화의 고평가 등으로 국제경쟁력이 약화되었음에도 대기업은 구조조정을 통한 경영개혁보다는 확장적 경영으로 이를 돌파하려고 하였다. 그 결과 대기업의 도산이 일어나기 시작했으나 이에 대한 처리 지연이 국제사회의 한국경제에 대한 불신을 불렀고 나아가 부실기업에 대규모 자금을 지원한 국내금융기관에 대한 불신으로 이어졌다.

③ 취약한 한국의 금융시스템도 위기에 한 몫 하였다. 관치금융에 익숙한 국내 금융기관은 정부가 결국은 지원할 것이라는 도덕적 해이(moral hazard)에 빠져 위험자산에 쉽게 투자한다든지 혹은 단기자금을 차입하여 장기로 대출함으로써 만기일 불일치 위험에 스스로 노출하는 방만한 경영을 하였다.

④ 한국 정부의 즉각적인 거시경제정책적 대응이 부족한 것도 위기를 증폭시켰다. 한국정부는 원화의 평가절하 시기를 놓침으로써 환율방어를 위해 보유외환을 조기 소진하였고 보유외환 소진에 따라 원화에 대한 일방적 투매가 발생하였다.

⑤ 동남아 각국의 외환위기가 한국으로 전염된 것도 위기를 심화시켰다. 동남아 금융위기로 헤지펀드와 일본자금이 아시아에서 철수함에 따라 한국의 외화자금 조달은 막히고 만기도래 자금은 갱신(rollover)이 안되고 있었다.

결국 보유외환이 바닥난 우리나라는 1997년 11월 21일 IMF, 세계은행 및 각국의 상업은행으로부터 총 570억달러의 자금 지원을 약속받는 대신 IMF

관리체제를 수용하고 말았다. IMF관리체제란 지원된 자금의 원활한 상환을 담보하기 위하여 IMF가 우리 경제를 직접 관리 감독하는 것을 말한다. 이는 경제적 주권을 IMF(나아가 미국)에 양도한 것과 같다.

한국의 외환위기는 단기적으로는 한국경제에 대한 불신에서 야기된 외환수급의 불안정문제이므로, IMF체제의 자금지원으로 일단 외환부족사태는 해소할 수 있었다. 한국경제는 IMF체제 3년여 기간동안 혹독한 구조조정과 긴축을 통한 수입억제와 환율인상으로 경상수지 흑자구조를 마련하는 동시에 내수진작을 통한 경기회복에 힘입어 비교적 빨리 IMF관리체제를 벗어났다. 그러나 그 동안의 고 실업사태와 분배구조의 악화, 과도한 공적자금의 투입 등 치루어야 했던 대가가 너무도 컸다.

12.3.6 유로존 재정위기

2008년 미국의 써브프라임 사태로 가시화된 세계 금융위기가 채 해결되기도 전에 2010년부터 유럽, 특히 유로존 국가들의 재정위기가 유럽은 물론 전세계 경제에 먹구름을 드리웠다.

2011년까지 3,195억 유로의 구제금융이 그리스, 아일랜드, 포르투갈에 지원되었으나 유로존 재정위기는 해결될 기미를 보이지 않고 2012년 5월 유로존 4번째 대국인 스페인마저 구제금융을 신청하기에 이르렀다. 스페인 다음은 3위국인 이탈리아가 직접 영향을 받지 않을 수 없고, 이탈리아까지 구제금융에 의지해야 한다면 독일과 프랑스 역시 안전할 수 없음은 물론이다. 이제 유로존 재정위기는 유로존 나아가 유럽의 문제에 그치는 것이 아니라 전 세계 경제위기로 자리잡았다. 2012년 6월 멕시코에서 개최된 G20 정상회담의 주요 의제 역시 유로존 재정위기가 주요 쟁점이었다.

유로존 재정위기는 왜 발생했는가? 대체적인 의견은 다음과 같다.

① 남유럽 경제의 상대적 취약성에 비해 관대한 복지지출로 재정적자 심화, ② 유로화 도입에 따른 북유럽과 남유럽 간의 비대칭적 환율 부적정성, 즉 북유럽국가들은 높은 산업생산력에 비해 유로화가 저평가된 상태여서 경상수지 흑자를 실현하는데 반해 남유럽 재정적자국들은 유로가 고평가된

수준이어서 오히려 경상수지 적자가 심화되는 불균형발생, ③ 북유럽 금융기관들의 고수익 고위험의 남유럽자산에 대한 투자증가로 위험노출 증대, ④ 통화 통합에 비해 재정통합의 미비로 인한 적자재정 심화.

즉, 통화통합은 이루어졌으나 재정건전성을 위한 안정성협약(재정적자 및 국가채무의 GDP 대비 3%, 60% 준수 협약)은 강력히 시행되지 못했다. 거시경제 정책변수로서의 통화정책이 유럽중앙은행으로 일원화된 이상 개별국이 사용할 수 있는 거시정책수단은 재정정책뿐이었다. 따라서 남유럽국가들은 부족한 재원을 재정적자를 통해 조달하였고 재정적자를 심화시켰다.

그러나 그리스가 노동개혁, 공기업 민영화 등 경제개혁을 통해 정부부채 비율을 낮추고 경제성장률을 높여 나감에 따라 2023년 국제신용평가사 S&P가 국가신용등급 전망을 '긍정적'으로 올리는 등 그렉시트 위험으로부터 벗어난 것으로 평가된다. 또한 이탈리아, 포르투갈, 스페인 등도 재정건전성을 중시하며 긴축정책을 펴고 있어 재정위기의 위험이 낮아지고 있다.

12.4 국가신용등급

국제적인 대출은 채무불이행이 발생했을 때 채권자가 채권을 확보할 방도가 마땅치 않다는 점에서 국내 대출과는 성격이 크게 다르다. 따라서 대출에 앞서 각국에 대한 국가위험분석(country risk analysis)을 통해 국가신용등급을 결정하여 활용하고 있다. 국가신용등급은 그 나라에 대한 대출여부와 대출금리에 결정적 영향을 미친다. 국가신용등급이란 정부가 발행한 외화국채(國債)에 대해 어느 정도 원금상환 능력을 갖고 있느냐를 평가한 것으로, 등급이 낮아지면 해외에서 돈을 빌릴 때 이자를 더 내야하기 때문이다.

이와 같은 일을 하는 세계 3대 신용평가기관은 미국의 스탠더드 앤 푸어스(S&P : Standard & Poor's), 무디스(Moody's), 영국의 피치(Fitch IBCA)이다. 〈표 12-1〉에는 3대 신용평가기관의 세계 주요국에 대한 신용등급이 요약되어 있다.

표 12-1 세계 주요국의 국가신용등급(2022. 9 현재, 기획재정부)

구분	등 급	Moody's	S&P	Fitch
투자 등급	AAA(Aaa)	미국, 독일, 캐나다, 네덜란드, 덴마크, 노르웨이, 스웨덴, 스위스, 룩셈부르그, 뉴질랜드, 호주, 싱가포르	독일, 캐나다, 네덜란드, 덴마크, 노르웨이, 스웨덴, 스위스, 룩셈부르그, 리히텐슈타인, 호주, 싱가포르	미국, 독일, 호주, 네덜란드, 노르웨이, 스웨덴, 싱가포르, 룩셈부르그, 덴마크, 스위스
	AA+(Aa1)	핀란드, 오스트리아	핀란드, 미국, 홍콩, 대만, 뉴질랜드, 오스트리아	뉴질랜드, 캐나다, 핀란드, 오스트리아
	AA (Aa2)	한국, 프랑스, 아부다비, UAE	한국, 영국, 벨기에, 프랑스, 아부다비	대만, 프랑스(-), 아부다비, 마카오
	AA-(Aa3)	영국, 홍콩, 마카오, 대만(-), 벨기에, 체코(-)	아일랜드, 체코	영국, 한국, 벨기에, 아일랜드, 홍콩, UAE, 체코(-)
	A+(A1)	사우디아라비아, 아일랜드, 중국, 일본	일본, 중국	중국
	A (A2)	폴란드, 칠레	스페인, 칠레	일본, 사우디(+)
	A-(A3)	말레이시아	말레이시아, 사우디(+), 폴란드	칠레, 스페인(+), 폴란드
	BBB+(Baa1)	페루, 스페인, 태국	태국, 필리핀, 포르투갈	태국, 말레이시아
	BBB (Baa2)	포르투갈(+), 러시아, 멕시코, 필리핀, 인도네시아(+)	멕시코, 이탈리아, 인도네시아	포르투갈(+), 필리핀(-), 인도네시아, 이탈리아, 페루
	BBB-(Baa3)	이탈리아(-), 인도(+)	인도	인도, 멕시코
투기 등급	BB+(Ba1)	모로코, 파라과이(+)	모로코, 그리스, 베트남	모로코, 파라과이
	BB (Ba2)	베트남, 브라질, 남아공	파라과이	그리스(+), 베트남(+)
	BB-(Ba3)	그리스	브라질, 남아공(+)	브라질, 남아공
	B+(B1)	피지(-)	튀르키예(-), 피지	이집트, 케냐(-)
	B (B2)	캄보디아, 이집트(-)	이집트, 몽골	몽골, 튀르키예(-)
	B-(B3)	몽골, 파키스탄(-), 튀르키예	파키스탄(-), 이라크, 에콰도르,	파키스탄(-), 이라크, 에콰도르,
	CCC+(Caa1)	이라크	아르헨티나, 우크라이나	모잠비크
	CCC (Caa2)	모잠비크(+)		아르헨티나
	CCC-(Caa3)	에콰도르, 우크라이나(-)		
	CC(Ca)	아르헨티나, 벨라루스(-), 스리랑카		우크라이나
	C	레바논		
	SD		벨라루스, 레바논, 잠비아, 스리랑카	벨라루스, 레바논, 잠비아, 스리랑카

주 : 1) 주요국은 G20, ASEAN, PIIGS 국가 중심
2) 괄호안 등급은 무디스 기준
3) 국가 뒤 (-)는 부정적 등급전망, (+)는 긍정적 등급전망

국가신용등급은 국가의 정치적 위험도와 경제적 위험을 분석하여 20여단계로 구분한다. 예컨대 S&P의 경우 21단계로 나누어 AAA부터 BBB^-까지가 투자적격이며, BB^+부터 D(SD)까지는 투자부적격에 해당한다. 2022년 9월 현재 미국의 무디스는 우리나라의 신용등급 전망을 AA(Aa2)으로 조정한 '신용등급전망'을 내놓았다.

이들 평가기관들이 고려하는 정치적 위험으로는 ① 국가내 인종, 언어, 종교적 갈등의 정도 ② 민족주의 성향의 정도와 외국인에 대한 혐오감 ③ 부의 편중과 같은 사회적 불안정 ④ 시위, 폭동, 내란 등의 사회적 충돌 ⑤ 과격단체의 영향력 등을 꼽을 수 있다.

한편 경제적 위험으로는 ① GDP 대비 대외채무수준 ② 외환보유액 수준 ③ 수출규모와 수출품목의 다양성, 수출지역의 다변화 정도(다양할수록 위험도가 낮다.), ④ GDP 성장률 등을 꼽는다.

국제신용평가기관의 우리나라에 대한 신용등급이 상승할 경우 우리가 얻게 될 이득은 다음과 같다.

① 우리 은행 및 기업들의 신용도가 높아져 해외차입이 용이해지고 신용평가 1단계 상승에 대해 매년 5억달러 이상의 차입비용을 절감할 수 있다.

② 우리나라에 대한 투자심리가 높아져 외국인 직접투자 및 증권투자자금의 유입이 확대된다.

③ 국가·기업·제품의 이미지가 향상되고 보이지 않는 마케팅 효과와 수출·해외활동 여건이 대폭 개선된다.

쉬어가기!

무디스, 韓 신용등급 'Aa2' 유지…성장률은 1.6% → 1.5% 하향

국제신용평가사 무디스가 한국의 국가신용등급을 'Aa2'로 유지했다고 19일 밝혔다. 신용등급 전망도 기존과 같이 '안정적' 평가를 내렸다. 무디스는 이같이 평가한 이유에 대해 "다변화하고 경쟁력 있는 경제구조 및 효과적인 정책 대응, 양호한 대외건전성, 강한 재정건전화 의지 등을 반영한 결과"라고 밝혔다. Aa2는 무디스 평가에서 Aaa, Aa1에 이어 세 번째로 높은 등급이다.

무디스는 올해 한국의 경제성장률 전망치를 1.5%로 제시했다. 지난 3월 발표(1.6%) 대비 0.1%포인트(p) 낮춘 것이다. 반면 내년 성장률은 직전 전망치(2.0%) 대비 0.4%p 오른 2.4%로 내다봤다. 올해 경제 성장률을 하향 조정한 이유에 대해서는 "올해 한국 경제는 반도체 경기 둔화, 통화 긴축, 부동산 시장 조정 등 영향으로 성장이 다소 둔화됐다"고 설명했다.

다만 하반기 이후에는 반도체 경기가 회복되면서 반등할 것으로 관측했다. 무디스는 한국의 부동산 시장에 대해 "가계·기업부채가 소비·투자 심리에 부담을 주는 요인으로 작용하고 있으나 주택담보인정비율(LTV)·총부채상환비율(DTI) 등 부동산·가계대출에 대한 건전성 규제와 신속한 시장안정조치 등으로 리스크가 완화됐다"고 평가했다.

인구구조와 관련해선 "고령화 및 노동시장 이중구조 등은 한국의 잠재 성장률을 저하시키는 요인"이라면서도 "생산성 향상을 위한 정부의 개혁 노력과 높은혁신성·경쟁력 등이 이를 상쇄할 수 있을 것"이라고 밝혔다.

또 "실리콘밸리은행(SVB), 크레딧스위스(CS) 사태로 인한 한국 금융시장의 직접적인 영향은 제한적이지만 개방적 금융시장과 높은 무역의존도로 인해 글로벌금융시장의 변동성이 확대될 경우 우리 경제가 영향을 받을 가능성도 상존한다"고 지적했다.

한국의 국가채무와 관련해선 비교적 낙관적인 전망을 내놨다. 무디스는 "국가채무는 코로나19 전후로 과거 평균에 비해 늘었으나 다른 선진국과 비교해 양호한 수준을 유지하고 있다"라며 "올해부터는 재정건전화 기조 전환으로 재정적자 폭이 축소되고 국가채무비율도 안정화될 것"이라고 예상했다. 이어 "재정부담 요인으로는 지난해 세제 개편에 따른 세수 감소, 고령화로 인한지출 증가 등이 있지만 비교적 낮은 부채비율과 양호한 국내 자본조달 여건, 향후 재정준칙 시행 등을 감안할 때 부채감당 여력은 충분할 것"이라고 전망했다.

단, 에너지·건설 부문의 공기업 부채는 높은 편이며, 특히 한국전력의 경우 우발채무로 인한 재정부담 가능성도 있다고 지적했다. 아울러 "북한 관련 지정학적 리스크는 여전히 등급부담 요인"이라며 이후 "북한의 미사일 발사 실험이 크게 증가했으나 리스크 현실화 가능성은 높지 않다"고 예측했다. (후략)

손승환 기자, 한종수 기자, 뉴스원 2023.5.19.

참고 : 세계 25대 은행 현황

(2023. 4. 17. 현재) (10억달러)

순 위	은 행 명	국 적	총자산
1(1)	ICBC(중국공상은행)	중 국	5,742.9
2(2)	China Construction Bank Corporation	중 국	5,016.8
3(3)	Agricultural Bank of China	중 국	4,919.0
4(4)	Bank of China	중 국	4,192.1
5(5)	JP Morgan Chase & Co	미 국	3,665.7
6(7)	Bank of America	미 국	3,061.4
7(6)	Mitsubishi UFJ Financial Group	일 본	2,967.9
8(8)	HSBC Holdings	영 국	2,864.6
9(9)	BNP Paribas	프랑스	2,849.6
10(10)	Credit Agricole	프랑스	2,542.6
11(11)	Citigroup	미 국	2,416.7
12(14)	Postal Savings Bank of China	중 국	2,039.6
13(12)	Sumitomo Mitsui Financial Group	일 본	2,006.8
14(15)	Mizuho Financial Group	일 본	1,909.4
15(18)	Bank of Communication	중 국	1,883.7
16(16)	Wells Fargo & Co	미 국	1,881.0
17(19)	Banco Santander	스페인	1,854.0
18(17)	Barclays PLC	영 국	1,823.8
19(13)	Japan Post Bank	일 본	1,719.9
20(34)	UBS Group	스위스	1,679.4
21(20)	Groupe BPCE	프랑스	1,636.4
22(21)	Societe Generale	프랑스	1,589.0
23(26)	Royal Bank of Canada	캐나다	1,544.2
24(23)	The Toronto to Dominion Bank	캐나다	1,524.8
25(25)	China Merchants Bank	중 국	1,470.0

참고 : 세계 50위 은행에 중국 13, 미국 6, 영국 5, 프랑스 6, 일본 5, 호주 2, 캐나다 5, 독일 1, 스페인 2, 스위스 1, 네덜란드 1, 이탈리아 2, 인도 1개가 포함되었다. 한국은 50~100위 사이에 6개 은행(KB, 신한, 하나, 농협, 우리, IBK기업)이 포함되어 있다.

자료 : S&P Global Market Intelligence, 2023.4.17.

쉬어가기!

167년 역사 CS, 내부통제 없이 위험투자 즐기다 몰락

167년을 이어온 크레디트스위스(CS)가 UBS에 인수되며 역사의 뒤안길로 사라지게 됐다. 2008년 세계 금융위기 당시만 하더라도 스위스 금융의 골칫거리는 UBS였다. 당시 UBS는 정부에서 구제금융 53억달러를 받고 파산을 겨우 모면했다. 당시 CS는 카타르 국부펀드 등 민간 투자자에서 90억달러를 조달해 정부 지원을 받지 않았다.

하지만 이후 CS는 안정적인 사업에 집중하는 대신 위험 선호 성향을 뚜렷이 드러내며 아찔한 베팅을 즐겼고, 결국 파멸의 길을 걷게 됐다. 각종 스캔들도 이어졌다. 스파이 스캔들을 비롯해 세금·제재 회피와 관련된 벌금, 모잠비크 대출 판매에 따른 사기 혐의 등에 수없이 휘말렸다. 은행 재무 상황은 약화됐고 신뢰도는 깎였다. CS가 최근 연례보고서에서 공개한 각국 정부 조사와 소송 내용만 12페이지에 달한다.

위험 징후가 강해진 것은 2021년부터다. CS는 100억달러를 투자했던 영국 금융회사 그린실캐피털이 위험 거래와 분식회계에 연루돼 파산하면서 17억달러 손실을 봤다. 뒤이어 미국 헤지펀드 아케고스캐피털의 마진콜 사태에 자금이 물리며 무려 55억달러 손실을 기록했다. 스캔들과 실적 악화로 누더기가 된 CS는 결국 실리콘밸리은행(SVB) 파산으로 시작된 세계 금융시장 불안의 희생양으로 전락했다. 이에 월스트리트저널(WSJ)은 19일(현지시간) "2008년 세계 금융위기 때 '승자'로 평가받던 CS가 위험한 베팅을 즐겨 하던 버릇을 고치지 못해 몰락했다"고 평가했다. 라이벌이었던 CS를 30억스위스프랑(약 4조2,400억원)에 인수한 UBS는 총자산, 시가총액 등을 기준으로 스위스 1위 금융사이며 바젤과 취리히에 본부를 두고 있다.

김덕식 기자, 매일경제, 2023.3.21.

요 약

1 자국의 국내금융시장과 지리적으로 격리된 혹은 격리된 취급계정을 통해 자국 통화가 거래되는 시장을 통칭하여 유로시장이라고 한다.

2 유로시장에서 거래되는 통화로는 유로달러, 유로파운드, 유로엔, 유로스위스프랑, 유로유로화 등 대부분의 주요 국제통화가 포함되고 있다. 이들 통화 가운데 유로달러의 비중이 약 50% 정도 차지하고 있다.

3 유로시장은 크게 유로커런시(유로통화)시장과 유로본드(유로채)시장으로 나누어진다. 유로커런시시장은 유로통화표시 자금의 예금과 대출이 이루어지는 시장임에 반해 유로본드시장은 유로통화표시 채권의 발행과 거래가 이루어지는 시장이다.

4 유로은행(Eurobank)은 유로커런시시장에서 예금 및 대출업무를 수행하는 은행을 말한다.

5 유로예금은 단기 예금으로 예치기간은 길어야 1년이고 대부분 6개월 미만인 반면, 유로대출은 대체로 10년 혹은 그 이상의 장기대출이다. 따라서 단기대출을 계속 갱신(rollover, 회전)하는 형태의 장기대출 방식을 취하게 된다.

6 유로은행들이 밀집된 유로금융센터가 되려면 ① 소재국의 정치적 안정과 소재국 통화의 국제통화로서의 기능, ② 소재국의 국내금융산업의 발달과 국제금융업무에 대한 규제완화 및 조세상의 혜택, ③ 국제금융업무 수행을 위한 인적・물적 지원 시스템의 완비 등이 요구된다.

7 유로시장은 비(non)유로은행에 비해 자금조달 및 운용에 있어서의 비교우위와 위험경감적 자금운용시스템을 갖추고 있다. 유로시장의 이러한 비교우위의 원천은 법정지준 등 각종 규제가 없기 때문이다.

8 외채상환능력을 나타내는 지표 중의 하나인 외채상환부담률은 외채원리금을 연중 경상수입으로 나눈 비율이다.

9 아시아 금융위기의 원인으로 외부적 요인과 내부적 요인을 지적할 수 있다. 내부적 요인은 아시아 경제의 구조적 취약성으로부터 금융위기의 원인을 찾는 것으로, 도덕적 해이모형과 취약한 금융구조와 불균형이 원인이라는 주장이 있다.

요약

10 헤지펀드는 소수의 투자자로부터 자금을 모아 국제 증권이나 파생금융상품에 투자하여 보다 높은 수익을 얻으려는 민간 투자기금이나 투자조합을 의미한다.

11 국제적인 대출은 채무불이행 문제가 발생할 수 있으므로 대출에 앞서 각국에 대한 국가위험분석(country risk analysis)은 필수적이다.

12 세계 3대 신용평가회사는 무디스, S&P, 피치이다.

13 국가신용등급은 그 나라의 신용에 막대한 영향을 미치는 것으로 등급에 따라 투자적격여부 및 대출금리 수준이 결정된다.

중요개념

유로시장	역외계정(IBF)	역외금융시장	오일달러 환류
유로커런시시장	유로은행	금리상한규제조치(Regulation Q)	
신디케이트 론	변동금리채	예대마진	유로본드(유로채)시장
LIBOR	우대금리(prime rate)	rollover(회전, 갱신)	유로금융센터
파리클럽/런던클럽	외채상환부담률(DSR)	국제채무	채무위기
채무재조정	CDS	도덕적 해이	헤지펀드
남미채무위기	아시아금융위기	IMF관리체제	2008년 세계금융위기
국가위험분석	국가신용등급	그렉시트(Grexit)	브렉시트(Brexit)

연습문제

Ⅰ. O, X 문제

01 1960년대 미국정부의 금리상한규제조치는 유로달러시장 출현에 기여했다.

02. 유로시장에서 유로라는 접두어는 현재에 있어서도 유럽이라는 지역적 의미에 국한된 개념이다.

03. 미국의 역외계정에 예치된 달러예금은 유로예금이다.

04. 싱가포르 소재 미국계 유로은행에 유로 달러예금이 예치되었을 때 미국내 달러가 싱가포르로 운송, 이전된다.

05. 유로달러가 생성되는 데는 미국의 금리상한규제조치가 한 몫을 했는데 미국 내 은행이 금리를 일정수준 이상으로 올릴 수 없었음에 반해 유로은행들은 그보다 높은 예금금리를 제시했다.

06. 유로은행의 자체효율성 중 가장 핵심적인 것은 지준예치와 같은 규제가 없어 역내은행보다 훨씬 유리한 예대마진구조를 제시할 수 있다는 사실이다.

07. 유로통화시장에서 미국계 시티은행 런던지점에 예치된 달러예금은 지불수단으로서의 기능은 없다.

08. 국제금리가 상승하면 외채부담도 증가한다.

09. 국가위험분석에 있어 경제적(금융적) 요인 중 수출시장의 다변화와 수출품목의 다양성이 클수록 위험이 높아진다.

Ⅱ. 다음 물음에 간단히 답하시오.

01. 유로커런시시장이 발전하게 된 이유는 기본적으로 국내시장에 대해 자체효율성을 확보할 수 있었기 때문인데, 어떻게 그러한 효율성을 확보할 수 있게 되었나?

02. 유로시장의 정기예금은 대체로 6개월 미만의 단기예금임에 비해 대출은 10년 이상의 장기 대출이 많다. 유로은행은 이러한 만기일 불일치를 어떻게 조절하게 되는가?

03. 2008~2009년에 발생한 세계금융위기의 원인이 되었던 미국의 써브프라임 사태란 무엇인가?

04. 석유달러 환류(petrodollar recycling)란 무엇인가?

05. 국내 저축수준을 상회하는 투자로 인해 발생한 외채에 대해 선악을 평가해 보라.

06. 외환보유액을 증가시키기 위해 발생한 외채에 대한 선악을 논하라.

07. 외채상환부담률(DSR)이란 무엇인가?

08. 국제채무 문제와 관련하여 파리클럽과 런던클럽을 구별해보라.

09. 유로시장이 생성된 원인으로 적절치 못한 것은?

① 미, 소 냉전　　② 미국의 금리상한 규제
③ 영국의 파운드 대출규제　　④ 유로은행의 지준예치면제

10. 세계 3대 신용평가기관의 이름은?

11. 헤지펀드란 무엇이며 규제해야 한다면 그 이유는 무엇이라고 생각하는가?

12. 다음 중 핫머니(hot money)에 대한 설명으로 가장 적절한 것은?

① 투자 과열을 유발하는 자금
② 국제적인 단기 유동 자금
③ 부동산 과열을 유발하는 자금
④ 개발투자 붐을 유발하는 자금
⑤ 외환위기를 맞은 나라가 빌려 쓰는 국제 고리채 자금

부 록

- 주요 용어해설
- 연습문제 해답

부록

주요 용어 해설

ㄱ

가격·정화 플로우 메커니즘(price specie flow mechanism)
흄이 주장한 것으로 금의 자유로운 유출입과 신축적 가격기구에 의해 무역불균형이 자동 조절된다는 이론

거래일(deal date 혹은 trade date)과 결제일(value date 혹은 settlement date)
거래일은 계약이 이루어진 날인 반면, 결제일은 상대방의 예금계좌에 약정한 자금을 이체시킴으로써 거래를 종료한 날

거래지와 결제지
거래를 체결한 은행이 위치한 곳을 거래지라 하고 결제가 이루어지는 곳을 결제지라 한다.

거래통화선택(currency invoicing)
수출의 경우 강세예상통화로 거래계약을 하고 수입의 경우에는 약세예상통화로 계약을 체결하는 것

거주자(residents)
경제적 이해의 중심이 국내에 있는 사람
반대어 : 비거주자

결산일환율(current rate)
재무제표일 현재 결산시점의 환율. 현행환율이라고도 한다.

고전학파의 2분성(Classical dichotomy)
명목변수는 실질변수와는 완전히 독립적으로 결정된다는 주장

관리변동환율제도(managed floating)
통화당국이 외환시장에 개입하는 변동환율제도

공동변동환율제도(joint floating)
역내 국가들 간의 환율은 고정환율제도에 가깝도록 운영하되 역외 통화들에 대해서는 자유롭게 변동하는 환율제도

교두보효과(beach head effect)
평가절하의 J곡선효과를 설명하는 이론으로 환율변동으로 가격조건이 변하더라도 대규모 시설투자산업은 단기에 투자규모와 산출량을 조절하기 어렵다는 것

국가신용등급
세계적인 신용평가회사들이 정부가 발행한 외화국채에 대해 어느 정도 원금상환 능력을 갖고 있느냐를 평가한 등급

국제대차설
환율은 외환의 수요플로우와 공급플로우에 의해 결정된다는 환율학설

국제수지(Balance of Payments)
일정기간 동안 거주자와 비거주자 사이에 발생한 모든 경제적 거래

그레샴의 법칙(Gresham's law)
복본위제도에서 악화(은화)만 유통되고 양화(금화)는 시장에서 모습을 감추는 현상으로 '악화가 양화를 구축한다'는 것

그렉시트(Grexit)
Greece와 Exit의 합성어로 그리스의 유로존 탈퇴를 뜻한다. 관련용어 : 스펙시트, 브렉시트

금리기간구조(term structure of interest rates)
투자자산의 만기일에 따른 금리수준

금리스왑(interest rate swap)
동종통화간 상이한 금리조건(고정금리와 변동금리)의 이자 지급을 상호 교환하는 계약

금리평가(Interest Rate Parity)
국제적으로 자본이동이 자유롭고 거래비용이 없을 때 양국 간의 자본이동이 균형을 이루도록 하는 환율과 양국 금리 간의 균형관계

금 2중 가격제(two-tier system)
브레튼우즈 말기 달러의 신인도가 악화됨에 따라 채택된 제도로 민간 금시장의 가격과 공적 금가격을 2원화하여 운영하는 제도

금지금(地金)본위제도(Gold Bullion Standard)
일정규모 이상의 금액에 대해서만 금태환이 허용되는 금본위제의 한 형태

금평가(mint par)
양국간의 금의 공정가격비율

금태환
금본위제도하에서 통용되는 태환지폐를 제시할 경우 정부가 금으로 바꾸어주는 것

금풀(gold pool)
국제 금시장에서 금가격을 안정시키기 위해 주요 선진국간의 금시장 개입협정

금환본위제도(Gold Exchange Standard)
금태환이 가능한 나라와 금태환이 이루어지지 못하는 나라로 구성된 일종의 금본위제도

기관차이론(Locomotive theory)
세계 경제의 침체를 해결하기 위해서는 무역흑자국이 수요확대정책을 사용하여 세계경기를 부양시켜야 한다는 이론

기술적 거래모형(technical trading model)
장래 환율을 예측함에 있어 과거 환율의 움직임을 이용하는 방법, 차트분석이라고도 한다.
관련용어 : 구조적모형

기준통화(base currency)
통화쌍에서 앞에 놓인 통화
연관어 : 제시통화

기준환율(basic rates)
각국통화와 미국 달러 간의 환율
관련용어 : 매매기준율, 재정환율, 교차환율

기축통화(key currency)
고정환율제도에서 각국 환율결정의 기준이 되는 통화. 변동환율제도에서는 절대적으로 영향력이 있는 국제준비자산의 역할을 하는 통화

ㄴ

내가격(ITM, in the money)
옵션매수자가 권리를 행사하는 구간
관련용어 : 외가격(OTM), 등가격(ATM)

내쉬균형(Nash equilibrium)
상대방의 전략이 X일 때 나의 최선의 전략은 A이고, 나의 전략이 A일 때 상대방의 최선의 전략이 X이며 각자의 전략을 바꿀 이유가 없다면 두 사람의 전략쌍(A, X)

네팅(netting)
본·지점 혹은 본사와 지사 간에 발생하는 채권, 채무를 개별 결제하지 않고 일정기간 경과 후 상계하여 차액만 결제하는 것

눈물 없는 적자(deficit without tears)
브레튼우즈체제에서 미국이 무역수지적자를 마음껏 향유할 수 있음을 빗댄 말

ㄷ

달러라이제이션(Dollarization)
달러를 전세계 단일통화로 삼자는 인식

당일결제(value today)
거래 당일 결제가 이루어지는 것. 관련용어 : 익일결제(value tomorrow), 익익일결제(value spot), 익익일후결제(value forward)

대국(large country)
국제시장에 영향을 미칠 정도로 큰 나라
반대어 : 소국

대내외균형(Internal & External)
대내균형과 대외균형의 동시 달성

ㄹ

루브르합의(Louvre Accord)
1987년 G7에 의해 환율안정과 거시경제정책 안정을 추구한 정책협조

뤼에프(J. Rueff)안
브레튼우즈체제의 위기를 해결하기 위해 제시된 금가격 인상안

리보(LIBOR)
런던은행 간 대출금리. 영국은행협회가 매일 추정 발표하는 런던 주요은행들의 단기자금 조달 금리의 평균치. 지난 수십년 간 금융거래의 기준금리로 사용되었으나 LIBOR조작사건 이후 퇴출되었다.

리저브 트란셰(Reserve Tranche)
회원국 쿼터중 교환성통화로 납부한 금액. IMF포지션과 같다. 자국통화를 대가로 교환성통화를 자동인출할 수 있는 부분

리즈(leads)와 래그(lags)
환위험관리기법의 하나로 환율인상이 예상될 경우 수입대금 같은 외화표시 채무는 조기 지급(leads)하고 수출대금회수는 지연(lags)하는 것

ㅁ

마셜-러너 조건
일정한 가정 하에서 우리 수출품에 대한 외국 수입수요의 가격탄력성인 ε_d^*와 외국수출품에 대한 우리 수입수요의 가격탄력성인 ε_d의 합이 1보다 크면 평가절하가 무역수지를 개선시킨다는 조건

마셜(Marshall)의 k
케임브리지의 k라고도 부른다. 명목소득 중 화폐형태로 보유하길 원하는 비율

마스트리히트 조약(The Maastricht Treaty)
유로화 창설을 합의한 조약

마하룹 부인의 옷장설
한 나라의 적정 외환보유액과 관련한 마하룹의 주장. 한 나라의 적정 외환보유액은 그 나라의 상황에 따라 다르다는 주장

매매율격차(bid-ask spread)
매도환율과 매입환율간의 격차, 줄여서 스프레드라고도 한다.

매몰비용(sunk cost)
한번 지출하면 회수할 수 없는 비용

매칭(matching)
환위험관리기법의 하나로 만기일에 외화수입 금액과 외화지급금액을 일치시키는 것

목표환율대제도(Target Zone Proposal)
균형환율을 중심으로 상하 일정범위 내에서 시장환율이 움직이도록 하는 환율제도
관련어 : 맥키논안

무작위행보(random walk)
술취한 사람의 다음 발걸음이 어디를 딛게 될지 모른다는 것에서 유래된 개념. 환율예측이론에서 무작위행보란 내일 환율이 오를지 내릴지 전혀 알 수 없다는 것을 의미

미결제약정(open interest)
매수, 매도계약을 체결한 후 반대매매를 하지 않고 직전 영업일 현재 남아있는 계약의 수

미국통화표시법
국제금융시장에서의 환율표시법으로 영국파운드, 유로, SDR 등의 1단위에 대한 미국달러화의 교환비율(£1=$1.4713)
관련어 : 유럽통화표시법

미국형(American style)옵션
권리행사 만기일 이전이더라도 원하는 시기에 권리를 행사할 수 있는 옵션
관련용어 : 유럽형(European style)옵션-만기일에만 권리를 행사할 수 있는 옵션

ㅂ

발라의 법칙(Walras' law)
N개의 시장에서 일반균형이 성립할 때 N-1개의 독립된 시장이 존재하고 나머지 1개 시장은 종속된 시장이라는 것

방코르(bancor)
세계중앙은행을 창설하고 미국의 달러와 금 대신에 제시된 세계통화

베이시스(basis)
선물가격과 현물가격간의 격차

변동금리채(floating rate note)
일정기간마다 변동금리를 지급하는 만기가 긴 유로시장의 예금

복수통화연동제(multiple currency peg)
복수통화바스켓을 기축통화로 하여 환율을 연동

복합준비통화(composite reserve currency)
여러 통화의 가중 평균가치로 통화가치가 결정되는 통화 예 : SDR

브레튼우즈(Bretton Woods) 체제
1944~1971간 미국 달러를 중심으로 한 국제통화체제

비대칭적 정보(asymmetric information)
거래자 간의 정보량이 서로 다른 상태

빅맥지수
영국 시사주간지 이코노미스트가 매년 달러화 기준으로 세계 각국의 햄버거 가격을 비교해 적정 환율을 추산하는 지표. 연관어 : 리바이스지수, 코카콜라지수, 신라면지수

ㅅ

사이드 카(Side Car) & 써킷브레이커(CB: circuit breakers)
증권이나 선물시장에서 가격이 한계수준 이상 혹은 이하로 급변할 때 장세를 진정시키기 위해 일시적으로 거래를 중단시키는 조치

상대적 구매력평가(relative PPP)
기준년도의 균형환율로부터의 변화율은 기간 동안 각국 인플레이션 격차로 나타낼 수 있다는 주장

선도금리계약(FRA, forward rate agreement)
향후 금리 변동의 위험을 회피할 목적으로 미래 일정시점에 원금의 이동없이 금리계약을 하는 거래

선물(futures)
파생상품의 하나로 미래 시점의 가격에 대한 계약의 일종

선물환결제일
현물환결제일+선물환만기일

선물환 할증(forward premium)
선물환율과 현물환율을 비교해 볼 때 미래 통화가치의 상승 반대어 : 선물환 할인(forward discount)

세계은행간금융통신망(SWIFT)
국제은행 간의 금융거래를 원활하게 하기 위해 설치된 전세계 장거리 통신망

수입 인플레이션(imported inflation)
한 나라의 물가상승이 다른 나라의 물가상승으로 수입되는 것

스네이크체제(Snake system)
브레튼우즈체제의 붕괴와 함께 유럽 각국이 도입한 공동변동환율제도

스무트-홀리법(Smoot-Hawley Act)
평균 관세율을 53%나 인상한 1930년 미국의 통상법

스미소니안(Smithsonian)체제
브레튼우즈체제의 붕괴로 일시 성립된 국제통화체제로 브레튼우즈체제의 연장이었다.

스왑(swap)
파생상품의 하나로 장래 특정기간 동안 정기적으로 일정 상품이나 금융자산을 미리 설정된 가격에 따라 결제하기로 약속한 계약

스왑레이트(swap rate)
연율로 계산된 선물환 할증(할인)

스프레드거래
이론적 가격격차와 실제 가격격차에 차이가 있을 경우 저평가된 결제월물을 매수하고 동시에 고평가된 결제월물은 매도함으로써 이익을 취하고자 하는 거래

스태그플레이션(stagflation)
경기침체하에서 인플레이션이 진행되는 현상

SDR(특별인출권)
국제유동성의 증대 방안으로 1969년 7월 IMF가 창출한 신용공여제도

승수(multiplier)
어떤 경제정책이 몇 배의 성과를 가져오는 것 연관어 : 투자승수, 정부지출승수, 통화승수

시장조성자(market maker)
quoting bank라고도 하며 은행 간 거래에 있어 환율을 제시할 수 있는 은행. 관련용어 : 시장이용자(market user, calling bank)

신디케이드론(syndicate loan)
대규모 대출의 경우 위험분산을 위해 여러 은행이 함께 참여하여 대출하는 형태

실질실효환율지수(real effective exchange rate index)
자국 상품의 가격경쟁력이 주요 교역 상대국들에 비해 평균적으로 향상되었는지 혹은 악화되었는지를 나타내는 지수

실질환율(real exchange rates)
명목환율을 양국 물가지수로 조정한 환율

실효환율지수(effective exchange rate index)
한 나라의 통화가치가 주요 교역 상대국에 대해 평균적으로 상승했는지 혹은 하락했는지를 나타내는 지수

써브프라임레이트(sub-prime rate)
미국의 비우량 주택담보대출금리. 2008년 미국 주택시장의 침체와 함께 써브프라임 대출이 부실해지면서 세계금융위기의 최초 원인을 제공하였다.

ㅇ

IMF포지션(Reserve Tranche Position)
IMF로부터의 교환성통화 인출권리
리저브 트란셰라고도 한다.

암시장(black market)과 평행시장(parallel market)
불법적인 시장을 암시장이라고 하며, 국가가 묵인한 암시장을 공식시장에 대비하여 평행시장이라고 한다.

약형 효율성(weak form efficiency)
예상하려는 변수의 과거 정보만을 이용하여 예상을 형성하는 경우
관련용어 : 준강형, 강형효율성

역사적 환율(historical rate)
외화자산의 취득이나 외화부채가 발생했던 날이나 혹은 월말 환율

역외계정(IBF, International Banking Facilities)
미국 뉴욕소재 유로은행들이 취급하는 달러표시 계정

역외금융(off-shore banking)
외국환은행이 비거주자로부터 외화자금을 조달하여 비거주자를 상대로 자금을 운용하는 거래. 관련어 : 조세피난처

역외선물환
통화발행국이 아닌 지역에서 현물인도 없이 차액만을 결제하는 선물환거래로 차액결제선물환이라고도 한다.

역풍정책(leaning against the wind)
환율변동의 장기적 추세는 거스르지 않고 단기적 변동폭을 완화하는 외환시장 개입형태

열린 포지션(open position)
외화자산의 초과매수나 초과매도 상태로써 환위험에 노출. 반대어: 닫힌포지션(closed or square position)

오버슈팅(overshooting)
장기균형환율로부터의 과도한 환율변동

오일달러 환류(petro dollar recycling)
산유국의 석유판매대금이 유로시장에 예치된 후 석유수입국의 석유매입대금으로 대출되는 것

오차 및 누락(errors and omissions)
국제수지표의 작성에 있어 통계적 불일치를 조정해주는 항목

옵션(option)
장래 특정기간 동안 계약 당시 결정된 행사가격에 의거 기초자산을 매수 혹은 매도할 수 있는 권리. 관련용어 : 매수(call)옵션, 매도(put)옵션

옵션가격(premium)
옵션매수자가 매도자에게 지급하는 대가

옵션가치
옵션의 내재가치와 시간가치의 합

옵션의 내재가치
지금 당장 옵션의 권리를 행사한다면 얻을 수 있는 가치로 기초자산의 현재가격과 권리행사

가격 간의 격차로 나타낸다.

옵션의 시간가치
옵션의 만기일까지의 잔여기간에 대한 가치. 관련용어 : 옵션의 내재가치

옵션만기일
미국형과 유럽형이 있는데, 미국형은 만기일 이전에도 권리를 행사할 수 있으나 유럽형은 만기일에만 권리를 행사

유량(flow)과 저량(stock)
일정한 시간의 흐름 동안 측정한 량은 유량인 반면, 일정 시점에서 측정한 량은 저량이다.

유럽통화표시법
국제금융시장에서의 환율표시법으로 미국 달러 1단위에 대한 각 통화의 교환비율. 거의 대부분의 통화가 이 방식으로 표기되고 있는데 예를 들면 $1 = C$1.2100으로 표시된다.
관련어 : 미국통화표시법

유로본드(Euro-bond)시장
유로통화표시 채권의 발행과 거래가 이루어지는 시장

유로시장(Euro market)
자국의 국내금융시장과 지리적으로 격리된 혹은 격리된 취급계정을 통해 자국 통화가 거래되는 시장을 통칭

유로존(Euro Zone)
유로화를 사용하는 유럽 19개국

유로커런시(Euro-currency)시장
유로통화표시 자금의 예금과 대출이 이루어지는 시장

유효시장구분원리
정책수단은 그 정책이 가장 큰 효과를 나타낼 수 있는 목표에 맞춰야 효과적

외채상환부담률(DSR : Debt Service Ratio)
외채원리금을 연중 경상수입으로 나눈 비율로서 장기적인 외채상환능력을 측정하는 지표

외국통화표시법(수취환율)
자국통화 한 단위에 대해 외국통화를 얼마나 받을 수 있는가를 나타내는 환율표시법

외환딜러(dealer)
외환중개는 물론 스스로 위험을 부담하면서 외환거래를 수행하는 외국환은행이나 거래자

외환보유액
통화당국이 보유하고 있는 대외지급준비자산으로 외환, 금, IMF포지션, SDR 등으로 구성

외환보유액적정성평가(ARA)
IMF가 제시한 적정 외환보유액 평가기준의 하나

외환브로커(exchange broker)
외국환은행 간의 외환거래를 중개하고 수수료(brokerage)를 받는 영리기관

외환스왑(foreign exchange swap)
만기가 서로 다른 동액의 외환을 동일 상대방과 동시에 매수, 매도하는 거래

외환시장(foreign exchange market)
외환(外換) 그 중에서도 주로 외화예금의 거래가 이루어지는 시장조직

우아한 묵살(benign neglect)
다른 나라의 요구를 듣지 않고 자국의 이익만 취하는 미국의 정책을 빗댓 말

우월전략(dominant strategy)
상대방의 전략에 관계없이 나에게 최선인 전략. 관련어 : 우월전략균형

위험할증(risk premium)
위험을 떠맡는 대신 받아야하는 응분의 대가

일물일가의 법칙(law of one price)
하나의 재화에는 하나의 가격만이 성립한다는 것

일일정산제도(daily settlement system)
매일 매일의 가격변동에 따라 손익을 정산하는 결제방법. 동의어 : 당일결제제도

입찰용 공유옵션(share currency option under tender)
입찰에 참가한 기업 중 낙찰된 기업이 권리를 행사할 수 있는 옵션

ㅈ

자국통화 표시법(지급환율)
외국통화 1단위에 대해 국내통화를 얼마나 지급해야 하는가를 나타내는 환율표시법

자산시장접근법(asset market approach)
환율은 자산시장에서의 국내외 자산의 저량으로서의 수요와 공급에 의해 결정된다는 이론
관련용어 : 통화론적 접근법, 포트폴리오잔고접근법

재정(裁定, arbitrage)
두 지역(시장) 간의 가격차를 이용하여 이익을 취하는 행위. 연관어 : 상품재정, 통화재정, 금리재정

절대소득가설(absolute income hypothesis)
케인스가 주장한 소비는 절대적 소득수준의 함수라는 가설. 관련어 : 생애주기가설, 항상소득가설

절대적 구매력평가(absolute PPP)
양국의 절대적 물가의 비율을 환율로 삼자는 이론, 관련용어 : 상대적 구매력평가

정산가격(settlement price)
일일정산제도에 있어 증거금산정을 위해 적용되는 가격으로 보통 전일의 종가

J 곡선
평가절하후 단기적으로는 무역수지가 악화되다가 장기적으로 개선된다는 가설

조정가능 고정환율제(adjustable peg)
고정환율제도를 운영하고 있으나 다소 큰 폭으로 아주 드물게 환율을 조정하는 제도

준비자산
국제수지표 금융계정의 하부 항목. 기간 중 중앙은행의 순외환매매(매입−매도)와 중앙은행 보유 외환의 이자수입을 합한 것. 플러스(+)면 외환보유액 증가를 의미

중화개입(sterilized intervention)
통화량 변동없이 국내외 채권의 보유구성만 변경시킴으로써 외환시장에 개입하여 환율을 안정시키는 정책

중화정책(sterilization)
해외부문을 통해 통화량이 증가한 경우 국내부문의 통화량을 그만큼 상쇄시켜 전체 통화량을 불변으로 유지하는 정책. 동의어 : 불태화정책

증거금(margin)
결제불이행 위험을 방지하는 장치로 일정액을 예치 관련용어 : 위탁증거금, 개시증거금, 유지증거금, 추가증거금

증권투자(portfolio investment)
단순한 투자수익을 얻을 목적으로 외국의 주식이나 채권에 투자하는 것

직거래시장
기축통화를 거치지 않고 자국통화(예 : 원화)와 제3국 통화(예 : 중국 위안화)를 직접 매매하는 외환시장(예 : 위안화 직거래시장)

ㅊ

채무재조정(debt rescheduling)
협상을 통해 채무액을 경감해주는 동시에 만기일을 연장해주는 등의 채무위기 해결방안

체계적 위험(systematic risk)
분산투자로 피할 수 없는 시장 전체에 적용되는 위험. 반대어 : 특정위험(non systematic risk)

최적통화지역(Optimum Currency Areas)
지역 내에서는 고정환율제도(혹은 단일통화제)를 시행하고 지역 밖에 대해서는 변동환율제도를 유지하는 통화지역

최종거래일 규칙(end-end-rule 또는 末-末 규칙)
현물환 결제일이 그 달의 마지막 거래일일 때 1개월 선물환 만기는 다음달의 마지막 거래일이 되는 것 관련용어 : 달을 넘기지 않는 규칙(month-end-rule)

총지출접근법(absorption approach)
무역수지를 소득과 지출의 변화로 파악하려는 시도

추가증거금예치요청(margin call)
유지증거금 수준을 하회할 때 개시증거금 수준으로 추가로 증거금 예치를 요구

취소권부 선물환(forward with option exit)
선물환 거래와 옵션을 한데 묶어 제공하는 상품

ㅋ

케인시안 크로스(Keynesian Cross)
단순한 소득결정모형에서 국민경제의 균형이 놓이는 45°선

코스피200
우리나라 성장주식 200개의 가중평균된 주가지수. 관련용어 : S & P500, Nikkei 225, KOSDAQ 50, 코스피200선물, 코스피200옵션

콘탱고(Contango)
선물가격이 현물가격보다 높아 베이시스가 플러스인 상태, 반대로 역(-)베이시스 상태는 백워데이션(Backwardation)이라고 한다.

크레딧디폴트스왑(CDS)
신용파산스왑으로 대출금이 회수되지 못할 경우 책임질 것을 약속하는 파생금융상품의 일종. 보통 장외거래를 통해 거래된다.

크레딧 트란셰(Credit Tranche)
IMF 회원국이 자국 쿼터의 100%에 해당하는 교환성통화를 4번에 걸쳐 25%씩 인출할 수 있는 신용공여제도

크롤링 페그(crawling peg)
고정환율제도를 운영하고 있으나 경제적 불균형에 따라 소폭으로 자주 환율을 조정하는 제도

ㅌ

탄력성접근법(elasticity approach)
각국의 무역수지는 자국 상품에 대한 외국수요와 외국상품에 대한 자국수요의 상대적 크기 및 양국의 수출공급능력의 상대적 크기에 의존한다는 것

테라(Terra)
국제통화제도의 개혁논의 중에 제시된 세계단일통화

토빈세(Tobin Tax)
단기자본이동을 억제할 목적으로 주장된 통화거래세

통화대체(currency substitution)
두 나라 통화간의 화폐수요의 대체성

통화론적접근법(monetary approach)
국제수지나 환율은 저량으로서의 국내외 화폐의 수요와 공급에 의해 결정된다는 이론
관련용어 : 경직적가격모형, 신축적가격모형

통화스왑(currency swap)
낮은 금리로 자금을 차입할 목적으로 이종통화 표시 금액을 교환한 후 약정기간동안 이자를 서로 지급하다가 만기일에 원금을 다시 되돌려주는 계약

통화쌍(curreney pair)
두 나라 간의 환율을 구성하는 두 통화
USD/KRW, EUR-USD 등
관련용어 : major pair, 역쌍

투기(投機, speculation)
이익을 얻을 목적으로 환 포지션을 열린 포지션으로 유지하는 행위

투기거래
위험회피에 노출된 채 시세 차익을 얻으려는 거래

트리핀의 딜레마(Triffin's dilemma)
미국 달러의 신인도와 국제유동성 공급 간에는 근본적인 상충이 있다는 것. 동의어 : twin problem

틴버겐의 법칙(Tinbergen's rule)
대내외균형의 동시 달성을 위해서는 정책목표의 수와 정책수단의 수가 같아야 한다는 것

ㅍ

파레토최적(Pareto Optimum)
다른 사람의 후생을 감소시키지 않고는 나의 후생을 증가시킬 수 없는 상태.
관련용어 : 파레토 우위, 파레토 열위

파리클럽
공공채무의 재조정을 논의하는 비공식 모임
관련용어 : 런던클럽

파생금융상품(financial derivatives)
그 가치가 통화, 채권, 주식 등 기초금융자산의 가치변동에 의해 결정되는 금융계약

평가절하(devaluation)
고정환율제도하에서 자국통화가치를 하락시키는 것. 반대어 : 평가절상

프로그램매매
실제가격과 이론가격 간의 격차가 발생할 때 자동으로 매매를 체결하도록 컴퓨터 프로그램화한 거래

플라자협정(Plaza Agreement)
1985년 선진각국 간의 환율안정을 위한 국제협력회의. 관련용어 : 루브르합의

피셔관계(Fisher relationship)
양국 통화간의 선물환 할증(할인)은 양국 간의 인플레이션 격차로 나타낼 수 있다는 것

피셔오픈관계(Fisher open relationship)
양국간의 예상환율변화율은 양국간의 예상인플레이션 격차와 동일하다는 것

피셔효과(Fisher effect)
예상인플레이션(π)의 변화가 명목금리(i)에 미치는 영향

ㅎ

할당문제(assignment problem)
대내외균형을 동시에 달성하기 위해 어떤 정

책수단을 어떤 정책목표에 맞추어 사용하는 것이 좋은가의 문제

합리적기대(rational expectation)
이용가능한 정보를 모두 이용하여 예상을 형성하는 방식. 관련용어 : 적응적 기대

해외반향(repercussion)
한 나라의 경제가 외국경제에 영향을 미치고 궁극적으로 자국 경제에 다시 영향을 주는 것

해외직접투자(foreign direct investment)
기업의 경영에 참여할 목적으로 행하는 대외투자

행사가격(strike or exercise price)
옵션거래에서 권리를 행사할 수 있는 가격

헤지(hedge)
환위험(exchange risk)을 회피할 목적으로 상품을 거래하는 행위

헤지거래
위험을 회피할 목적으로 행하는 거래

헤지펀드(Hedge Funds)
소수의 투자자로부터 자금을 모아 국제 증권이나 파생금융상품에 투자하여 보다 높은 수익을 얻으려는 민간 투자기금이나 투자조합

현금잔고수량설
케임브리지학파의 화폐수량설. 사람들은 명목소득의 일정비율(k)을 화폐형태로 수요한다는 것. 관련용어 : 화폐수량설

현물환(spot)과 선물환(forward)
익익일결제(value spot)까지를 현물환이라 하고 익익일후결제부터를 선물환이라 한다.

화이트안
전후 국제통화질서의 안정을 목표로 제시된 미국측 안, 영국측 안으로는 케인스안이 있다.

화폐주조이차(seigniorage, 세뇨리지)
화폐의 액면가치와 발행비용 간의 격차

환매(환매수)
자신의 매도계약을 청산하는 반대매매
반대어 : 전매(전매도)

환산노출(translation exposure)
회계적 노출이라고도 하는데 환율변동으로 인해 발생하는 재무제표상의 회계적 변동
관련용어 : 거래노출, 경제적 노출

환심리설
환율은 개개인의 주관적, 심리적 평가에 의해 결정된다는 학설

환율(exchange rates)
두 나라 간의 서로 다른 통화를 바꿀 때 적용되는 교환비율.

환위험(exchange risk)
환율변동으로 인한 위험

환율제도(exchange rate system)
각국 통화간의 교환비율인 환율을 결정하고 운영하는 메커니즘

환협정은행(corres bank)
외환거래의 편의를 위해 외국은행들과 환협정을 맺은 은행

효율적 시장(efficient market)
주어진 정보집합 내에서 이용 가능한 정보를 모두 이용하여 가격이 형성되는 시장, 합리적 기대가 이루어지는 시장

부록

연습문제 해답

제1장

1. N−1 개
2. 자국통화 표시법
3. 교차환율
4. 런던, 뉴욕, 싱가포르
5. 정부의 외환통제 때문에 불법적으로 외환이 거래되는 시장을 암시장이라 하는데 공식적인 외환시장과 대비하여 평행시장이라고도 부른다.
6. 상승한다.
7. 가격경쟁력이 강화되었다고 할 수 있다.
8. 활발 : 런던, 뉴욕, 유로존 시장이 동시에 개장되고 있는 시간.
   한산 : 뉴욕시장이 폐장되고 호주시장이 개장되는 시간.
9. 거래량이 적을수록, 위험이 높을수록 스프레드가 크다.
10. 환어음의 자금화에 소요되는 기간의 이자 때문이다.
11. 현찰매입률 < 매매기준율 < 전신환매도율 < 수입어음결제율
12. 통화재정의 역할에 의해 단일화된다.
13. 뉴욕 시티은행에서 1.6340달러로 파운드를 매입하여 런던 바클레이즈은행에 1.6350달러로 매각하여 파운드당 0.001달러(0.1센트)의 이익을 얻는다.
14. 익명성과 빠른 거래 성사를 위해
15. 환율을 제시할 수 있는 은행을 시장조성자(quoting bank)라고 하며 제시된 환율을 받아들이는 은행을 시장이용자(calling bank)라고 한다.
16. 3거래일 이상이 경과한 시점
17. 매입환율(bid rate)은 매도환율보다 작으므로 1,190.20(小)/120.20(大) = 990.18, 매도환율(ask rate)은 매입환율보다 크므로 1,210.10(大)/118.10(小) = 1,024.64이다. 100엔으로 표시하면 JPY/KRW=990.18−1,024.64가 된다.
18. 100.53−100.50=0.03(엔)
19. 1,010×1.0000=1,010(원)(EUR/USD는 역쌍, USD/KRW는 역쌍이 아니므로 교차환율은 곱하여 얻게 된다. 매도환율이 더 크므로 EUR/USD와 USD/KRW의

큰 숫자를 곱하여 얻는다.)

20. 뉴욕과 런던

II-1. X(N-1개로 17개이다.)　2. X(환율이 하락하면 원화가치는 상승한다.)

3. O　4. O　5. O　6. O　7. O

8. X(외환딜러는 거래를 직접 성사시키기보다 브로커의 도움을 받고자 한다.)

9. X(SDR의 달러 표시가격은 달러강세로 하락한다.)

10. O　11. O　12. O　13. O　14. O

제2장

1. 국제수지란 일정기간 동안 국내 거주자와 외국 비거주자 간의 모든 경제적 거래를 말한다.
2. 서비스, 여행수지 지급
3. 정부보유 금, SDR, IMF포지션
4. 통화량 증가(준비자산이 (+)면 자산증가로 한국은행의 외환매입을 의미)
5. 1,900억달러
6. -5억달러
7. 생략, 교재 참조
8. 투자소득수입
9. 국제수지표상의 준비자산 : 유량, 외환보유액 : 저량
10. 장점 : 대외 신인도 향상, 단점 : 수입개방압력과 자국통화가치 상승으로 부담
11. 고정환율제도 하에서는 보유 외환 방출이나 자본유입을 통해 해결. 변동환율제도하에서는 환율이 변동하여 해결된다.
12. $$\frac{\text{외환보유액}}{\text{향후 12개월 간의 외채원리금}} \geq 1$$
13. 해외 인플레이션이 발생할 경우 보유외환 가치의 하락으로 인한 손실 가능성, 수익성 감소, 통화량증가 부담
14. 유동성, 수익성, 안정성
15. 직접투자, 부채
16. (2)
17. 증가한다.

II-1. O　2. O　3. O

4. X(경상수지의 본원소득수지 중 투자소득 지급에 속한다.)

5. O　6. O
7. O(한편 투자자금을 회수하여 본국으로 가져갈 때는 증권투자 부채감소)
8. O　9. O　10. O　11. X(미국에 있어 자국통화인 달러는 외환이 아니다.)
12. O　13. X　14. O

제3장

I－1. O　2. O
3. X(브레튼우즈체제 하에서는 민간의 금태환은 허용되지 않고 각국 정부에 대한 공적 금태환만 허용되었다.)
4. O　5. O
6. X(정확히 동일하지는 않다.)
7. X(SDR의 가치는 변동한다.)
8. X(SDR은 미국달러가 주축이므로 미국달러의 가치변동에 대한 환위험을 회피하는 수단으로서 한계가 있다.)
9. O
10. X(SDR의 가치는 상승한다.)
11. X(0.06달러 상승)
12. X(외환공급이 증가하므로 자국통화의 가치는 상승한다.)
13. X(예를 들어 10달러짜리 T-Shirt가 환율이 1달러당 1,000원일 때에는 1만원이지만 환율이 10% 상승하고 T-Shirt의 가격이 10% 상승했을 때에는 원화표시 가격은 1만2,100원(=1.1×1,100)이 된다.)
14. O　15. O
16. X(투기성 단기자금에 대한 과세를 주장)　17. O　18. O　19. O

II－1. 자유변동환율제도
2. (SDR과 같은) 복수통화바스켓에 환율을 연동시키는 환율제도
3. 금태환 억제
4. 금수입점과 금수출점 사이
5. 금보유가 없는 나라도 금본위제에 합류시키려는 것으로 금 절약의 의도
6. 사용해서는 안 된다.
7. 당시는 금본위제도의 규칙이 제대로 작동하지 않았다. 당시의 긍정적 현상은 그것이 금본위제도를 실시했기 때문이라기보다 당시의 자유경제사조와 선진국 간의 협조, 영란은행의 주도적 역할 등이 잘 조화를 이루었기 때문으로 보는 것이 타당하다.

8. 생략, 교재참조
9. 케인스안 : 국제유동성 공급, 화이트안 : 환율안정
10. 해외부문으로부터의 통화량변화가 발생할 경우 국내부문의 통화량을 그만큼 상쇄시키는 정책
11. 달러신인도와 국제유동성으로서의 달러공급 간의 딜레마
12. 미국 달러가 기축통화로서 국제준비자산이고 동시에 환율조정의무가 없었기 때문
13. 달러매입
14. 환율안정 의무가 미국이 아닌 여타국에 있기 때문
15. 국내부문을 통한 통화 환수
16. 외국의 인플레이션과 함께 수입품의 외화표시 가격 상승, 그러나 자국의 무역수지 개선으로 환율인하 발생, 결국 자국통화표시 수입가격은 불변
17. 수입 인플레이션을 막아주기 때문
18. 달러 헤지 기능에 있어 유로가 SDR보다 유리하다.
19. 거래비용절감, 거래효율성 향상, 경쟁을 통한 비용절감, 경제발전의 기회제공
20. 생략, 교재참조
21. 생략, 교재참조
22. 생략
23. 몇몇 유로국의 재정적자 심화
24. 유로화로 통합되면서 북유럽은 환율인상효과가 발생한 반면 남유럽국가는 환율인하 효과가 발생 → 북유럽은 무역흑자, 남유럽은 무역적자 발생 → 남유럽 재정지출 증가 → 재정위기 발생(통화정책 활용 불가능)
25. IMF쿼터 중 자국통화 납부액을 포함하여 총 200%가 된다.

제 4 장

Ⅰ－1. O 2. O 3. O 4. O 5. O 6. O 7. X 8. O 9. O 10. O 11. O

Ⅱ－2. 사이드카와 써킷브레이커 모두 가격이 일정 수준 이상 혹은 이하로 급변하는 장세가 지속될 경우 급변하는 장세를 진정시키기 위해 발동되는 일시적 거래중지조치이다. 사이드카는 선물가격이 5% 이상 상승, 하락하는 상황이 1분 이상 지속될 때 선물시장의 급변이 현물시장에 미치는 영향을 방지하기 위해 5분간 현물시장의 프로그램매매호가를 정지시키는 조치이다. 반면 써킷브레이커는 훨씬 강력한 조치로 현물시장의 주가지수가 10% 이상 급등락하는 현상이 1분 이상 지속될 때 이를 진정시키기 위해 20분간 현물시장과 선물시장의 거래를 중지시키는 조치이다. 써킷브레이커는 1987년 10월 미

국의 블랙먼데이 이후 도입되었고, 우리나라에서는 1998년부터 시행하고 있다.

Ⅱ－1－12. 생략, 교재 부록 주요용어해설 참조

Ⅲ－1. 가격예시 기능, 위험회피 기능, 금융시장 안정화 기능

2. 헤지 : 환위험 회피거래, 재정 : 가격차를 이용 이익추구, 투기 : 환위험에 노출함으로 이익을 추구
3. 외환스왑은 만기가 서로 다른 동액의 외환을 동일 상대방과 동시에 매입, 매도하는 거래로서 선물환거래에 속한다. 반면 통화스왑은 이종통화 표시 금액을 교환한 후 약정기간동안 이자를 서로 지급하다가 만기일에 원금을 다시 되돌려주는 계약이다.
4. 통화스왑을 하는 것이 직접 해외에서 외화를 차입하는 것보다 낮은 금리로 자금을 조달할 수 있다는 이점이 있다.
5. 현물의 경우 이자비용과 보관비용 같은 거래비용이 소요되기 때문에 그 만큼 싸다.
6. 신토불이가 환위험에 노출. 3개월물 달러선물환 매입계약 체결.
7. 1,220억원
8. 달러선물환할증, [(1,212−1,200)/1,200]×2×100%=2%
9. 12월물 달러선물 매수계약과 동시에 내년 3월물 달러선물 매도계약을 체결하는 스프레드거래를 한다.
10. 1만파운드
11. 좋은 전략이다.
12. 3%+1%=4%
13. 1억달러×1%(=0.01)=100만 달러(이익)
14. 변동금리는 연 4.6%, 고정금리는 연 5%이므로 고정금리가 연 0.4% 이익. 3개월에 0.1% 이익. 3개월 후 100만달러×0.1%(=0.001) = 1,000달러 이익.
15. 생략, 교재참조
16. 행사한다. 50만원 이익
17. 옵션 매도자만 부담, 옵션매도자의 손실액은 무한히 커질 가능성이 있으므로 거래 불이행을 방지할 필요가 있다.
18. 선도금리계약 매도
19. ① 가격 ② 주문시간 ③ 주문수량
20. 생략, 교재참조

21. 행사가격이 기초자산 가격보다 더 크므로 내재가치는 0, 시간가치는 0.5.
22. 20, 10
23. 포기, 외
24. 3개월물 달러 선물환 1만$ 매입
25. 환위험 노출: 오픈포지션(외화자산과 부채가 불일치)
환위험 회피: 스퀘어(square, closed)포지션(외화자산과 부채가 일치)
26. 주가지수선물에서 선물가격이 현물지수에 미치는 효과를 말한다. 선물시장(개의 꼬리)은 현물시장(개)에 의하여 영향을 받는 것이 정상이나 경우에 따라서는 반대로 선물시장이 현물시장에 영향을 미치는 수도 있다. 이럴 경우 개가 꼬리를 흔드는 것이 아니라 꼬리가 개를 흔드는 것과 같다는 의미를 표현한 것이다.
27. 연 0.4% 이익, 3개월이므로 0.1% 이익, 따라서 1만달러 이익

제5장

I- 1. 채권의 금리만 비교해서는 안된다. 외국 국채에 투자할 경우 향후 투자금을 회수할 시점에서의 환율변화와 양국간의 예상인플레이션도 함께 고려해야 한다.
2. 생략, 교재참조
3. 환위험회피 유무
4. 국제피셔관계가 성립하려면 6개월 후이므로 $0.7\%-1.2\%=(E^e-100)/100$이 성립해야 하므로 1달러는 99.5엔으로 예상된다.
5. 알려진 것이 아니라 예상된 것이기 때문
6. $6\%-2\% = 4\%$
7. 금리평가조건이 성립하지 않을 경우 선물환투기와 동시에 환위험이 회피된 재정(무위험 재정)을 통해 따로 재정이익을 얻으면 되기 때문이다.
8. 미국금리가 영국보다 1% 낮은데 비해 연율로 계산한 달러의 선물환 할증은 2%이다. 왜냐하면 파운드는 $[(1.47-1.5)/1.5]\times100\%=-2\%$로 선물환 할인이므로 달러는 반대로 할증이 되기 때문이다. 따라서 미국에 투자하는 것이 유리하다.
9. 달러의 예상평가절상률이 커진다.
10. 미국 3개월물 달러선물환이 1% 할증이므로 연 4% 할증인 셈이다. 그런데 한국금리가 미국보다 연 1.5%밖에 높지 않으므로 미국자산에 투자하는 것이 유리하다.

II− 1. O 2. O 3. O 4. X 5. O
6. X(금리기간 구조로부터 장래 선물환 할증(할인)의변화를 예상할 수 있다.)
7. X(피셔효과는 예상인플레이션(π)이 상승하면 명목금리(i)도 상승한다는 것이다. 통화량과 물가 간의 비례관계는 화폐수량설이다.)
8. X 9. O 10. O 11. O 12. O 13. O

제6장

I− 1. X 2. X(위험할증이 zero가 된다.)
3. X(환위험 회피를 위해서는 헤지를 한다.)
4. X(경기변동과 같은 시장위험은 모든 기업에게 적용되는 체계적 위험이므로 분산을 통해 제거할 수 없다.)
5. O 6. O 7. X
8. 3개월로 환산하면{0.5%−[1%+(−1%)}=0.5%
9. X(브라운 씨는 엔자산을 5% 더 위험한 자산으로 본다. 달러 선물환 할증 10%, 예상절상률 5%, 그럼에도 무차별하다면 달러가 5% 덜 위험하다고 생각하기 때문.
10. O 11. O 12. O
13. X(위험할증의 존재자체는 시장효율성과 관련이 없다.
14. O 15. X(평균적으로 zero가 된다.)
16. O 17. O 18. O 19. O 20. O 21. X
22. X(한국기업만 환율변동으로 인한 거래노출에 직면한다.)
23. X 24. O
25. X(경기침체는 체계적 위험이므로 분산투자를 통해 해결할 수 없다.)
26. X 27. X(시장이 효율적인 경우 선물환율은 미래 실제환율과 평균적으로 일치하게 된다.)
28. O 29. O 30. O 31. O

II− 1. 도박꾼, 투기거래자
2. 거래노출
3. 아무런 조치도 취하지 않는다.
4. (1.05−1.0)/1.0=0.05이므로 달러 선물환 할인은 연 5%, (1.05−1.1)/1.0 =−0.05이므로 달러 위험할증은 연 −5%이다. 즉, K씨는 달러가 5% 덜 위험한 자산이라고 생각한다.
5. 10%−(6%+2%) = 2%,

6. 6개월간 실효수익률로 계산하면 달러 1% - (파운드 1.5%-0.3%)=-0.2%이므로 달러자산의 6개월간 위험할증은 -0.2%이다. 즉 6개월로 환산할 때 달러자산은 0.2% 덜 위험한 자산이다.
7. 주어진 정보집합을 모두 이용하여 예상을 형성하는 시장
8. 과거환율정보
9. 환산노출
10. 아끼꼬
11. 김씨 예측이 정확, 달러선물환매입으로 달러당 10원 이익
12. 리즈(조기 영수)
13. 네팅(netting)
14. 달러 선물환매도, 달러 당 1엔 이익
15. 5% - (4% - 1%) = 2%, (더)위험
16. 미야자와, 달러당 1엔 이익

III-1. ② 2. ②

제 7 장

I - 1. O 2. X 3. X 4. O 5. O 6. O 7. O 8. X 9. O 10. O
11. O(빅맥지수를 기준으로 할 경우 적정환율은 1달러 1,000원이어야 한다.)
12. O 13. O 14. O 15. O

Ⅱ - 1. 생략
2. 생략
3. 기준환율보다 2% 하락한 $1=₩1,176, 저평가되었다.
4. 인플레이션이 심한 나라들이나 관찰 기간이 길수록 단기적인 실질변동의 효과는 작아지는 반면 인플레이션 효과가 지배적으로 되기 때문.
5. 실질충격은 플러스 마이너스로 무작위적으로 발생하므로 장기적으로는 상쇄되는 반면 장기적으로는 인플레이션이 환율을 지배한다고 생각하기 때문이다.
6. ④ 상대적 구매력평가설에 관한 내용이다.
7. (저), (1,000), (7,200)
8. 미국은 콩을 수출해 한 포당 20$의 이익을 얻을 수 있다.
9. 영향이 크지 않다

제8장

1. 소규모 개방경제에서는 소득이 증가하면 수입을 유발시키므로 소득증가효과가 축소된다.
2. 대규모 개방경제에서는 해외반향이 발생하기 때문이다. 즉, 정부지출정책 → 자국의 소득증가 → 외국의 소득증가 → 외국의 수입증가 → 자국의 수출증가 → 자국소득 추가 증가하게 된다.
3. 한계소비성향이 클수록 금기의 소득증가는 다음기의 소비를 증가시켜 총수요를 증가시킨다. 총수요의 증가는 다음 기 소득증가를 불러오는 순환과정이 이루어지기 때문이다.
4. 생략
5. 무역수지 흑자국이 확대 지출정책을 사용하여 세계경제의 회복을 꾀하자는 것
6. 생략
7. 약속을 강제할만한 위협
8. 브레튼우즈체제는 미국 달러를 기축통화로 하는 제도였으므로 대등한 협조체제가 아니라 수직적 종속체제였다.
9. 생략
10. 지출확대정책이 자국의 인플레이션을 초래하고 동시에 무역수지흑자를 소멸시킬 것이기 때문이다.
11. 국제정책협조로 양국간에 발생하는 상승효과라는 외부효과를 얻을 수 있기 때문이다.
12. 정책협조가 일어나면 우리의 소득증가가 상대국의 소득증가를 유발하고 다시 상대국의 소득증가는 우리의 소득증가를 유발하는 상호작용이 일어나기 때문이다.
13. 항상소득(생애주기)

II- 1. O 2. O 3. O
4. X(소규모 개방경제에서는 소득이 증가하면 수입을 유발시키므로 소득증가효과가 축소된다.)
5. O(상호의존경제 하에서는 해외반향이 일어나 승수가 커지게 된다.)
6. X(자국의 소득증가로 수입이 증가하기 때문이다.)
7. X(기관차 역할의 국가는 무역수지 흑자가 소멸되지만 소득은 상호의존이 없을 때보다 증가한다.)
8. X(우월전략균형 하에서는 내수균형은 1개 존재) 9. O 10. O 11. X

III- 1. ③ 2. ③ 3. ②(우월전략균형은 존재하지 않는다.)

4. 미, 독, 일, 프, 영, 이탈리아, 캐나다, EU(EU는 회담 개최를 하지 않는 참가자)

제9장

Ⅰ- 1. X 2. O 3. O 4. O 5. O 6. O

7. X(금리인하는 투자를 촉진시켜 총수요를 증가시킨다.) 8. O 9. O

10. O 11. O

12. X(수입품의 달러표시가격은 변하지 않고, 원화표시 가격이 상승한다.)

Ⅱ. 생략

Ⅲ-1.~4. 생략

5. 유효시장구분원리

6.

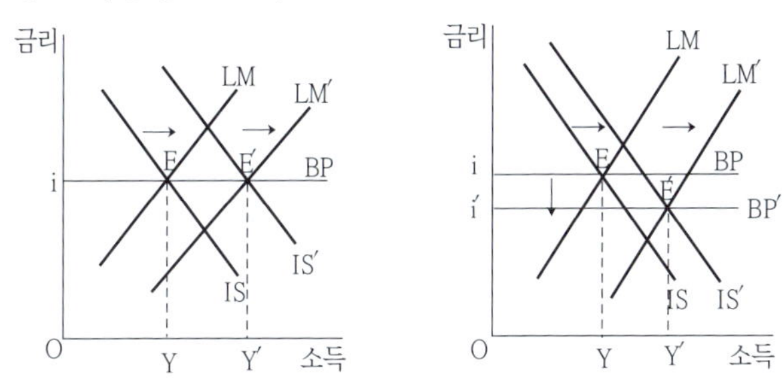

7. ①(세금을 거두어 지출하는 것은 적자재정이 아니다.)

8. ②(금리인하는 투자와 내구재소비를 증가시켜 수입을 유발하므로 무역수지를 악화시킨다.)

제10장

Ⅰ- 1. O 2. O 3. O

4. X(원화의 평가절하시 달러표시 수입가격은 변하지 않는다.)

5. O 6. O 7. O 8. O 9. O

10. X(탄력성 접근법은 수출 및 수입만을 분석하는 부분균형분석이다.)

11. O 12. X 13. O 14. X 15. X 16. O 17. O 18. X 19. X

20. X(달러표시 수출가격이 내리고 수요는 그대로 이므로 달러표시 수출총액은 감소한다.)

21. O

Ⅱ- 1. 정부보유 외환을 매각함으로써 외환공급을 증가시키거나 외환수요를 감소시키기 위해 외환통제, 수입억제조치를 취한다.

2. 기존의 수출입국과 생산, 소비구조가 이미 밀접하게 연관되어 있으므로 수입선을 변경하는데는 시간이 소요되며, 소비패턴, 취향 등은 쉽게 바뀌지 않는 것이기 때문에 수출입물량의 조정이 빨리 일어나지 않는다.

3. 평가절하 시행 당시 무역수지가 균형부근에 있고 양국의 수출공급탄력성이 무한하다고 가정할 때 양국 수입수요의 가격탄력성의 합이 1보다 크다면 평가절하는 절하국의 무역수지를 개선시킨다.

4. 평가절하로 물가상승하면 실질잔고 감소, 지출이 감소하므로 무역수지 개선

5. 교역조건 악화, 무역수지 악화

6. 지출전환정책으로 평가절하, 관세인상 등의 정책이 적절

7. 소득증가로 수입을 유발하므로

8. 존슨은 Y－A=B에서 (여기서 B=X－M이다.) B〉0이 지속된다는 것은 중앙은행이 중화정책(sterilization)을 실시하기 때문이라고 보았다. 그러므로 무역수지 흑자가 소멸되지 않고 계속된다면 이것은 정부가 중화정책을 계속 사용하기 때문인 것으로 보아야 한다는 것이다. 즉, 무역수지의 문제는 결국 화폐문제라는 것이다.

9. 통화량감축, 정부지출 축소 등의 지출감소→수입감소, 물가하락, 금리인상 →무역수지 개선, 자본유입 증가

10. 대규모투자 사업의 경우 매몰비용이 크기 때문에 단기적으로는 신규전입이나 전출이 어렵기 때문에 수량조정이 쉽지 않다.

11. 10단위. Y=C + I + G + (X- M)에 대입해 정리하면 Y= 0.5(Y−T) + G + 230이 된다. (1−0.5)Y=−0.5T+G+230에서 $Y=\frac{1}{1-0.5}$ (G−0.5T+230), $\frac{\Delta Y}{\Delta G}=\frac{1}{1-0.5}=$ 2. 즉 정부지출승수는 2이다. 1단위 G의 증가는 2단위 Y를 증가시킨다. G가 5단위 증가했으므로 Y는 10단위 증가하게 된다.

12. 총소득과 총지출 간의 격차

13.

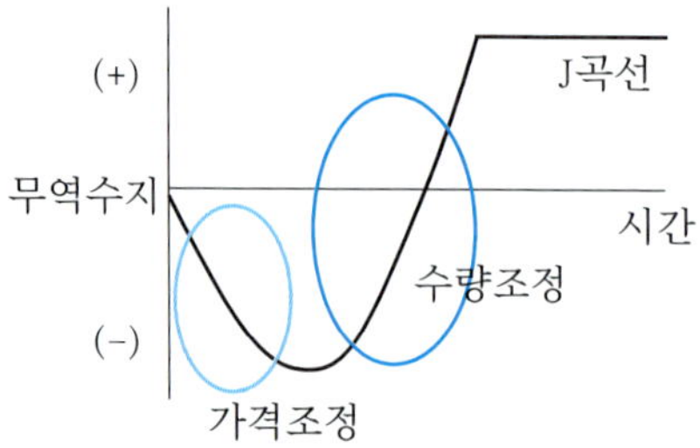

14. 평가절하로 수출이 증가하면서 소득이 증가하는 반면 소득증가로 인한 소비증가는 소득증가보다 작다. 따라서 무역수지 개선효과 있다.
15. 소득증가는 화폐수요를 증가 → 지출감소 → 수입감소 → 무역흑자
16. 초과화폐공급은 이자율을 낮추므로 자본유출, 동시에 초과화폐공급은 재화수요증가로 물가상승 유발하여 수출감소, 수입증가로 무역수지 악화. 결국 대외수지 악화 초래
17. 개선된다.
18. X 19. X 20. O 21. O 22. X

제11장

Ⅰ－1. O 2. O 3. O 4. O

5. X(통화론적 접근법은 저량적 접근법으로 환율은 국내외 통화의 저량으로서의 수요와 공급에 의해 결정된다는 것이다.)
6. O 7. O 8. O 9. O
10. X(통화대체가 존재할 경우 독자적 통화정책의 부담이 커지므로 양국 간의 상호협조적인 통화정책이 필요하게 된다.)
11. O 12. X(이 경우 공급의 가격탄력성은 음이다.) 13. X

Ⅱ－1. 유량적 관점 : 통화가치 하락, 저량적 관점 : 통화가치 상승

2. 중화정책을 사용하지 말아야 한다.
3. 국내채권과 외국채권간의 대체성 유무
4. 생략
5. 달러표시 보유채권을 매각하고 파운드표시 채권을 매입한다.
6. 원화채권 매입, 달러채권 매도
7. 정보열위의 거래자는 대규모 주문을 시장상황에 대한 신호로 받아들이고 자신의 제시환율을 변경
8. 매도환율을 상향 조정. 예를 들어 $1=₩1,200－₩1,220으로 조정
   정보우위 거래자와의 거래로 인한 손실을 피하려고
9. (매입, bid)환율, (내린다)
10. 환심리설
11. 오버슈팅(Overshooting)
12. 통화량이 증가하는 통화는 통화대체 때문에 화폐수요가 더 감소하므로 환율인상이 더 증폭되고 상대국은 반대로 통화가치가 더 상승하므로 결국 환율변동은 통화대체가 없을 때보다 더 커지게 된다.

13. 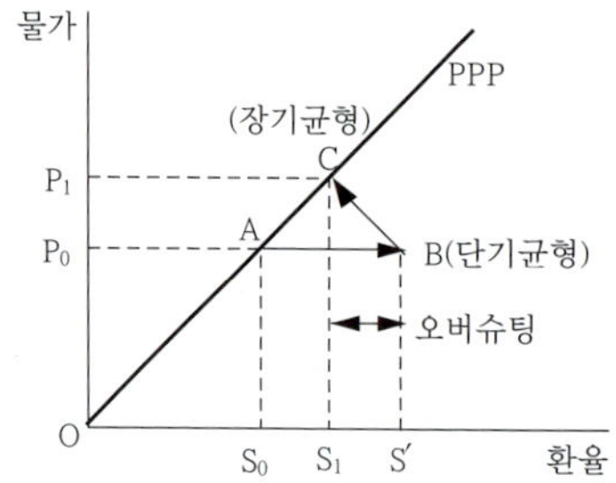

14. 원화채권을 사들이는 대신 외화채권을 매각한다.
15. 통화정책에 의한 국제수지변동을 환율변동이 해소시켜 주기 때문이다.
16. 통화량의 변화 없이 국내외 채권의 보유구성만을 변경시킴으로써 외환시장에 개입하는 것
17. 국내자산량(국내통화량, 국내채권량) 감소

제12장

Ⅰ－1. O 2. X 3. O 4. X 5. O 6. O 7. O 8. O 9. X

Ⅱ－1. 법정지준의 면제 등과 같은 각종 규제의 완화로 자금조달 및 운용비용을 낮출 수 있어 국내금융시장보다 유리한 조건의 예금, 대출금리를 제시할 수 있었다.

2. 단기대출을 갱신(rollover, 연장, 회전)하는 방식으로 장기대출을 한다.
3. 써브프라임 주택담보대출은 비우량 신용자에게 주택담보 대출을 해준 것으로 미국 주택시장 침체와 함께 부실화되기 시작했다. 써브프라임 주택담보대출을 기초로 하여 만들어진 파생상품도 결국 부실화되어 세계금융위기가 초래되고 말았다.
4. OPEC 특히 중동산유국의 석유판매대금이 유로시장으로 흘러들어와 다시 석유수입국에 대출되는 것
5. 저축을 상회하는 투자로 인해 발생한 외채는 투자의 한계효율이 외채금리보다 높다면 오히려 경제발전에 긍정적 효과를 미친다.
6. 외환보유액 자체가 대외채권 역할을 하는 것이므로 외환보유액 증가를 위한 외채누적 그 자체는 순대외채무를 증가시키지 않으므로 별 문제가 없다.
7. 외채원리금을 연중 경상수입(수출, 서비스 및 소득수입의 합계)으로 나눈 비율로서 장기적인 외채상환능력을 측정하는 지표이다.
8. 둘 다 채무 재조정을 논의하기 위한 비공식 모임이나 파리클럽은 채권국 정부간 모임이나 런던클럽은 국제상업은행 대표 간의 모임이다.
9. ④(유로시장 효율성의 원천이다)

10. 무디스, S&P, 피치 IBCA
11. 헤지펀드는 소수의 투자자로부터 자금을 모아 국제금융시장에 투자하여 높은 수익을 얻으려는 민간 투자기금이나 투자조합이다. 고수익, 고위험을 추구하는 공격적인 헤지펀드가 많아 국제금융시장을 교란시키고 불안정하게 한다는 인식 때문이다.
12. 2(핫머니는 이익을 좇아 국제금융시장을 여기저기 넘나드는 단기 자금을 뜻한다. 핫머니가 대량으로 움직일 경우 자금 유출국 입장에서는 국제유동성 부족으로 환율이 상승하며 통화불안이 가중된다. 자금 유입국의 경우에는 과잉 유동성으로 인한 인플레이션 압력을 받게 된다. 핫머니는 각국의 단기금리 차이나 환율변동 등을 이용해 투기적 이익을 추구하는 것과 국내 정치·정세 불안이나 통화 불안을 피하기 위한 자본도피 형태가 있다. 핫머니는 1930년대 활발하게 움직이며 국제금융시장을 교란시켰다. 제2차 세계대전 이후 각국이 모두 엄격한 외국환 관리를 함으로써 핫머니의 이동이 줄었는데 1990년대 이후 외환시장 자유화 경향과 함께 헤지펀드 형태의 핫머니가 크게 증가했다.)

참고문헌 및 참고 Websites

한국은행, 경제통계시스템
한국은행, 한국의 금융시장, 2021.
한국은행, 알기 쉬운 경제지표 해설, 2019.
한국은행, (우리나라) 국제수지통계의 이해, 2016
한국은행, 한국의 외환제도와 외환시장, 2016
안홍식, 금과 달러 이야기, 한국경제신문사, 1987.

M. Melvin & S. Norrbin, International Money and Finance, Academic Press, 10th edition, 2022.
Krugman/Obstfeld/Melitz, International Economics, 12th edition, 2022.
C. P. Hall Wood & R. MacDonald, International Money and Finance, Blackwell, 2000.
P. Isard, Exchange Rate Economics, Cambridge University Press, 1999.
P. De Grauwe, International Money, Clarendon Press, 1989.
K. W. Dam, The Rules of the Game, University of Chicago Press, 1982.

한국은행, www.bok.or.kr
국제통화기금, www.imf.org
한국거래소, www.krx.or.kr
기획재정부, www.moef.go.kr
국제결제은행, www.bis.org

한글색인

ㄱ

ㅇ

영문색인

D

E

F

U

V

W

X

Z

안 홍 식(安洪植)

- 서울대학교 경제학과(1970~1974)
- 한국은행 근무(1974~1978)
- 미국 노스캐롤라이나대학교 경제학박사(1978~1983)
- 미국 일런대학교 경제학과 교수(1982~1983)
- 미국 리써치 트라이앵글 연구소 연구원(1981~1983)
- 이화여대 경제학과 교수(1983~2015)
- 이화여대 경제학과장, 교학부장, 재무처장, 교무처장
- 미국 노스캐롤라이나대학교, 텍사스A&M대학교, 스토니브록대학교 객원교수
- 이화여대 사회과학대학장, 정책대학원장, 대외부총장
- 이화의료원 이대서울병원 건축본부장(2012~14)
- 현, 이화여대 명예교수(2016~)

저 서

- 금과 달러 이야기, 한국경제신문사, 1987
- 경제와 사회(공저), 이화여대출판부, 1988
- 사회과학의 이해(공저), 이화여대출판부, 2004
- 경제학원론, 삼영사, 2019(제6판)
- 안홍식 시집, 새는 울지 않는다, 삼지원, 2021
- 기타 경제학관련 논문 다수

[E-mail] aahs@ewha.ac.kr

최 문 정

- 이화여자대학교, 경제학사, 2004
- 이화여자대학교, 경제학석사, 2006
- University of Virginia, 경제학박사, 2012

주요경력

- 한국은행, 과장, 2013~현재
- World Bank, Consultant, 2012~2013
- 고려대학교, 강사, 2022
- 이화여자대학교, 시간강사, 2011
- University of Virginia, 강사, 2009~2011
- 국제경제학술상 수상, 국제경제학회, 2021

저자와의
협의하에
인지생략

국제금융론 [제8판]

2003년 5월 20일 제1판 1쇄 발행
2007년 3월 5일 전정판 1쇄 발행
2009년 8월 20일 제3판 1쇄 발행
2011년 8월 30일 제4판 1쇄 발행
2012년 8월 20일 제5판 1쇄 발행
2016년 2월 5일 제6판 1쇄 발행
2019년 1월 31일 제7판 1쇄 발행
2022년 7월 11일 제7판 3쇄 발행
2024년 1월 15일 제8판 1쇄 인쇄
2024년 1월 25일 제8판 1쇄 발행

저 자 안 홍 식 · 최 문 정
발행인 고 성 익

05027
발행처 서울특별시 광진구 아차산로 335 삼영빌딩
도서출판 三 英 社
등 록 1972년 4월 27일 제2013-21호
전 화 737-1052 · 734-8979 FAX 739-2386

정가 29,000원

ISBN 978-89-445-0572-0-93320